1

2

3

4

Bilderläuterung auf Seite 4

Fragebogen der Frankfurter Allgemeinen Zeitung (Magazin v. 6.4.1984)

Was ist für Sie das größte Unglück? *Die sowjetische Kolonisierung Mitteleuropas.*

Wo möchten Sie leben? *Dort, wo ich jetzt bin.*

Was ist für Sie das vollkommene irdische Glück? *Auch im höchsten Alter noch Ziele zu haben.*

Welche Fehler entschuldigen Sie am ehesten? *Übereifer.*

Ihre liebsten Romanhelden? *Lemmy Caution.*

Ihre Lieblingsgestalt in der Geschichte? *Kaiser Friedrich III. (1440–1493).*

Ihre Lieblingsheldinnen in der Wirklichkeit? *Margaret Thatcher.*

Ihre Lieblingsheldinnen in der Dichtung? *–––.*

Ihre Lieblingsmaler? *El Greco.*

Ihr Lieblingskomponist? *Gershwin.*

Welche Eigenschaften schätzen Sie bei einem Mann am meisten? *Mut.*

Welche Eigenschaften schätzen Sie bei einer Frau am meisten? *Gelassenheit.*

Ihre Lieblingstugend? *Mut.*

Ihre Lieblingsbeschäftigung? *Politik.*

Wer oder was hätten Sie sein mögen? *Außenminister.*

Ihr Hauptcharakterzug? *Fleiß.*

Was schätzen Sie bei Ihren Freunden am meisten? *Treue.*

Ihr größter Fehler? *Nachgiebigkeit.*

Ihr Traum vom Glück? *Kinder.*

Was wäre für Sie das größte Unglück? *Den Glauben zu verlieren.*

Was möchten Sie sein? *Erfolgreich.*

Ihre Lieblingsfarbe? *Blau.*

Ihre Lieblingsblume? *Enzian.*

Ihr Lieblingsvogel? *Wildente.*

Ihr Lieblingsschriftsteller? *Peter Cheyney, Felix Somary.*

Ihr Lieblingslyriker? *Petöfi Sandor.*

Ihre Helden in der Wirklichkeit? *Johannes Paul II.*

Ihre Heldinnen in der Geschichte? *Maria Theresia.*

Ihre Lieblingsnamen? *Thomas, Georg.*

Was verabscheuen Sie am meisten? *Feigheit.*

Welche geschichtlichen Gestalten verachten Sie am meisten? *Eduard VIII.*

Welche militärischen Leistungen bewundern Sie am meisten? *Verteidigung des Alcazar von Toledo.*

Welche Reform bewundern Sie am meisten? *Agrarreform auf Taiwan.*

Welche natürliche Gabe möchten Sie besitzen? *Weisheit.*

Wie möchten Sie sterben? *In der Gnade Gottes.*

Ihre gegenwärtige Geistesverfassung? *Sehr optimistisch.*

Ihr Motto? *Nicht geschossen ist auch gefehlt.*

ERICH FEIGL

OTTO VON HABSBURG

PROFIL EINES LEBENS

AMALTHEA

Zu den Bildern auf Seite 2:

1 *Ein Bild, das mehr als tausend Worte spricht: der spätere Secretary of State, Cordell Hull, im freundschaftlichen Gespräch mit dem »Sowjetkommissar« für auswärtige Angelegenheiten, Maxim Litwinow. Cordell Hull konferierte bereits im März 1940 während des ersten Besuches Ottos gemeinsam mit Verteidigungsminister Harry Hoodring über die Wiedererrichtung eines unabhängigen Österreich, was ihn nicht daran hinderte, insgeheim ein Intimfeind des in seinen Augen »katholischen« Österreich zu bleiben; gemeinsam mit dem später als Sowjetspion entlarvten Präsidentenberater Alger Hiss war er einer der Hauptschuldigen der sowjetischen Expansion in Mittel- und Osteuropa.*

2 *Ein kostbares Foto: links vorne, im verlorenen Profil, sitzt bescheiden und zurückhaltend die Frau, die wahrscheinlich Zehntausenden Österreichern während des Zweiten Weltkrieges das Leben rettete, weil sie beharrlich alle Bitten Ottos um Verschonung Österreichs an den Präsidenten weiterleitete, der seinerseits dann das »Strategic Bomb Command« anwies, die Bombardierung Österreichs hinauszuschieben. Als der erste Bombenangriff auf Wien erfolgte, am 10. September 1944, lagen zahlreiche deutsche Städte längst in Schutt und Asche. Grace Tully vermittelte auch gewissenhaft alle Begegnungen des Präsidenten mit Otto von Habsburg, seinen Brüdern und Kaiserin Zita. Das Bild entstand in »Shangri Laa«, heute als »Camp David« bekannt.*

3 *Felix Frankfurter, Mitglied des U.S. Supreme Court. Seine Freundschaft mit Otto ermöglichte es, daß die österreichischen Emigranten in den USA nicht als »enemy aliens« eingestuft wurden, sondern sich frei und unbeschadet in den Vereinigten Staaten aufhalten und bewegen durften; auch an der Einstufung Österreichs als »ein vom Hitlerregime zu befreiendes« Land, die Otto von Habsburg bewirkte, arbeitete er im Hintergrund mit.*

4 *Der Todfeind Ottos: Edvard Beneš. Dank des tschechischen Präsidenten in Prag, Emil Hácha (den er 1945 zuerst verhaften und dann beseitigen ließ), verfügte er über schier unbegrenzte Geldmittel, die er gnadenlos gegen Otto einsetzte. Trotz des erbitterten Widerstandes Ottos setzte er bei Roosevelt und Stalin die Austreibung der Sudetendeutschen durch; ihm ist es auch zu verdanken, daß sich die österreichische Emigration, zum Teil von ihm bestochen und korrumpiert, nicht einigen konnte und so die Aufstellung eines österreichischen Bataillons und einer österreichischen Exilregierung scheiterte.* Fotos: Library of Congress/Washington D.C.

Titel der vorhergehenden Auflagen:
Otto von Habsburg – Protokoll eines politischen Lebens

Umschlag: Wolfgang Heinzel unter Verwendung
eines Fotos aus dem Archiv Adolf L. Milkovic
Layout: Adolf Pallanch
Satz: Numberger, München
Druck und Bindung: Wiener Verlag, Himberg
Printed in Austria 1992
ISBN 3-85002-327-3

Inhalt

»Für mich ist es die Erfüllung des Vermächtnisses Kaiser Karls, wenn ich im sehr hohen Lebensalter noch den Beginn einer neuen Zeit miterleben darf, in der die Völker Europas sich in Frieden und Freiheit wiederfinden – und sich am Horizont schon ein neues Mitteleuropa abzeichnet, das, vereint und stark, als ein Teil der Europäischen Gemeinschaft seinen Beitrag für das Wohlergehen Europas und besonders für unsere Länder leisten wird, auch jene eingeschlossen, die heute noch gezwungen sind, in Unfreiheit zu leben.«

Aus dem »Politischen Testament« weiland Ihrer Majestät Kaiserin und Königin Zita, veröffentlicht im März 1989

Geleitwort

Es gibt in Mitteleuropa kein Fleckchen unentdeckter Erde. Alles ist längst kartographiert, topographiert, aufgezeichnet, vermessen.

›Vermessen‹, allerdings in ganz anderem Wortsinn, geht es jedoch in der Standortbestimmung auf dem Felde der Zeitgeschichte zu. Da gab es bislang eine TERRA INCOGNITA, ein absichtlich vernachlässigtes Forschungsgebiet, in das sich bislang keiner hineinwagen wollte, als ob dort gefährliche Fabelwesen ihr Unwesen trieben, doppelköpfige Adler vielleicht... wer weiß. Dabei verhält sich die Sachlage genau umgekehrt: Die Fabelwesen leben hier, die Wirklichkeit der Geschichte dort, in der bislang gescheuten TERRA INCOGNITA AUSTRIACA.

Hier, auf ›erforschtem‹ historischen Boden, erleben wir täglich den Zug der Lemminge, der Mitläufer, heute so wie 1938. Einer gibt die Richtung an, und viele, allzu viele folgen, gleichgültig wohin es geht. Die politischen Chamäleons, im Farbwechsel viel effizienter als ihre harmlosen Vorbilder in der Natur, brachten es hierzulande rasch und mühelos von der schwarz-gelb gefleckten Haut zu Revolutionsrot, mörderischem Braun und Sowjetrot, und sie brauchten dabei nicht viel mehr tun als einer, der so köstlich in seinem Brief an den Großen Bruder formulierte, er habe in seinem idyllischen Heimatort beim Einmarsch der Roten Armee gemeinsam mit seinen »Parteigenossen vertrauensvoll die Besetzung« abgewartet.

Im Inland warteten sie – nun, worauf? Wer den Krieg gewinnt?

Im Ausland unternahmen sie alles, um die Wiedergeburt Österreichs zu verhindern. Der ›Anschluß‹ galt, und sonst gar nichts.

Gelegentlich preschten sie, als die Wiedererrichtung Österreichs von diesen Leuten nicht mehr verhindert werden konnte, wie das »Free Austrian Movement« vor und forderten – den Anschluß Südkärntens an Titos Jugoslawien.

Die in der ›Moskauer Deklaration‹ geforderte Wiedererrichtung Österreichs nahmen sie zähneknirschend, ja verbittert zur Kenntnis. Die einen sahen in der Veröffentlichung dieser Erklärung ›ein Wunder‹, andere ein Werk Satans.

Viele in der Emigration wußten, wer die Schöpfer dieses Dokuments waren, das, wenn auch durch Stalin und Molotow in entscheidenden Passagen verfälscht (dieses Buch geht ausführlich auf die Genesis der ›Moskauer Erklärung‹ ein), Österreichs Wiedergeburt einleitete: Churchill und Erzherzog Robert von Österreich-Este in London, damals achtundzwanzig Jahre alt, sowie sein Bruder Otto in Washington mit seinem ›Paten‹ Franklin Delano Roosevelt. Ja, es war eine Art Familien-Mafia des Guten, die sich da während des Krieges und zur Zeit der Bedrohung durch Hitler und dann durch die der Sowjets zusammengetan hatte, um Österreich vor dem Unheil zu bewahren und, als das nicht gelang, Österreich wieder auf die Landkarte zu bringen. Doch wer spricht davon? Selbst die geographischen Kenntnisse der jüngeren Forschergeneration auf dem Gebiete der Geschichtsschreibung erscheinen merkwürdig eingeschränkt. Ist es schon wieder die Angst vor der TERRA INCOGNITA?

Ein Beispiel:

Als Hitler Österreich militärisch okkupieren wollte, wählte er dafür den bezeichnenden Code-Namen »Operation Otto«. Hitler wußte warum; Hitler wußte , daß *allein* von dort Widerstand zu erwarten war, nämlich von Seiten der Legitimisten, deren Symbolgestalt der junge, damals sechsundzwanzigjährige Otto war, der in Belgien lebte, wo allein in Brüssel die österreichische legitimistische Emigrantenorganisation an die tausend Mitglieder zählte. Den berühmten Brief an Schuschnigg, in dem Otto den damaligen Bundeskanzler aufforderte, ihm, Otto, die Kanzlerschaft zu übergeben und die österreichische Arbeiterschaft zu versöhnen, schrieb Otto aus Steenockerzeel. In einem jüngst erschienenen Werk über den österreichischen Widerstand in Belgien kommt im Ortsverzeichnis das Wort »Steenockerzeel« nicht vor, obwohl es für die zum Widerstand bereiten Österreicher der Inbegriff des Widerstandes, später dann der Wiedergeburt war.

Es ist, auch angesichts der Denkanstöße, die von der Jahreszahl 1988 kommen mögen, wirklich an der Zeit, das bislang unerforschte Reich, *das* Österreich, das fortbestand, der Öffentlichkeit zu erschließen. Wo lebte damals Österreich wirklich fort, nach 1938?

Es ist eine TRANSLATIO IMPERII, eine Übertragung des Reichsgedankens österreichisch-europäischer Prägung in einer Zeit, in der vom IMPERIUM so gut wie keine Spur mehr

vorhanden war – einzig das winzige Fürstentum Liechtenstein überdauerte als ein nobler Erinnerungswert auch jene tragische Zeit. Der *österreichische* Gedanke überdauerte, das darf wohl ohne Einschränkung gesagt werden, mit Otto, dessen Familie und seinen Getreuen.
Wer die in diesem Buche zwangsläufig auch aufscheinenden Dokumente der Österreich hassenden ›österreichischen‹ Emigration durchsieht, wird sich demselben Eindruck wohl kaum entziehen können.
Ich habe mich bei der Gestaltung dieses Buches fast zur Gänze auf Dokumente und Bilder gestützt, gelegentlich auf ergänzende Zeugenaussagen. Um eine, wie ich glaube, völlig überflüssige Belastung des Buches zu vermeiden, habe ich die Daten der Gespräche und ihrer Aufzeichnung nicht vermerkt. Ich habe im Laufe der Zeit nicht weniger als sechs Dokumentarfilme mit Kaiserin Zita und Otto von Habsburg gedreht und die Biographien der Kaiserin und Kaiser Karls geschrieben; dabei habe ich unzählige Gespräche geführt und Gesprächsnotizen gemacht, gelegentlich auch Originalzitate aus meinen Filmen benützt.
In die Charakterisierung von Personen mag gelegentlich ein ganz persönlicher Eindruck mit hineinspielen. Viele der ›Personen der Handlung‹ kenne ich sehr gut, viele habe ich gekannt: so den wunderbaren Sozialdemokraten und Patrioten Karl Hartl, den General Julius Deutsch und seine hinreißende Adrienne Thomas (beide damals, gegen ihr Lebensende, überzeugte Legitimisten und Monarchisten), Karl Czernetz, dessen eigenartig faszinierende Stimme mir unvergessen ist, Freunde, die Otto und seiner Familie nach bestem Wissen und Gewissen in Amerika beistanden (Edmund Graf Czernin, Karl Mayer...), Helden des österreichischen Widerstands wie August Lovrek, Karl Serschen und Erich Thanner, dessen Frau wieder die Tochter Hans Karl Zeßner von Spitzenbergs ist. Es ist eine lange Reihe von Zeugen und eine beachtliche Summe von Dokumenten, um die es sich da handelt – und es gibt noch viel mehr, ich konnte hier nur eine Auswahl bringen.
Was die Schreibweise in Briefen und auch manchen Urkunden betrifft, gingen wir grundsätzlich, wegen der leichteren Lesbarkeit ›nach dem Duden‹ vor. Allzuoft mußte man sich jener Schreibmaschinenmodelle bedienen, bei denen weder ein ›Ö‹ noch ein ›ß‹ vorkommt; an dem Gehalt der Urkunden wurde selbstverständlich nichts verändert.
Ich weiß, daß die hier erstmalig der Öffentlichkeit vorgelegten Dokumente und Aussagen dazu geeignet sind, das Bild der neueren Geschichte Österreichs vollständig zu verändern. Es gibt niemanden in Österreich, der auch nur annähernd so viel zur Verteidigung und Wiedererrichtung Österreichs beigetragen hat wie Otto und dessen engere Familie.
Ich bin mir selbstverständlich auch der Tatsache bewußt, daß gelegentlich mancher leicht versucht sein könnte, die Richtigkeit der hier angeführten, übersetzten oder abgebildeten Dokumente anzuzweifeln. Ich möchte deshalb ausdrücklich betonen, daß auf Wunsch in alle Dokumente Einsicht genommen werden kann.
Oft fragte ich mich während der Arbeit an diesem Buch – die schier ungeheure, gewaltige Arbeitsleistung dieses Mannes vor Augen und gleichzeitig, wieder dokumentarisch belegt, die Fülle der oft vernichtend erscheinenden Niederlagen sehend, die da hinzunehmen war – , wie so ein Mann ›das schafft‹; Schmutzkampagnen ebenso überlebt wie betuliche Lobhudelei, Untreue wie Treue – die sicher belastender sein kann als Verrat. Ich konnte aus nächster Nähe sehen, wie jeder Rückschlag nur als Anstoß für einen neuen Schritt nach vorn genommen wird – ein Otto-Motor menschlicher Bauart, ein ›Beweger‹, der Rückschläge dazu nützt, vorwärts zu kommen, bei dem Nachgeben Kraftsammeln bedeutet und Druck, Kompression nicht Depression, sondern neuen Schwung erzeugt.
Ist *das* sein Geheimnis?
Im Innersten ist es wohl ein tief verwurzelter Glaube. Dazu das Erbe, die Fülle der von den Ahnen kommenden Begabungen und allmählich angeborenen Erfahrungswerte. Dazu die eigene Familie. Die Frau zur Seite. Die Kinder! Die mit an Sicherheit grenzende Wahrscheinlichkeit der Fortdauer und neuen Entfaltung der Casa de Austria. Es ist der geheimnisumwitterte Wohlklang des AEIOU – AUSTRIA ERIT IN ORBE ULTIMA – Kaiser Friedrichs III., der in Zukunft zum Schwingen kommen wird.

Wien, am 24. September 1987 Erich Feigl

Geleitwort

zur 2. Auflage

Er hat sich seit Jahrzehnten so gut wie gar nicht verändert. Schlank, agil, immer einsatzbereit, in seinen Reden und Schriften vielleicht eine Spur aggressiver; sonst unverändert, vor allem in seiner großräumig und vorausblickenden Art, Politik zu leben, die viele zunächst für utopisch hielten. Mir fällt da ein Wort des großen irischen Dichters Bernard Shaw ein, der einmal meinte: »Der vernünftige Mensch paßt sich der Welt an. Der unvernünftige Mensch versucht, die Welt sich anzupassen. Deswegen hängt aller Fortschritt vom unvernünftigen Menschen ab.«
Otto ist so ein »Unvernünftiger«. Er heulte nie mit den Wölfen, stimmte nicht mit JA, wenn es grad opportun war, sondern ließ sich so lange verfolgen und jagen, bis er recht behielt.

Er handelt nicht nur aus dem Intellekt. Er handelt und denkt mit dem sicheren, schier unfehlbaren Instinkt einer Familie, die seit mehr als einem Jahrtausend in der Politik und seit vielen Jahrhunderten im Brennpunkt der Weltpolitik steht. In seinem Blut findet sich die Erfahrung und die Erziehung der großen Familien Europas, ja auch Asiens.
Wahrscheinlich ist es nur so zu verstehen, daß Kaiserin Zita in ihrem »Politischen Testament« den nahen Sturz des kommunistischen Kolosses präzise voraussagte. Nur so ist es zu verstehen, daß ihr Erstgeborener das Europäische Parlament schon vor Jahren davon überzeugen konnte, für die Unterdrückten symbolisch einen Stuhl freizuhalten – in einer Zeit, als Linke wie Rechte mit dem bequemen status quo ganz angenehm zu leben wußten.
Dann brach das Machwerk von Yalta gleichsam über Nacht in sich zusammen. Mitte und Osten Europas befreiten sich, die Geschichte begann, sich selbst zu unterlaufen, denn Yalta wäre ohne Sarajewo und die nachfolgenden Schanddiktate von St. Germain und Trianon nicht möglich gewesen.
Wieder war es Otto von Habsburg, der als erster das Gebot der Stunde erkannte. Welcher zeitgenössische Politiker kann schon von sich sagen, daß er noch mitten im Umbruch, noch während der Tage und Nächte des Sturzes, Dresden und Debrecen, Krakau, Wilna und Warschau, Laibach, Tschenstochau und Reichenberg, Prag, Preßburg und Brünn, Agram – im Bombenhagel –, Minsk, Sofia und Riga aufgesucht hat, um nur ja zu helfen, die Orientierungslosen in ein kommendes, vereintes Europa einzuweisen?
Von Österreich, das er noch als blutjunger Emigrant in den USA überhaupt erst wieder auf die Landkarte brachte, gar nicht zu reden.
In diesen Jahren behält er auch mit seinen nun schon Jahrzehnte währenden Bemühungen, Österreich in die Europäische Gemeinschaft zu führen, recht. Daß gewisse Leute, die heute nicht wissen, *wie* sie den Österreichern nur ja den EG-Beitritt einreden wollen, Otto von Habsburg verhöhnten, als er den Schritt ins Europäische Parlament setzte, nahm er mit Humor zur Kenntnis.
Daß hier ein Politiker vor uns steht, der mit Anstand, Noblesse und weiser Voraussicht handelt, nehmen allmählich alle zur Kenntnis.

Die Neuauflage dieses Buches erwies sich unter den gegebenen Umständen als Notwendigkeit. Ich habe im April dieses Jahres mit Otto von Habsburg ein vielstündiges Gespräch aufgezeichnet, das gleichzeitig mit der Biografie im Zusammenschnitt als Video-Kassette erscheint. Das Gespräch bildet die Grundlage der neuen Anfangskapitel des Buches, gemeinsam mit reichem, aktuellem und historischem Bildmaterial. Obwohl sich zur ursprünglichen Biografie gewisse Parallelen zwangsläufig ergeben, ist das neue Material angesichts seiner Aktualität und wohl auch Originalität unverändert in einem Block präsentiert.
An der ursprünglichen Biografie mit ihrem reichen Bestand an Dokumenten war nichts zu ändern; allfällige Kritik, die gelegentlich auftauchte, konnte nur polemisieren und keine einzige Fehlerquelle aufzeigen.
Nach wie vor liegen alle angeführten Dokumente, ob sie nun Südtirol oder Roosevelt betreffen, zur Einsicht auf. Sie weisen auch nach, daß die Habsburger die *einzigen* waren, die sowohl in Washington als auch in London Zutritt zu den Mächtigen jener Zeit hatten und für Österreich eintraten.
Tages- und Gefälligkeitspolitik überleben sich so wie Manipulation des Rechts und der historischen Wahrheit.
Die Geschichte hat einen langen Atem, die beste Lunge die Dynastie.

Wien, am 28. Juni 1992,
ein Tag, an dem sich mit dem Bußgang
Mitterands nach Sarajewo
europäische Geschichte selbst überholt.

Erich Feigl

Einleitung

Als Kaiserin Zita am 14. März 1989 verschied, konnte noch niemand ahnen, wie schnell, ja geradezu in alles stürzender Eile sich ihr Wort, daß »sich am Horizont schon ein neues Mitteleuropa abzeichnet«, in Erfüllung gehen werde; in diesem Sinne darf es geradezu als eine Weissagung angesehen werden.
Als das »Politische Testament« Kaiserin Zitas – das an seinem Beginn auf die Proklamation Kaiser Karls vom 21. November 1916 Bezug nimmt – nach ihrem Tode veröffentlich wurde, stand der »Ostblock« immer noch als ein versteinertes Monument kommunistischer Willkür und Unterdrückung da: wohl beugten sich die Ungarn nicht mehr dem moskowitischen Druck wie unter Kadar, aber Erich Honecker und seine SED schienen ebenso fest im Sattel zu sitzen wie Rumäniens unsäglicher Ceauşescu-Clan; alle, alle mußten sie schließlich das Handtuch werfen, von Polens Jaruzelski bis Albaniens Ramiz Alia; die Kroaten, Slowenen und Bosnien-Herzegowina erlangten die Unabhängigkeit, und insgesamt fegte die Geschichte nicht nur die Diktate von Yalta und Potsdam hinweg, sondern schritt auch an eine Revision der Ursachen von Yalta: der Diktate von Versailles, St. Germain, Trianon und Lausanne, in der die Mittelmächte gedemütigt worden waren und nur aus dieser Erniedrigung Unholde wie Hitler und Stalin erstehen und ihr Unwesen treiben konnten.

Otto von Habsburg, Erstgeborener Kaiser Karls und Kaiserin Zitas, Jahrgang 1912, selbst ein von Hitlers Schergen steckbrieflich verfolgter und von den Kommunisten gehaßter und geschmähter Mann, erinnert sich im Gespräch (aufgezeichnet in Pöcking am 4. und 5. April 1992) an diese Zeiten und ihre Folgerungen:

Otto von Habsburg erzählt: Bild vom TV-Gespräch, das am 4. April 1992 anläßlich des bevorstehenden 80. Geburtstages aufgenommen wurde. Dem Text der drei neuen Kapitel in diesem Buch liegen die Gesprächsaufzeichnungen zugrunde.

»Es ist wohl eine besonders erfreuliche Sache, am Anfang eines immerhin schon recht langen Lebens, am Beginn seines neunten Jahrzehnts, zu sehen, daß das, wovon man stets geträumt hat, endlich in Erfüllung geht.
Es bestand doch mein ganzes Leben aus dem Kampf gegen bestimmte Kräfte, Kräfte, von denen viele annahmen, daß sie unbesiegbar seien.
Da war zunächst Hitler.
Vergessen wir nicht, daß in der Zeit des siegreichen Hitlerismus sehr viele an diese ›Lehre‹ geglaubt haben, und daher immer wieder sagten, das sei die ›Welle der Zukunft‹ – ich erinnere da bloß an den gängigen Titel des Buches ›The Wave of the Future‹, und alle, die gegenteiliger Ansicht waren, als unrealistisch ansahen. Heute wissen wir, daß jene Propheten im Irrealen lebten, nicht wir.
Ich erinnere mich, um nur ein Beispiel zu nennen, an einen ganz prominenten, österreichischen Diplomaten, der damals, im März 1938, also unmittelbar nach der Besetzung Österreichs durch Hitler, zu mir nach Belgien gekommen war, um mir bittere Vorwürfe zu machen, daß ich auch nach der Okkupation Österreichs für meine Heimat aufgetreten bin und gegen die Okkupation protestierte. Meine Erklärung über die Vergewaltigung Österreichs war ihm völlig unverständlich, schließlich bezeichnete er mich förmlich als ›Verräter‹; das war noch im belgischen Steenockerzel. Mit einem gewissen Vergnügen konnte ich später, nach dem Krieg, beobachten, daß der nämliche Diplomat einen ganz hohen Posten in der Zweiten Republik eingenommen hat, während ich aus Österreich verbannt, um nicht zu sagen verdammt blieb.
Gut, das ist die eine Phase gewesen, die zweite bestand naturgemäß in der Bekämpfung des Kommunismus. Auch da wurde einem immer wieder gesagt, dieser Kampf könne nicht erfolgreich ausgehen, und das bis in die allerletzten Zeiten, von den prominentesten Politikern jeder Couleur. Denke ich an die Äußerungen dieser Herren, verfliegt augenblicklich jeder allenfalls aufkeimende Pessimismus; ich bin dann gleich wieder optimistisch.
In diesem Sinne meine ich sagen zu dürfen, daß Wesentliches erreicht wurde, wobei allerdings jetzt erst die eigentliche Aufgabe beginnt. Denn wir müssen uns darüber im klaren sein, daß diese beiden Unholde unseres Jahrhunderts – Nationalsozialismus und Kommunismus – ein ungeheures Trümmerfeld hinterließen, und es wird gewiß Jahre dauern, wenn nicht Jahrzehnte, bis diese Schäden ausgeräumt und bereinigt sind. Es wird da große Ungeduld geben, große Unzufriedenheit – übrigens eine gefährliche Entwicklung – aber dennoch dürfen wir grundsätzlich sagen, daß diese beiden totalitären Kräfte endgültig besiegt sind und der Vergangenheit angehören.

Erster offizieller Besuch bei den mitteldeutschen Paneuropäern: Paneuropa-Präsident Otto von Habsburg und Bernd Posselt, Mitteleuropabeauftragter der internationalen Paneuropa-Union, im Januar auf der traditionellen Montags-Demonstration in Leipzig.

Der Weg zum Untergang des Kommunismus führte über gewisse Wendepunkte, wobei für mich der Wesentliche jener vom 19. August 1989 war... zwei Tage nach dem Geburtstag Kaiser Karls, einen Tag nach dem Kaiser Franz Josephs, genau zum Tag des hl. Stephan, Ungarns Nationalheiligem. Damals veranstaltete die Paneuropa-Bewegung an der Grenze bei Ödenburg-Sopron ein ›Paneuropa-Picknick‹, von dem Erich Honecker später behauptete, wir hätten dort mit gewaltigen Geldmengen etwas aufgezogen, was sich dann in Form der damaligen Massenflucht von Ostdeutschen über die ungarische Grenze nach Österreich manifestierte.
In Wahrheit ging es natürlich keineswegs um irgendwelche Geldmittel, sondern darum, daß es stets ein politisches Ziel

Denkwürdiger Besuch in der Heimat Reginas: Im Mai 1990 fanden dort unter begeisterter Anteilnahme der Bevölkerung Paneuropatage statt. Das Bild zeigt in der Schloßkapelle von Meiningen Ministerpräsident a. D. Hans Filbinger, Friedrich Ernst Prinz von Sachsen-Meiningen, Regina, Otto und Walburga von Habsburg, Ursula Schleicher (MdEP) und den Generalsekretär der Paneuropa-Union, Vittorio Pons.

zu geben hat, auf das hinzuarbeiten ist. Dann, und nur dann, geschehen unerwartete Dinge, die plötzlich zur Wende führen können, die auch den Erfolg bringen mag. Die Sache war selbstredend auch für uns überraschend, und wir erkannten erst in der letzten Phase jenes Geschehens, welche Bedeutung dieses ›Paneuropa-Picknick‹ hatte.
Sein Ursprung lag in Debrecen. Ich hatte dort an der Universität – noch unter der Herrschaft der Kommunisten – vor einer Unzahl von Studenten gesprochen, und am Abend gab es dann ein Essen in kleinerem Kreis, organisiert von Damen und Herren vom ›Demokratischen Forum‹, der ersten Bewegung, die sich wirklich gegen den ungarischen Kommunismus profilierte. Das Gespräch drehte sich naturgemäß um den Stacheldraht an der ungarisch-österreichischen Grenze, und gemeinsam – meine Tochter Walburga hat eigentlich die Idee geboren – sprachen wir von einer ›Feier‹ der Paneuropäer an der Grenze, und Walburga sagte dann: ›Warum organisieren wir nicht ein Picknick unmittelbar an der Grenze, genau an der Stelle, wo der Eiserne Vorhang, der Stacheldraht, zu Fall gebracht werden soll?‹
Die Ungarn griffen die Idee begeistert auf, die Paneuropäer halfen nach Kräften, und schließlich tauchte die Idee auf, man solle doch auch noch die Menschen aus jenen Ländern einladen, die noch unter kommunistischer Herrschaft stünden.

»Grenzen sind nicht dazu da, Menschen in ideologische Systeme einzusperren!« Walburga von Habsburg, stellvertretende Generalsekretärin der internationalen Paneuropa-Union, verliest die Grußbotschaften von Staatsminister Imre Pozsgay und dem Europa-Parlamentarier Otto von Habsburg, die beide Schirmherren des Paneuropäischen Picknicks im Grenzgebiet bei Sopron waren.

Die Deutschen in Ungarn, zahllose Urlauber vor allem, erfaßten sofort die Chance. Das Paneuropafest wuchs sich innerhalb von Stunden zu einer Lawine aus. Vergessen wir nicht, was die Ungarn damals wagten und leisteten:
In Prag herrschte noch Husak, in Rumänien saß der unsagbare Ceaușescu noch fest im Sattel, und im alten sogenannten Jugoslawien herrschten gleichfalls Leute, die auf der gleichen Linie lagen, auch wenn das viele im Westen damals noch nicht begriffen hatten.
Der damalige ungarische Ministerpräsident, der all diese Zusammenhänge sehr wohl verstand, schlug auch vor, daß nicht wir, Imre Pozsgay und ich – die ›kontroversesten Persönlichkeiten‹ des Tages, wie er sich ausdrückte, kommen sollten, sondern Delegierte. So kam denn an seiner Stelle ein ungarischer Staatssekretär, mich aber vertrat meine Tochter Walburga.
Und dort gelang dann jener unglaubliche Durchbruch. Im Augenblick konnte noch niemand erkennen, was aus dieser Festlichkeit an der Grenze wirklich werden sollte, aber in Wirklichkeit hatten wir eine Lawine losgetreten.
Schon am nächsten Tag erfolgte die Besetzung der Botschaft der Bundesrepublik in Budapest. Alles, was sich später entwickelte, kam vom Paneuropa-Picknick an der ungarisch-österreichischen Grenze. Eine Initialzündung.
Selbstverständlich hat der Sieg viele Väter, ich will darüber gar nicht weiter reden. Doch um es offen zu sagen: sehr viele Mutige gab es damals nicht, viele hingegen haben dringend abgeraten, es sei das Ganze unendlich gefährlich, ja man könne mit dieser Aktion sogar einen Krieg lostreten. Feststellen möchte ich, daß es vor allem die anständige Haltung der ungarischen Regierung war, die jenes Ereignis ermöglichte. In diesem Zusammenhang wird mir übrigens öfter vorgeworfen, daß ich gewissen Ex-Kommunisten gegenüber eine zu freundliche Haltung einnähme. Aber ich kann es einfach nicht vergessen, daß Menschen, die wohl eine düstere Vergangenheit als Kommunisten haben, sich in den entscheidenden Stunden anständig aufführten und mithalfen, das Regime zu Fall zu bringen. Ich werde diesen Leuten auch weiterhin dankbar sein, ob das nun den Spätgekommenen paßt oder nicht!
Hier handelt es sich eben um eine andere staatsrechtliche Situation. Die Politik Ungarns hat stets mit der Stellung der heiligen Krone zu tun gehabt, was übrigens für das Land stets eine Kraftquelle bedeutete.
Meine zahlreichen weiteren Besuche in Ungarn, insbesondere meine Gespräche mit Ministerpräsident Antal, galten immer der Priorität, Ungarn so schell wie möglich in eine europäische Organisation zu führen.
Vergessen wir nicht die schwierige geopolitische Lage Ungarns, die Gefahr, in der das Land immer noch schwebt, denn noch wissen wir nicht, was sich im Raum der früheren Sowjetunion alles ereignen wird.

Stürmischer Empfang beim Paneuropa-Kongreß in Budapest, März 1990

Die Länder im Osten Mitteleuropas sind um so sicherer, je fester sie in die nur im Westen bestehenden Organisationen aufgenommen werden.
Ich wurde in Ungarn sehr rasch bekannt, und so wandten sich alsbald verschiedene politische Parteien, besonders die mit mir sehr verbundene Partei der Kleinen Landwirte, an mich mit der Frage, ob ich bereit wäre, die Präsidentschaftskandidatur anzunehmen.
Ich habe damals gebeten, von meiner Aufstellung Abstand zu nehmen, und zwar aus ganz fest umschriebenen Gründen: ich lasse mich nicht nach Parteienschacher vom Parlament wählen. Da bin ich aus grundsätzlichen, verfassungsrechtlichen Gründen dagegen. Wenn man einen Präsidenten will, muß er durch das Volk gewählt werden. Nur dann kann er seine Aufgabe entsprechend wahrnehmen und erfüllen.
Noch wesentlicher aber war für mich die Tatsache meiner eigenen Stellung in der Europäischen Gemeinschaft. Ich bin seit 1979 Mitglied des Europäischen Parlaments, habe mich dort gründlich eingearbeitet und konnte dort – und auch schon früher, als noch der Europarat in Frage stand – Wesentliches für Ungarn leisten. Es wäre aus meiner Sicht einfach falsch gewesen, die Stellung in Europa aufzugeben, weil ich von Straßburg aus wesentlich mehr für Ungarn tun konnte.
Das war der Grund, warum ich ›Danke, nein‹ sagte, wobei ich aber immer wieder betonte, daß bei einer Änderung der Ausgangsposition, wenn ich Ungarn im Lande selbst besser dienen könnte als jetzt von außen her, die Sache sich auch für mich anders schriebe.
Mit einem Wort: eine endgültige Absage gibt es bei mir nicht. Denn, wenn ich etwas in meinem langen politischen Leben gelernt habe, so das, daß in der Politik zwei Wörter nichts zu suchen haben: nämlich das Wörtchen ›nie‹ und das Wort ›immerwährend‹. ›Immerwährend‹ ist der liebe Gott. Und wer die Geschichte auch nur ein bißchen kennt, weiß, daß ihr Grundgesetz die Wandlung ist. Man kann diese grundlegenden Dinge nicht oft genug betonen.
Schon bevor dieses Picknick an der Grenze stattfand, bin ich einmal in Ungarn gewesen, also noch tief in der kommunistischen Ära, im Juli 1988.
Zwei Jahre vorher hatte die Nemeth-Regierung verlauten lassen, daß jeder Mensch frei nach Ungarn kommen könne. Ich wollte mich denen gegenüber loyal verhalten. Vielfach hatte ich den Ungarn schon praktische Hilfe leisten können, ich stand in engem Kontakt mit der Botschaft. Selbstverständlich wollte ich mit meiner Einreise keine Probleme schaffen. Schließlich erhielt ich über die ungarische Botschaft bei der Europäischen Gemeinschaft die Nachricht, es wäre die Zeit gekommen, daß ich einreisen könne.
Es war eine Zeit, in der Terror nach außen hin kaum mehr sichtbar in Erscheinung trat, doch er herrschte noch in den Seelen der Menschen.
Lassen sie mich ein typisches Beispiel erwähnen: Ich weilte damals kurz in Zalaegerszeg, einem Ort, von dem aus Kardinal Mindszenty seinen Weg in die höchsten kirchlichen Ämter antrat. Ich wollte einfach Kirche und Wohnhaus des Kardinals sehen und fragte einen älteren Mann danach. Als er den Namen ›Mindszenty‹ hörte, erschauerte er, sprang auf sein Rad und fuhr fluchtartig weg. Der Terror saß eben noch tief in der Bevölkerung. Als ich 1992 zum 100. Geburtstag des Kardinals in seinem Geburtsort in Mindszent, Komitat Vas, und dort, in diesem kleinen Dorf mit keinen 400 Einwohnern, gedachten an die 10000 Menschen – alles ›kleine Leute‹, nicht die verschiedenen feinen Schichten aus der höheren Schublade – des Kardinals. Da kam mir der Radlfahrer aus Zalaegerszeg wieder in den Sinn.
Das war damals meine erste Reise gewesen, im Rahmen des zweiten Besuches hatte ich die Gelegenheit, die heilige Stephanskrone zum ersten Mal zu besuchen. Die heilige Krone ist ja das Staatsoberhaupt Ungarns, eine Tatsache, die Außenstehende oft nicht erkennen. Vielfach sieht man auch einen Widerspruch zwischen diesem Staatsoberhaupt und der Tatsache, daß Ungarn heute eine Republik ist. Das ist aber kein Widerspruch, weil die Krone auch in der Zeit der Monarchie Staatsoberhaupt war. Erinnern wir uns bloß daran, daß Kaiser Joseph II., der sich nicht zum König von Ungarn krönen ließ, stets nur als ›König mit dem Hut‹ bezeichnet wurde, weil er eben die Krone nicht getragen hatte, und die letzte Autorität aber aus ihr kommt. Die Krone ist ein Symbol, eine Aussage, damals vom hl. Stephan getätigt, der die Krone nicht aus Byzanz, sondern aus Rom entgegennahm, was die endgültige Erklärung beinhaltete, daß Ungarn zum Westen, zum christlichen Westen gehören will.
Ich habe dann natürlich auch andere Länder Mitteleuropas bereist.

Ein geschichtsträchtiger Augenblick: Am 19. August 1989 steht Otto von Habsburg mit seiner Gemahlin Regina und seiner Tochter Walburga wieder vor der Krone des hl. Stephan; am 30. Jänner 1916 war er Zeuge der Krönung seiner Eltern gewesen.

Mein erster Besuch fand, aus innerstrukturellen Gründen des Europäischen Parlaments, zuerst in Bulgarien statt, wo damals noch eine beinharte kommunistische Regierung herrschte. Ich weilte dort für mehrere Tage, und was mich ganz besonders beeindruckte, war die unglaubliche Popularität von König Simeon, der ja wohl nur als kleiner Bub dort König gewesen war, von 1943 bis 1946, als er seine Heimat verlassen mußte, war er ganze neun Jahre alt, der sich aber in der Emigration stets um sein Land gekümmert hat und stets einen sehr würdigen Lebenswandel führte.
Ich weiß nicht, wie es ausgehen würde, befragte man das bulgarische Volk, aber ich war immer wieder aufs neue beeindruckt von der Tatsache, daß so viele Menschen mir sagten, sie stünden zu ihm. Das zumal dann, wenn sie erfuhren oder wußten, daß wir – wenn auch sehr weitläufig – miteinander verwandt sind; meine Mutter war die Schwester der Mutter von dem unglaublich beliebten König Boris, Vater von König Simeon.
Immer wieder sagten mir die Menschen, sie stünden zu ihrem König, und zwar Menschen aus allen Lagern, Muslime wie Orthodoxe und Katholiken.
Diesbezüglich gab es übrigens bemerkenswerte Schwierigkeiten, hatte ich doch schon vor Antritt der Reise die Forderung gestellt, mit Repräsentanten dieser religiösen Gruppen zusammentreffen zu wollen.
Das gestanden sie mir schließlich auch zu. Der Vertreter des Islams erwies sich als zitternder, angstbesessener Greis, ständig von einem Polizisten begleitet, inzwischen mußte er seine Stellung räumen; damals blickte er ständig nach diesem ›Polizisten‹ – einem Staatsbeamten –, ob und wie er wohl antworten dürfe. Noch schlimmer gestaltete sich die Begegnung mit den ›Vertretern‹ der Orthodoxen, durch und durch korrupten Menschen. Erschütternd. Sie wiederholten ständig, wie unendlich christlich der Kommunismus sei. Gott sei Dank, auch die sind schon weg.
Am interessantesten gestaltete sich die Begegnung mit den Katholiken, von denen es in Bulgarien wesentlich mehr gibt als gemeinhin angenommen. Ich lud damals alle Bischöfe zu einem Essen in mein Hotel in Sofia, sowohl die römisch- als auch die griechisch-katholischen Würdenträger. Die Konversation gestaltete sich hochinteressant, konnte ich doch an den primitiven Regierungsvertretern vorbei mit den geistlichen Herrn mich prachtvoll in französischer oder italienischer Sprache unterhalten.
Nachher besuchte ich Böhmen und die Slowakei. In Prag sprach ich im Auditorium Maximum der Universität, die Leute standen bis auf die Straße hinaus. Ich sprach Deutsch. Früher einmal habe ich auch das Tschechische beherrscht, doch in den vielen nachfolgenden Jahren habe ich die Sprache doch so weit verloren, daß ich meinen Vortrag nicht in Tschechisch halten wollte. Interessant, daß in der Zuhörerschaft so gut wie alle meinem Vortrag durchaus folgten, schon vor der Übersetzung.
Was mir in Prag besonders auffiel, war die immer noch starke Präsenz der Deutschen dort, trotz der massiven Vertreibung. Diese Menschen können sich nun wieder freier äußern. Die Sudetendeutschen haben aber auch alles getan für die Aussöhnung mit den Tschechen. Während des Prager Frühlings, 1968, hat die Sudetendeutsche Ackermanngemeinde unglaublich viel unternommen, um der

Dezember 1990: Otto von Habsburg besucht mit seinem Sohn Paul Georg und seinem Neffen Carl Christian (vorne links) das böhmische Städtchen Alt-Bunzlau, wo das junge Thronfolgerpaar Karl und Zita im Jahre 1911 in Garnison weilte.
Der frisch gewählte, nichtkommunistische Bürgermeister zeigt Otto das Goldene Buch der Stadt, in dem sich neben Karl und Zita auch Eintragungen von Klement Gottwald und Fidel Castro finden.

böhmischen Kirche zu helfen, und auch andere Organisationen haben sich für die Freiheit der Tschechen eingesetzt. Bei einem der jüngsten Treffen zwischen Tschechen und Sudetendeutschen in Reichenberg kam vor allem das zur Sprache, was die beiden Völker eint.

Traurig am zweiten Treffen in Reichenberg war vor allem die Feststellung der ungeheuren Umweltschäden, die die Kommunisten im Dreiländerbereich um Reichenberg hinterlassen haben. Die absolute Gewissenlosigkeit, mit der die damaligen Herrscher Umweltzerstörung betrieben, ist nicht zu beschreiben.

Aber immerhin sehe ich die gewaltige Leistung von seiten der Sudetendeutschen, übrigens nicht nur in Böhmen, auf Versöhnung und Ausgleich hinzuarbeiten.

Auch Polen habe ich besucht, ganz Polen, wobei mein größter Eindruck vom Aufenthalt in Tschenstochau rührt, wahrlich einem der bedeutendsten Heiligtümer der Geschichte, auch deswegen, weil die Polen dort den Beweis erbringen, ihre Geschichte ohne Komplexe zu sehen. Im Fremdenbuch von Tschenstochau findet sich auch die Unterschrift Heinrich Himmlers, immer noch; ich kenne so viele Gästebücher, in denen die Seiten zwischen der letzten Eintragung eines Demokraten und jener des ersten Amerikaners im Jahre 1945 glatt herausgeschnitten sind. Übrigens ist jetzt – leider – in vielen Ländern des ehemaligen Ostblocks die kommunistische Ära der Großbonzen dran, herausgeschnitten zu werden. Schade!

Kaiser Franz ist da aus anderem Holz geschnitten gewesen, der ließ die Male Napoleons in Wien stehen und sagte dazu nur, auch das gehört zu unserer Geschichte.

Einen gewaltigen Eindruck empfing ich auch in Oberschlesien, übrigens an einem Nachmittag, an einem ganz normalen Arbeitstag. Wir trafen einander an der Ruine des alten Eichendorff-Schlosses. Obwohl der Besuch, wie anders, kaum angekündigt worden war, erwarteten uns dort an die 21 000 Menschen, Deutsche, mit denen wir gesprochen haben. Es war erschütternd für mich, zu erkennen, daß etwa ein Drittel dieser Menschen die deutsche Muttersprache nicht mehr beherrschte, weil es ihnen einfach mit der Peitsche ausgetrieben worden war. Sprachen Eltern mit ihren Kindern Deutsch, so sperrte man sie ein.

Am nächsten Tag sah ich Groß-Strelitz, wo die Versammlung der deutschsprachigen Bürgermeister stattfinden sollte. Etwa 30 Bürgermeister zählen dort offiziell zur deutschen Sprachgruppe. Doch erschienen waren hundert Bürgermeister. Jeder Deutschstämmige hatte einen ›polnischen Kollegen‹ mitgenommen, viele Polen wieder Deutschstämmige. Für mich ein Beweis mehr, daß an der Basis die Aussöhnung gute Fortschritte macht. Leider gibt es sowohl in der Kirche wie auch im Staat Potentaten, die an Versöhnung nicht interessiert sind. Bei den einfachen Menschen liegt die Sache ganz anders, dort denkt man, daß das, was

Internationale Generalversammlung der Paneuropa-Union, Dezember 1991 in Straßburg; Empfang im Rathaus: Neben dem Präsidenten der Paneuropa-Union Frau Ursula Schleicher (MdEP), rechts dahinter Karl von Habsburg, links dahinter Madjaz Sindlavec, Abgeordneter im slowenischen Parlament. In der Mitte France Bucar, Präsident des slowenischen Parlaments, daneben Vytautas Landsbergis, Staatspräsident von Litauen

im Westen möglich war, etwa die Aussöhnung zwischen Deutschen und Franzosen, auch im Osten möglich sein muß.

Es braucht doch wahrlich nur den guten Willen, wie er zwischen Adenauer und de Gaulle bestanden hatte. Übrigens ist es diese unglaubliche Aussöhnung, die eine der glücklichsten Erfahrungen meines langen Lebens ist.

In meiner Jugend waren Franzosen und Deutsche die Erbfeinde schlechthin. In meiner Jugend wußte jeder, daß er einmal gegen einen anderen Europäer in den Krieg zu ziehen habe. Und heute? Es sind nicht nur entsprechende Institutionen in Europa geschaffen worden. Nein, die Gesinnung der Völker hat sich geändert. Und das ist genau zu meinen Lebzeiten im Westen unseres Kontinents bereits geschehen…

Schon am 19. August 1991 weilte ich bei den Balten, zuerst in Litauen, nicht nur wegen der uralten Familienbande, die mich mit diesem Stamm verbinden, sondern jetzt wegen der unfaßbaren Umweltprobleme dort.

Jüngst besuchte ich auch Estland und Lettland, weil es in meinen Augen von eminenter politischer Bedeutung ist, die Balten als eine Vorhut Europas zu sehen. Übrigens hat auch Graf Coudenhove die erste politische Unterstützung seinerzeit von dort erfahren.

In Tallinn, der Hauptstadt von Estland, verehrten mir die dortigen Paneuropäer jene Messingtafel vom Eingang ihres ersten Büros, die Getreue vor den Sowjets in Sicherheit gebracht hatten. Nun ist sie, nach vielen Jahrzehnten, bei mir.

Was das Schicksal des ehemaligen Jugoslawien betrifft, möchte ich nur sagen, daß sein Ende vorhersehbar war angesichts der Genesis dieses Staates. Sein Ende war vorprogrammiert. Auch Tito hat in seinen späteren Jahren immer wieder, wenn er zu seinen Vertrauten sprach, Bedenken über den Fortbestand Jugoslawiens geäußert. Eigentlich ist es bloß erstaunlich, daß jenes Gebilde Tito noch ein paar Jahre überlebt hat.

Ich weilte in der letzten Zeit oft und immer wieder in Slowenien und Kroatien und möchte zu Slowenien vor allem bemerken, daß der Westen nicht richtig verstand, wie groß der militärische Sieg der slowenischen Miliz über die Flugzeuge und Panzer der sogenannten Bundesarmee in Wirklichkeit war. Erst später, wenn mehr Einzelheiten über den Heldenmut der kleinen Leute, der Bauern auch, bekannt werden, mag das ganze grandiose Bild dieses Widerstandes gegen die überragende Macht der ehemaligen jugoslawischen Armee sichtbar werden. Die Bürger, nach schweizerischem Vorbild im Besitze von Waffen, die sie daheim aufbewahrten, haben Sloweniens Unabhängigkeit erkämpft, eine Tatsache, die gerade den Österreichern sehr am Herzen liegen sollte, denn – um mit dem Schriftsteller Erik von Kuehnelt-Leddihn zu sprechen –, ist die österreichisch-slowenische Grenze insofern keine Realität, weil es nördlich der Grenze deutschsprechende Österreicher und südlich der Grenze slowenisch sprechende Österreicher gibt, und das sei der ›ganze Unterschied‹.

Übrigens hatte Slowenien den großen Vorteil, über eine erstklassige Führungsgarnitur zu verfügen und außerdem wirtschaftlich dem Westen doch schon sehr angepaßt zu sein. Vergessen wir nicht, daß das frühere Jugoslawien ja vor allem von der Wirtschaftskraft Sloweniens gelebt hat. Ich bin daher auch überzeugt, daß Slowenien verhältnismäßig am leichtesten in die Europäische Gemeinschaft hineinwachsen wird.

Kroatien wird es schwerer haben, zumal die von der ›Bundesarmee‹ angerichteten Schäden geradezu unvorstellbare Ausmaße haben. Wegen der serbischen Machenschaften über die Agentur TANJUG, mit Sitz in Belgrad, konnte die Weltöffentlichkeit lange über die wahren Zustände in den kroatischen Kampfgebieten getäuscht werden. Ähnlich ging es lange Zeit mit den grauenhaften Vorfällen während des Krieges in Bosnien-Herzegowina.

Übrigens muß ich sagen, daß mein Eintreten für das Selbstbestimmungsrecht der Menschen in Slowenien, Kroatien und Bosnien-Herzegowina zu den schwierigsten Abschnitten meines politischen Lebens gehörte, einfach, weil der Informationsstand nicht stimmte. Ich möchte aber betonen, daß das Europäische Parlament auf diesem Gebiete wirklich großartige Leistungen vollbracht hat, die anfänglich nicht richtig erkannt und gewürdigt wurden, weil der Europäische Rat in Brüssel zunächst geschlossen gegen Slowenien und Kroatien auftrat. Dieses Übel ging allerdings zur Gänze von den Vereinigten Staaten aus. Erinnern wir uns doch daran, daß der Secretary of State, James Baker, in Belgrad erklärte, die USA stünden hundertprozentig hinter der ›Einheit Jugoslawiens‹ und es werde dessen Auflösung nicht hinnehmen. Dann gab es da den unsäglichen US-Botschafter Zimmermann in Belgrad, der in einer seiner Reden sagte: ›Amerika wird niemals vergessen, daß die Serben in zwei Weltkriegen Alliierte der Vereinigten Staaten waren!‹ Doch auch in diesem Falle zeigte sich, daß es in der Politik kein ›niemals‹ gibt. Betrachtet man so etwas aus der Nähe, schaut es ein wenig anders aus, aber immerhin, Herr Zimmermann hat das geglaubt. Dann traten gewisse Herren aus der Europäischen Gemeinschaft auf, Vertreter nationaler Regierungen, die im Rat saßen, wie der Holländer Van den Broek oder der Luxemburger Jacques Poos, die bis zuletzt auf der Seite der Serben standen und gegen Kroaten und Slowenen auftraten. Eine Wandlung trat da erst mit der Übernahme des Vorsitzes in der Gemeinschaft durch die Portugiesen auf.

Ich kam in dieser schwierigen Zeit in Kroatien viel herum, allerdings lang nicht so viel wie mein Sohn Karl, der sehr häufig in Kroatien weilt, und sich ganz besonders für die Rettung kroatischer Kunstschätze einsetzt; auch für die Erarbeitung von Plänen, wie auf diesem Gebiet den Kroaten langfristig geholfen werden könnte. Die Serben haben ja schon mehr als 300 Kirchen zerstört, unter ihnen unersetzliche Monumente, abgesehen von der weltweit bekannten Beschießung von Dubrovnik. Sicher, Dubrovnik ist etwas Einmaliges, mit Recht spricht man über dessen Zerstörung. Aber in Karlovac etwa steht überhaupt kein Haus mehr ganz.

Die Führungspersönlichkeiten Kroatiens kenne ich, bei Präsident Tudjman weilte ich mehrmals. Einmal, noch vor der Anerkennung, trafen wir in Agram in der ehemaligen Residenz Titos zusammen. Kaum hatten wir unser Gespräch begonnen, mußten wir wegen eines schweren Fliegerangriffes auch schon in den Luftschutzkeller.

Das war der Bunker Titos, na, der hat sich's wirklich organisiert gehabt. Das ist ein atombombensicherer Bunker. Man steigt zwischen mächtigen Betonwänden hinunter – dort alles bestens ausgerüstet, breit vorbereitet –, ein Beweis mehr, wie die kommunistischen Potentaten für sich selbst sorgten, während sie die Bevölkerung draußen schmoren ließen; sie selber haben es sich gerichtet. Ich wollte übrigens die schon begonnene Konversation oben in seinem Arbeitszimmer fortsetzen, doch Tudjman meinte, er müsse ein Beispiel geben und wir hätten uns daher für die Dauer des Angriffs in den Keller zu begeben.

Die Schäden sind mittlerweile fast unabsehbar geworden. In jüngster Zeit gab es so viele Verwundete, Kinder vor allem, die durch Minen, die die Serben zu Zehntausenden legten, zu Schaden kamen. Es bleibt nur die Hoffnung auf den Mut und die Zähigkeit der Kroaten.

Und hier möchte ich noch etwas sagen: Österreich war in der Hilfe für Kroatien beispielgebend. Da ist auf einmal wieder der echte, österreichische Geist wirksam geworden, so wie seinerzeit 1956, während der ungarischen Revolution.

Die Österreicher fühlen sich als Landsleute der Kroaten, und das ist schön, und das haben auch die Kroaten verstanden und sind dankbar dafür.

Ich besuchte dann außerdem die Slowakei, zunächst im Auftrage des Europäischen Parlaments wegen der Dammbauten an der Donau, übrigens Projekte, deren absoluter Gegner ich bin, weil sie eine Umweltgefährdung ersten Ranges darstellen, besonders dieses Nagymaros-Vorhaben, das das gesamte ökologische Gleichgewicht des Karpatenbeckens zerstören könnte.

Über Einladung der slowakischen Regierung sprach ich auch vor dem slowakischen Parlament, wobei ich versuchte, die europäische Stellung der Slowakei herauszuarbeiten und die Chancen dieses Landes. Meine Rede hat nicht allen gefallen, sprach ich mich doch für das Selbstbestimmungsrecht der Völker aus, aus innerer Überzeugung. Ich meine übrigens, daß die Slowaken klug genug sind, nicht alle Verbindungen zu Prag aufzugeben. Daß sie allerdings die größtmögliche Autonomie verlangen, ist vollkommen berechtigt.

Übrigens ist die slowakische Wirtschaft besonders gefährdet; es ist dies der gefährlichste Winkel der Wirtschaft überhaupt im zentraleuropäischen Raum: Alles ist noch auf die völlig veralteten Produktionsmethoden abgestellt, ganz auf den Ostmarkt ausgerichtet. Da den Menschen rechtzeitig neue Arbeitsplätze zu schaffen, wird wohl zum Schwierigsten gehören.

Nach meiner Rede vor dem Parlament gab es ein Treffen mit den slowakischen Führern aller politischen Parteien, bei dem wir die ganze schwierige Situation frei durchdiskutiert haben. Übrigens waren auch die Vertreter der äußeren Linken dabei. Doch die Slowaken – die wirklich sehr große Probleme haben –, sind aufgeschlossen und verstehen, welche Zukunftsaufgabe ihnen im europäischen Rahmen zugedacht ist.

Meine Verbindungen gehen heute weit über den mitteleuropäischen Raum hinaus. Zunächst möchte ich da Weißrußland nennen. Die sind sehr aktiv bei den Kontakten zur Europäischen Gemeinschaft, auch die Ukrainer, die jedoch sind besonders mit ihren eigenen, schweren Problemen und ihrem gespannten Verhältnis zu Rußland beschäftigt.

Die Russen wieder versuchen alles, um sich so bald wie möglich der Europäischen Gemeinschaft zu nähern. Unlängst hatten wir eine russische Parlamentsdelegation in Straßburg, alle Parteien waren darin vertreten, und übereinstimmend betonten sie, wie sehr auch Rußland zu diesem Europa gehört.

Besuche unter Freunden müssen nicht immer nach Protokoll ablaufen: Otto von Habsburg mit dem tschechoslowakischen Staatspräsidenten Vaclav Havel und Außenminister Jiri Dienstbier, für deren Freiheit zur Zeit ihrer politischen Verfolgung unter der kommunistischen Regierung er sich im Europäischen Parlament massiv eingesetzt hat, in einer Prager Wirtschaft bei einem Glas Bier.

Ich habe denen allerdings in voller Aufrichtigkeit gesagt, daß Rußland nicht ganz in Europa liegt. Rußland dehnt sich bis Wladiwostok aus, und dazwischen liegen viele Völker, die absolut nicht zu Rußland gehören wollen. Denn das heutige Rußland ist noch immer ein gewaltiges Kolonialreich. Zwar gab es für Rußland schon eine erste Dekolonialisierungswelle, doch eine zweite, jenseits des Urals, wird absolut notwendig sein. Wir erkennen das am Beispiel der Tschetschenen, die schon ihren unabhängigen Staat haben, und an dem der Tataren, die ihn anstreben. Doch das sind Probleme, mit denen wir erst übermorgen zu tun haben werden.

Wir müssen uns jetzt vor allem auf Mitteleuropa konzentrieren, und dabei möchte ich betonen: zu Mitteleuropa gehört auch die Ukraine. Das dürfen wir niemals vergessen; das sind auch religiöse Verbindungen.

Für uns Österreicher gesellen sich dazu auch die historischen Bande zur Bukowina; dieser Teil der Ukraine gehörte jahrzehntelang zu Österreich. Es hat dort vor gar nicht zu langer Zeit eine Epoche gegeben, ich habe es nicht aus persönlicher Erfahrung, aber meine Eltern erfuhren das noch selbst – in der alle wußten, wie gut österreichisch gerade dieses Ostgalizien und die Bukowina gewesen sind, von Joseph Roth bis Gregor von Rezzori, dessen Vater aus jener Bukowina stammt.

Es sieht so aus, als zeichne sich am Horizont tatsächlich bereits ein neues Mitteleuropa ab, das vereint und stark, als ein Teil der Europäischen Gemeinschaft seinen Beitrag zum Wohlergehen Europas leisten wird.«

Aus meinem Leben

»Die Eindrücke aus meinem Leben umfassen einen für mich schier unendlich weiten Weg, zumal ja unser Zeitalter viele weitere, um nicht zu sagen gewaltigere Sprünge machte als die Epochen vor uns.
Ich wurde noch vor dem Ersten Weltkrieg geboren, 1912, in Österreich-Ungarn. Die Unholde der heraufdämmernden Katastrophen, diese Typen vom Schlage eines Hitler, Beneš oder Stalin, lebten zwar schon, doch bot ihnen das alte Europa keine Chance.
Erst der Doppelmord von Sarajewo löste die schaurige Kriegs- und Nachkriegszeit aus, Jahre, die ich schon sehr bewußt in all ihrer Tragik miterlebte.
Dann er- und überlebte ich die Ära der Nationalsozialisten, die zweite, schlimme Nachkriegszeit, die neuerliche Heimatlosigkeit, die kommunistische Bedrohung. Aber schließlich wurde ich Zeuge und wohl auch Mitwirkender der europäischen Einigung.
Wenn ich mich zurückerinnere, so führt mich der Weg ein gewaltiges Stück in die Vergangenheit und dabei gleichzeitig – Faszination der Geschichte – in die Zukunft.

Kronprinz Otto an der Hand Kaiser Franz Josephs – im Hintergrund des Genrebildchens aus dem Jahre 1915 das junge Thronfolgerpaar Karl und Zita im Garten von Schönbrunn – und, fast sechs Jahrzehnte danach, Otto mit seinem Erstgeborenen Karl.

Einer meiner Gegner – ich vermute, es war Willy Brandt, aber es kann auch einer seiner Gesinnungsgenossen sein – warf mir einmal vor, ich würde immer nur in den ›Rückspiegel‹ schauen. Ja, auch in den Rückspiegel! Denn jeder auch nur halbwegs routinierte Autofahrer, der eine Schnell- oder Autobahn benützt, weiß, daß der konsequente Blick in die Rückspiegel fast genau so wichtig ist wie der Blick auf die Fahrbahn vor ihm.
An die Vergangenheit denkend, wendet sich mein Blick naturgemäß zunächst zu meinem Vater und damit auch schon zu der Tatsache, daß er während des Krieges kaum bei uns zuhause weilte. Denn er stand, und darin unterschied er sich von so gut wie allen seinen Zeitgenossen – so oft, wie nur immer möglich – an der Front.
Aus dieser Tatsache heraus war ja auch sein unbeugsamer Wille gekommen, Frieden zu schließen, dem Töten ein Ende zu bereiten. Seine Zeitgenossen, Politiker wie Militärs, von Sonnino bis Ludendorff, schickten die Opfer stets nur in die Schlacht, stets aus dem sicheren Hinterland – besser Hinterhalt? – heraus, ohne je an das persönliche Leid zu denken, das damit verbunden war. Mein Vater erlebte Leid ungezählte Male in vorderster Linie. Daher sein schier bedingungsloser Einsatz für den Frieden.
Selbstverständlich erinnere ich mich auch ein bißchen an die politischen Ereignisse von damals, an die ›Großen‹ jener Zeit, die ich vor allem anläßlich der Beisetzungsfeierlichkeiten für Kaiser Franz Joseph I. traf, vom deutschen bis zum osmanischen Kronprinzen, meinen ›Berufskollegen‹ sozusagen, bis zu den Größen der Tagespolitik von damals. Krise oder Überwindung einer Krise – als Kind erinnert man sich ganz besonders an diese Stimmungen, weil ja die echten, politischen oder historischen Zusammenhänge selbstverständlich noch verborgen bleiben, der Stimmungsgehalt jedoch bei einem Kind vielleicht besser erkennbar ist, als bei so manchem Erwachsenen.
Gerade in jener ebenso entsetzlichen wie schwierigen Zeit empfand ich auch schon die doppelte Aufgabe meines Vaters: an den Fronten zu weilen und in der Heimat zu weilen, dort bei den Soldaten, hier bei den Politikern, den Verantwortlichen für unsere Länder. ›Hinterland‹, das war ident mit ›politischem Problem‹, das empfand ich schon als Kind.
Jüngst erhielt ich ein Protokoll über die letzte Konversation zwischen meinem Vater und Monsignore Korošec, diesem ebenso klerikalen wie nationalistischen Slowenenführer in Laibach. Sagte ihm damals nicht mein Vater bis in alle Einzelheiten hinein voraus, was geschehen würde?
Anton Korošec, bis 1918 Obmann des slowenischen Klubs im österreichischen Reichsrat, bewirkte zu Kriegsende im Jahre 1918 den Anschluß der früher zu Österreich-Ungarn gehörenden Völker an Serbien. Er wurde Minister, stieg auf zum Ministerpräsidenten und wurde 1933 schließlich den-

30. November 1916: Das junge Kaiserpaar mit Kronprinz Otto im Trauerzug für den verstorbenen Kaiser Franz Joseph I.
Felix Salten fand dazu die Worte: »Es war wie ein ganz leise und wehmütig aufklingendes Frühlingslied im tiefdunklen Pomp der grandiosen Totenfeier, aber auch ein starkes, wunderbares Hoffen.«

noch in ein serbisches Dorf verbannt… und vergessen. Bis heute, da die Welt erkennt, wie falsch und katastrophal die Linie, die Monsignore Korošec eingeschlagen hatte, für die Völker Südosteuropas gewesen war.
Jetzt erst, nach der Befreiung Sloweniens, 1990 – zweiundsiebzig Jahre nach der von Monsignore Korošec betriebenen Eingliederung Sloweniens in einen serbisch dominierten ›südslawischen‹ Staat – erhielt ich Kenntnis über den Gesprächsinhalt und die Vorhersagen meines Vaters. Wie hatte mein Vater doch gesagt? ›Bleiben Sie bei Österreich. Unternehmen sie doch etwas, damit Slowenien auch jetzt, in dieser schweren Zeit – es war 1918 – mit Österreich verbunden bleibt. Denn, wenn nicht…‹ mein Vater sagte ihm voraus, was kommen würde. Wir haben es erlebt.
Ich habe diese Gespräche als Kind am Rande miterlebt. Als Mitglied einer Familie wie der meinen ist man doch sehr – sagen wir – ›erblich belastet‹. Meine Familie stand ja doch über gut ein Jahrtausend hinweg in der Politik. Daher ist es wohl normal, wenn schon beim Kleinkind das Interesse an Politik erwacht.
Ich erinnere mich in diesem Zusammenhang an meine Tochter Walburga, die mir schon in ihrem zarten Alter von fünf Jahren erklärte, feierlich, daß sie ›in die Politik‹ gehen würde. Das lag sozusagen auch schon in ihrem Blut…
Das große Ereignis meiner Kindheit war naturgemäß die Beisetzung von Kaiser Franz Joseph I., als ich an der Seite meiner Eltern jenem Leichenwagen folgte, hinter dem ich

auch, ein dreiviertel Jahrhundert später, dem Sarge meiner Mutter auf dem Weg in die Kapuzinergruft folgte, während der Beisetzungsfeierlichkeiten am 1. April 1989.
Ich erinnere mich selbstverständlich auch in vielen Einzelheiten an die Krönung meines Vaters in Budapest. Übrigens konnte ich mich, wieder mehr als siebzig Jahre später, als ich wieder in Budapest weilte, in zahllosen Einzelheiten an diese schöne, unvergleichliche Stadt erinnern, besonders an den Blick von der Burg.
Auch meine Erinnerungen an Gödöllö, wo ich mit meinen Geschwistern die schwere Krise des Jahresendes von 1918 erlebte, sind sehr lebendig. Wir waren damals durch kommunistische Aufständische am Leben bedroht, und der Mut und die kühle Entschlossenheit der Brüder meiner Mutter, René und Gaëtan, die uns mit dem Auto herausholten, beeindruckte mich sehr, irgendwie verstand man schon als Kind, was wirklich Gefahr ist. Sowohl dieses Gefühl der Trennung wie besonders die Fahrt bis Preßburg sind mir ganz lebhaft im Gedächtnis geblieben. Es hat mich brennend interessiert, meine Kindheitserinnerungen aus 1918 mit der Wirklichkeit von 1991, als ich endlich wieder nach Preßburg kam, zu vergleichen, übrigens ähnlich wie mit Budapest, das mir auch sehr stark im Gedächtnis geblieben war. So wie übrigens auch die Erinnerung an die traurigen Revolutionstage in Wien, von denen mir unauslöschlich im Gedächtnis bleibt, wie die jungen Kadetten aus Wiener Neustadt kamen, um dem Kaiser in jenen bitteren Stunden beizustehen, den Kaiser zu verteidigen. Ich meine auch, daß das für meine Mutter eine ihrer prägendsten Erinnerungen geblieben ist, diese Treue der Wiener Neustädter Kadetten nach dem Versagen der Garden.
Tief im Gedächtnis lebt auch der Augenblick des Verlassens von Schönbrunn, das Bewußtsein, daß mein Vater Österreich auf gar keinen Fall verlassen wollte, was auch in Eckartsau stark spürbar blieb, ging es doch um den Fortbestand Österreichs, gegen die Anschlußfanatiker von damals. Auch die ganze Unsicherheit dort in Eckartsau kriegten wir Kinder mit, das Gefühl der Schutzlosigkeit, das Wissen, daß nur der Vater – der Kaiser – und die Mutter unseren wirklichen Schutz bedeuteten. Anders dann die Zeit in der Schweiz.
Vieles gestaltete sich in der Schweiz ruhiger, auch die uralte Verbindung meiner Familie wurde dort wieder lebendig. Denn wenn es auch viele Probleme zwischen den Schweizern und uns gegeben hat, so zeigte sich doch gerade während unseres Aufenthaltes in der Eidgenossenschaft, wie viele Schweizer meinem Vater und seiner Familie Sympathie entgegenbrachten, ihm in Treue verbunden waren. Lassen Sie mich da stellvertretend für viele gute Freunde unseren Benediktinerpater Maurus Carnot nennen. Er gilt heute nicht nur als Retter der rätoromanischen Sprache, er war ein großer Dichter und ein wahrer Priester, zu dem mein Vater unbegrenztes Vertrauen hatte – und ich darf heute, so viele Jahrzehnte danach, ausgestattet mit dem Wissen, das mir meine Mutter überlieferte, wohl sagen, daß Pater Maurus alles Vertrauen rechtfertigte.
Vor Jahren fragte mich einmal jemand, wie es mir möglich sei, in der Schweiz zu einem Jahrestag wie dem der Schlacht bei Sempach, nach der wir Habsburger doch unseren Einfluß dort einbüßten, eine Festrede zu halten. Nein, es machte mir wirklich keine Schwierigkeiten. Standen doch Schweizer auf beiden Seiten der Linien – Schweizer kämpften dort gegen Schweizer.
Der Aargau stand fest auf habsburgischer Seite. Ich bekenne mich überhaupt zur Geschichte; die Habsburger sind, wie ich damals formulierte, wenn Sie so wollen, Auslandsschweizer, die in Österreich und Spanien und in der Welt überhaupt reüssierten.
Und was die Zukunft betrifft, bin ich zutiefst von der künftigen Rolle der Schweiz in der Europäischen Gemeinschaft überzeugt. Die Neutralität der Schweiz spielt da kaum eine Rolle, weil es den Schweizern mit der von ihnen geschaffenen Institution ›Rotes Kreuz‹ gelang, etwas Einmaliges ins Leben zu rufen. Darüber hinaus verfügt die Schweiz über einen hervorragenden diplomatischen Dienst, der es ihr erlaubt, konkrete Friedensaufgaben dort zu lösen, wo verfeindete Staaten längst nicht mehr miteinander ohne Vermittler reden könnten. Eine echte Friedensmission, und übrigens der Hauptgrund, warum ich immer wieder dafür eintrete, daß die Schweiz in der Europäischen Gemeinschaft einen Sonderstatus erhalten soll, ein Hauptgrund wie der, daß die Schweiz das Rote Kreuz schuf; zwei Rechtfertigungen für einen Sonderstatus.

Otto und seine Geschwister in Schloß Wartegg am Bodensee, bereit zur Abreise nach Madeira

Die Ankunft der Kinder Kaiser Karls und Kaiserin Zitas in Funchal (Madeira) am 2. Februar 1922. Niemand konnte ahnen, daß dem Kaiser nur mehr zwei Monate Lebenszeit vergönnt waren.

Für mich, ganz persönlich, ist die Schweiz auch ein Symbol für viele Hoffnungen, Enttäuschungen, Rückschläge, harte Rückschläge; ich brauche mich bloß daran zu erinnern, wie unsere Eltern von Hertenstein aus nach Zürich aufbrachen, um in ihre ungarische Heimat vorauszufliegen. Das Ende ist ja bekannt. Wir waren von unseren Eltern getrennt, hatten allerdings unsere liebe ›Korffi‹ zur Seite, Gräfin Kerssenbrock. Wir Kinder kamen dann ja erst anfangs 1922 zu unseren Eltern nach Madeira.

Dieser Lebensabschnitt Madeira war kurz, schließlich weilten wir nur vom Jänner bis Mai 1922 auf dieser Atlantikinsel. Aber er war für uns von großer Bedeutung, in jeder Hinsicht.

Da gab es zunächst die unglaublich herzliche Verbindung mit der portugiesischen Bevölkerung, stammten doch sowohl mein Vater als auch meine Mutter – jeweils über ihre eigene Herkunft – aus Portugal. Diese Zuneigung drückt sich ja bis heute in der Liebe aus, mit der die Portugiesen das Andenken meines Vaters auf Madeira bewahren, diese rührende Anhänglichkeit, diese Pietät.

Auf Madeira konnte ich in den letzten Wochen vor der Erkrankung des Kaisers sehr viel Zeit mit meinem Vater verbringen. Er war ja ein Mann, der Bewegung liebte und mit mir stundenlange Spaziergänge unternahm, oft begleitete uns auch meine älteste Schwester Adelhaid. Erst später erkannten wir, daß wir seinen letzten Lebensabschnitt nicht mehr mit ihm verbringen könnten, was dann tatsächlich eintrat, als er erkrankte und wir Kinder wegen der Infektionsgefahr von ihm getrennt bleiben mußten.

Erst am 1. April 1922, seinem Sterbetag, ließ er mich zu sich rufen, durch meine Mutter. Ich erinnere mich ganz deutlich

Abschied von Madeira: Die Aufbahrung des Kaisers und Königs in der Kirche von Nossa Senhora do Monte, das Warten der Familie auf die Dampfbarkasse, die Überfahrt, das spanische Passagierschiff Infanta Isabel de Bourbon, das die kaiserliche Familie im Auftrage von König Alfons XIII. von Funchal nach Cadiz brachte.

an dieses Bild, an ihr rosafarbenes Kleid, die Blumen im Garten, den herrlichen Tag, daran, wie meine Mutter auf mich zukam in diesem hellen Kleid und mir sagte, mein Vater rufe nach mir. Ich solle sehen, wie ein Christ stirbt. So ist er auch gestorben.
Wie oft hörte ich, Kaiser Karl sei eine ›tragische Gestalt‹ gewesen. Wie unwahr. ›Tragisch‹ waren die Umstände. Er hat sie mit Mut und Kraft zu lösen versucht und ging nach diesem harten Leben, nach all dem Leid, voll der innersten, religiösen Überzeugung, in die andere Welt. Das ist kein Ende, sondern, für den gläubigen Menschen, ein Hinübergang. Der Beginn eines ewigen Lebens. Und *das* war es genau, was meinem Vater widerfuhr, so erlebte ich es. Diese Erinnerung prägte mein Leben.
Wir sind dann bald darauf auf Befehl von König Alfons XIII. aus Madeira abgeholt worden. Und das unter recht dramatischen Umständen, wollte doch die sogenannte ›Botschafterkonferenz‹ verhindern, daß wir von Madeira wegkämen. Doch damals hat der König von Spanien den Mut gehabt zu sagen: ›Entweder, ihr laßt sie jetzt auf der Infanta Isabel wegfahren, oder ich schicke ein Kriegsschiff, um sie zu holen!‹ Er setzte da eine sehr noble Geste, zum Teil vielleicht auch deswegen, weil seine Mutter, Reina Christina, eine Erzherzogin aus dem Hause Österreich gewesen war; für Jahre hatte sie bravourös während der Zeit der Minderjährigkeit ihres Sohnes Alfons die Regentschaft geführt.

Otto und seine Geschwister nach einer Schneeballschlacht im Garten der Villa Uribarren im Baskenland

Originaltext von Votavafoto, Wien: HABSBURGERKINDER ERSTMALS IN ÖSTERREICH. Gestern, Sonntag, 9.2. 1969, reisten Regina und Otto von Habsburg erstmals mit ihren sieben Kindern, die seit 14 Tagen österreichische Pässe besitzen, in Scharnitz nach Österreich ein. Die neunköpfige Familie verbrachte den Sonntag in Tulfes bei Innsbruck. Während fünf Kinder einen Skikurs besuchten, betätigten sich Dr. Habsburg und seine zwei Jüngsten als Skibobfahrer.

Otto von Habsburg mit Geschwistern beim Bürgermeister von Lequetio

Hoher Besuch in Lequetio: Die Königinmutter, geleitet vom jungen Kaiser Otto und Erzherzog Eugen, auf dem Wege zu Kaiserin Zita. Königinmutter Christine, eine Erzherzogin von Österreich, hatte in der Zeit der Minderjährigkeit ihres Sohnes, des späteren Königs Alfons XIII. (Großvater des jetzigen Königs Juan Carlos), Spanien mit weiser und starker Hand regiert.

Die ›Infanta Isabel de Bourbon‹ holte uns dann, aus dem spanischen Äquatorialguinea kommend, eigens aus Madeira ab, und die Portugiesen haben bei dem ganzen Unternehmen brav und tapfer mitgespielt und die aus Frankreich und England kommenden Anweisungen – nämlich uns weiter auf Madeira zu internieren – einfach nicht befolgt. Die Drohung des spanischen Königs, er werde uns notfalls von einem Kriegsschiff abholen lassen, hatte ihre Wirkung getan.

Auf der ›Infanta Isabel‹ kamen wir nach Cadiz, von dort nach Madrid, wo uns der König vom Bahnhof abholte und in den Pardo geleitete, wo meine Mutter bald darauf mit meiner jüngsten Schwester, Erzherzogin Elisabeth, niederkam.

Von dort ging es alsbald an die baskische Küste, wo auch ein günstigeres Klima herrscht, nach Lequeitio, und dort blieben wir eine ganze Reihe von Jahren.

Für mich sind das meine Gymnasialjahre gewesen, zwei Programme gleichzeitig, das österreichische kontrolliert durch den Hussarek – der war unter Franz Joseph Unterrichtsminister gewesen, unter meinem Vater sogar Minister-

Kaiserin Zita und Otto von Habsburg in Lourdes 1935

präsident – und das ungarische Parallelprogramm kam noch dazu, es stand unter der Kontrolle einer ganzen Personalkorona... die haben das alles, was ich zu lernen hatte, mit Argusaugen überwacht. Meine Lehrer rekrutierten sich vor allem aus ungarischen Benediktinern.
Ich muß sagen: diese meine Benediktinerlehrer bleiben mir in unvergeßlicher Erinnerung. Ich werde jetzt auch in den nächsten Tagen nach Pannonhalma reisen, um dort den Vorsitz im Weltverband ungarischer Benediktinerschüler zu übernehmen. *Die* waren wirklich gute Lehrer, und wenn ich heute fließend Ungarisch spreche, verdanke ich das meinen Lehrern. Dazu kommt, daß einige von ihnen ein tiefes Verständnis für Literatur hatten, woher vielleicht mein Interesse für Literatur im allgemeinen kommt.
Wie dem auch sei: meine Geschwister und ich hatten ein ziemlich hartes Programm, da hat meine Mutter schon sehr scharf drauf geschaut; schnell und viel. Es war am Anfang sogar etwas zu viel, denn die Lehrer sagten eines Tages: ›So geht das nicht‹. Und da wurde also ein bißchen gemäßigt, aber viel auch nicht.
Ich muß Ihnen aber sagen, ehrlich, wenn ich jetzt darauf zurückschaue, danke ich Gott, daß es so war, denn dadurch habe ich gelernt zu arbeiten, dadurch lernte ich, pünktlich zu sein, was heute bei so vielen nicht mehr selbstverständlich ist. Mit einem Wort, diese Disziplin und die Selbstdisziplin hat uns sehr viel im Leben geholfen.
So ab dem Jahre 1923 kamen dann auch immer öfter Gruppen von Österreichern und Ungarn zu uns zu Besuch, auch aus Böhmen; oft waren das Menschen, die Fatima oder Limpias besucht hatten, und dann auch zu uns kamen.

Otto und Robert bei einer fröhlichen Radpartie im Baskenland

Radlpartie in Pöcking: Ottos Kinder Andrea, Walburga, Gabriela, Karl, Monika und Michaela

Schwierig gestaltete sich unsere Ausreise. Wir spürten, daß wir fort müßten, der Bürgerkrieg lag sozusagen schon in der Luft, aber wir durften ja nicht ausreisen. So versuchten wir es zunächst mit meinen kleinen Geschwistern, die zunächst die Erlaubnis erhielten, in die Pyrenäen zu gehen, für Ausflüge, auch nach Frankreich hinüber. Wir ›lockerten auf‹, zunächst einmal, fielen nicht mit der Tür ins Haus. Ich habe das dann später noch öfter praktizieren müssen. Prompt erhielten dann, nach etwa zwei Jahren, auch wir die Erlaubnis, nach Frankreich zu reisen, zunächst für drei Tage. Langsam gewöhnten wir so die Behörden an unsere Reisetätigkeit.
Schließlich gelang es uns, dank der Intervention meines Onkels Felix – er war Prinzgemahl von Luxemburg – beim König der Belgier, für mich die Erlaubnis zum Studium an der Universität Löwen zu erhalten. Vorher schon hatte ich mein Französisch in Luxemburg perfektioniert, dann begann ich, weitere Sprachen zu lernen.
Im Zuge meines Studiums ergab sich die Notwendigkeit, daß die ganze Familie nach Belgien zu übersiedeln habe; so kamen wir nach Steenockerzeel, nahe Brüssel.
Nun begann ich also meine Universitätsstudien in Löwen, und, rückblickend, würde ich sagen: ich würde sie heute langsamer machen; ich war damals viel zu schnell. Ich machte zwei Jahre in einem Jahr, viele Prüfungen parallel. Bitte, es ist mir gelungen, und es ist im allgemeinen nicht schlecht gegangen, aber ich möchte doch sagen, ich würde es keinem meiner Kinder anraten, irgend jemandem anraten, weil es nicht gut ist, so schnell aufnehmen zu müssen. Meine Parforçejagd ging jedenfalls vielleicht ein bißchen zu weit.
Noja, das ist vorbei, meine Schwester Adelhaid hatte übrigens noch bessere Ergebnisse als ich. Sie war überhaupt unser bester Student, der beste Arbeiter in unserer Familie.
Schließlich ging ich nach Berlin, wegen der Arbeit an meiner Dissertation, die das bäuerliche Erbrecht in Österreich betraf. Da mir Österreich verschlossen war, kam ich also an das Institut von Professor Sering, das beste in Deutschland in bezug auf Agrarpolitik. Max Sering genoß Weltruf, er war eine grandiose Persönlichkeit, die sich auch insoferne grandios bewährte, als er sich nachher, in der Hitlerzeit, so tapfer gerierte. Er, als stockkonservativer Preuße, ist mit einer Energie, einem Mut und einer Gradlinigkeit gegen den Nationalsozialismus angetreten, daß es bewundernswert war. Er trat noch offen gegen Hitler auf, als der schon total an der Macht war.
Ich habe Professor Sering oft getroffen, gerade in der Zeit, als die Nationalsozialisten immer mehr Macht errangen.
Da ich mich gerade damals schon politisch, auch parteipolitisch, sehr interessierte, kaufte ich mir auch sofort Hitlers ›Mein Kampf‹, damals in zwei Bänden. Ich muß sagen, ich habe mich da durchgebissen, denn ich habe damals schon,

Otto von Habsburg mit seinem Bruder Robert und dem Abt in der Abtei Clervaux, Luxemburg

dank des überragenden Einflusses meiner Mutter, die ja eine Sprachsäuberin war wie sie besser nicht vorstellbar ist, – sie hat die Jagd auf Fremdwörter geradezu mit Akribie, wenn ich so sagen darf, durchgezogen – auf einen klaren Stil geachtet, was mir später hoffentlich zugute kam.
So biß ich mich also durch jenes grauenhafte Werk, weniger wegen des Inhalts, der war ja fürchterlich, sondern um diesen gewissen Stil kennenzulernen. Wenn ich mich richtig erinnere, erschien damals in der ›Vossischen‹ die beste Definition von ›Mein Kampf‹: das Buch sollte besser heißen ›Mein Kampf gegen die deutsche Sprache‹.
Naturgemäß sah ich damals auch, was sich auf der Straße abspielte. Ich muß schon sagen, damals herrschte unvorstellbares Elend in Berlin. Es gab in Deutschland an die sieben Millionen Arbeitslose, praktisch ohne Unterstützung, dem Volk ging es einfach dreckig. Wir müssen endlich verstehen, daß die Menschen damals durchdrehten, denn ihre Lage war entsetzlich. Und keiner von jenen Arbeitslosen konnte ahnen, was aus dem Ganzen wird, denn ich muß Ihnen sagen, ich habe damals die Reden Hitlers gelesen – auch eine Strafe, aber immerhin – ich habe mich damals dazu kasteit sozusagen, und, ja, der Mann hat doch Friedensschalmeien geblasen, in einer Art, die durchaus an die ›Friedenskämpfer‹ der kommunistischen Ära erinnert. Es ist heute so gut wie völlig vergessen, daß dieser Hitler zunächst pazifistische Reden geschwungen hat, erst später kam er dem Volk ganz anders, als es bereits unmöglich war, ihn aus dem Sattel zu heben. Doch anfänglich saßen die Menschen seiner vorgetäuschten Friedensliebe auf.
Bei einer NS-Veranstaltung auf dem Bülow-Platz sah ich ihn einmal auf Distanz. Es gab dort eine Großkundgebung, die

Studium in Paris und in Berlin. Gerade noch rechtzeitig konnten Otto und Graf Degenfeld Hitler-Deutschland verlassen.

ich mir anschaute. Also, sehr großen Eindruck machte mir seine Rede nicht, aber etwas hat mich doch *sehr* beeindruckt, und zwar das Folgende:
Als er zum Bülow-Platz hinauffuhr, stand ich da eingekeilt in einer Menge Kommunisten, die ganz offen gegen ihn auftreten wollten.
Er kam dann aus der Ferne herangefahren, und da war etwas um seinen ›Blick‹; ich weiß nicht, wie er das gemacht hat, jedenfalls gelang ihm sein Auftritt so, daß sich jeder einzelne persönlich angesehen, ja angesprochen fühlte, er hat das glänzend gemacht.
Das Ergebnis war eine Welle des Schweigens, alle wurden ganz still, und als sein Wagen vorbeiglitt, brachen die Menschen unmittelbar darauf in delirischen Enthusiasmus aus, auch diese Kommunisten neben mir, ganz eigenartig. Er hatte so eine Art, ich würde heute sagen, durch die Dämonie seines Blicks, Einfluß auf Menschen zu gewinnen; das war schon sehr eindrucksvoll für mich, Zeuge einer solchen Begebenheit zu werden.
Übrigens ging mein Berlin-Aufenthalt damals schon seinem Ende zu, und ich wollte nur noch zwei Höflichkeitsbesuche abstatten, einen bei den Hohenzollern und einen beim Reichspräsidenten von Hindenburg.
Die Hohenzollern sah ich in Potsdam, ich besuchte schließlich auch Prinz August Wilhelm, nationalsozialistischer Abgeordneter im preußischen Landtag.
Ich muß schon sagen, zunächst einmal hat es mich geärgert, daß er mich in SA-Uniform empfing. Anständig angezogen wäre mir lieber gewesen, aber nun ja, er war eben so. Dann trat er auf mich zu und sagte: ›Ich empfange sie im Auftrage des Führers. Der Führer möchte unbedingt mit Ihnen sprechen!‹
Meine erste Reaktion bestand darin, das Wort ›Führer‹ nicht auszusprechen. Ich sagte ›Herr Hitler‹, ganz pointiert. Das hat ihm gar nicht gefallen.
Zweitens, meinte ich zu ihm, habe mein Berlin-Aufenthalt keinerlei politischen Zweck, was natürlich nicht ganz den Tatsachen entsprach, hatte ich doch schon mit zahllosen anderen Politikern sehr wohl Kontakt aufgenommen, was die Nationalsozialisten selbstverständlich längst wußten. Jedenfalls verstand er, daß ich Herrn Hitler nicht unter jene Persönlichkeiten reihte, die ich besuchen wollte. Sicher hat diese Begegnung seine Feindschaft gegenüber Habsburg – die er ohnehin gehegt hatte – noch verstärkt. Ich lehnte jedenfalls ab, dann war Schluß. Wobei ich noch hinzufügen muß, daß er mich offensichtlich vor seinen Karren hatte spannen wollen, wie es ihm leider mit dem Kronprinzen gelungen war, der sich damals offen für Hitler ausgesprochen hatte. Nun wollte er offensichtliche für Österreich das gleiche erreichen, aber da machte er die Rechnung ohne mich.
Dann erinnere ich mich lebhaft an meinen Besuch beim

Reichspräsidenten, Herrn von Hindenburg, ein impressionanter Riese. Damals berührte es mich sehr angenehm, daß er zu seiner Uniform ausschließlich österreichische Dekorationen trug, keine andere. Er war immerhin damals schon in den Achtzigern und ich gerade zwanzig – also noble Geste eines Grandseigneurs, ein Zeichen von Takt, das mir für immer im Gedächtnis blieb.

Wir führten dann eine längere Unterhaltung, er gab viele Erinnerungen aus dem deutsch-französischen Krieg von 1870-71 zum besten, Erzählungen, denen ich aus verschiedenen Gründen damals mit besonderer Aufmerksamkeit lauschte. Typisch für das Ganze war sein Bericht über die Champs-Elysées in Paris. Sie hatten ihm besonderen Eindruck gemacht, weil man vom Triumphbogen bis ganz hinunter ans Ende der Prachtstraße das Gelände mit Gewehren bedecken konnte, so daß es niemand überqueren konnte, wenn man nicht wollte. Berufsdenken.

Wie sich später herausstellte, war ich der letzte Besucher bei Hindenburg, der ›von draußen‹ zu ihm kam, zu diesem von Hindenburg, keine überragende Persönlichkeit, aber bestimmt ein sehr anständiger Mensch.

Im Vorzimmer traf ich auch noch mit Herrn von Papen zusammen, mit dem ich ein paar Worte wechselte, und mit Hindenburgs Sohn Oskar, dem persönlichen Adjutanten des Reichspräsidenten, der dann eine so üble Rolle gespielt hat. Wie gesagt, ich war der letzte dieser Besucher, zwei Tage später berief er schon Hitler zum Kanzler.

Nun gut; gerade an diesem Tage verließ ich Deutschland, fuhr nach Belgien und sah die Demonstrationen nicht mehr, da ich schon vormittags abreiste.

Ich kam dann noch einmal in das Deutschland der Zwischenkriegszeit, im März 1933, gleich nach der Wahl, bei der Hitler eine relative Mehrheit ergatterte, besuchte ich einige Plätze in der Nähe des Bodensees, dann Mittenwald, wo ich eine Reihe von Österreichern traf, politische Persönlichkeiten. Mit Herrn von Wiesner wurde ich Zeuge, wie die SA damals in Mittenwald das Gemeindeamt übernommen hat, wie sie die Hakenkreuzfahnen hißten und die alten Fahnen herunterholten. Ich fuhr dann weiter nach Geiselgasteig, wo meine Großmutter, Erzherzogin Maria-Josepha lebte, und wollte einige Wochen bei ihr bleiben, doch schon am nächsten Morgen gab es einen häßlichen Eklat. Zunächst erfuhren wir, daß die SA die Redaktion der Zeitung ›Der gerade Weg‹, mit der ich ziemlich enge Kontakte gehabt hatte, gestürmt hatte, wobei sie Chefredakteur Gerlich und seine Redaktionsmitglieder verprügelten und dann in Schutzhaft nahmen. Kurz darauf ist er dann erschlagen worden.

Und ich hatte die Zeichen der Zeit noch immer nicht ganz überzogen. Ich wollte noch immer versuchen, meine Studien in München abzuschließen, die letzten Arbeiten für meine Dissertation durchzuziehen.

Aber noch an diesem Tag suchte uns ein Herr von der Staatspolizei auf, ein gebürtiger Kroate, wie sich bald ergab, der aber die deutsche Staatsbürgerschaft angenommen hatte. Er teilte mir mit, man habe soeben beim ›Geraden Weg‹ Unterlagen entdeckt, die mich schwer belasteten, ich solle so schnell wie möglich verschwinden, bevor es zu spät sei, meine Verhaftung könne jede Minute stattfinden.

Ich ließ mir das nicht zweimal sagen. Graf Degenfeld und ich nahmen den nächstbesten Zug und fuhren zurück nach Belgien. Bis 1945 sollte ich Deutschland nicht wiedersehen. So gut ich konnte, arbeitete ich dort an meiner Dissertation weiter, immer wieder unterbrochen durch zahllose politische Kontaktaufnahmen, vor allem mit Getreuen in der Heimat, weil sich ja die politischen Ereignisse zu überstürzen begannen.

Dann kam der Brand des Passionstheaters in Erl, der damals auf die Nationalsozialisten zurückgeführt wurde. Natürlich nahm ich intensiven Kontakt mit der Gemeinde dort auf, deren Ehrenbürger ich ja bin – es gab damals eine ganze Welle von Ehrenbürgerschaften für mich, ich bin in rund einem Drittel der österreichischen Gemeinden Ehrenbürger.

Im Zusammenhang mit dem Brand in Erl habe ich ja zum ersten Mal in scharfer Form öffentlich gegen den Nationalsozialismus Stellung genommen. Der Brief, den ich damals an den Bürgermeister von Erl richtete, ging durch die Weltpresse.

Von da an lag auch die Feindschaft mit dem Nationalsozialismus offen zutage. Ich war überzeugt, daß uns der Nationalsozialismus eine Katastrophe bescheren werde, abgesehen davon, daß ich auch deren Rassentheorien vollkommen unannehmbar fand.

Die Arbeit an der Dissertation zog sich durch all diese Ereignisse für mich ungebührlich dahin, 1934 war es aber endlich soweit, obwohl mich die Ereignisse um Bundeskanzler Dollfuß immer mehr in die Politik hineinzogen und ich kaum mehr Zeit für mich selbst hatte.

Ich führte damals zahllose Gespräche mit Abgesandten von Dollfuß, wie der Kampf gegen die Nationalsozialisten zu führen sei; wir hatten Treffen in Paris und anderen Plätzen, und von Mal zu Mal mußten wir vorsichtiger werden, wegen der ständigen Beschattungen, und ich wollte selbstverständlich auch meine Gesprächspartner keiner vermeidbaren Gefahr aussetzen.

In dieser Zeit traf ich auch zum ersten Mal Herrn von Schuschnigg, in Paris, um die Kontakte mit Dollfuß auszubauen, eine gemeinsame Aktion zu beginnen, der Gefahr Herr zu werden und von innen und außen Österreich vor einer nationalsozialistischen Machtübernahme zu schützen. Damals war die Monarchistische Bewegung eine der stärksten Stützen der Regierung. Dann kam die große Krise des Jahres 1934, Kampf der Regierung gegen die Sozialisten

oder der Kampf der Sozialisten gegen die Regierung. Ich meine, es sind damals auf beiden Seiten schwere Fehler begangen worden.
Meine Ansicht war einfach die, angesichts der Bedrohung von außen unbedingt die Einheit im Inneren zu bewahren, um geeint gegen den Nationalsozialismus, der damals für Österreich sowohl eine innere als auch äußere Gefahr dargestellt hat, vorgehen zu können. Leider ist das nicht gelungen, es gelang mir nicht einmal, Todesurteile abzuwenden, obwohl ich mich ganz im Sinne meines Vaters, mit allen mir zur Verfügung stehenden Mitteln dafür einsetzte.
Der nächste Kampf um Österreich dämmerte schon herauf. Denn es gab, auch im konservativen Lager, jede Menge Personen, die um jeden Preis mit Hitler ›Frieden‹ haben wollten. Meine Überzeugung hingegen ging immer dahin, daß gegen jede Art von Totalitarismus einzig und allein eine konsequente, harte Politik zum Ziele führen kann.
Denken wir doch bloß daran, daß es die ›pazifistischen‹ Bewegungen, die sich um jeden Preis mit totalitären Regimen arrangieren wollen, bis in unsere Tage gibt.
Folgerichtig führte auch damals schon der Weg, wieder

Eine Sensation, die der Presse Titelseiten wert war: Der vierundzwanzigjährige Otto wird gemeinsam mit seiner Schwester Adelhaid in Schweden von König Gustav empfangen und wie ein Staatsgast behandelt.

Bischof Dr. Rudolf Graber, Erzherzog Karl Ludwig, Dr. Erich Thanner (Mitte)

gegen meinen erbitterten Widerstand, zu jenem tragischen 11. Juli 1936, als Österreich das erste Abkommen mit Hitler schloß.
Ich hatte vorher mit Bundeskanzler von Schuschnigg ausgemacht, daß wir, weil ich ihm ja, nachdem die Habsburger-Gesetze aufgehoben worden waren, versprochen hatte, nicht ohne seine Zustimmung nach Österreich heimzukehren, er mir dafür als Gegenleistung über alle Entscheidungen, die die Beziehungen zwischen Österreich und den Nationalsozialisten betreffen, Bescheid geben werde. Und zwar *immer im voraus*.
Also an diese Abmachung hat sich die Wiener Regierung nicht gerade gehalten. Über das Abkommen vom 11. Juli 1936 erfuhr ich drei oder vier Stunden vor dessen Bekanntwerden in der Öffentlichkeit!!
Hofrat Weber war damals unser Verbindungsmann, er ist am Abend des 11. Juli bei mir in Steenockerzeel gewesen. Ich habe damals sofort energisch protestiert, weil ich erkannte, daß das eine Abweichung von der österreichischen Linie war. Genutzt hat es nicht viel.
Es gab dann folgerichtig einige äußerst unangenehme Auseinandersetzungen mit der Wiener Regierung über dieses berüchtigte Juliabkommen. Ich intensivierte darauf hin auch die Kontakte mit der deutschen Widerstandsbewegung. Und ich möchte da etwas sagen: Es ist viel zu wenig bekannt, welch eine mächtige und entschlossene Wider-

standsbewegung gegen die Nationalsozialisten es damals in Deutschland gegeben hat. Sie bestand bis 1938.

Die ruhte auf zwei Grundlagen: Reichswehr und Kirche. Beide kämpften unter Aufbietung all ihrer Kräfte gegen die Nationalsozialisten. Und ich kann Ihnen nur sagen: Wenn es gelegentlich gelungen ist, Informationen über die Machenschaften der Nationalsozialisten nach Wien weiterzuleiten, zu warnen, den Wienern Daten an die Hand zu geben, dann verdankten wir das immer deutschen Freunden.

Ich denke in diesem Zusammenhang an Bischof Graber von Regensburg. Der war damals ein junger Priester und hat mit ganz großem, persönlichem Risiko uns – und damit Österreich – Nachrichten übermittelt. Diese Informationstätigkeit wirkte zumindest eine Weile bremsend auf die immer dramatischer werdende Entwicklung.

Doch die Nachgiebigkeit der österreichischen Regierung führte dazu, daß jeder Schritt zurück immer neue Forderungen Hitlers provozierte.

Es gab selbstverständlich auch aufrechte Männer in Wien, Fürst Schönburg-Hartenstein, General Zehner, die verstanden, worum es ging, und in der Bewegung der österreichischen Legitimisten Männer wie Baron Zessner und seine Freunde. Sie haben für ihre Tapferkeit alle schwer gebüßt, meistens mit ihrem Leben, mindestens mit ihrer Gesundheit. Aber die Nachgiebigen, wie Dr. Schuschnigg, kamen auch nicht besser davon; einzig die Hochverräter richteten es sich vorher – und nachher.

Der Bundeskanzler Dr. von Schuschnigg, ein Mann von lauterstem Charakter und bester Absicht, ein durchaus anständiger Mensch, begriff einfach nicht, mit *wem* er es zu tun hatte. Daher das Unverständnis für die harte Linie, die ich stets vertreten habe.

Die Monarchistische Bewegung – Österreichs Legitimisten – hat ihre Linie niemals verändert, sie hat die Regierung unterstützt, wo immer es ging, griff sie allerdings auch hart an, wenn wieder mit Nachgiebigkeit zu operieren versucht wurde.

So weit wie irgend möglich mischte ich mich im Sinne der Widerstandskraft Österreichs von Belgien aus in diese Geschehnisse ein.

Diese Kontakte bestanden auch mit Ungarn, auch dort waren die Legitimisten sehr stark, und so weit es unter der Regierung Horthy-Gömbös überhaupt möglich erschien, versuchte ich auch, den Ungarn gegen Hitlerdeutschland den Rücken zu stärken.

Dabei bin ich sicher, daß weder Horthy noch Gömbös in diesem Sinne ›Nationalsozialisten‹ waren; sie haben damals halt einfach geglaubt, das sei die ›Welle der Zukunft‹, wie es damals so allgemein hieß. Eine entsetzliche Illusion.

Dann kam die Wende 1937/38, als sich alles neuerdings verschlechterte, vor allem durch den dämonisch bösen Einfluß des Herrn von Papen, damals deutscher Botschafter in Wien, der mit einer beispiellosen Doppelzüngigkeit vorging, während seine eher gutgläubigen, hochanständigen Gegenspieler auf dem Ballhausplatz ihn immer noch als ehrenwerten Menschen betrachteten und dementsprechend naiv reagierten.

Schuschnigg sah, ich vereinfache, in Herrn von Papen einen guten Menschen, weil er jeden Sonntag brav zur Kirche ging, und wo immer möglich herausstrich, was für ein guter Katholik er doch sei. In Wirklichkeit hat von Papen – hintenherum – klar die Linie des Nationalsozialismus vertreten.

Sein Charakter bewies sich übrigens auch darin, daß er überhaupt keine Konsequenzen zog, als man seinen Sekretär an der Wiener Botschaft, damals, in der Reichsmordnacht – Kristallnacht – ermordete, und das, obwohl er als einer seiner besten Freunde galt.

Hitler hat ihn übrigens ganz folgerichtig gleich nachher als Botschafter nach Ankara geschickt, wo er bis gegen Kriegsende – allerdings vergeblich – versuchte, auch die Türkei auf seiten des ›Dritten Reiches‹ in sein Abenteuer hineinzuziehen; möglicherweise war Inönü durch die Geschehnisse in Wien schon gewarnt, jedenfalls gingen ihm die Türken nicht so auf den Leim wie die Österreicher.

Die Volksbefragung.

U. **Wien**, 10. März. Während der ganzen Nacht wurden in Wien zahlreiche Plakate angebracht und Flugzettel gestreut, die die Bevölkerung zur Abstimmung aufrufen. An allen Litfaßsäulen und Plakatwänden wurden

Bilder Dr. Schuschniggs

angebracht. An Laternenpfählen und Bretterwänden kleben Flugzettel, wie sie auch zu Hunderten auf der Straße liegen. In roten Lettern ruft die V.F. die Arbeiter zur Volksabstimmung auf. Auf Gehsteigen und Straßen sind schon mit weißer Farbe riesige Kruckenkreuze gemalt.

Während der Nacht wurden

in der V.F. Besprechungen

abgehalten, in denen ein großzügiges Aktionsprogramm für die Tage bis zur Abstimmung und für Sonntag festgelegt wurde. Das Jungvolk wird heute auf Lastwagen durch die Straßen fahren und Sprechchöre veranstalten, während an verschiedenen Punkten der Stadt Musikkapellen patriotische Märsche vortragen werden.

Flugzeuge

werden allenfalls in den Dienst der Propagande gestellt werden. Die Abstimmungskommissionen für Wien wurden noch in der Nacht zusammengesetzt und haben mit ihrer Arbeit begonnen.

Der Bürgermeister hat verfügt, daß öffentliche Angestellte und Bedienstete, die Sonntag dienstlich verhindert sind, am Samstag in der Zeit zwischen 12 und 1 Uhr ihre Stimme abgegeben können.

Der Ordnungsdienst

für den Wahltag setzt sich aus Angehörigen des Jungvolks, der Amtswalter der V.F. und des Sturmkorps zusammen, die ihn im Verein mit der Polizei versehen werden.

Begeisterte Aufnahme bei den Legitimisten.

U. **Wien**, 10. März. Die Proklamation des Bundeskanzlers wurde, wie die Korrespondenz Herzog meldet, in legitimistischen Kreisen Österreichs mit Begeisterung aufgenommen. Die Organe des Eisernen Ringes und alle legitimistischen Organe werden das Maximum an Kraft einsetzen, um bei der Volksbefragung alle Anhänger zur Urne zu bringen. Noch während der Nacht und in den ersten Frühstunden des heutigen Tages kamen an die Führer der legitimistischen Bewegung in Österreich begeisterte Treu-Österreich-Äußerungen der Legitimisten, die dem Aufruf des Bundeskanzlers folgen werden und mit Ja ihr kräftiges Bekenntnis für ein unabhängiges und freies Österreich ablegen wollen.

Das heute erscheinende Organ der legitimistischen Verbände „Der Österreicher“ wird einen Aufruf an die Legitimisten richten, bis zum letzten Mann an die Urne zu gehen. Es könne kein Zweifel darüber bestehen, daß jeder Legitimist für die Bejahung der Frage eintreten werde.

Die Rückkehr des Bundeskanzlers

K.-B. **Innsbruck**, 9. März. Der Bundeskanzler hat um 22.35 Uhr Innsbruck verlassen.

K.-B. **Wien**, 10. März. Frontführer und Bundeskanzler Dr. Schuschnigg ist heute um 8 Uhr früh mit dem fahrplanmäßigen Schnellzug wieder in Wien eingetroffen. Am Westbahnhof hat-

»Tagespost«, Graz, 10. März 1938

In Wien allerdings gelang es von Papen, Herrn von Schuschnigg in die Falle zu locken, jene Falle, die ›Berchtesgaden‹ hieß. Als Schuschnigg aus Berchtesgaden von seinem fatalen Treffen mit Hitler nach Wien zurückkam, erhielt ich zwar alle Informationen, aber wieder spät, sehr spät. Noch war alles zu retten, trotz des katastrophalen Ergebnisses der Gespräche.
Schuschnigg versuchte, seine Handlungsweise mir gegenüber zu rechtfertigen; doch das mißlang. Wer nicht vollkommen blind war, mußte doch erkennen, daß das der letzte Augenblick war, um Österreich noch zu retten.
Ich habe alles versucht, was möglich war. Schließlich spitzte es sich schon auf die Frage zu, die hauptsächliche Differenz mit der Wiener Regierung: Wenn Hitler zuschlägt – wird sich Österreich verteidigen oder nicht?
Ich vertrat in allen Gesprächen die Ansicht, daß ein Staat, der sich nicht verteidigt, aufhört, eine Existenzberechtigung zu haben.
Schuschnigg hingegen vertrat die Ansicht, dafür sei das Risiko zu hoch. Daß es ein Risiko gibt, wußte ich auch. Aber ich hatte ›Mein Kampf‹ gelesen und wußte daher, daß Hitler entschlossen war, so oder so, einen großen Krieg zu führen, einfach, weil das seiner Abenteurernatur entsprach.
Ich sah daher mein Kalkül, daß ein großer Krieg kommen werde, daß aber, wenn Österreich im Zuge dieser Ereignisse schon verschwinden müsse oder werde, es jedenfalls nach dieser Katastrophe besser dastünde, wenn es sich gewehrt habe, als wenn es sich kampflos dem Herrn Hitler hingäbe. Daß Hitler seinen Krieg schlußendlich verlieren würde… davon war ich immer überzeugt. Es ging mir damals um die Frage, ob sich Österreich in der entscheidenden Stunde verteidige, denn dann war mir sein Wiedererstehen gewiß. Dabei fürchtete ich, die Weltöffentlichkeit werde es einfach zur Kenntnis nehmen, daß Österreich von der Landkarte verschwinde, wenn es sich nicht zur Wehr setzte. Leider trat dieser Fall dann ein.
Meine Auffassung, damals, haben – leider – nur wenige Männer geteilt. Leider. Da gab es den herrlichen General Zehner – der ist auch, entsprechend seiner Haltung, von den Nationalsozialisten gleich nach dem ›Anschluß‹ umgebracht worden. Dann gab es da engen Kontakt mit dem wackeren Landeshauptmann von Niederösterreich, Reiter, und mit Sozialdemokraten vom Schlage eines Karl Seitz oder Eifler. Wäre es damals gelungen, diese Schaltung durchzuziehen bis zu den patriotisch gesinnten Sozialdemokraten, Österreich wäre 1945 anders dagestanden.
Als das eigentlich Scheußliche erwies sich damals diese nackte Angst vor den Nationalsozialisten. Dabei wäre die gesamte österreichische Bauernschaft zum Widerstand bereit gewesen, die bestand damals noch völlig intakt, die hätte den natürlichen Boden für einen echten Widerstand geboten.

Legitimistische Bauernwürger

Schwarze Listen für nationalsozialistische Bauern. — Die Systemwirtschaft in der Landwirtschaftskrankenkasse

Graz, 27. März.

Legitimisten dürfen weder gemahnt noch gepfändet werden

Die Großbetriebe, die sich hauptsächlich in legitimistischen Händen befinden, blieben von der Exekution verschont. Diese Leute durften nicht behelligt werden, und man ging sogar so weit, daß man die Beitragsrückstände verschleierte und Abschreibungen vornahm, um den legitimistischen und klösterlichen Großgrundbesitzern nur ja nicht wehe zu tun. Welche Formen das annahm, erhellen einige Beispiele:

Der Betrieb Max von Hohenberg — des Sohnes des ehemaligen Thronfolgers Franz Ferdinand — in Radmer und Eisenerz ist der Landwirtschaftskrankenkasse samt Verzugszinsen über 165.000 S an Beiträgen schuldig. Die auf die Arbeiter entfallenden Versicherungsbeträge hat die herzogliche Gutsverwaltung den Arbeitern pünktlich vom Lohn abgezogen. Einen Teil dieses Bei-hoben und die Führung in die Hände eines kommissarischen Leiters und Vertrauensmannes der NSDAP. gelegt. Dadurch ist die Gewähr vorhanden, daß alle Mißstände beseitigt werden und das Geld der Bauern so verwaltet wird, wie es den Bedürfnissen unserer notleidenden Bauernschaft entspricht.

Am 10. April hat auch der Bauer Gelegenheit, auf diese Methoden der Legitimisten, in deren Händen die Landwirtschaftskrankenkasse lag, zu antworten. Unser Führer Adolf Hitler hat diese Feinde jeder gesunden Wirtschaft hinweggefegt und ihnen durch die Schaffung Groß-Deutschlands für alle Zeiten den Boden für ihre Machenschaften entzogen. Und zu diesem Groß-Deutschland sollen wir uns am Palmsonntag den 10. April bekennen. Es kann nicht anders sein als mit einem freudigen Ja!

»Tagespost«, Graz, 27. März 1938

Es ist halt nicht gegangen. Ich machte damals noch einen letzten Versuch, einen verzweifelten Versuch, als ich Schuschnigg aufforderte, – ich wollte ihn sozusagen an seinem Portepee, an seinem Offiziersdegen packen – *mir* die Kanzlerschaft zu übertragen.
Übrigens war dieser mein Schritt irgendwie auch mit dem getreuen Bundespräsidenten Miklas abgesprochen, der sich in jenen Tagen wohl wahrlich wie ein Mann bewährt hat, selbstverständlich bis heute unbedankt, um noch Widerstand zu leisten, bevor es zu spät ist. Natürlich wußte ich, daß mein Angebot, die Kanzlerschaft zu übernehmen, ein Himmelfahrtskommando war. Aber in einem solchen Fall ist man eben einfach verpflichtet, alles einzusetzen.
Schuschnigg lehnte ab. Der weitere Verlauf der Geschichte ist bekannt. Es kam der 11. März, der Einmarsch, ich versuchte noch die ganze Nacht über, telefonisch Kontakte wegen eines irgendwo irgendwie zu organisierenden Widerstandes zu bekommen; vergeblich. Meine Brüder und ich waren bereit, augenblicklich zu kommen, wenn es auch nur das geringste Anzeichen von Gegenwehr gäbe. Vergeblich. Es ist nicht gegangen.
Es war dies einer der düstersten Tage meines Lebens. Österreich verschwand unmittelbar darauf von der Landkarte. Die westlichen Staaten beeilten sich, die Annexion anzuerkennen. Das darf nie vergessen werden, wenn man Österreich etwas vorwirft. Ehre übrigens den Mexikanern: die haben da *nicht* mitgetan.
Rückblickend und in Kenntnis der Akte des Guido Schmidt-Prozesses wissen wir, daß die Engländer Hitler geradezu ermuntert haben, Österreich zu okkupieren. Sowohl Botschafter Henderson als auch der Herzog von Windsor ermutigten besonders Hermann Göring: ›Jetzt greift schon endlich zu, damit die Sache vom Tisch ist‹.
Möglicherweise stand hinter diesem Vorgehen der Gedan-

ke, es sei günstig, Hitlers Expansionsgelüste erst einmal nach Osten zu lenken, inzwischen könne man aufrüsten, auch ich bin davon überzeugt. Dennoch müssen wir uns darüber im klaren sein, daß sich die Großmächte damals an Österreich schuldig machten. Am Schluß kam dann in der sogenannten ›Moskauer Erklärung‹ geradezu eine Mitschuld Österreichs an den Verbrechen der Nationalsozialisten an unserem Land heraus. Das war nichts als eine niederträchtige Ungerechtigkeit.

Nach dem Falle Österreichs stellte sich uns das Problem mit der österreichischen Emigration. Gleich nach dem 11. März 1938 versuchte ich etwas, was später dann bei anderen glückte, nämlich, die österreichischen Botschaften oder Gesandtschaften zu veranlassen, *nicht zu übergeben*.

Die Balten etwa machten das jahrzehntelang, bis zu dem Tag, an dem ihre Länder wieder frei und unabhängig waren. Auch für uns Österreicher hätte das eine Basis geschaffen für die Menschen in der Emigration, und darüber hinaus die Grundlage einer konstruktiven Politik für die Wiedererrichtung Österreichs. Aber sie haben alle übergeben. Sie hatten nicht die Phantasie, den Nutzen der Sache zu sehen.

Es handelt sich bei denen, die sich mutig und anständig verhielten, stets nur um einzelne Beamte, die sich nicht anschließen ließen – ich nenne in diesem Zusammenhang Dr. Martin Fuchs von unserer Botschaft in Paris.

Gleich in den ersten Tagen nach der Okkupation gründeten wir in Paris diese ›Entre-Aide-Autrichienne‹, zunächst im Gebäude des Österreichischen Generalkonsulates, aber später wurde das dann *auch* übergeben.

Wir versuchten, die Leute zu sammeln, und, wenn notwendig, zu helfen. Denn viele Flüchtlinge erreichten Frankreich völlig mittellos.

Ich hatte ja versucht, ein paar politische Persönlichkeiten zu veranlassen, Österreich rechtzeitig zu verlassen, um in der Emigration eine ordentliche Basis für Österreich zu schaffen, weil nach meiner Überzeugung ein Krieg mit Hitler unausweichlich war. Auch das gelang nicht. Die einzigen, die rechtzeitig herauskamen, waren die Minister Zernatto und Rott… und das war zur Bildung einer breiten Grundlage für Österreich oder gar einer Exilregierung, wie es später die anderen Besetzten machten, zu wenig.

Zum Glück erhielten wir von einigen Auslandsösterreichern größere Beträge, um mittellosen Emigranten helfen zu können. Mit besonderer Dankbarkeit erinnere ich mich da an Madame Vitouc, eine Österreicherin, die mit dem belgischen Zuckerfabrikanten Vitouc verheiratet war und uns materiell wirklich sehr geholfen hat, über die ersten Schwierigkeiten in der Emigration hinwegzukommen.

Als das Jahr 1938 zu Ende ging, mit dem Münchener

Schluß mit Habsburg.

Wenn min in den letzten Tagen aus dem Hause Habsburg der Ruf kommt: „Versündigt Euch nicht an Eurer Religion", so haben wir absolut Verständnis für diese „Sorge" um die Religion.

Es gibt einen alten Satz, der heißt: „Sie reden von Christus und meinen Kattun." Gaben bisher die Kabarettstückchen dieser Zeitgenossen immer wieder den Stoff ab, den Zeitungen eine heitere Note zu geben, so wird es doch jetzt an der Zeit sein, daß die Nachläufer dieser Gilde zum Verstande kommen. Sie mögen den Abschied, wenn notwendig, noch mit einer Träne bestreiten. „Glücklich ist, wer vergißt, was nicht mehr zu ändern ist." (Lebhafte Heiterkeit.)

Den paar adeligen Drahtziehern dieses legitimistischen Versorgungsvereines gebe ich aber die Erklärung ab, daß sie die einzigen in ganz Österreich sind, von denen wir nichts wissen wollen.

Eine Auslese von hochmütigen Fratzen und notorischen Faulenzern und Nutznießern paßt nun einmal nicht in den Staat hinein, in dem alle nur Arbeiter sind. (Erneuter Beifall.)

Otto der Letzte möge mit dem letzten Hoflakaien Abschied nehmen mit dem für diesen Zweck gewiß geeigneten Liede: „Ich tanze mit dir in den Himmel hinein."

Deutsche Männer und Frauen! Wir leben in einer Zeit so gigantischen Geschehens, wie dies noch selten einem Geschlecht vergönnt war.

Demokratie und Lügen gehören eben zusammen wie die Katze und das Mausen. Ich habe deshalb den Eindruck, daß sie der Einfachheit halber die alten Lügen hernehmen und nur „Saar" streichen und an deren Stelle „Österreich" setzen.

Wenn dem so ist, dann stehen uns noch allerhand nette Sachen bevor.

Wiens Juden schon wieder frech.

Ein französisches Blatt, der „Paris Soir", schrieb gestern, daß in Österreich die Zahl der jüdischen Selbstmörder auf 1700 gestiegen sei. (Heiterkeit.) **Der jüdische Schreiber ist von der Unwahrhaftigkeit seiner Mitteilungen selbst überzeugt, denn er weiß, wenn seine Rassegenossen sich erschießen wollen, treffen sie meistens auf den Schatten. Ich möchte den Herren ernstlich zu wissen tun, daß die Behandlung der Juden in Österreich in diesen Tagen im Vergleich mit dem, was sie der Bevölkerung antaten, mehr als vornehm war** (Beifall) — **ja, so vornehm, daß sich nach der ersten Zurückhaltung der echte Jude schon wieder am Schaufenster zeigt.**

Sie schreiben nämlich an: Dieser Betrieb beschäftigt ausschließlich arische Arbeiter! Wir sind jetzt gerade daran, vielleicht eine Fabrik oder einen Steinbruch zu entdecken, bei dem angeschrieben ist: Dieser Betrieb beschäftigt ausschließlich jüdische Arbeiter. (Schallendes Gelächter.) Wir würden diesen Betrieb sofort zum Musterbetrieb erklären. Also nur keine Sorge, Eure „Leit" sind schon wieder beim Geschäft.

»Tagespost«, Graz, 8. April 1938

Achtung! Ausschneiden! Sonntag früh nochmals lesen!

Volksgenosse: So wird gewählt:

Am Sonntagmorgen führe Dich Dein erster Gang aus dem Haus zum Wahllokal. Die Freude über die erfüllte nationale Pflicht wird Dir den großen Tag verschönen.

Auf diesem Gang zur Wahl nimmst Du den „Wahlausweis" mit, der Dir übersendet wurde und auf dem auch die Anschrift des für Dich zuständigen Wahllokals verzeichnet ist.

Im Wahllokal zeigst Du den Wahlausweis vor und empfängst den Stimmzettel nebst einem Umschlag. Der Stimmzettel enthält die Frage:

„Bist Du mit der am 13. März 1938 vollzogenen Wiedervereinigung Österreichs mit dem Deutschen Reich einverstanden und stimmst Du für die Liste unseres Führers

Adolf Hitler?"

Darunter befinden sich zwei Kreise. Der größere Kreis gehört zum Wort

Ja.

In diesen größeren Kreis gehört Dein Kreuz!

Du nimmst deshalb einen Bleistift zur Hand und machst ein kräftiges Kreuz durch diesen größeren Kreis!

Das sieht dann so aus:

Nachdem Du den Stimmzettel in solcher Weise ausgefüllt hast, steckst Du ihn in das Kuvert und übergibst das Kuvert mit dem inliegenden Stimmzettel dem Wahlvorstand, der es sofort vor Deinen Augen in die Urne legt. Damit hast Du Deine Stimme abgegeben und Deine Pflicht erfüllt.

Außer dem Kreuz X im Kreis unter dem „Ja"! darf nichts eingetragen werden!

»Tagespost«, Graz, 9. April 1938

Schamloser Verrat am Vaterland.

Otto von Habsburg protestiert.

Der „Völkische Beobachter“ (Wiener Ausgabe) schreibt:

„Otto von Habsburg ist Dienstag in Paris eingetroffen und hat vor seiner Weiterreise dem „Petit Parisien“ eine Erklärung abgegeben, in der er gegen den Anschluß protestiert.

„Im Augenblick, wo die Österreicher sich anschickten, vor der Welt durch eine freie Volksabstimmung (!) ihren Willen, unabhängig zu bleiben, zu bekunden, ist das nationalsozialistische Reich in Österreich eingefallen und hat es mit Militärgewalt annektiert. In meiner Eigenschaft als Erbe einer Dynastie, die während 650 Jahren die Größe und Blüte Österreichs geleitet hat und als Dolmetsch der Gefühle von Millionen (!) ihrem Vaterland gegenüber von reinster und glühendster Liebe beseelten Österreichern

erhebe ich den empörtesten Protest

gegen den unerhörten Angriff, dessen Opfer Österreich von Seiten Deutschlands geworden. (!!!) Dieser Angriff ist eine Herausforderung der elementarsten Grundsätze des internationalen Rechts. (!) Ich protestiere gegen die gewaltsame Angliederung an Deutschland (!) und ich (!) lehne einen Volksentscheid ab, der unter der Kontrolle der deutschen Truppen den Zweck haben soll, nachträglich diesen Gewaltakt zu rechtfertigen oder zu legalisieren. Die durch eine derartige flagrante Rechtsverweigerung geschaffene Lage wird

niemals meine Zustimmung

noch die des österreichischen Volkes haben. (!) Ich setze alle meine Hoffnungen auf Gott, und ich glaube an den endgültigen Sieg des geschmähten Rechtes. Im Namen des abscheulich unterdrückten österreichischen Volkes appelliere ich an das Gewissen der Nationen, für die die Freiheit, der Friede und das feierlich gegebene Versprechen nicht leere Worte sind. Ich bitte diese, das österreichische Volk zu unterstützen in seinem unerschütterlichen Willen, seine Freiheiten und seine Unabhängigkeit wieder zu erringen.“

*

Wenn der Habsburger Legitimismus noch einer Kennzeichnung bedurft hätte, so hat dies nun Otto von Habsburg gründlich nachgeholt. Selten hat wohl ein Mann sein Vaterland

aus eigenen egoistischen Interessen

schamloser verraten, als dies hier geschehen ist. Während die Vertreter der ganzen Weltpresse in ihren Berichten die überwältigenden Jubelfeiern in Österreich schildern, schreit Otto von Habsburg hysterisch von gewaltsamer Annexion! Er hat dabei wohl den kindlichen Hintergedanken, mit seinem Gestammel fremde Mächte zu Interventionen veranlassen zu können. Man hätte sich denken können, daß der Habsburger Otto nach den gewaltigen Ereignissen der letzten Tage seine

bisherige verfehlte Politik

eingesehen und erkannt hätte, daß die neue deutsche Zukunft nicht mit persönlichen Ansprüchen einzelner, sondern nur mit der selbstlosen Hingabe aller begründet werden kann. Otto von Habsburg aber hat diese Stunde nicht erkannt.

Er hat sich auch jetzt so volks- und vaterlandsfremd bewiesen, wie er es schon immer war. Und er hat sich heute nun offen in die Front der Niedertracht jener gestellt, die als Juden oder Emigranten Deutschland und das deutsche Volk bespeien oder begeifern. Otto von Habsburg hat damit selbst sein Urteil gesprochen. Den 75 Millionen deutschen Männern und Frauen bleibt aber nur noch übrig, über einen aufgeblasenen Herrn verächtlich zu lächeln, der sich einbildet, im Namen Österreichs sprechen zu dürfen!“

»Tagespost«, Graz, Zitat aus dem »Völkischen Beobachter«, 25. März 1938

Keine Ehrenbürgerschaft Ottos des Letzten

K.-B. Wien, 1. April. **Gauleiter Bürckel hat an den Reichsstatthalter ein Schreiben gerichtet, in dem es u. a. heißt: „Unter dem Zwange des Schuschnigg-Systems mußte eine große Zahl von Gemeinden Otto den Letzten zum Ehrenbürger ernennen. Nachdem nun das Schuschnigg-System mit seinem Legitimismusbetrug gestürzt ist, halte ich es für geboten,**

daß diese erzwungenen Bestellungen zum Ehrenbürger sofort rückgängig gemacht

werden.“ Gauleiter Bürckel ersucht den Reichsstatthalter außerdem, die Gemeinden anzuweisen, die sogenannten „Urkunden“, in denen der Dank des Legitimismus zum Ausdruck gebracht wird, zurückzugeben, damit sie in keiner Weise auch nur unter dem Schimmer eines Makels stehen.

»Tagespost«, Graz, 1. April 1938

Abkommen, der Besetzung Prags, war es mir vollkommen klar, daß ein Krieg vor der Tür stand.

Da spielte aber in mein Leben noch etwas hinein, und zwar die Freundschaft mit dem amerikanischen Botschafter William Bullitt, damals noch ein enger Freund Roosevelts, mit dem ich oft sprach und der mir in vielfacher Hinsicht zur Seite stand. Er verfügte über enge Kontakte zum damaligen französischen Ministerpräsidenten Edouard Daladier, und mit ihm konnte ich schließlich über gewisse Vorkehrungen für die Österreicher sprechen, für den Fall, daß es zum Kriege käme.

Der Radikalsozialist Daladier war übrigens ein recht interessanter Mann. Er machte mir gegenüber einmal eine Bemerkung, die zeigte, daß er wirklich etwas von Politik verstand. Er sagte mir: ›Wenn ich könnte, wie ich wollte, würde ich eine Kompanie der Republikanischen Garde hinausschicken und unter Trompetenschall das Denkmal des Georges Clemenceau stürzen lassen; denn ihm verdanken wir das Unheil, das jetzt auf uns zukommt.‹

Der hat schon gesund gedacht…

Wir bereiteten uns so gut wie möglich auf den kommenden Ernstfall vor, und außerdem konnte ich meine Kontakte zu Botschafter William Bullitt insofern besonders gut ausbauen, als ich ihm immer wieder präzise Informationen über die wahren Zustände in Österreich lieferte, Informationen, die ich wieder über die verschiedenen österreichischen Widerstandsgruppen erhielt.

Er gab die Nachrichten an seinen Freund, den Präsidenten Roosevelt, weiter, der sich sowohl für Ungarn als auch für Österreich besonders interessierte. Eines Tages teilte mir Bullitt mit, Roosevelt wolle mit mir sprechen.

In den USA traf ich dann nicht nur Präsident Roosevelt, um ihn über die mitteleuropäischen Angelegenheiten zu informieren, sondern ich kam mit so gut wie allen führenden Politikern in Washington zusammen, im Senat wie in der Kammer. In Amerika selbst machte ich dann noch eine Rundreise, wobei mir wieder mein Bruder Felix sehr viel geholfen hat. Er befand sich schon seit Kriegsbeginn in den USA, weil ihn unser Onkel, Prinzgemahl Felix von Luxemburg – ein Bruder unserer Mutter – zur Eröffnung der Weltausstellung eingeladen hatte, nach Kanada mitzukommen. Dann konnte er nicht mehr zurück.

Damals war ich also eingeladen worden, eine Vortragstournee zu machen – die übrigens sehr erfolgreich verlief – vielfach wegen der Hilfe durch Felix, der sich schon sehr viele Freunde und einen hervorragenden Kreis geschaffen hatte, so daß wir die Anliegen Österreichs und ganz Mitteleuropas gut unter die Menschen bringen konnten. Selbstverständlich sprachen wir damals auch viel über Ungarn, das noch zu bewahren gewesen wäre – Österreich und die

Tschechoslowakei gab es ja schon nicht mehr auf der Landkarte.
Im Frühjahr 1940 kam ich aus Amerika zurück nach Europa. Mein erster Weg führte mich nach Paris, um zu sehen, wie die österreichischen Dinge dort stünden. Sie standen nicht zum besten, wegen der österreichischen Parteipolitik, die es verhinderte, im Exil eine einheitliche Linie zu finden. Wir konnten keine gemeinsame österreichische Vertretung aufbauen, weil die Sozialisten im Exil ausschließlich *groß-deutsch* dachten, also anschlußfreudig eingestellt waren… gemäß der alten Linie von Otto Bauer. Sie lehnten eine österreichische Vertretung aus der grundsätzlichen Erwägung heraus ab, weil sie die Ansicht vertraten – wie es Otto Bauer ja auch ausdrücklich formulierte – daß der Anschluß vom 11. März 1938 ein großer Schritt vorwärts sei, und zwar in das große, kommende, sozialistische Deutschland.
Nach der Befassung mit diesen österreichischen Emigrationsangelegenheiten bin ich dann über ein Wochenende, das zweite Mai-Wochenende, nach Steenockerzeel, um dort meine Mutter und meine Geschwister zu besuchen. Am 9. Mai feierten wir gemeinsam ihren Geburtstag.
Mein Onkel Felix von Luxemburg war zu Besuch gekommen, mit der Großherzogin Charlotte, um an dieser Feier teilzunehmen. Sie brachten die Kinder mit, ausgenommen Jean – den jetzigen Großherzog, den behielten sie bei sich – weil sei meinten: ›Wir sitzen ja ganz an der Grenze, und wenn es losgeht, können sie geschnappt werden.‹ Wir sollten uns also im Ernstfall um die Kinder kümmern.
Nun gut, noch in dieser Nacht vom 9. auf den 10 Mai brach der Krieg auch über Belgien mit voller Wucht herein. Schon um 4 Uhr früh ging es los. Flugzeuge, Fallschirmjäger, Luftkampf über Brüssel.
Wir wußten, was uns drohte, und versuchten noch am gleichen Tag, dem 10. Mai, Belgien zu verlassen. Wir kamen unter Mitnahme nur des Allerwichtigsten mit unserer kleinen Wagenkolonne nach Dünkirchen, mitten in einen Stuka-Angriff hinein. In einem kleineren Ort in Nordfrankreich fühlten wir uns zunächst sicher, weil – das muß ich heute zugeben – ich ja die Illusion hegte, die Franzosen würden standhalten. Ich glaubte damals an die Schlagkraft der französischen Armee.
Ich trennte mich dann so bald wie möglich von meiner Familie, um nach Paris zu fahren, weil ich mich dort um die österreichischen Angelegenheiten kümmern mußte. Aber die Ereignisse entwickelten sich mit dramatischer Schnelligkeit.
Dr. Fuchs und ich entwarfen einen Plan für die Rückführung der österreichischen Emigranten aus der Gefahrenzone nach Südfrankreich, Gegend von Lectoure; die Gascogne geht dort allmählich in die Höhenzüge der Pyrenäen über. Unsere Hauptarbeit bestand in der Vorsorge für die Emigranten, die Lage spitzte sich ja von Stunde zu Stunde zu.

Otto 1940: Mit Bruder Felix in New York. Roosevelt erwägt eine neue Donau-Monarchie

Zwei Raritäten aus dem amerikanischen Österreich-Feldzug des damals nicht einmal noch Dreißigjährigen: Otto von Habsburg bei einem seiner zahllosen Österreich-Vorträge, hier bei einem einflußreichen Management-Club in Chicago; das andere Bild zeigt ihn bei einer Rast mit Calvin Bullock in Royalstone, Massachusetts.

ASSOCIATION POUR LA LIBÉRATION DE L'AUTRICHE
19, Rue de Godot-de-Mauroy — PARIS
Autorisée par arrêté de Ministre de l'Intérieur du 19 Avril 1940
1940
Membre du Conseil
Nom Paul Pierre
Profession sans
Adresse Paris 9e. 12, rue de Maubeuge
Nationalité ex-autrichienne
N° 4
Le Titulaire :
Le Trésorier :

Ein seltenes Dokument: der Ausweis eines legitimistischen Widerstandskämpfers

Eine Woche später gelang dann den Truppen Hitlers wieder ein entscheidender Durchbruch.
Damals wäre meine Mutter mit meinen Geschwistern und denen von Luxemburg um ein Haar in der Nähe von Faudrin eingekesselt worden. Sie erreichten aber glücklich Paris, wo sie die luxemburgischen Kinder ihren Eltern übergaben und dann nach Bozst weiterreisten, einem Besitz meines Onkels Xavier, im bourbonischen Kernland um Souvigny und Bourbon. Ich blieb weiter in Paris.
Es kamen die kritischen Tage, in denen Paris um ein Haar gefallen wäre, doch es gelang noch einmal, die Gefahr abzuwenden. Aber es war bereits allen klar, daß der nächste Durchbruchsversuch die Deutschen nach Paris bringen werde.
Ich blieb so lange, als es um die Österreicher dort gegangen ist, weil ich wußte, sie würden unter die Räder kommen, wenn ich mich nicht um sie kümmerte. Ich war einer der allerletzten, die Paris verließen, vielleicht der letzte.
Ein gespenstischer Tag, dieser Schlußtag in Paris, in Freiheit, dieser 9. Juni 1940. Die Stadt war bereits von drei Seiten umzingelt. Am letzten Abend – die Österreicher waren so gut wie alle weg – lud mich Claire Booth-Luce, die Frau des Herausgebers von LIFE, damals der größten Illustricrten Amerikas, gemeinsam mit Botschafter Lou Gibson, den ich gut gekannt habe, zu einem Diner. Ein polnischer Offizier war noch mit von der Partie, mein Bruder Karl Ludwig war dabei, und ich.
Es kam einer jener unglaublichsten Abende heraus, die man sonst nur aus Filmen kennt. Am Himmel reflektierten sich die Lichter vom Mündungsfeuer der Kanonen. Die Place Vendôme, einer der beliebtesten Plätze von Paris, lag so leer und still da, daß wir beim Überqueren das Echo unserer Schritte hörten.
Dann kamen wir ins ›Ritz‹ hinein, sahen die Kellner, die Ober im Frack, wie in Friedenszeiten; sie servierten ein erstklassiges Abendessen, ich erinnere mich an das Dessert, frische Erdbeeren mit einem köstlichen Obersschaum. Gespenstisch. Wir saßen dann im Garten des Ritz, überall am Horizont dieses Flackern von den Kanonen, und wir sprachen über Gott und die Welt.
Im Laufe des Vormittags darauf verließen wir Paris, um in Boszt meine Mutter und meine Geschwister wieder zu sehen, die dort bei meinem Onkel Xavier weilten.
Unseres Bleibens war nicht lange: bloß zwei Tage.
Ein Anruf von Georges Mandel, dem französischen Innenminister, der uns Österreichern im Exil unendlich viel geholfen hat, – er fand dann ein tragisches Ende durch die Kriegsereignisse – sagte mir, es breche das Ganze zusammen, er plane, eine Widerstandsorganisation in Nordafrika aufzuziehen, und er lade mich ein, mit ihm zu kommen, mit ihm zusammen nach Nordafrika zu gehen.
Wir verließen auf diese alarmierende Nachricht hin Schloß Bozst noch in der Nacht, um so schnell wie möglich Bordeaux zu erreichen.
Etwa 90 km vor Bordeaux kamen wir schließlich in der Dordogne, im Hause des Grafen Begouën, im Château de Bellegarde bei Monastruc unter; dort hatte inzwischen auch die großherzogliche Familie von Luxemburg Zuflucht gefunden. Ich selbst fuhr sofort nach Bordeaux weiter, um zu sehen, was ich dort für die Österreicher tun könne, die waren ja alle so wie wir wie in einer Reuse zusammengedrängt. Die Nationalsozialisten hätten nur mehr zugreifen müssen.

Die Dynastie hat den längeren Atem: Am 12. September 1948, kaum mehr als acht Jahre nach den tragischen Ereignissen von 1940, geleiten Kaiserin Zita und Otto Erzherzogin Elisabeth auf Schloß Lignières zur Trauung mit Prinz Heinrich von Liechtenstein. Lignières liegt im Stammland der Bourbonen und gehörte Prinz Xavier von Boubon-Parma, auf dessen Schloß Bozst die kaiserliche Familie auf der Flucht vor den Nationalsozialisten im Juni 1940 Asyl gefunden hatte.

In den fünfziger Jahren entwickelte sich in Spanien eine starke Bewegung, die Otto von Habsburg anstelle des als »unerfahren« geltenden Bourbonenprinzen Don Juan auf den spanischen Thron bringen wollte – und Franco war nicht abgeneigt.
Tatsächlich hatte Spanien mit den Habsburgern die besten Erfahrungen seiner Geschichte gemacht und unter Karl I. (V.) und Philipp II. den absoluten Machthöhepunkt erreicht. Im Spanischen Erbfolgekrieg verloren die Habsburger Spanien an die Bourbonen, doch noch im 19. Jahrhundert machte Spanien mit der energischen, unparteiischen Königin-Regentin Maria Christine, Erzherzogin von Österreich, abermals die besten Habsburg-Erfahrungen. Ihr Sohn, König Alfons XIII., befreite im Jahre 1922 Kaiserin Zita und ihre Familie aus der Verbannung in Madeira, indem er kurzerhand ein Schiff aussandte, um die kaiserliche Familie abzuholen und nach Spanien zu bringen.
Otto von Habsburg lehnte das überaus ehrende Angebot Spaniens mit der Begründung ab, er sehe seine ererbte Verpflichtung in Mitteleuropa. »Außerdem muß ich etwas sagen: das Amt eines Monarchen ist etwas derart Schwieriges, daß man froh sein muß, wenn man dieser Aufgabe entgehen kann. Österreich, Ungarn war da natürlich immer ein anderer Fall, das war eine Aufgabe, ein Erbe, dem man sich selbstverständlich nicht entzieht.«

Meine Aufgabe erwies sich als so leicht wie schwer. Leicht, weil mich einfach alle kannten, ich meine alle Regierungsmitglieder, die sich dorthin geflüchtet hatten, von Pierre Laval – der später meinte, zum Wohle Frankreichs kollaborieren zu müssen und dafür 1945 mit dem Leben büßte – bis zu Georges Mandel, diesem großartigen Menschen, der Hitler zum Opfer fiel.
Tags darauf kam der Rücktritt von Paul Reynaud – 16. Juni 1940 – worauf Marschall Pétain an die Macht kam, der sofort erklärte, er werde eine Delegation nach Deutschland schikken, um einen Waffenstillstand zu erbitten.
Ich selbst wurde noch am gleichen Tag durch Herrn Charles Rochat, Generalsekretär des französischen Außenamtes, dahingehend informiert, daß mein Name auf der *ersten* Auslieferungsliste stehe, insgesamt etwa 70 Personen, die sofort zu verhaften und an die Nationalsozialisten auszuliefern seien.
Auch ein Haftbefehl gegen mich wurde sofort erlassen, doch erwiesen sich die Franzosen einmal mehr als elegante Politiker, als ich noch ganze drei Tage lang mit den höchsten Politikern in Bordeaux offiziell verhandelte, während die Polizei überall heftig nach mir ›suchte‹. Sie hat mich halt eben nicht gefunden.
Ich möchte hier aber noch etwas sagen. Wir Österreicher fanden in Bordeaux eine ganz entscheidende Hilfe durch den damaligen portugiesischen Generalkonsul, der von seiner Regierung die Weisung hatte, an Flüchtlinge aus Mittel- und Osteuropa keine Sichtvermerke auszustellen, klar, weil man auch schon in Lissabon eine Invasion der Truppen Hitlers befürchten mußte. Die haben damals ja einfach alles niedergerannt. Der Mann hat drei Tage und Nächte lang nichts anderes gemacht, als Sichtvermerke auszustellen, bis ihn die Regierung abberief. Aber er hat tausenden Flüchtlingen damit das Leben gerettet.

Er mußte dann, auf Grund des Drucks von Berlin, mit Schimpf und Schande aus dem Außenamt entlassen werden, allerdings gab es das geforderte Disziplinarverfahren nicht. Jetzt denkt man daran, diesen grandiosen Mann zu rehabilitieren, und da habe ich auch ein bißchen Anteil daran.

Doch es gab nicht nur das Problem, die Menschen nach Portugal zu bringen. Es erhob sich vorher die entscheidende Frage: Wie bringen wir die Flüchtlinge durch Spanien? Denn unter den Flüchtlingen aus Österreich befanden sich eine große Zahl von Menschen, die zur Linken, wenn nicht gar zur äußersten Linken gehörten, darunter viele, die noch vor kurzem, als Kommunisten, nur wenige Monate zuvor, im Spanischen Bürgerkrieg gegen Franco gekämpft hatten. Ich kannte Franco schon lange, noch aus meiner Kindheit, als ich ihn gelegentlich als Adjutanten seines Königs, Alfons XIII., gesehen hatte, aber das war eine eher zunächst oberflächliche Bekanntschaft. Wir hielten jedenfalls keinen persönlichen Kontakt, damals. Allerdings kannte ich seinen Bruder Nicolas recht gut, und als die Lage der Flüchtlinge schon recht brenzlig wurde, wandte ich mich an Nicolas Franco und sagte ihm: ›Hören Sie, ich habe diese vielen Österreicher, die meisten von ihnen haben im Bürgerkrieg gegen euch gekämpft – und das war damals nur ein Jahr her! – sehr viele sind Kommunisten, aber ich bitte Sie, seien Sie ritterlich, lassen Sie die Leute durch!‹

Und Franco hat sie durchgelassen, das werde ich ihm nie vergessen. Es ist ja eine altbekannte Tatsache, daß man den wahren Charakter eines Menschen erst in kritischer Lage erkennt.

Ich kann Ihnen zwei ähnliche Beispiele nennen von Männern, die auch eine schlechte Presse haben: die früheren Diktatoren Trujillo, Dominikanische Republik, und Kubas Battista, den später dann Fidel Castro zu Fall gebracht hat. Ich hatte es ja nach meiner Ankunft in Amerika als wichtigste Aufgabe gesehen, vor allem den in Portugal zusammengedrängten Österreichern zu helfen, wußte damals doch niemand, ob Hitler nicht auch noch in diese Ecke Europas vorstoßen würde; viele Zeichen sprachen dafür.

Die Amerikaner habe ich vergebens gebeten zu helfen, die weigerten sich in der kältesten und arrogantesten Weise, auch nur irgend etwas zu tun. In dieser tragischen Situation gingen mein Bruder Felix und ich zu Battista und Trujillo, und beide nahmen viele, viele Österreicher auf.

Mein Bruder Felix darf übrigens noch immer nicht nach Österreich.

Auch die Chinesen haben damals großzügig geholfen. Ihre Kalkulation war die, daß die Amerikaner sofort das Durchreise-Visum ausstellen, sobald sie des chinesischen Einreisevisums ansichtig werden. Die Rechnung ging auf. Alle sind in die USA eingereist, kaum einer mehr ausgereist, sondern irgendwo in den USA untergetaucht.

Übrigens hätten sie gar nicht nach China gekonnt, denn, wie sich später herausstellte, war auf dem chinesischen Visum – in schönstem Mandarin – zu lesen: Gilt nicht zur Einreise nach China...

Doch zurück nach Spanien. Unsere Leute, Menschen aller Klassen und Ideologien, Kommunisten, Legitimisten, zahllose Juden, mußten weg aus Spanien. In Portugal erwies sich der österreichische Konsul von Schuschnigg, ein Verwandter des früheren Bundeskanzlers, als äußerst hilfreich; er kam seinen Pflichten nach, bis auch der letzte Landsmann in Sicherheit war.

Ich selbst konnte nur wenige Tage in Lissabon bleiben. Präsident Salazar ließ mich zu sich rufen und teilte mir mit, die deutsche Regierung habe wegen ›Hochverrats‹ meine Auslieferung gefordert. Er versicherte mir, er würde diesem Verlangen unter keinen wie immer gearteten Umständen nachkommen... aber ich möge doch so schnell wie möglich verschwinden, was ich auch verstand, denn die waren ja alle gezeichnet von Todesangst, lauerten doch die siegreichen deutschen Armeen schon an den Pyrenäen. Und damals erwarteten alle, die würden weiter marschieren. Wenn sie der Franco nicht so hineingelegt hätte, wären sie auch weitermarschiert.

Jedenfalls mußte ich so schnell wie möglich weg. Zunächst versuchte ich, nach London zu kommen, aber da bestand einfach keine Möglichkeit. So flog ich per Clipper in die USA, wo ich dann von 1941 bis 1944 weilte.

Eines der wenigen Bilder, die es von Walter von Schuschnigg (l.), einem Neffen des früheren Bundeskanzlers, gibt: das Foto zeigt ihn in Rio de Janeiro mit dem damaligen österreichischen Botschafter Wildner und einer Dame vom dortigen Österreichischen Komitee. Walter von Schuschnigg führte als blutjunger Kadett die Zöglinge der Wiener Neustädter Militärakademie nach Schönbrunn, um den Kaiser zu schützen. Später arbeitete er während des Exils sowohl in Frankreich als auch in den USA mit Otto von Habsburg für die österreichische Emigration; bis an sein Lebensende stand er in Briefkontakt mit Kaiserin Zita.

Zunächst einmal kümmerte ich mich um die schon erwähnte Rettungsaktion, wobei ich wiederholen muß, welch glänzende Leistung Konsul von Schuschnigg damals vollbrachte. Auch in Amerika stieß ich auf tüchtige Leute, und alsbald stellte sich die Frage nach dem Aufbau einer österreichischen Vertretung, und, damit zusammenhängend, die nach dem rechtlichen Status der Österreicher.
Diesbezüglich stellten sich zunächst noch keine Probleme, da die USA noch neutral waren. Das änderte sich schlagartig, als die Staaten in den Krieg eintraten, wobei es mir damals gelang durchzusetzen, daß die Österreicher trotzdem als ›Neutrale‹ anerkannt wurden, und daher gegen sie nicht jene Maßnahmen einsetzten, die nach der Kriegserklärung sofort die Deutschen trafen, von der Sperrrung der Konten bis zur Internierung.
All das traf die Österreicher dank meiner Interventionen nicht, sie konnten sich auch frei in den USA bewegen, und ich kann nicht genug betonen, wie mir der damalige US-Justizminister Anthony Biddle und Felix Frankfurter, Richter am Obersten Gerichtshof, dabei geholfen haben. Er hatte dank seiner Persönlichkeit großen Einfluß in der Roosevelt-Verwaltung; auch Frank Murphy tat viel für die Österreicher.
Leider gelang es nach der Kriegserklärung nicht, eine österreichische Vertretung in den USA aufzubauen, wieder wegen der Spannungen unter den Parteien, wobei Präsident Beneš sicher eine entscheidende Rolle bei der Verhinderung einer österreichischen Repräsentanz spielte. Da er über schier unbegrenzte Geldmittel verfügte, gelang es ihm auch bald, eine ›eigene‹ österreichische Organisation aufzubauen, die in der Folge eine Einigung total verhinderte. Einzelheiten sind da heute bereits uninteressant. Nur so viel: diese internen Kämpfe gehören zum Scheußlichsten, was ich je erlebte. Gott sei Dank weilte ich meistens in Washington, hatte also in vielen Fällen unmittelbar mit der amerikanischen Regierung zu tun.
Ab 1941 trat die ungarische Problematik immer mehr in den Vordergrund. Es begann nach dem Treffen mit Tibor Eckhardt, Präsident der Partei der Kleinen Landwirte, der gleichfalls nach Washington geflüchtet war. Mit ihm und seinem Team arbeitete ich bis 1944 engstens zusammen, einschließlich direkter Kontakte mit Budapest, an denen Roosevelt persönlich sehr interessiert war, weil er für Ungarn immer größte Sympathien hegte. Ich konnte daher von Washington aus unmittelbar Lissabon telegraphisch erreichen, und von dort besorgten mein Bruder Karl Ludwig und ungarische Getreue die persönliche oder technische Weiterleitung. Das klappte vorzüglich.
Bis zu einem gewissen Ausmaß konnten wir auf Grund dieser Tatsachen mit Lissabon telegrafisch Kontakt halten, damals ein sensationeller Vorteil. Mein Bruder Karl Ludwig fuhr dann hinüber, nahm mit dem ungarischen Botschafter Kontakt auf, Kuriere kamen aus Budapest, wir waren mit einem Wort bestrebt, Ungarn aus der Allianz mit Hitler herauszuholen, ganz besonders mit dem Plan, die bevorstehende Landung der Alliierten in Europa auf dem Balkan durchzusetzen und die Invasion in Frankreich zu verhindern.
Ein anderes Problem, das mich sehr beschäftigte, war natürlich die Frage, wie Beneš begegnet werden könne, der ja die Aussiedlung der Sudetendeutschen auf seine Fahnen geschrieben hatte. Diese Sache begann schon im Jahre 1942. Ich erfuhr davon aus zwei Quellen:
Auf der einen Seite bekam ich Informationen durch meine engen Kontakte zur polnischen Exilregierung, die in London saß, und ihrerseits über die Pläne und Aktivitäten der Beneš-Leute bestens im Bilde war. Vor allem General Sikorski war's – den ich noch aus Frankreich sehr gut kannte –, der sich als äußerst hilfreich erwies. Dann gab's da noch einen kleinen Journalisten, Jude, Reporter, oder sagen wir besser: ein kleiner Redakteur von der Hearst-Presse, ein Mann namens Innauer, von dem kamen die besten Hinweise, wir wußten durch ihn stets, was im Beneš-Lager vor sich ging.
Er war schlicht ein rechtlich denkender Mensch, der trotz des Leids, das sein Volk unter Hitler erfuhr, klar erkannte, daß die Vertreibung unter gar keinen Umständen gerechtfertigt werden kann.
Der Gedanke der Austreibung der Sudetendeutschen ist – dafür bin ich persönlicher Zeuge – ausschließlich auf dem Mist von Beneš gewachsen. Weder Stalin noch Roosevelt wollten anfänglich diese Austreibung. Es war mir daher immer wieder möglich, anläßlich meiner Begegnungen in Washington die Pläne des Beneš zu durchkreuzen.
Er mußte sich sehr lange bemühen, bis tief nach 1943 hinein. Durch eine durchtriebene Aktion machte er dann Stalin weis, Roosevelt sei mit der Vertreibung einverstanden. Aus Angst voreinander stimmten die beiden zu. Damit war die Vertreibung beschlossene Sache.
Ich habe die Frage der Vertreibung der Sudetendeutschen schon im Jahre 1942 während eines Vortrages in der Kongreßbibliothek aufgeworfen. Es war das erste Mal in der Geschichte überhaupt, daß diese Thematik öffentlich angesprochen wurde.
Der Vortrag wurde damals durch den Kongreßabgeordneten Pete Jarman, einem Mann aus Alabama, ermöglicht, veröffentlicht in den Kongreßpapieren. Er brachte mir die wütendsten Angriffe jener Zeit ein, klar, verfügte Beneš doch über wahrlich riesige Geldmittel.
Ich entging damals bloß um ein Haar der Internierung. Natürlich beschuldigte mich die Beneš-Seite, ein ›Nationalsozialist‹ zu sein. Das kam alles vom eigentlichen Erfinder des ›Nationalsozialismus‹, Edvard Beneš!
Nun gut, ich habe das überstanden, zumal ich ja immer noch die volle Unterstützung von Präsident Roosevelt hatte.

Eines der ganz seltenen Bilddokumente über die Tätigkeit österreichischer Patrioten während des 2. Weltkrieges: Das Foto zeigt eine von Erzherzog Robert gemeinsam mit Dr. Otto Hecht und dem »Free Austrian Committee« in Kolumbien errichtete »Physical Training Hut« auf dem Gelände des Hilfslazarettes von Norwood Park, Nottinghamshire.

FREI OESTERREICH

MITTEILUNGEN

Free Austrian Movement • Frei-Österreicher Bewegung

No. 1 — 108 WEST 43rd STREET, NEW YORK CITY

An alle Oesterreicher!

Oesterreich, das erste Opfer der Hitlertyrannei, stoehnt seit Maerz 1938 unter der Faust des verbrecherischen Eroberers.

Tausende und Abertausende von Oesterreichern verliessen deswegen die Heimat. Viele Tausende von Oesterreichern zogen aber auch schon in frueheren Jahren und Jahrzehnten hinaus. Sie bewahrten sich in ihrer Erinnerung ein Stueck Altoesterreich.

An alle diese Oesterreicher und Altoesterreicher, in der Welt verstreut lebend, wenden wir uns. Sie alle sind verbunden durch den Gedanken an das gemarterte Oesterreich, durch den Kampf um Oesterreichs Zukunft und durch den unzerstoerbaren Glauben an den Sieg der Demokration, der Freiheit und Gerechtigkeit.

Den notwendigen Kontakt unter all den Oesterreichern und Altoesterreichern herzustellen, das Leben unserer Bewegung wiederzuspiegeln und dem Einzelnen ein Bild der grossen Gemeinschaft der Oesterreicher in der freien Welt zu vermitteln, unserem Freiheitskampf Einheit und Richtung, unserer Propaganda geistigen Inhalt und geistiges Material zu geben und eine Tribuene fuer unsere Mitkaempfer zu sein, alles das sollen die "MITTEILUNGEN" zur Aufgabe haben.

Deshalb ist jeder Einzelne gebeten mitzuhelfen und mitzuarbeiten, dass diesen Bemuehungen ein Erfolg beschieden sei.

Die Leitung des
FREE AUSTRIAN MOVEMENT
Hans Rott
Praesident

Roosevelts Sektretärin, Grace Tully, eine ungemein anständige Dame, gläubige Katholikin, half mir da ganz besonders.

Zwei Fragen waren es, die mich damals besonders beschäftigten: erstens das Verhindern der Austreibung der Sudetendeutschen und, dazu, das Verhindern der Bombardierung von Österreich. Das ist mir auch bis 1943 gelungen. Bis August 1943.

Hitler hatte den Wahnsinn mit der Bombardierung Englands begonnen. Aber ab dem Jahr 1942 schlugen die Alliierten mit voller Wucht zurück. Ende November 1942 griffen an die eintausend Bomber Köln an. 1943 zeichnete sich bereits die Vernichtung ganzer Städte ab, ich erinnere mich an Hamburg, im Juli 1943, vorher waren schon Essen, Rostock und andere Städte an der Reihe gewesen.

Mein Ziel war es, die Bombardierung Österreichs – als eines von den Nationalsozialisten besetzten, seiner Freiheit beraubten Landes – zu verhindern. Und das war wirklich eine anstrengende Sache. Ich bin damals, über eineinhalb Jahre, keinen einzigen Tag aus Washington weggewesen. Washington war damals die Hölle, politisch wie klimatisch. Aber ich mußte einfach dort bleiben, weil ich von meiner Wohnung in Washington aus mit einem Freund in Kontakt stand, der damals im Oberkommando saß, in Maryland, Cravelly Points, das sogenannte Bomb-Target-Command.

Dort legten die Alliierten die Bombardierungsziele fest, und immer dann, wenn ein österreichisches Ziel zur Sprache kam, wurde ich von diesem Herrn, unter ziemlich starkem persönlichem Risiko, verständigt.

Und damit hatte ich immer wieder die Möglichkeit, die Bombardierung hinauszuschieben. Es war, ich muß Ihnen das ehrlich sagen, eine recht aufreibende Sache, weil es mir ja völlig bewußt war, daß meine Interventionen nicht für alle Zeiten wirken könnten, aber dennoch, ich war der Meinung, daß jeder einzelne Tag, für den es mir gelang, die Bombardierung Österreichs hinauszuschieben, Leben retten würde. Ich konnte die Ergebnisse nicht wissen, ich wußte nur, ich mußte versuchen, die Bombardements hinauszuschieben. Hätte nicht der Krieg, durch irgendein Wunder, enden können, noch bevor Österreich unter den Bombenhagel der alliierten Luftflotten geriet??

Ich habe, wann immer ich durch meinen Freund im Bomb-Target-Command, von einem österreichischen Ziel erfuhr, durch seine Sekretärin Grace Tully den Präsidenten Roosevelt verständigt und ihm sagen lassen, daß ich ihn bitte, das hinauszuschieben, und er hat es auch sehr lange getan.

Bis dann jener tragische Tag im August 1943 kam, an dem Wiener Neustadt bombardiert wurde, auf den massiven Druck der amerikanischen Militärs einerseits und der Russen anderseits, was eine weitere Verschiebung unmöglich machte. Es war das eine recht aufreibende Zeit damals, ich habe wahnsinnig viel geraucht, bis zu drei Paketen täglich,

was Kettenraucherei von früh bis abends spät bedeutete. Auch an Schlafen war kaum zu denken. Ich habe dann noch eine Weile nachgeraucht, bis ich endlich brutal Schluß damit machte, aber das ist nur eine Nebensache. An noch einen absurden Nebeneffekt erinnere ich mich. Eineinhalb Jahre lang hatte ich keine einzige ruhige Nacht verbracht. Die Sorge wegen der möglichen Bombardierungen, dieses ständige Wach- und Bereitseinmüssen, – meine Informationen trafen ja auch zu jeder unmöglichen Nachtzeit ein – erlaubte mir einfach keinen normalen Schlaf. Erst in der Nacht, nachdem das Unausweichliche geschehen war und feststand, daß ich keinen Aufschub mehr erwirken könne, auch das Wunder nicht rechtzeitig eingetreten sei, – schlief ich wie ein Toter.
Was meine Brüder und ich während dieser amerikanischen Zeit damals mitmachten, was wir an Anfeindungen erlebten, das konnte sich durchaus sehen lassen. Denn dieser Beneš verkörperte eine ungeheure Macht, er war auch ein äußerst fähiger Mensch, allerdings als eine Verkörperung des Bösen. Vergessen wir nicht, daß alles, was immer er auch anpackte, 1918, 1919, 1938, 1945, 1948 um nur einige markante Schicksalsjahre zu nennen, für sein eigenes Volk tragisch endete.
Damals verfügte er halt – wie gesagt – über schier unbegrenzte finanzielle Mittel, die ihm Präsident Hácha, der während der Hitlerzeit ungeschoren auf der Prager Burg residierte, rechtzeitig zur Verfügung gestellt hatte, und der ihn auch während der ganzen Okkupationszeit weiter unterstützte. Nach 1945 ließ ihn Beneš zum Dank dafür verhaften, er starb – ich weiß nicht unter welchen Umständen – in einem Prager Gefängnis, schon im Juni 1945.
Einen – nein, zwei Männer habe ich im Gedächtnis, die wohl in der tschechischen Führung lebten, zu denen ich aber dennoch gute Kontakte hatte. Der eine war Botschafter Ossutzky, ein Slowake, der wohl in diesem System drinnen, aber dennoch absolut nicht damit einverstanden war.
Der zweite war Jan Masaryk, mit dem ich persönlich eine sozusagen angenehme Beziehung hatte, unendlich sympathisch der Typ, leichtgläubig, und, was ich stets so an ihm geschätzt habe, er war immer anständig, zumindest im ersten Augenblick; wenn er sich dann etwas überlegt hat, variierte er die oder jene Reaktion, aber irgendwo in den Tiefen seiner Seele war er ein anständiger Kerl.
Mein erstes Zusammentreffen mit dem jungen Masaryk war so typisch. Wir kamen bei irgendeiner Veranstaltung zusammen, alles was damals so kreuchte und fleuchte, war versammelt, Emigranten, Vertriebene, Regierungsmitglieder, Mitglieder von Emigrationsregierungen, Schickeria, wie das halt schon so war oder ist, wobei ich unter ›fleuchte‹ durchaus positiv ›flüchtete‹ verstehen will, wir waren alle Flüchtlinge vor Hitler und seinen Schergen. Er geht damals auf mich zu und erklärt: ›Ich möchte Ihnen gleich sagen, *ich* war kein Hochverräter. Ich habe noch am 4. November 1918 für Österreich gekämpft!‹
Sein Vater hatte damals schon seit Jahren für die Zerstörung Österreichs und damit Böhmens und Mährens gewühlt und gehetzt.
Er hat sich so eben von seinem Vater unterschieden, er war irgendwie österreichisch eingestellt, und dadurch, *daß* er eben der Sohn seines Vaters war, konnte er sich verschiedene Dinge erlauben, die andere nicht einmal denken durften. Hätte der tschechische Nationalistenführer Masaryk im Jah-

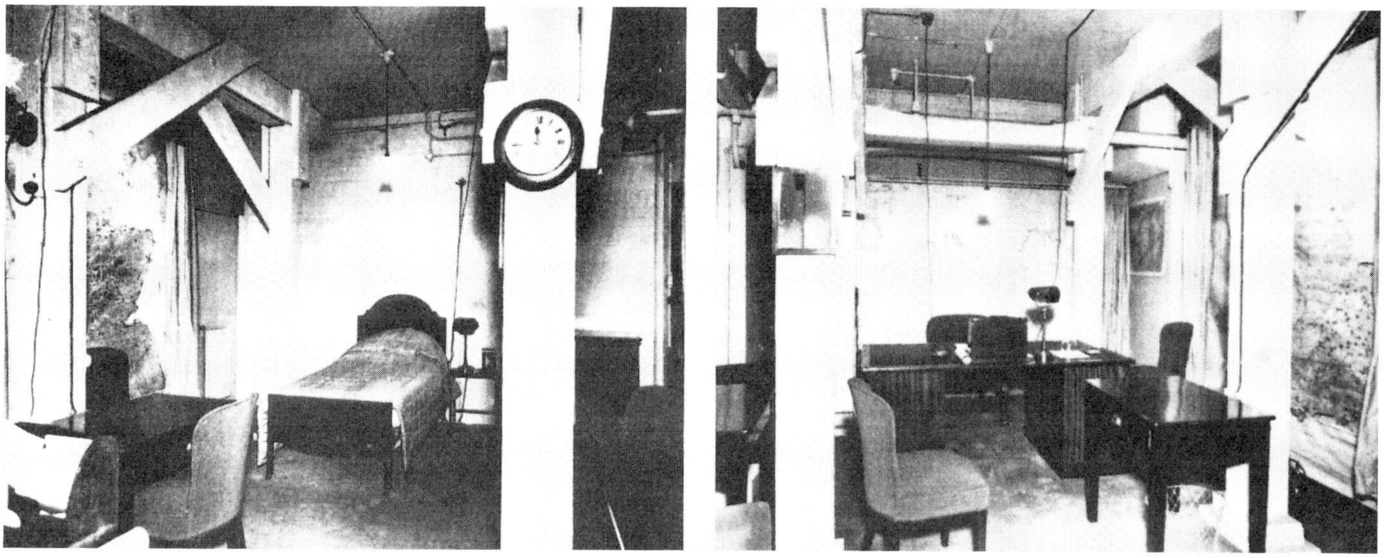

»Room 65A« ... das kombinierte Schlaf- und Arbeitszimmer Winston Churchills im Tiefgeschoß der »Cabinet War Rooms« an der Great George Street, London, wo der Premierminister Robert von Habsburg empfing, um mit ihm seine Besprechungen bezüglich der Zukunft Österreichs, die er wenige Tage darauf mit Präsident Roosevelt führte, vorzubereiten. Die eigentliche Geburtsstätte der später von Stalin weitgehend verfälschten Erklärungen über die Zukunft Österreichs, die sogenannte Moskauer Deklaration, liegt hier.

re 1918 geahnt, daß sein Sohn Jan *nur* dreißig Jahre später in Prag einem politischen Mord zum Opfer fallen würde, hätte er vielleicht 1917, als er zum Untergang der Monarchie hetzte, anders gehandelt. Das Gleiche gilt übrigens für Beneš.

Ein anderes Thema, das uns – meine Brüder und mich – ganz besonders intensiv beschäftigte, war das Schicksal Südtirols. Vor allem befaßte sich mein Bruder Robert in London mit diesem Problem, und dank seiner außerordentlichen guten Beziehungen zu Winston Churchill, dank des Ansehens, das er bei ihm genoß, konnte er unglaublich viel für dieses geschundene Land leisten, auch dank der Mithilfe von Professor Hecht, dem ›Bundes-Hecht‹ wie er genannt wurde. Er war einer der großen Verfassungsgelehrten Österreichs vor der Okkupation.

Ich bin davon überzeugt, daß wir, mein Bruder Robert in London und ich in Washington für Südtirol mehr erreicht hatten – so einen Beschluß der Regierung, daß Südtirol wieder an das österreichische Mutterland komme – als dann die Regierung in Wien zustandebrachte. Vielleicht wäre da, mit etwas mehr Geschick und unter Bezugnahme auf das, was wir vorgearbeitet hatten, mehr herausgekommen. Am Tag der Kapitulation des ›Tausendjährigen Reiches‹ war die Sache jedenfalls ganz bestimmt noch *nicht* gelaufen.

Das waren unsere Hauptaufgaben gewesen in den Vereinigten Staaten: Wiedererrichtung Österreichs, Verhinderung der Austreibung der Sudetendeutschen, Wiedervereinigung Südtirols mit Österreich, möglichst lang, wenn möglich überhaupt, die Bombardierung Österreichs als ein gewaltsam besetztes Land zu verhindern.

Näher eingehen müßte man noch auf die Verhinderung des Verzichts der Amerikaner, ihre vertraglich übernommene Pflicht, einen Teil Österreichs zu besetzen, zu erfüllen, was auch ein Verdienst meines Bruders ist, der von London her eingreifen konnte. Wären die Amerikaner dieser Verpflichtung nämlich nicht nachgekommen, hätten die Russen – übrigens ganz ›im Recht‹ – dann auch Oberösterreich und Salzburg besetzt, vielleicht noch mehr. Was das für die Zukunft Österreichs und Europas bedeutet hätte, kann sich jeder selbst ausmalen.

Ab 1944, als ich in den Staaten dank der Machenschaften des Beneš, seiner von ihm gekauften Überläufer, des Cordell Hull, Berater des Präsidenten Roosevelt, später als Agent Moskaus entlarvt, nichts mehr tun konnte, wollte ich zurück nach Europa. Der Weg führte ausschließlich über Lissabon.

Aber da war noch etwas.

Die 2. Konferenz von Quebec. Hatten die Kräfte um Beneš herum bislang alles versucht, meine Rückkehr nach Europa zu verhindern, mochten sie das dann in dem Augenblick bereut haben, als ich noch indirekt an der 2. Konferenz von Quebec teilnahm. Da ging es um die künftigen Besatzungszonen von Österreich, und um den Morgenthau-Plan, damals in großen Linien. Ich kannte Morgenthau persönlich; ein sehr überschätzter Mensch. Ich erinnere mich auch an Vater Morgenthau, einstens, während des Ersten Weltkrieges US-Botschafter im Osmanischen Reich. Ich erinnere mich an ein typisches Gespräch mit diesem Mann. Er sagte mir: ›Ich hatte fünf Söhne, die meisten von ihnen waren sehr intelligent, aber einer davon besonders dumm. Das ist mein Sohn Henry, aus dem haben sie einen Finanzminister gemacht.‹ Ich konnte in Quebec noch Entscheidendes tun. 1944 kam ich also dann über Lissabon nach Europa zurück. Da war zunächst die Schwierigkeit, Spanien zu durchqueren, dann die, nach Frankreich zu kommen. Mit meinem Bruder Rudolf kam ich dann doch nach Frankreich, und in Paris trafen wir meinen Bruder Karl Ludwig, – die beiden sollten ja bald darauf nach Österreich gehen, um dort, von innen heraus, Widerstand gegen die Nationalsozialisten zu leisten, was sie auch bravourös taten.

Im Zuge meiner damaligen Aktivitäten, immer wieder in Verbindung mit dem Widerstand in Österreich, kam ich auch nach Luxemburg, nach Belgien, und häufig in die Nähe der damaligen Front. So kam ich auch in den unmittelbaren Sog der damaligen Ardennen-Offensive der Truppen Hitlers; der Krieg ging dennoch zu Ende.

Selbstverständlich wollte ich in meine Heimat zurück, nach Österreich. Ich ging dann auch zurück nach Österreich. Allerdings nicht für sehr lange. Es begann eine üble Hetze, genau von den Leuten, die 1938 noch laut gesagt hatten ›Ich stimme mit JA‹. Die wollten nun von meiner Familie und mir nichts wissen. Roosevelt, mein großer Freund, war tot, Truman kannte ich nur so am Rande, vom gemeinsamen Wohnhaus in Broadmore, aber eben zu wenig, als daß da noch wirkliche Hilfe gewesen wäre.

Die Amerikaner taten denn auch wacker bei allem mit, was die Sowjets so wollten, nicht zuletzt deshalb, weil ich die ›politische Familie‹ des Harry Truman nicht so gut kannte und meine Möglichkeiten, einzugreifen, zu warnen oder zu raten, immer geringer wurden. Meine Lage in Österreich wurde jedenfalls unhaltbar, und so verließ ich Ende 1945 wieder meine Heimat.

Ich ging zunächst nach Belgien, dann nach Frankreich. Besonders in Belgien hatte ich große Schwierigkeiten, weil mich der Bruder von König Leopold, Prinz Charles, – um den König gab es eine gewaltige Staatskrise – um jeden Preis hinausschmeißen wollte, was ihm selbstverständlich auch gelang, zumal ich mit meiner Meinung über ihn nicht hinter dem Berg gehalten hatte.

Doch zum Glück hielt damals General de Gaulle die Zügel der Macht in Frankreich in der Hand, es gab einen exzellenten Mann im Außenamt, Charles Vitasse und einen erstklassigen Menschen im Geheimdienst, Comte François de l'An-

neau, und mit Hilfe dieses Triumvirats konnte ich in Frankreich existieren, allerdings nicht legal, denn ich hatte dort genug übermächtige Feinde.
Doch immerhin konnte ich mich in Frankreich halten, und das dank der schützenden Hand, die Charles de Gaulle über mich hielt, ähnlich, wie er es während der Zeit, die ich in Österreich weilte, getan hat. Die Franzosen waren damals ja auch die einzigen gewesen, die gegen meine Ausweisung Stellung bezogen. Doch als schwächster der damaligen vier ›Großen‹ konnten sie sich auf die Dauer natürlich nicht durchsetzen. Immerhin, sie, vor allem Charles de Gaulle, haben ihr Möglichstes getan.
Halb legal, halb illegal lebte ich also eine Weile in Frankreich, nicht nur mit meinen Sorgen, sondern auch mit jenen von etlichen Getreuen befaßt, die nach dem Kriege nirgendwo mehr Fuß fassen konnten.
Doch die Lehre eines alten, guten Bekannten, des ungarischen Gesandten Barto, nahm ich mir zur Lebensregel: So lange ich eine Schreibmaschine habe, habe ich auch einen Paß. Ich hatte daher immer einen Paß, verschiedene natürlich, aber immerhin, ich habe sie gehabt. Und wenn ich heute geradezu über einen Reichtum an – legalen! – Pässen verfüge, so muß ich doch sagen: ›Man kann nie genug Pässe haben!‹ Ich weiß, wie es ist, ohne Paß zu leben, oder mit Papieren, die in Wirklichkeit keine Pässe waren.
Es war eine eigenartige Zeit, eine Zeit der Heimatlosigkeit, einer Leere, des Ausgeschlossenseins, vor allem, weil ich nicht nach meiner Heimat Österreich kommen durfte. Nun, ich habe begonnen, mich journalistisch zu betätigen, für Zeitungen zu schreiben, Bücher zu verfassen.
Einer der wenigen letzten, positiven Faktoren für uns blieb auch noch Winston Churchill. Doch er hatte schon seinerzeit eine schwierige Stellung in der eigenen Regierung gehabt, vor allem wegen des großen Hassers in seiner nächsten Umgebung, Anthony Eden, der später als Premier so jämmerlich versagte.
Das war der Mann, der seinerzeit sagte: ›Was ist schon Österreich? Fünf Habsburger und ein paar hundert Juden!‹ Ganz anders Winston Churchill. Ich weiß das vor allem aus der Erfahrung meines Bruders Robert, der damals in London für Österreich arbeitete. Ich kam übrigens mit beiden mehrmals zusammen, und jedesmal war es frappierend, wie sich die Haltung Edens änderte, sobald Churchill bei der Tür draußen war. Er wurde augenblicklich wieder feindselig, eine Haltung, die er sich nicht getraute, vor dem alten Herrn einzunehmen.
Um nochmals auf Roosevelt zurückzukommen: der hat damals ganz entscheidend mitgeholfen, als ich ihm die Frage der Besatzungszonen in Österreich präsentierte.
Er war es übrigens auch, und das ist eine immer noch

Jahre danach: Otto von Habsburg ist anerkannter Buchautor, Vortragender und einflußreicher Ratgeber bedeutender Politiker und Staatsmänner. Er setzt auch seinen ganzen Einfluß ein, um dem außenpolitisch bedrängten Portugal in den sechziger und siebziger Jahren zu helfen und dessen Weg in die entstehende Europäische Gemeinschaft zu ebnen – mit Erfolg. Otto von Habsburg in Lissabon im Gespräch mit Staatspräsident Thomas und Außenminister Nogeira

Bittere Jahre im Exil, ohne Paß, ohne »Boden unter den Füßen«: Der Mann, der entscheidend zur Wiedererrichtung Österreichs beigetragen hat, ohne den wahrscheinlich ein freies, unabhängiges Österreich nicht mehr auf die Landkarte gekommen wäre, darf nicht nach Österreich einreisen.

wenig bekannte Tatsache, der damals entscheidend mitgeholfen hat, dank der Intervention meines Bruders Robert, daß die Vereinigten Staaten jenen Teil Österreichs als Besatzungszone auch tatsächlich bezogen, wie es ursprünglich ausgemacht worden war. Denn um ein Haar hätten die Russen dank der Nachgiebigkeit der Amerikaner auch Salzburg und Oberösterreich besetzt. Es war das zum Großteil meinem Bruder Robert dank seiner Einwände bei der US-Botschaft in London – John Winant – gelungen. Die österreichische Regierung nahm davon nie Notiz.
Nochmals: Churchill war einer, auf den man rechnen konnte. Übrigens hat damals, während des Zweiten Weltkrieges, *niemand* jene höheren Kreise, die da Weltpolitik machten, erreichen können – außer meinen Brüdern und mir. Die Archive belegen meine Aussage über jeden Zweifel hinaus. Ausschließlich *wir* konnten den Gedanken der Wiedererrichtung eines freien, unabhängigen Österreich in jene Kreise tragen, die schließlich auch die Macht dazu hatten. Die meisten Österreicher, die außerhalb dieser Einflußsphäre standen, dachten außerdem bis in die Zeit *nach* dem Ende des Krieges nur an *Anschluß*.
Gelegentlich taucht die Frage auf, ob wir nicht doch hauptsächlich für die Monarchie aufgetreten seien. Dazu möchte ich nur sagen: Ich habe mich im Umgang mit Ausländern *niemals* wegen einer bestimmten Staatsform ausgesprochen. Unser Ziel war die Wiederherstellung eines freien, unabhängigen Österreich. Das war das Hauptziel meiner Arbeit während des Krieges, und das haben wir auch erreicht, trotz des erbitterten Widerstandes so vieler Landsleute; man könnte »Adler, Bauer, Czermetz...« alphabetisieren.
Dazu kam natürlich die Hilfestellung für Ungarn, der Versuch, die Austreibung der Sudetendeutschen zu verhindern, – österreichische Bevölkerung, die in Mitteleuropa gelebt hat – ein furchtbares Problem, mit dem wir noch zu tun haben und zu tun haben werden. Denn wenn wir die heutigen Schwierigkeiten der Tschechen sehen, so haben sie nicht zuletzt mit der Austreibung der Deutschen zu tun. Diese Menschen gehörten ja zu den großen Kräften, die Böhmen und Mähren zu dem machten, was sie waren. Seit der Austreibung entstand dieser entsetzliche Leerraum, nicht nur wirtschaftlich, sondern auch menschlich katastrophal.
Nach dem Krieg bin ich also dagewesen... ich konnte nicht nach Österreich hinein, es gab fürs erste kaum eine Tätigkeit für mich, außer der Paneuropa-Union, und die war damals ganz am Anfang ihres Wiederaufbaus. Ich muß auch sagen, ich bin auch materiell damals sehr schlecht dagestanden, denn die Befreiung Österreichs hat ja auch viel Geld gekostet, und das ist alles auf Schulden gewesen, die ich dann langsam wieder abstottern mußte. Gut.
Ich bin dann journalistisch tätig geworden, ich habe zahllose Vortragsreisen in den USA unternommen, womit ich zunächst einmal die Schulden los wurde, und dann noch etwas Persönliches aufbauen konnte. Ich machte zahllose Weltreisen, ich weilte noch während des Bürgerkrieges in China, ich war in Vietnam, Angola, ich war überall, wo es interessant war und wo es grad ›losgegangen‹ ist.
Selbstverständlich hielt ich die ganze Zeit über Kontakte mit der Heimat, selbstverständlich auch mit Ungarn und meinen ungarischen Landsleuten, dort sehr schwierig, mit Österreich ging es irgendwie.
Aber es konnte sich nicht sehr viel aktiv entwickeln. Schließlich wurde mir etwas klar: wenn es mir nicht gelingt, in Österreich Fuß zu fassen, muß ich meine Arbeit für meine europäischen Ziele anders ausrichten.
Es ging dabei um jenes gewisse Dokument, das mein Unterhändler, Max Hohenberg – Sohn des in Sarajewo ermordeten Erzherzog Thronfolgers Franz Ferdinand – das ›KZ-PAPIER‹ nannte, ein Ausdruck, der übrigens diesen Herrn Pittermann sehr ärgerte, aber mein Cousin Max Hohenberg sagte ihm, er habe bei seiner Entlassung aus dem Konzentrationslager bei der SS auch so ein Papier unterschreiben müssen, so eine Erklärung, die man ihm abforderte, bevor er wieder nach Hause gehen durfte. Aber ich dachte mir, wenn ich an meine europäische Aufgabe denke, werde ich auch diese Krot schlucken, und ich meine, das war ja nicht einmal die einzige, die ich in meinem Leben schlucken mußte.
Ich habe dann dieses Papier, das von mir gefordert wurde, unterzeichnet, um nach Österreich heimkehren zu können. Doch der Kampf um die Heimkehr dauerte volle sechs Jahre. Es war ein harter Kampf, und es ist von seiten der österreichischen Regierung sehr viel Rechtloses geschehen. Ich muß ehrlich sagen: Es hat vieles gegeben, was mir besonders mißfallen hat. Ich habe im Zuge dieser Ereignisse zum Beispiel etwas Einmaliges in meinem Leben getan, etwas, was ich hoffentlich nie wieder tun muß, das war, als ich einen prominenten österreichischen Mandatar aus diesem Haus in Pöcking hier hinausgeworfen habe.
Denn der trat mit dem Ansinnen an mich heran, ich würde das gesamte Familienvermögen zurückerhalten, wenn ich darauf verzichtete, nach Österreich heimzukehren.
So eine Schamlosigkeit. Das hätte ich mir nicht erwartet gehabt, besonders nicht von einem Menschen, der einen verhältnismäßig bekannten Namen trug. Denn ich muß schon sagen: die Heimat für Geld verkaufen – da muß einer doch schon recht verworfen sein, so ein Angebot anzunehmen. Übrigens war dieser Fall nicht der einzige einschlägige Fall. Es sind mehrmals solche Versuche unternommen worden.
Auf der anderen Seite muß ich sagen, daß ich aus dem Kampf um mein Recht, mein Recht auf Heimat, sehr viel Unabhängigkeit gewonnen habe. Denn ich bin für ein *Prinzip* eingetreten, weil ich mir sagte: wenn man *mir* so

Ein merkwürdiger Dreischritt in Bildern gefaßt: zunächst das rigorose Einreiseverbot. Otto ist aus seiner Heimat ausgesperrt. Das Bild des Habsburgers, der entscheidend an der Wiedererrichtung Österreichs mitgewirkt hat und dann nicht einreisen durfte, ging um die Welt. – Dann, nach Überwindung der »gesetzlichen« Hindernisse, einige kurze, eher unauffällige Besuche. So wie der in der Industriestadt Steyr. Zaghaft bitten die Bürger um ein Autogramm. – Und dann die Triumphe seines öffentlichen Auftretens in Österreich, sei es bei den großen Paneuropa-Feiern oder dem Gedenken der Jahre 1683 und 1938.

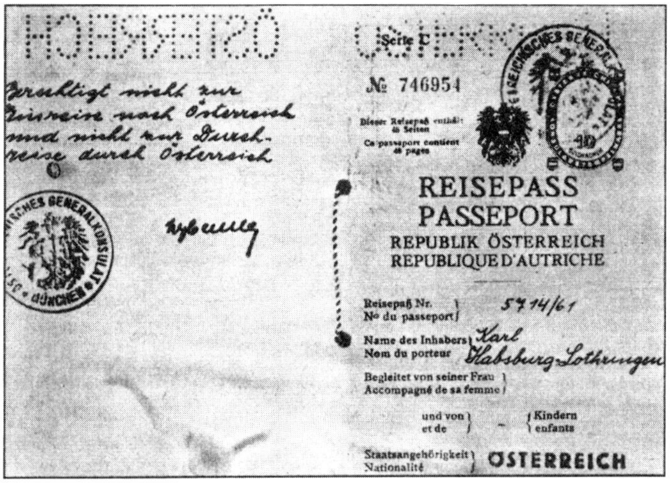

etwas antun kann, kann man das Gleiche morgen einem anderen antun. Daher kämpfte ich im Grunde genommen für eine rechtliche Position mehr als für etwas anderes.
Na, schließlich bin ich durchgekommen, es hat damals in den obersten Instanzen noch Richter gegeben; sechs Jahre hat es gedauert, doch es ist durchgekommen, trotz des Widerstandes von Seiten der Sozialistischen Partei Österreichs. Damals stand die Regierung unter dem sehr redlichen Kanzler Klaus. Wegen des anhaltenden Widerstandes der Sozialisten hieß es dann aus Justizkreisen, wenn mir die Regierung den Paß nicht ausstellte, würde es eben das Gericht tun. Kanzler Klaus hat mir schließlich den Weg nach Österreich geöffnet, und meine Heimkehr gestaltete ich dann nach dem gleichen System, wie ich es in anderen Fällen auch schon gemacht hatte. Schrittweise. Ich bin niemals mit der Tür ins Haus gefallen. Der Rest war notorisch, die Äußerungen der Politiker, all der Unsinn, der da hinausposaunt wurde. Für mich ist das heute einfach eine alte Geschichte.
Gelegentlich bringen gewisse Leute die Frage des Vermögens der Habsburger auf, das ja konfisziert wurde, um Neid zu wecken. Ich selbst wurde in dieser Sache bewußt nie aktiv – ich habe so wie meine Familie bewiesen, daß wir unser Leben durchaus meistern können – und wenn Mitglieder meiner Familie etwas unternehmen, so ist das durchaus ihr Recht, denn schließlich hat jeder das Recht, das, was ihm legal gehört, auch zu verteidigen.
Ich habe das nicht getan, weil ich politisch interessiert war. Ich wollte auf österreichischem Boden stehen, nicht, weil ich in die österreichische Innenpolitik drängte, sondern um eine Position zu haben, aus der ich meine europäischen Aufgaben bewältigen kann. Und das war ja auch der Schritt, der mich schließlich ins Europäische Parlament geführt hat. Eine sinnvolle Arbeit, heute sinnvoller denn je; viele meiner Pläne konnte ich in die Tat umsetzen.
Ich möchte hier allerdings auch einiger Politiker gedenken, die sich damals anständig verhielten.
Zunächst, wie schon erwähnt, dieser ehrbare, durch und durch anständige Bundeskanzler Klaus. Dann Altlandeshauptmann Josef Krainer von der Steiermark. Minister Piffl-Percevic, der sich klar und eindeutig äußerte, und bei den Freiheitlichen Botschafter Dr. Wilfried Gredler, der sich auch in seiner Partei absolut immer für mich eingesetzt hat. So kam ich also nach Österreich zurück, konnte mir jenen Boden unter den Füßen schaffen, der mir ja in vielen Phasen meines Lebens gefehlt hat. Dieser Friede in Österreich, sozusagen, fand dann im Rahmen der Paneuropaunion statt, und er wurde auch anläßlich einer Feier der Paneuropäer mit Richard Graf Coudenhove Kalergi feierlich besiegelt, als Bundeskanzler Kreisky anwesend war. Mit diesem Boden unter den Füßen, ich sagte es schon, konnte ich dann nach Europa gehen.
Ich hatte schon damals erkannt, daß das einzige Sinnvolle die Europapolitik für Österreich ist. Es war nie meine Absicht gewesen, eine innenpolitische Rolle zu spielen, das ist eine Sache, die mit der Realität der Gegenwart wenig zu tun hat.
Die Aufgabe ist jetzt viel größer. Es geht um Zentraleuropa, und gerade die Ereignisse der jüngsten Zeit haben ja klar bewiesen, wie wichtig die Europapolitik für die Völker Mitteleuropas ist – um es anders auszudrücken: für *alle* Völker des alten Österreich.«

Dr. Bruno Kreisky hat ein doppeltes historisches Verdienst um das Haus Österreich: Am 4. Mai 1972 reichte er anläßlich des Paneuropa-Kongresses in Wien Otto die Hand und setzte damit der absurden Hetze gegen Habsburg ein Ende. Sein zweites Verdienst, das Geschichte machte, war, Kaiserin Zita ohne Abgabe einer Verzichtserklärung als Kaiserin nach Österreich heimkehren zu lassen. Bei seiner Abschiedsrede vor dem Parlament erinnerte er sich gerührt an das Dankschreiben der Kaiserin …

Zeit der Ernte: Vereintes Europa

»Meine Mitgliedschaft im Europäischen Parlament ist nicht, wie viele andere Entwicklungen in meinem Leben, auf einen bestimmten Plan zurückzuführen; sie hat sich förmlich von selbst ergeben.
Für die europäische Sache hatte ich mich seit dem Jahre 1936 eingesetzt, als ich Mitglied der Paneuropa-Union wurde, auf Ersuchen von Coudenhove-Kalergi, wobei ich allerdings gleich sagen muß, daß ich diesen Schritt damals aus Freundschaft für Coudenhove setzte, nicht aus irgendeiner tieferen Überzeugung. Die kam erst, als ich 1940 nach Amerika flüchten mußte. Sobald ich Europa aus der Ferne sah, wurde ich zum Europäer. Coudenhove lebte damals in New York, ich in Washington, und da setzte ich mich sehr für seine Ideen ein. Nach 1945 verstärkte sich meine Tätigkeit für den Europagedanken immer mehr, wobei besonders Coudenhove frühzeitig für die Schaffung eines Europäischen Parlaments eintrat.
1975 war es dann soweit. Giscard d'Estaing hat diese Wahl durchgesetzt, eine Tatsache, die heute so gut wie vergessen ist. Eines Tages trat ein guter Freund von mir, eine Schlüsselfigur der Paneuropa-Union Deutschland, Dr. Heinrich Aigner, an mich heran. Er war bereits Mitglied des *ernannten* Parlaments, und er sagte mir ganz einfach, ich solle für das Europäische Parlament kandidieren. Damals antwortete ich, das sei unmöglich, da ich ja österreichischer Staatsbürger sei und diese Staatsbürgerschaft auf gar keinen Fall aufgeben würde. Außerdem würde ich nichts gegen den Willen von Franz Josef Strauß tun, den ich ungemein schätzte, ich wolle ihm nicht in die Quere kommen. Daraufhin ging Aigner zu Strauß, und der ließ mir sagen, er sähe meine Kandidatur sehr gerne. Worauf sich das Problem erhob: Wie lösen wir die Frage? Denn Doppelstaatsbürgerschaften gab es bloß für Mitglieder überragender Akademien, für Professoren auf außerordentlichen Gebieten und für Fußballer. Was mir dann tatsächlich half, war meine Mitgliedschaft beim Institut de France, also der Akademie. Da kam ich sozusagen in die privilegierte Kategorie hinein. Der Landeshauptmann von Niederösterreich – ich bin ja geborener Niederösterreicher – Herr Dr. Hartmann, hat sich von österreichischer Seite sehr für das Gelingen eingesetzt, auf deutscher Seite war es auch nicht leicht. Das Unternehmen gelang – auf den Tag genau einen Tag vor Jahresfrist zur Wahl. Ein einziger Tag Verzögerung – und meine Kandidatur wäre hinfällig gewesen!
In Österreich hat man mein Motiv vielfach nicht verstanden. Ich sah das anders. Wohl konnte ich über die Paneuropa-Union viel machen, ich war auch journalistisch und als Buchautor tätig, ich fühlte mich weiß Gott nicht arbeitslos, aber ich erkannte doch, daß ich im Europäischen Parlament das tun könne, was ich schon seit langer Zeit als mein Lebensziel angesehen hatte, nämlich für die Freiheit und Einheit ganz Europas – Paneuropas – zu wirken.
Ich habe dieses Angebot, mich in das Europäische Parlament frei wählen zu lassen, akzeptiert, weil ich der Ansicht bin, daß das für viele Europäer von gleich starkem Interesse ist. Wer die größeren geschichtlichen Zusammenhänge sieht, weiß auch und versteht daher auch, daß ich mit zahllosen europäischen Landschaften eine tiefe, persönliche Verbindung habe, sei das nun Flandern oder Brabant, Spanien, Portugal, Deutschland, Lothringen, Litauen und Ungarn, die heutige Schweiz, Italien oder was immer man da an historischen Verbindungen herausholen mag; die Mitgliedschaft bei dem einen schließt doch die Zugehörigkeit zu etwas anderem nicht aus, schon gar nicht bei einem Österreicher meiner Herkunft.
Übrigens kommt es gleichfalls aus unserer gemeinsamen europäischen Geschichte, daß ich auch die *ungarische* Staatsbürgerschaft besitze. Einige Zeit war ich der Meinung, die Kommunisten hätten sie mir aberkannt, so stand's jedenfalls einmal in den Zeitungen. Doch der Schritt wurde niemals gesetzt, sei's aus Schlamperei, sei's aus Absicht, Gott weiß es – jedenfalls war ich immer, auch während der schlimmsten Zeit Ungarns, Bürger des Landes.
Zurück zum Europa-Parlament: Es gab da freilich genug Gegner, den belgischen Abgeordneten Eiskens etwa, der damals erklärte ›wenn ein Mitglied einer seit 70 Jahren abgesetzten Dynastie wieder in die Politik geht, ist das für Europa ein furchtbares Ereignis‹. Willy Brandt meinte, ich sei ein schlechter Vertreter für Deutschland. Helmut Schmidt, der damalige Kanzler, heute kennt man kaum mehr seinen Namen bei den Jungen, erklärte, ich sei eine arme Visitenkarte für Deutschland, oder so ähnlich, klar, es

Alfons Goppel (†) als Präsident der Paneuropa-Union Deutschland begrüßt Otto von Habsburg und Bundeskanzler Kohl bei den Paneuropa-Tagen 1987 in Goslar

war ja auch für diese Leute unverständlich, daß ein Mitglied einer alten Dynastie in die aktive, parlamentarische, demokratische Politik eintritt.
Ich sah die Schwierigkeiten, meine Wähler auch. Oberbayern wählte mich mit einer überragenden Mehrheit der Parteibasis der CSU zum Kandidaten.
Dann folgte ein recht interessanter Wahlkampf, hängte doch Willy Brandt seine ganze Kampagne an mir auf. Auf dem Münchner Marienplatz meinte er etwa, die Bierzelt- und Wirtshaussprache, die ich jetzt in Bayern verwende, käme für mich in Straßburg dann wohl nicht mehr in Frage.
Ich antwortete ihm in einer anderen Versammlung, selbstverständlich würde ich im Parlament genau so sprechen wie in den bayerischen Bierzelten – ich bin der Überzeugung, daß ich mich einer offenen, ehrlichen Sprache nie schämen muß, weder in einer Wirtshausversammlung noch vor den Abgeordneten. Willy Brandt kam dann in Straßburg in die gleichen Ausschüsse wie ich, war allerdings so stinkfaul, daß er nur selten anwesend war. Immerhin hatte ich anfänglich noch einige beinharte Konfrontationen mit ihm, und es freute mich, daß er sein Europa-Mandat wegen der allgemeinen Kritik an seiner permanenten Nicht-Anwesenheit alsbald zurücklegen mußte. Übrigens nannte er als einen seiner Hauptgründe für den Rückzug aus dem Parlament meine ständige Präsenz in den Ausschüssen. Also habe ich doch was erreicht…
Nochmals zurück zum Wahlkampf damals: Alfons Goppel – der inzwischen leider verstorbene frühere bayerische Ministerpräsident, Präsident der deutschen Paneuropäer, – ein guter Freund, führte den Wahlkampf und das mit Erfolg.
Während der ersten Mandatsdauer arbeitete ich vor allem im politischen Ausschuß – heute ist das der außenpolitische Ausschuß – und dort wurde ich auch zum Obmann gewählt. Dort habe ich ein breites Wirkungsfeld und kann mich meinen Hauptinteressen widmen, nämlich dem Ausbau der Europäischen Gemeinschaft, der Stärkung des Flügels Europas sowie der Befreiung und Integration all der Völker, die unter kommunistischer Herrschaft standen.
Ich habe mich daher von Anfang an für Ungarn, Kroatien, Slowenien, für Tschechen, Slowaken und für Polen, und, nicht zuletzt, seit 1982 – also seit meinem Baltenbericht – für die Befreiung der Esten, Letten und Litauer eingesetzt, so daß ich sehr bald im Europäischen Parlament zur Anlaufstelle für alle diese Unterdrückten wurde. Meine Tätigkeit stieß auf nicht geringe Hindernisse, denn es gab viele, sehr viele, ja eine Mehrheit, die der Meinung war, Europa ende an der Yalta-Linie.
Ich brachte damals, gleich am Beginn meiner parlamentarischen Tätigkeit den Antrag ein, bei Diskussionen über gesamteuropäische Fragen im Parlament einen leeren Stuhl aufzustellen, als ein sichtbares Zeichen dafür, daß es noch viele europäische Völker gäbe, die das Recht auf einen Platz in unserer Gemeinschaft haben und von uns getrennt leben müssen – noch.
Um diesen leeren, so symbolträchtigen Stuhl gab es dann einen erbitterten Kampf. Die Führer der Linken sträubten sich mit Vehemenz gegen diese Idee, sagten sie doch, Europa ende an der Yalta-Linie.
Und dann schafften wir es doch, in meinem politischen Ausschuß, zu viert; vier Männer aus vier Ländern und vier Parteien. Da war der Brite Adam Ferguson, ein Konservativer; der liberale Däne Niels Hagerup, ein dynamischer Junger, unglaublich gebildet, dann war da ein französischer Gaullist jüdischen Glaubens, Gérard Israël, und schließlich ich.
Wir schlugen praktisch zu viert diese ganze mitteleuropäische Schlacht, und ich bin der Überlebende im Parlament: Ferguson wirkt wieder in London, die anderen sind nicht mehr. Das ganze hat uns gezählte zwei Jahre eines erbitterten Kampfes gekostet. Aber dann gelang es, und der Erfolg mit dem ›leeren Stuhl‹ erinnert mich sehr an den Erfolg mit dem Paneuropa-Picknick von 1989.
Neben meiner Arbeit im Europäischen Parlament befaßte ich mich auch viel mit Öffentlichkeitsarbeit. Besonders in Österreich, bin ich doch der unbeirrbaren Ansicht, daß es für Österreich eine Lebensfrage ist, in die Gemeinschaft zu kommen.
Von Montecuccoli, dem berühmten österreichischen Feldherrn, gibt es in diesem Zusammenhang eine kleine Geschichte. Es heißt von ihm, er habe vor einer Schlacht sehr lang das Portrait seines Gegners betrachtet – und ihn dann regelmäßig besiegt.
Wir brauchten nicht einmal Breschnjew- oder Jelzinportraits anzuschauen, für uns genügte schon ein Blick auf die Landkarte!

Otto mit Bundespräsident Dr. Rudolf Kirchschläger, Außenminister Mock und dem Präsidenten des Bundesrates, Univ.-Prof. Dr. Herbert Schambeck (Feier des 75. Geburtstages in Wien)

In diesem Zusammenhang erinnere ich mich an einen sehr bekannten Chef eines westlichen Nachrichtendienstes, der mir einmal sagte, es genüge ihm ein Blick an die Wand eines Politiker-Arbeitszimmers; hingen dort Portraits, sei der Mann bedeutungslos, hingen dort Karten, müsse man mit ihm rechnen.

In diesem Zusammenhang möchte ich doch mahnen, daß sich die Österreicher einmal eine Europakarte anschauen. Österreich kann einfach nicht außerhalb der Gemeinschaft bleiben!

Und welche Formeln man da nicht verwendet hat, um den Österreichern die Mitgliedschaft zu vergällen! Wie kurzsichtig haben doch all diese ›Lanc & Co.‹ agiert! Insbesondere ist da immer wieder das Gerede um die sogenannte ›immerwährende Neutralität‹ gewesen.

Nun, ›immerwährend‹ ist ein Wort, das ein Mensch, der sich mit Politik beschäftigt, überhaupt nicht in den Mund nehmen darf. In der Politik gibt es nichts ›Immerwährendes‹, und ›ewig‹ ist nur Gott.

Und zweitens hat Österreichs Neutralität – vielleicht – ihre Rechtfertigung gehabt, als Österreich zwischen zwei Welten lag, bestenfalls also bis zum Zusammenbruch der Welt von Yalta. Aber von dem Augenblick an, da Yalta nicht mehr galt, hat diese Neutralität natürlich einen ganz anderen – wenn überhaupt einen – Sinn; ich meine: gar keinen Sinn, denn Österreich liegt heute mitten drin in einer Zone der Freiheit, in der die Gefahr eines Konfliktes praktisch null ist.

Auf der anderen Seite beschränkt diese gesetzlich verankerte Neutralität die Handlungsfreiheit und Souveränität des Landes sehr. Ich meine, daß sich Österreich an der Schweiz kaum ein Beispiel nehmen kann, denn erstens ist die schweizerische Neutralität schon sehr alt – und strebt trotzdem eine Neuorientierung ihrer Neutralität an, weil sie weiß, daß sie ihren Status in der bisherigen Form nicht aufrechterhalten kann. Außerdem befindet sich die Schweiz an einer Stelle Europas, wo es keine Heerstraßen der Geschichte gibt. Im Gegensatz dazu befindet sich Österreich durch seine zentrale Lage im Donauraum sehr wohl an einer Drehscheibe der Geschichte. Österreich hat da keine Zeit zu verlieren, und ich bin glücklich zu sehen, daß sich die österreichische Regierung jetzt sehr ins Zeug legt, vor allem unser Außenminister Dr. Alois Mock. Leider ist aber schon sehr viel Zeit vertan worden. Denken wir bloß an die bevorstehende Volksabstimmung wegen des Beitritts zur Europäischen Gemeinschaft. Der Informationspegel der österreichischen Bevölkerung ist niedrig, die Neutralität wurde wohl allzulange als heilige Kuh gehandelt, als Versicherungspolizze – die nichts wert war und ist –, und die Kenntnis der Öffentlichkeit über die Europäische Gemeinschaft ist absolut unzureichend. Aus der Unkenntnis

Otto von Habsburg, als Kronprinz in das österreichisch-ungarisch-deutsch-osmanische Bündnis eingebunden: die patriotische Postkarten-Rarität aus dem Ersten Weltkrieg zeigt Kaiser Franz Joseph I., das Thronfolgerpaar Karl und Zita (mit Kronprinz Otto), Kaiser Wilhelm II., Hindenburg und in der Mitte (offenbar anläßlich des Sieges in der Schlacht um die Dardanellen) den Sultan und Kalifen Mechmed V. Reschad.

über Europa und der Fehlmeinung über die Neutralität entstanden jene Urängste, mit denen unser Volk jetzt raschest fertig werden muß. Denken wir bloß an die Befürchtungen unserer Bauern, die vielfach der Meinung sind, die Gemeinschaft würde ihnen den Garaus machen!

Dabei müßten sich unsere Bauern darüber längst im klaren sein, daß das Gegenteil der Fall ist, ja daß die schwierige Lage der Bauernschaft nur durch den Bestand der Gemeinschaft gelindert und ihre Existenz gesichert wird.

Tragisch würde sich die Lage unserer Bauern nur dann entwickeln, wenn sie dem Weltmarkt allein, also ohne die Kraft der Gemeinschaft, ausgeliefert wären. Übersehen wir doch nicht, daß weltweit das Angebot von Lebensmitteln um fünf Prozent jährlich steigt. Die Nachfrage steigt aber nicht im gleichen Maße, und sie wird weiter sinken, wenn erst in Rußland die Privatisierung der Landwirtschaft greift und der russische Bauer so produktiv wird wie vor der Oktoberrevolution.

Übersehen wir doch nicht, daß das zaristische Rußland vor dem Ersten Weltkrieg der größte Getreideexporteur der Welt war, der größte Lebensmittelproduzent überhaupt. Heute, noch, dank der epochalen Leistung der Marxisten, die den fruchtbarsten Teil der Erde unfruchtbar machten, zählt Rußland zu den letzten Lebensmittelimporteuren.

Indien exportiert längst, China exportiert, traditionelle Hungergebiete der Erde. Wir haben in Österreich allen Grund, uns an die Stärke der Gemeinschaft Europa zu halten. Sie gibt uns den Rückhalt, den wir allein nicht haben, in einer Welt, in der die Agrarpreise dank des Drucks, der von allen Seiten auf sie ausgeübt wird, ständig sinken. Österreich braucht die Europäische Gemeinschaft. Daß es darüber Fehlmeinungen gibt, liegt wohl auch ein wenig an den Massenmedien in Österreich. Nochmals: Wir haben keine Zeit zu verlieren.

Eine der wesentlichen Aufgaben, die ich für das Europäische Parlament sehe, ist, daß es eine strategische, nicht nur eine rein taktische Auffassung des Weltgeschehens entwikkelt und dazu die notwendigen, raschen Reaktionen. Ich habe doch das Gefühl, daß, leider, unsere Gemeinschaft zu wenig weltstrategisch denkt.

Lassen sie mich als Beispiel die Entwicklungshilfe nennen. In meinen Augen muß die Entwicklungshilfe überhaupt nur einen Zweck haben, nämlich den, so rasch wie möglich *überflüssig* zu werden, was aber die meisten der Beteiligten überhaupt nicht im Sinne haben, im Gegenteil. Die ›Entwicklungshelfer‹ wollen sich selber über Wasser halten, anstatt ihre Schützlinge zu lehren, sich selber über Wasser zu halten. Außerdem halte ich das sogenannte ›Gießkannenprinzip‹ für Unfug, denn niemand ist reich genug, um die ganze Welt mit seiner ›Entwicklungshilfe‹ beglücken zu können.

Dabei müssen wir gerade jetzt, im post-kommunistischen Abschnitt der Geschichte, sehr genau überlegen, wen wir wann mit welchen Mitteln unterstützen.

Lassen sie mich als Beispiel jenes der Türkei anführen.

Die Beziehungen wurden, ich sage es offen, total kaputt gemacht. Man schaltete die Türkei einfach aus. Und die Verantwortlichen nahmen überhaupt nicht zur Kenntnis, daß wir nun, nach der Implosion der unseligen Sowjetunion, die Türken mehr brauchen werden denn je zuvor.

Denn wenn die Türkei nicht die Chance erhält, im geopolitischen Raum der Turkvölker – immerhin ein Gebiet zwischen Ostanatolien und Westchina, also bereits ein wesentlicher Teil des eurasischen Kontinents! – eine entscheidende Rolle zu spielen, dann werden sich dort ganz

Hohe Gäste im Straßburger Europaparlament: Papst Johannes Paul II. und der Dalai Lama von Tibet

andere Kräfte breitmachen, zum Beispiel jene aus dem fanatisch-schiitischen Winkel um den Iran. Oft scheint es mir, als hätten da die Europäer völlig den Überblick über das, was der Welt frommt und was nicht, verloren.
Ich stand immer wieder unter dem deprimierenden Eindruck, die Europäer würden sich in diesen für die Zukunft so entscheidend wichtigen Fragen nicht an Ankara, sondern an Moskau wenden – die laufen nach Moskau, anstatt sich an die eigentlich zuständigen Türken zu wenden!
Lassen Sie mich ein Beispiel nennen. Kürzlich weilte Herr Gazanow, ein aserbeidschanischer Ministerpräsident, bei uns in Straßburg. Sie können sich kaum vorstellen, was das bedeutet! Welcher Europa-Parlamentarier weiß schon, was und wo Aserbeidschan ist. Und was Usbekistan, Turkmenistan ist. Was überhaupt die Turkvölker aus dem Inneren unseres eurasischen Kontinents waren, sind und sein werden!
Dabei ist es für uns von größter Wichtigkeit, zu beobachten und zu verstehen, was sich jetzt und in naher Zukunft in Mittelasien abspielen wird. Es entstehen da Staaten, die für unser künftiges europäisches Schicksal von ganz großer Bedeutung sein werden, so wie es übrigens die alten Großreiche der Türken, von Attila bis Tschingis Khan und folglich bis zu Suleiman dem Prächtigen und Mechmed IV., die bis Wien vorstießen, immer waren.
Übernehmen wir diesen Völkern gegenüber rechtzeitig die uns angemessene Verantwortung, kann sich die an sich konstruktive Sache in Zukunft auch sehr destruktiv entwikkeln.
Übrigens möchte ich in diesem Zusammenhang auch auf Japan zu sprechen kommen. Die Europäer entwickeln gegenüber Japan einen immer folgenschwereren Minderwertigkeitskomplex, in dessen Folge sie stets an eine ›Ausschaltung‹ Japans denken. Ich halte das Gegenteil für zielführend: Wir müssen schon heute weit über den europäischen Raum hinausdenken, weil das, weltstrategisch gesehen, für uns absolut notwendig ist.
Genau in diesem Zusammenhang gehören selbstverständlich die Fragen unserer Beziehungen zu den Vereinigten Staaten von Nordamerika.
Wir sind Freunde Amerikas, gut, sie haben uns in entscheidenden Zeiten geholfen. Es besteht eine gewisse Partnerschaft. Allerdings *kein Protektorat*. Und das ist heute – unsere Schuld – noch der Fall.
Wir müssen unsere Beziehungen zu den USA auf eine neue Grundlage stellen. Für uns wie für *sie* bedeutete es eine ganz große Gefahr, würden sie als die einzige ›Supermacht‹ überleben. Denn so wie die Übermacht des Dollars unter den Auspizien des Bretton-Wood-Abkommens sowohl ihnen als auch uns geschadet hat, würde uns auch ein Machtmonopol der USA schaden.
Die Amerikaner werden es auf die Dauer einfach nicht durchstehen, stets die Weltpolizei spielen zu müssen. Vietnam zu erwähnen, mag da genügen. Was uns zusteht ist, eine amerikanisch-europäische echte Partnerschaft zu entwickeln. Es gibt viele Teile der Welt, in denen durchaus die Europäer kraft ihres historischen Erbes Verantwortung übernehmen sollen – und können.
Eine andere, wesentliche Aufgabe für Europa wird es sein, sich dem Raum zu widmen, der einst ›Sowjetunion‹ hieß. Mit Sicherheit wird noch eine zweite Welle über die Russen und ihr ›Rußland‹ hinwegschwappen, nämlich die der dramatischen Ent-Kolonialisierung. Etwa fünfzehn größere Nationalitäten – oder Völker – werden ihr Selbstbestimmungsrecht einfordern. Wir Europäer werden zu diesen neu entstehenden Staaten selbstverständlich einen möglichst engen Kontakt herstellen müssen, besser heute als morgen.
Nichts gehört eher in die Kategorie ›Kurzsichtigkeit‹ als das Verhalten jener Europäer, die heute immer noch nach Moskau pilgern, wenn es sich um Probleme oder Aspekte der Turkvölker Mittelasiens handelt. Sie sollten in deren Hauptstädte gehen, von Baku bis Dschuschanbe, und sie sollten sich vor allem mit Ankara auseinandersetzen, haben doch da gerade die Türken eine besondere Aufgabe für Europa zu erfüllen. Ankara wird in den heutigen politischen Kreisen Europas oft allzusehr unterschätzt.
Es müßte doch unser aller Trachten sein, diese türkisch-islamischen Völker Zentralasiens mehr an uns zu ziehen.
Und auf diesem Gebiete werden wir, ob es nun gewissen Politikern paßt oder auch nicht, mit den Türken zusammengehen müssen; wir *müssen* mit ihnen eine gemeinsame Politik entwickeln, ebenso übrigens auch gegenüber den Problemen im Mittleren Osten und all den zentralasiatischen Republiken, die ja, sowohl wegen der türkischen als auch der islamischen gemeinsamen Herkunft, eine ungeheure Macht darstellen.
Wir waren allzulange von der Macht der Russen beeindruckt, ohne zu bedenken, daß eine der wesentlichen Grundlagen dieser Macht unter anderen Grundlagen auch die Energiequellen der zentral-asiatischen Republiken gewesen sind. Und daß diese türkisch geprägten Staaten zwischen Anatolien und China diese Energiequellen, sei das nun Öl oder seien das Bodenschätze oder einfach wertvoller Boden, weiterhin besitzen, Staaten, von denen in Europa kaum jemand eine Ahnung hat.
In diesem Zusammenhang wird dann oftmals im Europäischen Parlament – ich erlebe das so gut wie jeden Monat, gelegentlich auch wöchentlich – gesagt, wir müßten Europa gegen den Islam verteidigen. Wobei mein Christentum gelegentlich auch in Frage gestellt wird, gibt es doch auch Fortschritts-Katholiken, die sehr stark an meiner Gesinnung zweifeln. Mir fällt dabei halt auf, daß diese Verteidiger sonntags niemals in einem Gotteshaus anzutreffen sind. Sie sind gewöhnlich ganz gewöhnliche Atheisten, aber wenn es

Otto von Habsburg als charmanter Gastgeber bei einer Redaktionskonferenz der »Zeitbühne« in der Bibliothek seines Hauses am Starnberger See. Der Zufall wollte es, daß genau hinter Otto von Habsburg jene Bildbände und Biographien, die Erich Feigl über Kaiserin Zita und Kaiser Karl verfaßte, zu sehen sind.

gegen den Islam geht, spielen sie sich allemal als ›Christen‹ auf.

Die Wahrheit hingegen ist, daß es eine selbstverständliche Solidarität unter den monotheistischen Religionen gibt. Ich persönlich freue mich immer, wenn ich sehe, wie religiös islamische Völker sein können; übrigens ein Geheimnis ihres Erfolgs. Sind wir uns doch außerdem darüber im klaren, wie viele christliche Wurzeln der Islam hat. Wir haben, aus den Tiefen der Geschichte heraus, viel zu wenig mit ihnen gesprochen, und darüber hinaus gibt es immer noch die alten Feindbilder aus den Türkenkriegen im Donauraum und den Tagen der Reconquista auf der Iberischen Halbinsel, Bilder, die eine solche Fülle von Vorurteilen hinterließen, die schon deswegen so schwer zu überwinden sind, weil längst bewiesen ist, daß es sich eben um Vor-Urteile und nicht Urteile handelt.

Es geht in diesem Sinne bestimmt um einen Neubeginn. Wir müssen mit den islamischen Völkern sprechen. Wir dürfen diesem Gespräch nicht den Geruch des Erdöls geben. Wir müssen versuchen, jene Grundlagen wieder zu gewinnen, auf denen Cordoba steht, in meinen Augen ein Symbol für die Gemeinsamkeiten zwischen Christen, Juden und dem Islam, übrigens Symbol glanzvoller Harmonie.

In meinen Augen kann eine Persönlichkeit wie jene des Rabbi Moses Ben Maimun, in unseren Tagen schlicht als ›Maimonides‹ bekannt, nur auf der Grundlage des Erbes des Geistes von Cordoba verstanden werden. Seine schier unübertroffene Arbeitskraft, sein fester, sittenreiner Charakter, seine Toleranz und sein Wissen über die europäische und arabische Geisteswelt, sein Wissen um den jüdischen Geist, kann nur auf der Grundlage von Cordoba – ich wiederhole mich – verstanden werden. Ich beziehe mich allerdings auch auf Toledo, die Stadt Karls V. In der katholischen Kathedrale sind dort noch heute Mohammed und die Vertreter der Synagoge dargestellt.

Ich meine, daß wir auf dem Gebiet der Verständigung und des Verständnisses zwischen den Religionen ein völlig neues Verständnis suchen müssen. Es ist das zugleich die Grundlage einer neuen Friedensordnung. Denn wenn wir auch zunächst mit unseren eigenen, europäischen Problemen zurechtkommen müssen, zeichnet sich heute doch schon ab, daß sie einer weltweiten Regelung bedürfen.«

1
Die Herkunft

»Wie empfinden Sie es, daß das öffentliche Interesse nicht ausschließlich Ihnen als Persönlichkeit, sondern auch der Tatsache ihrer Herkunft gilt? Daß die Menschen, die Ihnen ihre Aufmerksamkeit zuwenden, in Ihnen auch den Nachkommen von historischen Größen wie Rudolf von Habsburg, Maria von Burgund, Franz Stephan von Lothringen und Maria Theresia, oder, von der mütterlichen Seite, Papst Paul III., Karl V. oder Ludwig XIV. sehen?«

»Ich meine, daß es ein Vorteil war, im Laufe der Jahrzehnte, unter allen möglichen und unmöglichen Lebensumständen, sich immer wieder diese Frage zu stellen. Heute bin ich sicher, daß damit keinerlei Nachteil, sondern ein praktischer Vorteil verbunden ist. Denn durch eine solche Herkunft ist man gefeit gegen etwas, was ich zu oft an Politikerkollegen finde, die glauben, daß, wenn sie einmal Erfolg gehabt haben, dies tatsächlich ausschließlich auf sie persönlich zurückzuführen wäre. Daher sind auch dann die Stürze wesentlich ärger als bei demjenigen, der sich selbstskeptisch gegenübersteht und sich fragt: Ist der Erfolg, den ich jetzt habe, wirklich auf mich zurückzuführen oder sind es nicht vielmehr die vielen Generationen, die vor mir waren, die geschichtlich da den Boden für mich bereiten? Man sieht sich selbst aus einer anderen Perspektive, ich möchte, bei aller Verantwortung, die einem eine solche Herkunft auch auferlegt, sogar sagen, aus einer leichteren Perspektive, und daher sind auch Rückschläge weniger hart. Man *weiß* einfach, daß es weitergehen wird, man gibt nicht auf. Und noch etwas: Wer nicht weiß, woher er kommt, kann nicht erkennen, wo er steht, und daher auch nicht sehen, wohin er geht. Wenn wir aber den Mut haben, wenigstens zu versuchen, dem Vorbild jener gerecht zu werden, die unsere große europäische Gemeinschaft aufgebaut haben, eine Gemeinschaft, gebildet aus den Toten, die vor uns waren, den Lebenden unserer Tage und den noch Ungeborenen unserer Zukunft, dann können wir gewiß sein, daß die Werte, die sie der Menschheit gaben, unvergänglich sind.«

»Kaum jemand ahnt, wie bunt die Völkerwelt der Monarchie war. Neben den Deutschen Österreichs und Ungarns, den sonst nur noch mit den Finnen verwandten Magyaren, den Italienern und Rumänen, existierten kleine Gruppen, wie die Ladiner, die Einwohner Friauls oder die jiddisch sprechenden Juden. Die Slawen gliederten sich nicht nur in Tschechen, Slowaken und Polen, auch die Slonsaken, die Wasserpolaken, Ruthenen, Huzulen, Bulgaren oder Goralen pochten auf Eigenständigkeit. Selbst die mährischen Tschechen legten Wert darauf, sich von denen in Böhmen zu unterscheiden. Weiter im Süden ließen sich zwar Slowenen, Kroaten und Serben leicht auseinanderhalten, doch zerfielen etwa letztere in eine orthodoxe Mehrheit und eine katholische Minderheit, was nicht nur die konfessionellen, sondern auch die nationalen Verhältnisse weiter komplizierte. In Bosnien stachen besonders die dort lebenden Mohammedaner hervor. Diese standen loyal zum katholischen Herrscherhaus und gliederten sich erstaunlich harmonisch in das Gesamtgefüge der Monarchie und ihrer Armee ein. Dessen sollte man sich erinnern, wenn in unseren angeblich weltanschaulich neutralen Staaten panische Angst vor dem Islam geschürt wird.

Die Wirklichkeit im Leben der Völker ist ein Ganzes; die grundlegenden Gesetze ihres Daseins sind untereinander verflochten; wenn diese verletzt werden, pflegt sich das nach kurzer Frist furchtbar zu rächen.

Diese Tatsache außer acht lassend, waren die Verfasser der Friedensverträge, die den Krieg von 1914 bis 1918 abschlossen, nur von einem Grundsatz geführt, nämlich vom Nationalitätenprinzip, das in ihrer Vorstellung mit der Sprachgemeinschaft identisch war. Im Namen dieses Prinzips zerstörten sie zwei geschichtlich bewährte Einheiten, Österreich-Ungarn und das Osmanische Reich, und ersetzten sie durch eine Vielfalt von kleineren sogenannten Nationalstaaten.

Die zwei großen Reiche erklärte man zu Anachronismen, die von den Ereignissen überholt waren. Zweifelsohne hatten sie Reformen, weitgehende Maßnahmen des inneren Umbaues, notwendig gehabt. Aber dennoch, bei all ihrer Schwäche, hatten diese Staaten eine wesentliche Aufgabe zu erfüllen. Sie waren politische und wirtschaftliche Vereinigungskräfte, sie haben die Balkanisierung Mitteleuropas und des vorderen Orients verhindert. Schon ihrer Struktur wegen mußten sie jedem expansiven Nationalismus, der sie bedrohte, entgegenstehen. Sie waren stark in einem defensiven Sinn durch die Zahl ihrer Bevölkerung, aber wenig gefährlich als Angreifer. Allein die Vielzahl ihrer Völker mußte sie außerordentlich klug und vorsichtig machen, um die oft auseinandergehenden Bestrebungen auszugleichen. Da sie an den wichtigsten Kreuzungspunkten der Politik und der Kräftelinien lagen, wurden sie die Hüter jahrhundertealter europäischer Verteidigungsstellungen, wie des Bosporus und der Karpaten. Diese Mächte konnten nur bestehen, wenn sie allen Hegemoniebestrebungen den Gedanken der Harmonie und des Gleichgewichtes entgegenstellten. So beugten sie der Expansion der dynamischen und für die Nachbarn gefährlichen Nationalismen vor, jenen messianischen, irrationalen Lehren, die infolge ihres Anspruches auf rassische Hegemonie die Grundlagen der abendländischen Zivilisation bedrohten.«

»Kaum jemand ahnt, wie bunt die Völkerwelt der Monarchie war…«, sagt Otto von Habsburg; das historische Schwarz-Weiß-Bild vom Besuche Kaiser Franz Josephs in Bosnien-Herzegowina mag eine Phantasie-Brücke dorthin zaubern!

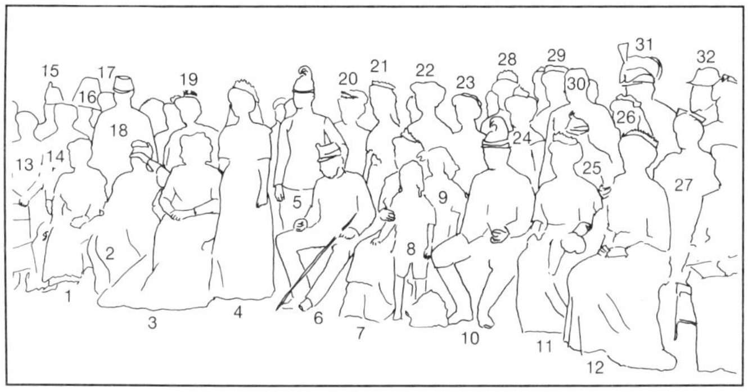

Vordere Reihe

1. Prinzessin Johann Georg von Sachsen
2. Prinzessin Mathilde von Sachsen
3. Erzherzogin Maria Josefa, die Mutter Kaiser Karls
4. Braut
5. Bräutigam
6. Kaiser Franz Joseph I.
7. Herzogin Maria Antonia von Parma, die Mutter Kaiserin Zitas
8. Prinz Gaetano von Bourbon-Parma
9. Prinzessin Henriette von Bourbon-Parma
10. König Friedrich August III. von Sachsen (Bruder der Mutter Kaiser Karls)
11. Herzogin Therese von Braganza

Die Hochzeit der Eltern Ottos auf Schloß Schwarzau, Niederösterreich, am 21. Oktober 1911. Ein ›Gruppenbild mit Kaiser und König‹. Neben Erzherzog Karls Großonkel Kaiser Franz Joseph war auch Karls Onkel erschienen, der König von Sachsen sowie Erzherzog Thronfolger Franz Ferdinand und die zahlreiche Verwandtschaft der Bourbonen von Parma, Braganza, Liechtenstein, Württemberg und Sachsen-Coburg, Bardi und Lucchesi-Palli.

12. Erzherzogin Maria Theresia (Gemahlin von Erzherzog Karl Ludwig)

Dahinter

13. Prinzessin Benedikta von Braganza
14. Prinzessin Elisabeth von Braganza
15. Herzog Albrecht von Württemberg
16. Prinz Johann Georg von Sachsen
17. Erzherzogin Maria Annunziata (nur obere Hälfte des Kopfes sichtbar)
18. Prinz Louis von Liechtenstein
19. Gräfin Adelgunde von Bardi
20. Gräfin Marie Beatrix Lucchesi-Palli
21. Prinzessin Franziska von Bourbon-Parma
22. Prinzessin Marie Adelhaid von Bourbon-Parma
23. Prinzessin Therese von Bourbon-Parma
24. Prinzessin Maria Anna von Bourbon-Parma
25. Herzog Miguel von Braganza
26. Prinzessin Maria Antonia von Bourbon-Parma
27. Prinzessin Isabella von Bourbon-Parma
28. Prinzessin Elisabeth von Liechtenstein (Kopf ganz rückwärts etwas schwer zu sehen)
29. Fürstin Sophie von Hohenberg
30. Thronfolger Erzherzog Franz Ferdinand
31. Herzog Jaime von Bourbon
32. Zar Ferdinand der Bulgaren

Direkte väterliche Linie von Rudolf von Habsburg zu Otto von Habsburg

RUDOLF von HABSBURG ∞ GERTRAUD von HOHENBERG

(1218–1291)
Graf von Habsburg und Kyburg, Landgraf im Elsaß, seit 1272 erwählter deutscher König

Beider Sohn

ALBRECHT I. ∞ ELISABETH

RÖMISCHER KAISER (1250–1308), von Rudolf mit Österreich und Steiermark belehnt.

Gräfin von Görz-Tirol

Otto und Regina von Habsburg im Dom zu Speyer unter dem Bildnis von König Rudolf von Habsburg

Beider Sohn

ALBRECHT II. ∞ JOHANNA

der Weise (1298/1330–1358). Gegen Verzicht auf Königskrone und Reich wird den Habsburgern die Herrschaft in Österreich zuerkannt, das er mit Steiermark und Krain vereinigt; über Wunsch Kaiser Sigismunds erkennen ihn Ungarn und Böhmen als König an. Seine Gemahlin Johanna von Pfirt schenkt ihm elf Kinder und vererbt ihm reichen Besitz im Elsaß

Gräfin von Pfirt

»Schon Albrecht II. hat Böhmen und Ungarn mit den habsburgischen Landen vereinigt. Durch den Erbvertrag zwischen Habsburgern und Jagellonen aus dem Jahre 1491 und den Tod des letzten Jagellonenherrschers Ludwig II. in der Schlacht bei Mohács gegen die Türken fallen die böhmische Wenzelskrone wie die ungarische Stephanskrone endgültig an das Haus Österreich.
Nach dem Sieg über die Türken 1683 bei Wien und den Befreiungsfeldzügen des Prinzen Eugen konnten die Habsburger endlich Österreich, Böhmen und Ungarn zu einer übernationalen Föderation zusammenschweißen, die bis 1918 fortbestanden hat.
Dies kann auch unserer Zeit eine Lehre sein. Wir dürfen weder unsere Rechtsansprüche noch unser Gemeinschaftsbewußtsein bezüglich des anderen Teiles Deutschlands und Europas aufgeben, weil der Wandel das Grundgesetz der Geschichte ist. Eines Tages werden die Völker hinter dem Eisernen Vorhang Freiheit und Selbstbestimmung wiedererlangen. Bis dahin müssen wir ihnen nach Kräften helfen, ihre europäische Identität zu bewahren, wie dies den Ungarn unter der islamischen Fremdherrschaft gelang.«

Albrecht II. der Weise (auch: der Lahme). Sein Wahlspruch lautet: ET HIC VIRUM AGIT AUCH DAS (HOLZBEIN) BRINGT DEN MANN VORAN!

Beider Sohn

LEOPOLD III. ∞ VIRIDIS

Herzog Leopold III. (1351–1386). Er ist ein Bruder Rudolfs IV., des Stifters. Er erwirbt Triest und fällt im Kampf gegen die Schweizer in der Schlacht bei Sempach

Prinzessin Visconti von Mailand

Direkte väterliche Linie von Rudolf von Habsburg zu Otto von Habsburg (Fortsetzung)

Beider Sohn

Ernst der Eiserne. Sein Grabmal zu Rein in Steiermark

ERNST der Eiserne ∞ **CIMBURGIS**

Herzog von Steiermark (1377–1420). Stifter der älteren, steiermärkisch-habsburgischen Linie, die mit seinem Sohn Friedrich III. die albertinische und die tirolische Linie überdauerte und beerbte

Cimburgis von Masovien (Masuren, Herzogtum Warschau) PIASTEN → RURIKIDEN → DSCHINGIS KHAN

Beider Sohn

FRIEDRICH III. ∞ **ELEONORE**

Herzog von Steiermark (1415–1493). Als gekrönter römischer Kaiser FRIEDRICH III. Vormund seines Neffen Ladislaus Posthumus, des Königs von Böhmen und Ungarn und Herzogs von Österreich; Schöpfer des mystischen AEIOU (AUSTRIA ERIT IN ORBE ULTIMA) Herrscher zu einer Zeit des Tiefpunkts habsburgischer Macht und dennoch Begründer der kommenden Weltmacht; Vorbild Otto von Habsburgs

Prinzessin von Portugal

»Man hat nicht nur übersehen, daß er, der zeitweise seine bescheidene Hofhaltung nicht bestreiten konnte und die Gastfreundschaft steirischer Edelleute in Anspruch nehmen mußte, doch in großzügiger Weise die Künste förderte und beachtliche Baudenkmale hinterlassen hat. Man hat ihn träge und gleichgültig gescholten, nicht bedenkend, daß er ein Freund des Humanisten Enea Silvio Piccolomini, des späteren Papstes Pius II., gewesen ist und sich des größten Respektes gerade der gelehrten Welt erfreut hat. Man hat ihm nachgesagt, er habe mit mystischen und symbolischen Spielereien die Zeit vertan, wie etwa mit der Auslegung der fünf Vokale, denen er so viele Deutungen in Deutsch und Latein zu geben wußte, wie ›Austriae est imperare orbi universo‹ oder ›Alles Erdreich ist Österreich untertan‹. Aber dieser Mystiker hat doch eine sehr realistische Politik geführt. Er hat es nicht erlebt, daß die Großmachtträume des Corvinus zusammenbrachen, daß die Pläne des Hauses Podjebrad scheiterten und daß sich die Umrisse eines großen habsburgischen Reiches abzuzeichnen begannen. Er steht am Anfang jener Ära, die der Humanist in den oft zitierten Vers bannte: Bella gerant alii tu felix Austria nube – Mögen andere Kriege führen, du, glückliches Österreich, heirate! Das große Mirakel der Casa de Austria nimmt seinen Ausgang von dem Reichstraum des geduldigen Kaisers, der zu warten verstand und niemals den zweiten Schritt vor dem ersten tat.«

Wien, St. Stephansdom, Tumbadeckel vom Grabmal Kaiser Friedrichs III.

Friedrichs III. und der Braganzaprinzessin Eleonore Sohn

Das Burgundische Erbe: Otto von Habsburg, Souverän des Ordens vom Goldenen Vlies, vor dem Bildnis Herzog Philipps des Guten von Burgund (1396 in Dijon, † 1467 in Brügge), der den Vliesorden gründete. In der Stiftungsurkunde vom 10. Jänner 1429 heißt es, der Orden vom Goldenen Vlies ist gestiftet »zum Lob und Ruhm des Erlösers, – der Jungfrau Maria und des hl. Andreas wie zum Schutze und zur Förderung des christlichen Glaubens und der heiligen Kirche, zur Tugend und zur Vermehrung guter Sitte«. Aufnahmebedingungen sind alter, unbescholtener Adel und hervorragende Dienstleistungen. Herzog Philipp der Gute war der Vater Karls des Kühnen von Burgund (seine Mutter Isabella von Portugal). Bei der Belagerung von Nancy, der Hauptstadt von Lothringen, verlor Karl der Kühne sein Leben. Die Tochter Karls und alleinige Erbin, Maria von Burgund, vermählte sich mit Kaiser Maximilian aus dem Hause Österreich, wodurch das Burgundische Erbe an Habsburg fiel.*

Kaiser Maximilian I.

MAXIMILIAN I. ∞ **MARIA**

erwählter römischer KAISER

Erbprinzessin von Burgund. Das burgundische Erbe sichert den Habsburgern Vormacht und Einfluß in Europa; die Weltgeltung des Erzhauses wird begründet. Abstammung: Hugo Capet

Beider Sohn

PHILIPP der Schöne ∞ **JOHANNA**

König von Spanien (1478–1506)

Erbprinzessin Johanna von Kastilien, Tochter Ferdinands des Katholischen von Aragon und der Johanna von Kastilien, Förderin des Kolumbus Abstammung: Westgotische Edle

der zweite Sohn beider (nach Karl V., Stammvater von Kaiserin Zita, Mutter Otto von Habsburgs) ist

KARL V.
(1519–1556)

Direkte mütterliche Linie von Kaiser Karl V. zu Kaiserin Zita und Otto von Habsburg

FERDINAND I.
(1505–1564)

Direkte väterliche Linie von Kaiser Ferdinand I. zu Kaiser Karl und Otto von Habsburg

Direkte mütterliche Linie von Kaiser Karl V. zu Kaiserin Zita und Otto von Habsburg

PAPST PAUL III.
(1549)
Alexander Farnese, Auftraggeber von Michelangelo, vor seiner Papstwahl, Vater des

Kaiser Karl V. und Papst Clemens VII.

ISABELLA ⚭ **KARL V.**
Isabella von Portugal — Röm. Kaiser (1519–1556)

PETER LUDWIG ⚭ **GEROLAMA ORSINI**

PHILIP II.
König von Spanien
(1556–1598)

OKTAVIO ⚭ **MARGARETHE**
Oktavio Farnese von Parma — Tochter von Kaiser Karl V., Statthalterin der Niederlande († 1586)

PHILIP III.
König von Spanien
(1598–1621)

ALEXANDER ⚭ **MARIA**
Statthalter der Niederlande

LUDWIG XIII. ⚭ **ANNA**
König von Frankreich — († 1666)

RAINUTIO ⚭ **MARGARETHE**

Elisabeth Farnese von Parma († 1766)

EDUARD I. ⚭ **MARGARETHE**

LUDWIG XIV.
König von Frankreich
(† 1715)

RAINUTIO II. ⚭ **ISABELLA**

LUDWIG
(† 1711)

EDUARD II. ⚭ **DOROTHEA**

ELISABETH ⚭ **PHILIP V.**
Elisabeth Farnese von Parma — König von Spanien (1700–1746)

Direkte väterliche Linie von Ferdinand I. zu Kaiser Karl und Otto von Habsburg

FERDINAND I. ⚭ **ANNA**

Erwählter RÖMISCHER Kaiser (1503–1564), Begründer der österreichischen Linie der Casa de Austria, Bruder und Nachfolger Kaiser Karl V., des Begründers der spanischen Linie des Erzhauses; der Ehe mit Anna, der böhmisch-polnischen Jagellonin, Tochter des Königs Wladislaw und Schwester des Ungarnkönigs Ludwig, entsprangen Kaiser Ferdinand neun Töchter und drei Söhne. Kaiser Ferdinand nannte diese Stamm-Mutter des Hauses Österreich »nächst Gott« seinen »liebsten Schatz«. Als Annas Bruder Ludwig in der Schlacht bei Mohács fiel, wurde der Habsburger Erbe der Kronen von Böhmen und Ungarn.

Prinzessin von Böhmen und von Ungarn. Nach dem Tode ihres Bruders König Ludwig, der in der Schlacht bei Mohács im Jahre 1526 fällt, ist sie Erbin von Ungarn und Böhmen; ihrer Abstammung nach vereinigt Anna in sich das Blut der Babenberger, der Jagellonen, der Arpaden, Przemysliden, der Anjou und der Luxemburger. Sie ist die völkerverbindende Stamm-Mutter des Hauses Österreich. Ihre Vermählung mit Kaiser Ferdinand I. fand im Mai 1521 in Linz statt.
Abstammung: Die Könige von Polen und Gedimin, Großfürst von Litauen

Ferdinand I. und Annas dritter Sohn ist

KARL ⚭ **MARIA**

Erzherzog Karl von Steiermark (1540–1590), der Begründer der steirischen Linie des Hauses Österreich; er ist der Bruder von Kaiser Maximilian II.

Herzogin von Bayern

Karls und Marias Sohn ist

FERDINAND II. ⚭ **MARIA ANNA**

Erwählter römischer KAISER (1578–1637). Er vereinigt wieder den geteilten österreichischen Länderbesitz und folgt Kaiser Mathias in Ungarn und Böhmen. Er ist Begründer der Unteilbarkeitsidee und des Fideikommiß des Hauses Österreich.

Herzogin von Bayern

Der zweite Sohn ist

FERDINAND III. ⚭ **MARIA ANNA**

Erwählter römischer KAISER (1608–1657), nach Wallensteins Tod Oberbefehlshaber; unter ihm endet der Dreißigjährige Krieg.

Infantin Maria Anna († 1646), Tochter des spanischen Königs Philipp III.

Der zweite Sohn beider ist

LEOPOLD I. ⚭ **ELEONORE MAGDALENA**

Erwählter römischer KAISER (1640–1705). Er ist der »Türkenpoldl«, der Kaiser, unter dem die Macht der Türken unter habsburgische Kontrolle kommt und die ungarischen Erblande auch tatsächlich unter habsburgische Oberhoheit fallen.

Seine dritte Gemahlin ist Eleonore Magdalena Theresia, Herzogin von Pfalz-Neuburg

Der zweite Sohn ist

KARL VI. ⚭ **ELISABETH**

(1685–1740)
Erwählter römischer KAISER, der letzte Habsburger der männlichen Linie. Durch die »Pragmatischen Sanktionen« sichert er die weibliche Erbfolge im Hause Österreich zumindest im Donauraum; auf die Erbfolge in Spanien muß allerdings Karl VI. verzichten (Spanischer Erbfolgekrieg).

Elisabeth von Braunschweig-Wolfenbüttel
Abstammung:
Heinrich der Löwe,
Kaiser Lothar († 1137),
Karl der Große († 814)

Direkte mütterliche Linie von Kaiser Karl V. zu Kaiserin Zita und Otto von Habsburg (Fortsetzung)

Maria Amalia

Beider Sohn

LUIGIA ELISABETH ⚭ **PHILIPP I. v. Parma**

Eine Tochter von König Ludwig XV. von Frankreich

(1720–1765)
Ein Sohn von König Philipp V. von Spanien

FERDINAND ⚭ **MARIA AMALIA**

(1765–1802)

(1746–1804)
Tochter von Kaiserin Maria Theresia

Ludwig von Parma

MARIE LOUISE ⚭ **LUDWIG**

Prinzessin von Spanien

König von Etrurien
(1773–1803)

THERESE ⚭ **KARL II.**

König von Etrurien, Lucca und Parma
(1799–1849)

Karl III.

LOUISE ⚭ **KARL III.**

Schwester von Heinrich V. von Frankreich

(1823–1854)

Beider Sohn ist

Direkte väterliche Linie von Ferdinand I. zu Kaiser Karl und Otto von Habsburg (Fortsetzung)

Die älteste Tochter beider ist

MARIA THERESIA ∞ **FRANZ STEPHAN**

(1717/1740–1780)
Maria Theresia, Königin von Ungarn und Böhmen, Erzherzogin von Österreich etc. Sie ist die grandiose Stamm-Mutter Kaiserin Zitas

(†1765)
Franz Stephan von Lothringen, Großherzog von Toskana, römischer Kaiser. Er ist der Stammvater unseres Erzhauses Habsburg-Lothringen
Abstammung: Kapetinger

Der zweite Sohn beider ist

LEOPOLD II. ∞ **MARIA LUDOVICA**

Leopold II., römischer KAISER (1747/1790–1792), der seinem Bruder Josef II. auf den Thron folgte. Leopold II. ist Stammvater aller nachfolgenden Habsburg-Lothringer.

Tochter König Karls III. von Spanien; Mutter von 12 Kindern, unter ihnen Karl, der Sieger von Aspern, und Erzherzog Johann, der sich um die Steiermark so verdient machte.

und beider Sohn ist

FRANZ II. ∞ **MARIA THERESIA**

Letzter römischer KAISER (bis 1806), erster KAISER VON ÖSTERREICH (von 1804). In der Regierungszeit von Kaiser Franz leben in Österreich Joseph Haydn, Ludwig van Beethoven, Franz Grillparzer, Franz Schubert…

Prinzessin von Neapel und Sizilien

Beider Sohn ist

FRANZ KARL ∞ **SOPHIE**

Erzherzog Franz Karl (1802–1878)

Prinzessin von Bayern, Tochter des Herzogs Max Joseph von Bayern
Abstammung: Ludwig der Bayer, Kaiser des hl. Röm. Reiches († 1347)

Franz Karl ist der jüngere Bruder von Kaiser Ferdinand I. und verzichtet im Jahre 1848 zugunsten seines Erstgeborenen Franz Joseph (damals 18 Jahre alt) auf den österreichischen Kaiserthron. Sein 2. Sohn Max wird Kaiser von Mexiko († 1867) und sein 3. Sohn Karl Ludwig nach der Ermordung von Franz Josephs Sohn, dem Kronprinzen Rudolph, Thronfolger. Nach Karl Ludwigs Verzicht wird sein Sohn Franz Ferdinand, nach dessen Ermordung der Erstgeborene seines 2. Sohnes Otto, Erzherzog Karl, Thronfolger und Kaiser.

FRANZ JOSEPH I.
(1830–1916)

MAXIMILIAN I.
Kaiser von Mexiko
(† 1867)

Kaiser Franz Joseph I. mit seinem Großneffen, Kronprinz Otto, photographische Aufnahme vom 15. September 1914

Der dritte Sohn beider (nach Franz Joseph und Maximilian) ist

KARL LUDWIG ∞ **MARIA ANNUNZIATA**

(† 1896)

Prinzessin von Bourbon-Neapel

Der zweite Sohn beider (nach Franz Ferdinand) ist

Direkte mütterliche Linie von Kaiser Karl V. zu Kaiserin Zita und Otto von Habsburg (Fortsetzung)

König Miguel I. von Portugal, 1802–1866, Sohn von König João VI. von Portugal, Titularkaiser von Brasilien

MARIA ANTONIA ∞ **ROBERT**

(1862–1959) Maria Antonia von Bragança, Tochter König Miguels I. von Portugal

(1848–1907)

Beider Tochter ist

Herzog Robert von Bourbon Parma mit seinem Vormund und Onkel, Heinrich V. von Frankreich, Graf von Chambord († 1883), seiner Schwester Margarethe und seiner Tante, Erzherzogin Therese, Gräfin von Chambord.

Hochzeit in Nancy, der Hauptstadt von Lothringen, am 10. Mai 1951 80000 Menschen, darunter zehntausend Österreicher, umjubeln Otto und Regina nach der Vermählung in der Eglise des Cordeliers, der letzten Ruhestätte der Herzöge von Lothringen

Direkte väterliche Linie von Ferdinand I. zu Kaiser Karl und Otto von Habsburg (Fortsetzung)

OTTO ∞ **MARIA JOSEPHA**

Erzherzog Otto (1865–1906)

Prinzessin von Sachsen
(† 1944)
Abstammung:
Könige von Polen und Sachsen;
Haus Dänemark

Der älteste Sohn beider ist

ZITA ∞ **KARL I.**

Prinzessin von Bourbon-Parma
(9.5.1892)
9. Mai 1892 – 14. März 1989

(17.8.1887–1.4.1922)
Kaiser und König Karl I. (als König von Ungarn Karl IV.); er liebte seine Völker und starb in der Verbannung auf Madeira: »Er suchte den Frieden und fand ihn in Gott«.

Kronprinz Otto mit seiner Großmutter Erzherzogin Maria Josepha, Prinzessin zu Sachsen. Maria Josepha (1887–1944) war die Tochter König Georgs von Sachsen, der im Jahre 1866 auf Seiten Österreichs die 1. Kavalleriebrigade geführt hatte. Maria Josepha, Schwester des letzten Sachsenkönigs Friedrich August III. (der die Ausrufung der Republik mit den legendären Worten »Dann macht eich eiren Dreck alleene« kommentierte), vermählt sich am 2. Oktober 1886 zu Dresden mit Erzherzog Otto Franz Joseph, dem Vater Kaiser Karls.

Beider Sohn ist

OTTO ∞ **REGINA**

geb. 20. November 1912 zu Reichenau, Niederösterreich

Prinzessin von Sachsen-Meiningen
geb. 6.1.1925
Abstammung:
hl. Elisabeth von Thüringen
(sowohl von väterlicher wie mütterlicher Deszendenz)

Hochzeit in Nancy, der Hauptstadt von Lothringen, am 10. Mai 1951

Beider erstgeborener Sohn ist

KARL
(geb. 1.11.1961)

Karl von Habsburg vor dem Erzherzogshut in der Schatzkammer von Stift Klosterneuburg, Niederösterreich

Stammtafeln zur gesamten Nachkommenschaft Kaiser Karls in KAISER KARL (Erich Feigl, 2. Auflage 1987) und zur Herkunft Kaiserin Zitas in KAISERIN ZITA (Erich Feigl, 5. Auflage 1991, beide Amalthea Verlag, Wien)

2
Die Kindheit

20. November 1912: Die Doppelmonarchie hat wieder einen Kronprinzen! Seit dem gewaltsamen Tod des Kronprinzen Rudolf am 30. Jänner 1889 in Mayerling gab es einen »Erzherzog-Thronfolger«, aber keinen Kronprinzen, der von Geburt an bestimmt war, dereinst die legitime Nachfolge als Herrscher anzutreten. Die offizielle Nachricht von der Geburt des Erzherzogs schloß mit der Mitteilung: »Das erwartete Ereignis trat um ¾3 ein. Die Geburt ging vollkommen glatt vor sich, Mutter und Kind erfreuen sich besten Wohlseins. Erzherzog Carl Franz Joseph, der Vater des neuen Kronprinzen, strahlte vor Glück, als man ihm die Botschaft in das Nebenzimmer, wo er gewartet hatte, überbrachte.« Taufpate war Kaiser Franz Joseph, in dessen Vertretung der Onkel des Neugeborenen, Erzherzog-Thronfolger Franz Ferdinand, der ja in der Villa Wartholz aufgewachsen war, erschien.

Einem der zahlreichen Zeitungskommentare zu dem freudigen Ereignis war zu entnehmen, der neugeborene Kronprinz werde dereinst »ein Kaiser sein, der nach menschlichem Ermessen wohl erst im zweiten Viertel des 20. Jahrhunderts berufen sein wird, die Schicksale Europas in hoffentlich ruhigere Tage zu lenken, als wir sie jetzt erleben«.

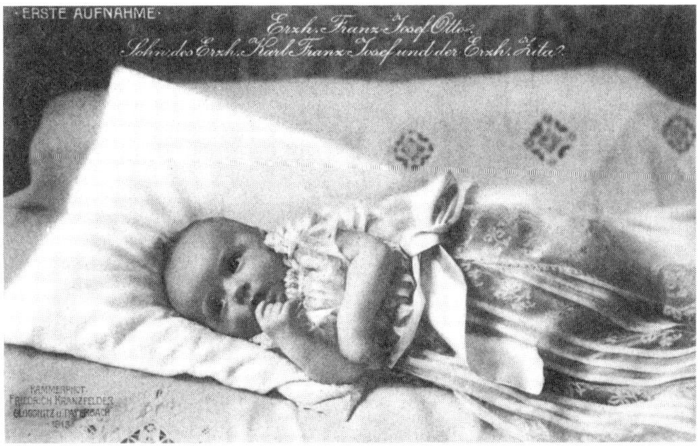

Die Doppelmonarchie hat wieder einen Kronprinzen: Otto Franz Joseph, geboren im niederösterreichischen Reichenau am 20. 11. 1912.

»Kaiser Franz Joseph mit Erzherzog Franz Joseph Otto, Sohn des Erzherzog-Thronfolgers. Aufnahme vom 15. September 1914, gewidmet den offiziellen Kriegsfürsorgezwecken, Gesellschaft vom Roten Kreuze, Kriegsfürsorgeamt des k.u.k. Kriegsministeriums, Kriegshilfsbureau des k.u.k. Ministerium des Innern.« (Originaltext)

Das mit dem »Schicksal Europas« war bemerkenswert gut vorausgesagt: Otto von Habsburg wurde 1979, im »letzten Viertel des Jahrhunderts«, als frei gewählter Abgeordneter ins Europäische Parlament entsandt.

Kaiserin Zita erinnert sich an das Leben ihrer jungen Familie in jenen Tagen: »Mit Kaiser Franz Joseph war das Verhältnis natürlich sehr warm und sehr glücklich, denn er war wirklich wie ein Vater für uns. Er liebte seinen Großneffen, Erzherzog Karl, sehr, und infolgedessen hatte er mich ganz

dazuadoptiert. Schon als ich ihm vorgestellt wurde als Braut; ich war schon früher vorgestellt worden, aber als Braut nahm er mich so herzlich auf, wie man sich nur vorstellen kann, und da war keine Spur von Fernsein oder Zurückhaltung, sondern es war wirklich, wie ein Vater die Tochter im Hause aufnimmt.
Während des Krieges war er dann voller Liebe für uns und sorgte sich um uns. Er ließ uns von Schloß Hetzendorf, wo wir nicht genügend in Sicherheit waren, nach Schönbrunn kommen und wies uns als Wohnung jenes Appartement zu, das einst seinen Eltern gehört hatte, zum Zeichen, wie sehr er uns in seiner Nähe haben wollte und wie sehr er also die Familie und Erzherzog Karl beständig immer wieder sehen wollte, sobald dieser von der Front zuhause eintraf. Kaiser Franz Joseph hatte große Freude an meinen Kindern. Er ließ sich meinen Sohn Otto öfters kommen und war unendlich gütig mit diesem Kleinen, der damals drei Jahre alt war. Er ließ sich von ihm allerhand erzählen, und er brachte sogar einmal eine Musikbüchse, die er selber als Kind gehabt hatte, und zog sie auf, damit sich der kleine Otto ebenfalls an diesen Liedern erfreuen möge. Es war auch zur damaligen Zeit, wo er sich wünschte, mit dem kleinen Otto fotografiert zu werden, und das Bild als Andenken zu behalten.«

Zum ersten Male sahen anläßlich der Beisetzung Kaiser Franz Josephs Zehntausende Menschen den in Weiß gekleideten Kronprinzen. Felix Salten schrieb darüber: »Es war wie ein ganz leise und wehmütig aufklingendes Frühlingslied im tiefdunklen Pomp der grandiosen Totenfeier, aber auch ein starkes, wunderbares Hoffen...«
Professor Sir Karl Popper in einem Brief an die Paneuropa-Union (14. Mai 1987): »Ich bin zehn Jahre älter als Otto und kann mich sehr gut an das Begräbnis von Kaiser Franz Joseph erinnern. Otto, der damals vier Jahre alt war, hat auf mich bei dem Begräbnis einen unvergeßlichen Eindruck gemacht«.

Die Trauerfeier für Kaiser Franz Joseph I. in Wien, am 30. November 1916: Der Sarg mit dem fürstlichen Trauergefolge im Stephansdom. Unmittelbar hinter dem Sarg Kaiser Karl und Kaiserin Zita mit dem weiß gekleideten Kronprinzen Otto. Dann folgen Zar Ferdinand der Bulgaren (ein Schwager von Kaiserin Zita), König Ludwig III. von Bayern (vermählt mit Erzherzogin Maria Theresia von Österreich-Este) und König Friedrich August von Sachsen (Bruder der Mutter Kaiser Karls). Hinter ihnen der deutsche Kronprinz, der Kronprinz des Osmanischen Reiches Wahid Eddin sowie der schwedische Kronprinz.

Kaiser und König Karl mit Kronprinz Otto Franz Joseph (Aufnahme vom November 1916)

Kaiserin und Königin Zita mit Kronprinz Otto Franz Joseph im ungarischen Krönungsornat (Aufnahme vom 30. Dezember 1916)

Königskrönung in Budapest, 30. Dezember 1916: Kronprinz Otto in der Krönungskutsche

Königskrönung in Budapest, 30. Dezember 1916: Kronprinz Otto zwischen seinen Eltern König Karl IV. und Königin Zita

Das Kaiserpaar mit den Kindern Robert (er trägt einen Sonnenhut mit dem blauen Band von SMS VIRIBUS UNITIS, dem Flaggschiff der k.u.k. Kriegsmarine), Kronprinz Otto und Adelhaid auf dem Flugfeld von Aspern in der Nähe von Wien

Das Königspaar mit den Kindern Otto und Adelhaid (der kleine Kronprinz trägt eine Matrosenmütze von SMS CUSTOZZA) bei der Ankunft in Preßburg, Oktober 1918

Einen Teil der Kriegsjahre verbrachte das junge Kaiserpaar in Schloß Laxenburg, südlich von Wien, wo es für den Schloßteich auch einige Boote gab, besonders bevorzugte Spielplätze der Kinder: Adelhaid (4), Felix (2), Otto (6) und Robert (3). Dem bei der ganzen Familie sehr beliebten Heinrich Schuhmann gelang dieser Schnappschuß im Sommer 1918.

Das letzte Familienbild mit Kaiser Karl und Kaiserin Zita »in Farbe«, mit einem hellen, sportlichen Kleid: Karl Ludwig, Felix, die Kaiserin mit dem in der Schweiz geborenen Rudolf, der Kaiser mit Erzherzogin Charlotte, Adelhaid, Otto und Robert. Unmittelbar darauf (Oktober 1921) trat Kaiser Karl mit seiner Gemahlin den Ungarnflug an, der das Herrscherpaar schließlich nach Madeira brachte.

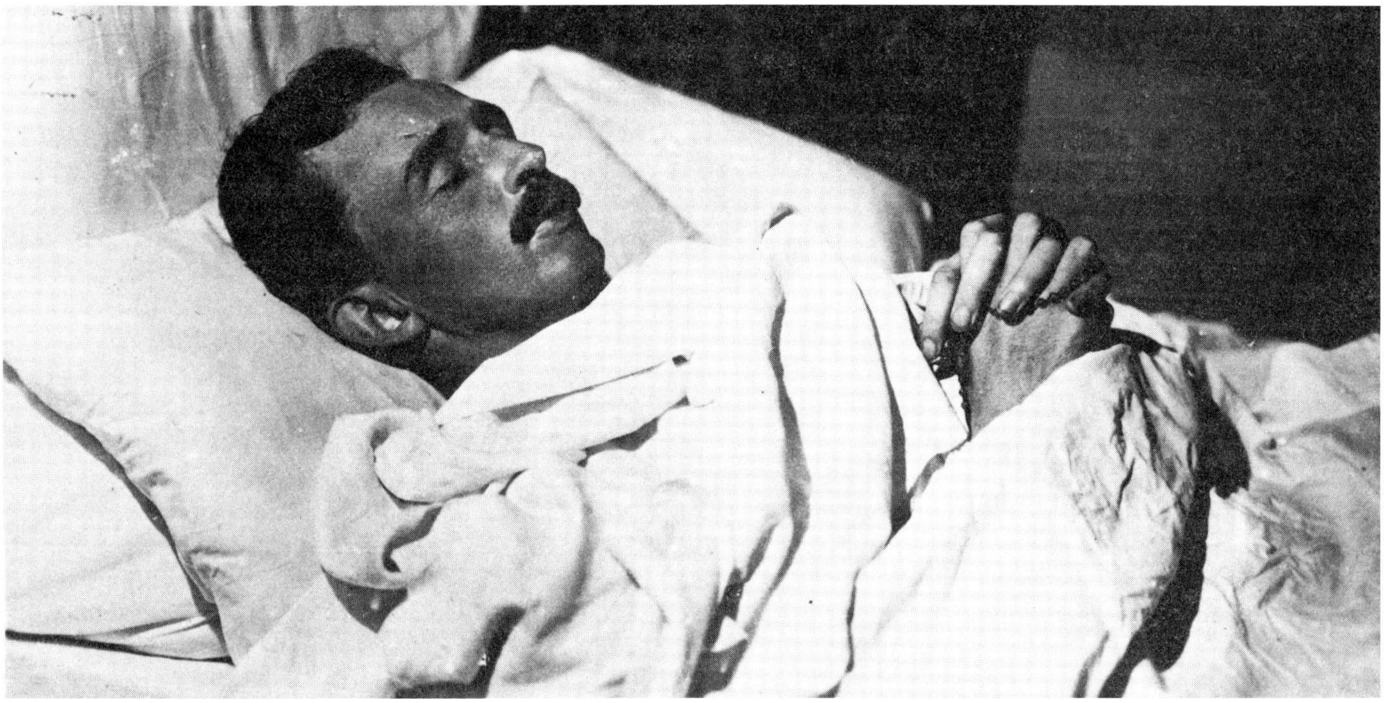

Aus dem Protokoll zum Tode Kaiser Karls: »In der ersten Nacht nach seinem Tode wurden Einspritzungen zur Konservierung des Leichnams gemacht, in der zweiten Nacht fand gegen Mitternacht eine Totenmesse statt. Dann kamen die Ärzte und nahmen das Herz heraus...«, das Herz, das die kaiserliche Familie durch alle Schrecken und Fährnisse des Exils, von Spanien über Belgien, Frankreich, Portugal, die Vereinigten Staaten und Kanada und wieder nach Europa stets begleiten sollte. Erst am fünften Tag wurde der tote Kaiser in den Sarg gebettet. »Wie schön und jung er aussieht«, sagte die Kaiserin, »und ich muß ihn hergeben...«

Der junge Kaiser nimmt Abschied von seinem Vater: Otto vor der Kirche Nossa Senhora do Monte, Madeira, am 7. April des Jahres 1922. Genau fünfzig Jahre später sollte Otto von Habsburg seinen Vater in dem gleichen Gotteshaus wiedersehen, als die im Zuge des für den »Diener Gottes Karl aus dem Hause Österreich« laufenden Seligsprechungsprozesse notwendige »recognitio corporis«, also die Öffnung des Sarkophags, im Beisein von kirchlichen Würdenträgern und Ärzten vorgenommen wurde.

Ein Bildnis des zehnjährigen Otto, aufgenommen im Mai 1922, vier Wochen nach dem Tode seines kaiserlichen Vaters. Der Zehnjährige ist nun Familienoberhaupt, Kaiser... und es ist, als ob sich alle Trauer der Welt, aber auch alle Zuversicht im Antlitz des Kindes widerspiegeln.

Gespräch zwischen Vater und Sohn (9. Mai 1987, am Rande der Feiern zum 95. Geburtstag von Kaiserin Zita)

Otto von Habsburg: »Wir sind ungewöhnlich früh hinausgeschickt worden in den Garten, wir, alle Kinder; es war ein wunderschöner Morgen, ein sehr klarer Morgen, was in Madeira ja nicht selbstverständlich ist, weil ja oftmals überall der Nebel aufgezogen ist. Die Blumen haben geblüht, ich erinnere mich daran noch ganz genau, als ob es gestern gewesen wäre, und Deine Großmutter – meine Mutter – ist dann nach einer Weile zu uns herausgekommen. Sie trug ein schönes rosa Kleid, ganz hell. Sie trug einen breiten Hut, alles war so wunderbar verbunden mit den Blumen des Gartens, und sie hat mich dann hineingerufen in das Sterbezimmer meines Vaters. Er wollte, daß ich Zeuge sei, ›wie ein Christ stirbt‹. Ich weilte zwei, vielleicht drei Stunden an seinem Sterbelager. Dann, als dein Großvater gestorben war, hat sich meine Mutter in Trauer gekleidet, in ein schwarzes Kleid, und seither hat sie immer Trauerkleidung getragen. Sie hat ja gelegentlich diese Kleidung sogar ihre ›Uniform‹ genannt, als Symbol für die Hingabe zu einer ewigen Verpflichtung. Es ist oftmals behauptet worden, daß dieses schwarze Kleid sozusagen der Ausdruck einer düsteren Gesinnung wäre. Was hat es seinerzeit in der Hitler-Presse sogar diesbezüglich Artikel gegeben, die alle auf ›Zita, die schwarze Dame‹ hinausliefen, um meine Mutter herabzusetzen. Das traf aber gar nicht zu. Diese Kleidung war ein Bekenntnis zur persönlichen Trauer, aber gleichzeitig hat sie uns das nicht spüren gemacht, denn das war ja absolut nicht Ausdruck einer finsteren Lebenshaltung, sondern der Treue – und eine schönere Tugend als die Treue gibt es nicht. Übrigens hat auch Kaiserin Maria Theresia zeitlebens nach dem Tode ihres Gemahls, Franz Stephan von Lothringen, Trauer getragen.«

Erzherzog Karl: »Von Madeira ging es dann kurz nach dem Tod von Großpapa weiter nach Spanien?«

Otto von Habsburg: »Ja, es war dann so, daß nach dem Tode deines Großvaters unsere Situation auf Madeira fast unhaltbar geworden ist. Die Lage war materiell natürlich elend, und außerdem hatte der sogenannte Botschafterrat, der damals über uns zu bestimmen hatte, gesagt, wir dürften Madeira nicht verlassen. Und da hat sich damals der König von Spanien, Alfons XIII., eingesetzt. Er hat mit großer Klarheit und Mut dem Botschafterrat mitgeteilt, daß, wenn man uns nicht ziehen ließe, er ein spanisches Kriegsschiff nach Madeira schicken würde, um uns abzuholen. Da natürlich hat es dann keine Reaktion der Botschafter mehr gegeben, denn das hat auch den Franzosen und den Engländern, die ja dieses Spiel auch nicht mehr weiterführen wollten, genügend Energie gegeben, um sich gegen Beneš und Genossen durchzusetzen, und so wurde ein spanisches Schiff, das gerade von Afrika heraufgekommen ist – das Schiff hieß *Infanta Isabel* –, nach Madeira geschickt und hat uns abgeholt. Das hat uns nach Spanien, nach Cadiz gebracht, von wo wir dann hinaufgefahren sind, in die Gegend von Madrid, in den Prado, wo wir am Anfang gewohnt haben – dort kam übrigens auch meine Schwester Elisabeth zur Welt – und dann, nach verhältnismäßig kurzer Zeit, sind wir weiter nach Nordspanien gekommen, wo wir in Algorta, und kurz darauf in Lequetio Residenz bezogen haben...«

Erzherzog Karl: »Habe ich eigentlich recht mit dem Gefühl, daß der Todestag von Großpapa, der Todestag von Kaiser Karl, auch eine Art besonderer Tag, eine Art ungewöhnlicher Muttertag für die Großmama war? Sie hat doch von diesem Zeitpunkt an eine völlig neue Position innerhalb der Familie einnehmen müssen. Sie hat ja von da ab praktisch die Verantwortung des Vaters und die Verantwortung für die ganze Familie übernehmen müssen.«

Otto von Habsburg: »Ja, wenn man sich die politischen Motive deiner Großmutter vor Augen hält, so zählte bei ihr als allererstes ihre innere religiöse Überzeugung. Man kann sie überhaupt nicht verstehen, wenn man ihr Leben, ihr Lebenswerk, nicht aus dieser Perspektive sieht. Sie hat stets den Glauben an Gott gehabt; sie hatte daraus den Grundsatz abgeleitet, jeweils in ihrem Leben ihr Bestes zu tun, und das hat ihr übrigens auch in den doch sehr schweren Jahren ihres Lebens jene innere Ausgeglichenheit gegeben, die viele an ihr bewundert haben und immer noch bewundern. Es handelte sich dabei einfach um die Erkenntnis, daß Gott von einem nicht fordert, daß man ihm ›Erfolge‹ bringt, denn Erfolge oder Mißerfolge, die gibt *Er*. Was *Er* von einem erwartet, in der einzigen wichtigen Stunde des Lebens, die wirklich zählt, nämlich in der Stunde der Rechnungslegung, ist eben das, was zählt, die Tatsache, daß man sein Allerbestes zu jeder Zeit getan hat, und ich glaube, das hat sie getan, und daher hat sie auch immer alle Schicksalsschläge mit wesentlich größerem Gleichmut ertragen, als es irgend jemand anderer hat, der nicht diese Einstellung zum Leben hatte. Ganz abgesehen davon hatte sie natürlich die große Verpflichtung, die sie gefühlt hat, die Verpflichtung der Familie gegenüber zur Tradition, aber ganz besonders auch zur Heimat. Denn wenn man, um nur ein Beispiel zu nennen, ihren Einsatz während des Zweiten Weltkriegs für Österreich gesehen hat, war das absolut beispielgebend, und wir wären ganz bestimmt viel besser gefahren, wenn andere es ebenso getan hätten.«

Erzherzog Karl: »Ich habe die Großmama an sich immer nur als besonders gütige Großmutter erlebt, die mir viel mitgegeben hat, von ihrem Wissen, von ihrem Erfahrungsschatz. Wie war sie eigentlich früher? War sie da sehr streng? Wie war sie da?«

Otto von Habsburg: »Ja, natürlich ist sie zu uns, ihren Kindern, für die sie auch die unmittelbare Verantwortung getragen hat, sehr streng gewesen. Aber wenn ich das heute rückblickend sehe, so muß ich sagen, ich kann ihr nur dankbar sein für die Strenge, die sie uns gezeigt hat. Denn damit hat sie uns eine Reihe von Dingen beigebracht, die ganz lebenswichtig in späteren Zeiten gewesen sind; ich meine besonders die Erziehung zur Selbstbeherrschung, die Erziehung zur harten Arbeit. Wir haben wirklich sehr viel bei den Studien zu arbeiten gehabt, wir hatten ein sehr großes Pensum hinter uns zu bringen. Heute kann ich nur sagen: Gott sei Dank, daß wir es gehabt haben, – und außerdem eine Erziehung auch zur Solidarität zwischen uns, denn eine der schönsten Lehren, die sie uns mit auf den Lebensweg gegeben hat, ist, daß wir uns aufeinander vollkommen und uneingeschränkt verlassen können, und das ist natürlich ein Schatz, der vor allem in den Wechselfällen des Lebens – und jeder hat solche Wechselfälle in seinem Leben – geradezu Goldes wert ist.«

Eine kleine Bildreportage vom 9. Mai 1987, dem 95. Geburtstag von Kaiserin und Königin Zita. Ein Stück außerhalb des Johannesstifts von Zizers (Kanton Graubünden), wo die Kaiserin-Mutter ihren Lebensabend verbringt, ist ein großes Völkerball-Match im Gange; zwei große, jugendliche Parteien stehen einander gegenüber und kämpfen um den Sieg. Deutsch, Spanisch, Französisch, Ungarisch... ein paar Worte »Letzeburgisch« (Luxemburgisch), kurzum ein babylonisch-europäisches Sprachengewirr, bei dem allerdings jeder jeden vollkommen versteht.
Es spielen die Nachkommen Kaiserin Zitas, inzwischen insgesamt mehr als hundert Kinder, Kindeskinder und Kindes-Kindeskinder... Am Rande des Spielfeldes hat Erzherzog Karl, der Erstgeborene Ottos, bei seiner Großmutter Platz genommen und macht den Sportberichterstatter für die wohl längst vollkommen erblindete alte Dame, die aber dennoch das Spielgeschehen mit größtem Interesse verfolgt.
Otto von Habsburg kommt hinzu und hört sich eine Weile den Sportkommentar seines Sohnes sowie dessen Erklärungen über Namen und Zugehörigkeit der Spieler an: »Jetzt ist der Ball beim Lorenz... er schießt – ja, getroffen! Es hat den Dominik erwischt!« »Der Dominik..,« zögert die Kaiserin, »der gehört der Andrea?« »Ja, der Andrea«.
Otto von Habsburg schüttelt ein wenig den Kopf, schaut zur Masse der Spieler hinüber und meint trocken: »Ich finde, man sollte jetzt schön langsam Nummern ausgeben...«

3
Lequetio (1922–1929)

Im Jahre 1922 erschien in einer Wiener legitimistischen Zeitschrift »Volkssturm« – kein Mensch konnte ahnen, welch eine tragische Bedeutung dieses Wort in den Jahren 1944/45 erhalten sollte, als Hitler das letzte Aufgebot so nannte – ein kleines Gedicht, das die Stimmung des legitimistischen Lagers besser wiedergibt als jede wissenschaftliche Analyse der Leistungen und Fehlleistungen des österreichischen Legitimismus jener Zeit:

Ein Knabe steht am Uferrand,
Feucht blickt sein Aug' und tränenschwer:
Dort drüben liegt sein Vaterland,
Der Ahnen wunderbares Meer.

Die Sonne taucht in rote Glut
Die Berge und das stille Tal –
Auf seiner alten Heimat ruht
Des Kindes Blick zum letzten Mal.

Ein Zweiglein pflückt vom Heimatstrand
Der Knabe noch in tiefem Weh.
Zum Abschied winkt die Kinderhand:
»Mein liebes Österreich, ade!«

Leis schluchzend wendet er sich fort,
Im Kinderherzen tiefes Leid –
Zum meerentleg'nen fernen Port
Zieht Kronprinz Otto weit – so weit!

Der zeitgenössische Leser ist versucht, dem rührend-rührseligen Gedicht einen Gedanken anzuhängen: Zum Glück so weit… so weit weg von dieser merkwürdigen Betulichkeit einer Anhängerschaft, die im Familienleben des Kronprinzen nicht die Spur solcher wehleidigen Gemütsregungen hätte entdecken können: Ottos Mutter war stets auf eine klare Sprache bedacht, da gab es Anordnungen, die auch verstanden und daher auch gerne befolgt wurden, da gab es Strenge, aber selbstverständlich noch tausend Mal mehr Liebe, da gab es die treue Helferin Kaiserin Zitas, die Gräfin Therese von Kerssenbrock (die den Kindern eine zweite Mutter war, voll Güte und Humor; sie ruht – so wie Gräfin Fuchs, die Kaiserin Maria Theresia beistand – in der habsburgischen Familiengruft), die gelegentlich, wenn notwendig, »Erleichterungen« im Dienstplan der kaiserlichen Kinder schaffte. Und dann ging eigentlich alles völlig normal vor sich, vielleicht sparsamer und ein wenig karg – sehr einfaches Essen, zum Trinken ausschließlich Wasser, kaum Süßspeisen, zum Anziehen auch nur das Einfachste, dafür zum Lernen das Beste; dieser Lebensstil wäre übrigens, andere politische Verhältnisse vorausgesetzt, in Schönbrunn nicht anders gewesen, vielleicht sogar noch einfacher.

Der »Palacio Uribarren«, das Wohnhaus der kaiserlichen Familie von 1922 bis 1929, die »casa de la imperatriz«, wie man damals im Baskenland sagte. Der Palacio Uribarren lag etwas außerhalb des baskischen Fischerdorfs Lequetio, am Golf von Biscaya, unweit des Städtchens Guernica, von dessen alter Schwureiche das baskische Nationallied singt. In der Gegend von Lequetio spielten sich im spanischen Bürgerkrieg schwere Kämpfe ab, der »Palacio« wurde völlig zerstört. Der Palacio Uribarren war ein Geschenk spanischer und baskischer Edelleute sowie des früheren österreichisch-ungarischen Konsuls in Bilbao, Herrn Wakonigg; die Sponsoren kauften die Villa und stellten sie der Kaiserin zur Verfügung. Nach dem kurzen Zwischenaufenthalt im Prado von Madrid war die Villa Uribarren ein idealer Aufenthalt für die kaiserliche Familie, die Kinder lernten dort nicht nur spanisch und baskisch, sondern auch den Umgang mit dem liebenswürdigen, einfachen baskischen Fischervolk von Lequetio.

Das Geheimnis der großen Anpassungsfähigkeit Ottos, des sich überall und in jeder Lage sofort Zurechtfindens, liegt in der Erbmasse und der ›Kinderstube‹: dem gesunden, natürlichen Zusammenhalt mit den vielen Geschwistern, das immer wieder aufs neue ›sich sofort zurechtfinden müssen‹ – in Schönbrunn, in Laxenburg, in der Villa Wartholz, im Badener Kaiserhaus, in Eckartsau, in Wartegg am Bodensee, in Prangins, in Hertenstein, in Madeira, in Madrid, in Lequetio... der Zehnjährige hat mehr Orts- und Wohnwechsel hinter sich, mehr Hoch- und Tiefgänge, mehr Jubel und Haß, mehr Treue und Verrat gesehen und erlebt als irgendein Kind seiner Zeit.

Lequetio, Palacio Uribarren, im Herbst 1926: Otto, Robert, Rudolf, Elisabeth, Charlotte, die vierunddreißigjährige Kaiserin Zita, Felix und Adelhaid

Bei der Übersiedlung in das baskische Fischernest Lequetio hat der junge Kaiser – als solchen sahen ihn so gut wie alle – schon mehr erlebt, als manch anderer sein ganzes Leben lang. Dazu kommt das ununterbrochene – auf Grund einer glücklichen Begabung sogar völlig mühelose – Erlernen neuer Sprachen. Unglaublich schnell kann sich Otto, wo immer er ist, mit den Leuten in ihrer Muttersprache unterhalten, auch im Baskenland.

Reitversuche in der Arena von San Sebastian

Das Herumziehen wird zum Lebenselixier. Die Studienreise von Lequetio nach Luxemburg stärkt das Selbstbewußtsein des Halbwüchsigen, die neuerliche Übersiedlung nach Belgien, die ständigen Reisen in die Schweiz (die man schon lange, seit Kindesbeinen, kennt) und nach Frankreich – dort ist man ja auch daheim, man hat eine bourbonische Mutter –, wieder nach Luxemburg oder Belgien – dort regieren nahe Verwandte –, lassen ein Heimatgefühl früh entstehen, das den Habsburger, wird er einmal gefragt, wo er am liebsten lebe, antworten läßt: »In Europa«.
Er ist mit den Flamen so verbunden wie mit den Spaniern, den Deutschen – die Großmutter ist eine sächsische Prinzessin –, den Polen; eine große Ahnfrau stammt aus den Masuren. Es läßt sich zur Jugend und der Erziehung Ottos wohl sagen, daß kaum ein Kind seiner Zeit mit so viel Abenteuern, Wechselfällen, selbstverständlich überwundenen Fährnissen und Gefahren aufwuchs wie Otto. Vielleicht ist das das Geheimnis, warum er sich dieses fröhliche, herzliche, offene Lachen so bewahrt hat, die immer noch hellwache Lust am Abenteuer, am Wagnis, am Neuen. Er ist das gewöhnt, von Kind an. Und gelernt ist gelernt.

Der dreizehnjährige Otto mit seinem Pony am Strand von Lequetio, 1925.

Lequetio, 1924, zwei Jahre nach dem Tode des Vaters: Adelhaid mit Phantasiefrisur, die Geschwister Robert, Felix, Karl Ludwig und Rudolf mit »Bubikopf«, der zwölfjährige Otto bereits mit kurzem Haarschnitt und daneben die kleinen Erzherzoginnen Elisabeth und Charlotte.

Der vierzehnjährige Otto, die vierunddreißigjährige Kaiserin (1926)

Otto und sein Bruder Erzherzog Robert von Österreich-Este an der öffentlichen Mittelschule des Benediktinergymnasiums von Clairvaux (Clerf) im Großherzogtum Luxemburg. Kaiserin Zita wünschte, daß ihr Sohn zur Vervollkommnung seiner französischen Sprachkenntnisse seine abschließende Gymnasialzeit an einer öffentlichen – und französischsprachigen – Schule absolviere. Otto spricht Spanisch, Englisch, Französisch, Ungarisch und Latein so gut wie seine Muttersprache und verfügt über gute Kenntnisse des Portugiesischen, Kroatischen und des Baskischen. Die Aufnahme stammt aus dem Jahre 1929; unmittelbar darauf übersiedelte die kaiserliche Familie nach Brüssel, wo zunächst das Palais des Grafen d'Ursel bezogen wurde und im Frühjahr 1930 dann Schloß Ham in Steenockerzeel.

Weihnachten 1926 in Lequetio: Aus ganz Österreich und aus Ungarn kommen Geschenke für die Kinder, der Christbaum aus Tirol, vom Stift Stams. Die Mutter Kaiser Karls, Erzherzogin Maria Josepha, ist zu Gast. Elisabeth, Adelhaid, Charlotte, Rudolf, Karl Ludwig (mit seinem Esel), Felix und Robert, bereits mit der Radioanlage und dem Plattenspieler beschäftigt, die Kaiserin blättert mit ihrem Erstgeborenen in einem der vielen Bücher – zum Bedauern Ottos, der sich schon damals für Kriminalgeschichten interessierte, waren es meist Lehrbücher…

4
Steenockerzeel (1929–1940)

Hatte das Baskenland zum Reiche Karls V. gehört, des großen Ahnherrn, so das Land der Flamen erst recht. Mit der Übersiedlung nach Brüssel, zunächst ins Palais Ursel, dann, nach Renovierung und Adaptierung für die kinderreiche Familie Habsburg, ins ›Schloß Ham‹, heute meist ›Steenockerzeel‹ genannt, begann ein neuer Lebensabschnitt für Otto.

Warum man aus dem geliebten Lequetio weg mußte, lag auf der Hand. Da war zunächst der drohende Bürgerkrieg. Obwohl die Mitglieder der Casa de Austria in Lequetio von keiner Seite auch nur das Geringste zu befürchten gehabt hätten, mußte doch mit unberechenbaren Kriegseinwirkungen gerechnet werden. Tatsächlich fiel die Villa Uribarrén, vom Conde de Torregrossa und spanischen und österreichisch-ungarischen Freunden so großzügig zur Verfügung gestellt, 1936 den Kriegseinwirkungen zum Opfer, ganz ähnlich übrigens wie Schloß Ham-Steenockerzeel, das die Deutsche Luftwaffe 1940 beschädigte, allerdings in der erklärten Absicht, die Habsburger zu treffen, was in Spanien sicher nicht der Fall gewesen wäre.Der zweite Übersiedlungsgrund, die wesentliche Ursache, lag in der Notwendigkeit, für Otto und seine Geschwister die entsprechenden Ausbildungsstätten und Universitäten zu finden.

Da bot sich Schloß Ham, auf halbem Wege zwischen Brüssel und der Universitätsstadt Löwen gelegen, als ausgesprochen idealer Wohnort an. Was in Lequetio das Baskische bedeutete, nämlich eine liebenswerte, kostbare ›kleine‹ Sprache, bot Steenockerzeel nun mit dem Flamischen, und Otto erlernte es schnell, radelte er doch täglich von Schloß Ham nach Cortenberg, wo er dann mit der Vororteline nach Löwen und zurück pendelte.

Die Bevölkerung nahm die Habsburger, die da als schutz- und heimatsuchende Landesverwiesene kamen, mit größter Sympathie und Zuneigung auf.

Otto nannte sich hier auch nicht ›Habsburg‹, sondern ›Herzog von Bar‹, ein angestammter Titel, gleichfalls aus dem burgundisch-lothringischen Erbe erwachsen. Die Belgier nahmen das mit großer Freude zu Kenntnis.

Otto erlebte in Steenockerzeel einige der wichtigsten Stationen seines Werdeganges: zunächst sein Studienjahr am Institut St. Thomas d'Aquin, Universität Löwen; dann,

Ottos Motto: »Nicht geschossen ist auch gefehlt!«

schon von Steenockerzeel aus, sein Universitätsstudium in Löwen.

In Steenockerzeel stieg Otto auch – laut Hausrecht – zum Familienoberhaupt und Kaiser auf, am 20. November 1930, als Achtzehnjähriger.

Von Steenockerzeel aus intervenierte Otto leidenschaftlich für die im Zuge der Februarereignisse des Jahres 1934 Inhaftierten und versuchte alles, um Todesurteile vermeiden zu helfen – so, wie es schon sein Vater Kaiser Karl gehalten hatte.

»Ja, es stimmt, daß ich im Kontakt mit Wiesner und insbesondere auch mit Ernst Karl Winter gleich nach den Februarereignissen des Jahres 1934 alles unternahm, damit möglichste Milde bei der Behandlung der Sozialisten walte. Ich habe daher auch bei den schweren Verurteilungen interveniert, damit diese nicht exekutiert werden. Dabei galt für mich besonders auch der Gedanke, daß der Gegner von heute als der Verbündete von morgen zu betrachten sei, weil ich von Anfang an der Ansicht war, daß für Österreich nur eine einzige, wirkliche Gefahr drohe: der Nationalsozialismus.

Daher auch mein ständiges Drängen bei der österreichischen Regierung, gegenüber den Sozialdemokraten eine Politik der Öffnung zu betreiben. Ich persönlich bin heute der Ansicht, daß Dollfuß, hätte er gelebt, diese Politik der Öffnung auch eingeschlagen hätte, weil er ja, nach den mir

Studierstunde in Schloß Steenockerzeel, Winter 1931/32: links der zwanzigjährige Otto, der sich auf die Kandidaturprüfung (sie entsprach der früheren zweiten Staatsprüfung im österreichischen Jurastudium) vorbereitet; dann Felix, Adelhaid (gleichfalls angehende Juristin), Karl Ludwig, Rudolf, Robert, Charlotte und Elisabeth. Mit dem Unterricht und dem Lernen nahm es nicht nur Kaiserin Zita (im Hintergrund) sehr ernst, sondern auch die Lehrer. Als am 10. Mai die Truppen Hitlers Belgien angriffen und Brüssel unter Bombenhagel lag, rief ein gewissenhafter Lehrer aus Brüssel an und verständigte die jungen Habsburger, daß der Unterricht an diesem Tage leider entfallen müsse…

zur Verfügung stehenden Anhaltspunkten, ein durch und durch politischer Mensch war, der außerdem einen hervorragenden politischen Instinkt besaß. Er hat auch das Wesen des Totalitarismus und des Nationalsozialismus schneller erkannt und da die ganze Gefährlichkeit instinktiver erfaßt als der doch sehr stark intellektuell beeinflußte Schuschnigg.«

Dieser politischen Instinktlosigkeit Schuschniggs fiel nicht nur Österreich als Ganzes, sondern auch so manches Einzelschicksal zum Opfer – so der getreue Staatssekretär General Wilhelm Zehner: »Mit Zehner war ich, seitdem er ins Ministerium gekommen war – Juli 1934 – ständig in Fühlung. Er war ein einfacher, gerader Soldat, ein vollendeter Patriot, und ich würde, um ihn richtig zu beschreiben, einfach sagen: ein echter k.u.k. Offizier. Was mich an General Zehner so beeindruckte, war sein tiefer innerer Anstand, der übrigens für ihn zu einem Element der Schwäche geriet, da er stets annahm, daß alle Menschen ebenso anständig seien wie er.

So hat er etwa meine Zweifel hinsichtlich der Bereitschaft Schuschniggs, im Ernstfall Konsequenzen zu ziehen und echten Widerstand zu leisten, absolut nicht geteilt. Er hatte volles Vertrauen zu Schuschnigg.

Wie nicht anders zu erwarten, wurde General Zehner, eines der ersten Opfer der Nationalsozialisten, weitgehend vergessen. Er war halt kein Politiker, der sich's richtete, sondern ein aufrechter Soldat und Patriot…«

In der Steenockerzeel-Zeit trat Otto zahllose Reisen an, auch nach Berlin, wo ihn Reichspräsident von Hindenburg empfing – und Hitler und Göring vergeblich um einen Besuch des jungen Habsburgers buhlten.

In Steenockerzeel erlebte Otto die schwere Enttäuschung mit Schuschnigg, der ihn, entgegen seinem ausdrücklichen Versprechen, über das Juli-Abkommen von 1936 mit Hitler nicht informiert hatte. Otto hätte dem Text des Abkommens niemals zugestimmt. Da Schuschnigg das sehr wohl wußte, unterschrieb er, ohne Otto vorher zu unterrichten – obwohl das abgemacht war.

Zahlreiche Reisen (die wilde Kombinationen verursachten, von Heiratsplänen bis zu Mussolini-Allianzen) und immer ausgedehntere Frankreich-Aufenthalte, schon in Ahnung des kommenden Unheils und schon auf der Suche nach verläßlichen Verbündeten, gehen nahtlos in die Verhandlungen mit Schuschnigg und Guido Schmidt über, Verhandlungen auf Schweizer Boden, die nichts fruchteten, weil Schuschnigg seiner Aufgabe einfach nicht gewachsen war.

Dann kam – nur zwei Jahre später – der Überfall Hitlers auf das neutrale Belgien, die Flucht – in letzter Minute – aus Steenockerzeel. Genau gesagt, nicht in letzter Minute, sondern in letzter Stunde. Es war der Tag, der 10. Mai 1940, an dem österreichische Patrioten wie zum Trotz der belgischen Regierung ein Memorandum unterbreiteten und die Aufstellung einer österreichischen militärischen Einheit und die Anerkennung einer provisorischen österreichischen Regierung forderten.
Sie sprachen im Namen von etwa 10000 eingeschriebenen legitimistischen Mitgliedern – allein in Brüssel fast 1000.
Kürzlich erschien im Österreichischen Bundesverlag ein ›wissenschaftliches‹ Werk über die »Österreicher im Exil, Belgien 1938–1945, Eine Dokumentation«, gedruckt mit Unterstützung des Bundesministeriums für Wissenschaft und Forschung, 1987. Das Buch enthält auch ein umfangreiches Ortsverzeichnis. Steenockerzeel kommt darin nicht vor.
Auch nicht »In der Fremde«. Mit dieser Ortsangabe hat nämlich Otto am 17. Februar 1938 seinen Brief an Schuschnigg verfaßt, in dem er ihn zur Versöhnung mit der Sozialdemokratie und der Übergabe der Kanzlerschaft zur Rettung Österreichs vor den Nationalsozialisten aufforderte. Ein Schreiben aus Steenockerzeel!

»Lieber Herr von Schuschnigg!

Die Ereignisse der letzten Tage zwingen mich, Ihnen zu schreiben.
Ich will hierbei nicht über Dinge der Vergangenheit sprechen. Sie wissen ja am besten, daß ich stets Ihnen gegenüber den Standpunkt vertreten habe, daß wir eine endgültige Sicherung unserer Unabhängigkeit durch eheste Einführung der legitimen Monarchie brauchen. Trotz Ihrer loyal – legitimistischen Gesinnung, an der ich nie gezweifelt habe und an der ich auch heute nicht zweifle, haben Sie es für Ihre Pflicht gehalten, diese Dauerlösung des österreichischen Problems hinauszuschieben. Sie wissen auch, daß ich das Abkommen vom 11. Juli 1936, in der Form und mit dem Inhalt, nie gebilligt habe. Sie wissen schließlich, daß ich stets für eine Politik weitgehendster Befriedigung gegenüber der großen Masse der Arbeiterschaft war, hingegen eine Politik der Nachgiebigkeit gegenüber den Mödern Dollfuß', gegenüber den national-sozialistischen Volks- und Vaterlandsverrätern stets verurteilt habe.
Mit den Ereignissen der letzten Tage hat eine neue Phase im Leben unseres Volkes begonnen.
Es ist dem Feinde Österreichs gelungen, durch einen Gewaltakt ohnegleichen Ihre Regierung in eine bedrohliche Lage zu zwingen, die unseren weiteren Widerstand in gefährlicher Weise erschwert. Es ist ihm gelungen, uns ein neues Abkommen zu diktieren, welches seinen Einmischungen Tür und Tor öffnet. Ein Präzedenzfall ist geschaffen worden, der jeden Österreicher nur mit größter Besorgnis erfüllen kann.
In dieser Stunde muß ich reden – zu Ihnen reden, der Sie heute so große Verantwortung für meine Heimat vor Gott und dem Volke tragen.
Diese Verantwortung ist furchtbar. Sie besteht gegenüber dem Volke, welches an Sie, den Verfechter des Unabhängigkeitsgedankens, glaubt und Sie in dieser Politik unterstützen will. Sie besteht gegenüber der ehrwürdigen österreichischen Idee, die durch Jahrhunderte in ihrer übernationalen, völkerverbindenden Macht ein geeintes, starkes Donaubecken zusammenhielt und auch heute noch die Kraft besitzt, einen Neuaufbau zu bewerkstelligen. Sie besteht gegenüber dem wahren Deutschtum, welches heute, entgegen den artfremden, neuheidnischen Bestrebungen im Reiche, in seiner alten Stärke, die der Grundgedanke des Heiligen Römischen Reiches deutscher Nation war, nur mehr in Österreich eine Heimat hat; nur in Österreich kann sich das Deutschtum erhalten und dereinst Retter Deutschlands sein, soll nicht das Deutschtum in einem schrecklichen Chaos untergehen. Die Verantwortung besteht schließlich und hauptsächlich gegenüber unserem höchsten Gut, dem katholischen Glauben. Im Deutschen Reiche wütet ein systematischer Kampf gegen den Katholizismus, der auf die Dauer zu dessen Ausrottung in den breiten Volksschichten führen muß.Im ganzem deutschen Raum ist heute Österreich die letzte Stellung des Katholizismus, mit dem auch unser Volk steht und fällt. Bricht dieses letzte Bollwerk zusammen, so verödet die alleinseligmachende Kirche in Mitteleuropa und gehen Millionen von Seelen, deren ewiges Heil heute noch zu retten ist, für alle Ewigkeit verloren.
Diese Verantwortung tragen Sie aber nicht allein. Auch ich habe daran teil. Als legitimer Erbe einer Dynastie, die durch 650 Jahre Österreich schirmte, als Sohn meines in Gott ruhenden Vaters, der für sein Volk sein Leben auf ferner Insel hingab, kann und darf ich meiner ererbten Pflicht nicht untreu werden.
Im vollen Bewußtsein der ganzen Tragweite dessen, was ich Ihnen jetzt sagen werde, und nach reiflicher Überlegung der großen Verantwortung, die ich damit übernehme, halte ich es für meine Pflicht, Ihnen, lieber Herr von Schuschnigg, folgenden Plan zur Rettung der schwerst bedrohten Heimat auseinanderzusetzen, für den ich, als legitimer Kaiser Österreichs, die Verantwortung übernehme:
Der erste Punkt dieses Planes betrifft die Außenpolitik. Wir sind heute in Österreich dem Drucke eines gewaltigen Nachbarn ausgesetzt, der unsere Existenz zerstören will. Wir müssen uns daher nach Mächten umsehen, die diesen Druck aufwiegen können. Die Wahl kann hierbei nur auf

die Westmächte fallen, die unserem Vaterland sympathisch gegenüberstehen. Gewiß entspricht deren innere Struktur nicht unserer Idealauffassung, aber das darf im Falle der Frage Sein oder Nichtsein keine Rolle spielen. Diese notwendige Annäherung an die Westmächte muß selbstverständlich geheim bleiben, solange uns dies möglich ist. Daher müssen Sie diese Annäherung selbst in die Hand nehmen, nicht nur wegen des Vertrauens der Westmächte zu Ihrer Person, sondern auch, weil ich Minister Guido Schmidt gegenüber kein Vertrauen haben kann. Auch ist er den Mächten sichtlich unsympathisch und ich weiß, daß er Ihnen gegenüber nicht immer loyal war; außerdem sind seine Neigungen zu Deutschland mir wohl bekannt. Es wäre demnach unumgänglich notwendig, daß Sie diese Politik, unter Umgehung des amtlichen Apparates, in die Hand nehmen. Sie können versichert sein, daß ich Ihnen diesbezüglich jederzeit zu helfen bereit bin, weiß ich doch, daß dies der einzige Weg einer außenpolitischen Sicherung ist.

Auf militärischem Gebiet muß Österreich nach Kräften für seine Aufrüstung wirken und dieser imperativen Pflicht anderweitige, noch so dringende finanzielle Begehren unterordnen. Haben wir ein starkes Heer, so werden wir keine so große Gefahr mehr laufen wie in der Vergangenheit. Von diesem Standpunkt aus kann ich Sie nur zu Ihrer Entschlossenheit beglückwünschen, mit der Sie, trotz allen Druckes, an General der Infanterie Zehner festgehalten haben. Seine Person ist uns Gewähr, daß das Heer weiter ein österreichisches Heer bleiben wird.

In den Fragen der Innenpolitik wird es für das Heil der Heimat notwendig sein, nach drei Richtungen hin zu wirken, wozu Ihnen Ihre Machtvollkommenheit als Frontführer die Möglichkeit bietet. Vorerst muß die Befriedung nach links aktiv betrieben werden. Die Arbeiter haben in den letzten Tagen bewiesen, daß sie Patrioten sind. Diese Gruppe kann durch den Nationalsozialismus nicht vergiftet werden, wird daher stets am Sichersten für Österreich eintreten, wogegen die Regierung ihr die Möglichkeit geben muß, an der Gestaltung des Vaterlandes – für welches sie sich einzusetzen bereit ist – aktiv mitzuwirken. Eine weitere Kraft, die noch nicht verbraucht ist, ist der Legtimismus. Diese Bewegung – und für das übernehme ich die Garantie – geht mit Ihnen durchs Feuer, wenn sie die Gewißheit hat, damit für die Unabhängigkeit Österreichs zu wirken. Ich bitte Sie, die Bewegung nach Kräften zu unterstützen, da jeder neue Legitimist eine Sicherung mehr für die Unabhängigkeit der Heimat ist. Schließlich, dies glaube ich Ihnen gegnüber nicht betonen zu müssen, wird es eminent wichtig sein, unter der Hand gleich vom ersten Augenblick an der verderblichen Arbeit der Betont-Nationalen entgegenzuwirken.

Dies wären meines Erachtens diejenigen Maßnahmen, die augenblicklich zur Rettung Österreichs vor der Gefahr der Gleichschaltung ergriffen werden müßten. Ich bin überzeugt, daß Sie darin mit mir übereinstimmen.

Nun für die Zukunft:

Der entscheidende Augenblick kommt, sobald Deutschland mit Drohungen und Erpressungen weitere Konzessionen von uns verlangt. Ich glaube gewiß nicht fehl zu gehen, wenn ich annehme, daß Sie wie ich der Ansicht sind, daß Österreich die äußerste Grenze dessen erreicht hat, was es Deutschland zugeben kann. Jeder weitere Schritt zurück würde die Vernichtung Österreichs, die Vernichtung Ihres und Dollfuß's mühsamen Aufbauwerkes bedeuten. Mein kaiserlicher Vater wäre umsonst gestorben, Hunderttausende wären umsonst gefallen, die Opfer seit 1933 wären umsonst gebracht worden. Dieses aber können wir Österreicher nicht zugeben. Alles lieber, als unser Vaterland zu verlieren!

Nun habe ich gehört, Sie, lieber Herr von Schuschnigg, hätten sich geäußert, einem neuen Druck von deutscher Seite nicht mehr widerstehen zu können und in diesem Falle von Ihrem verantwortungsvollen Amte zurücktreten zu wollen. So wende ich mich jetzt an Sie, als den seinem Kaiser und seinem Volke unerschütterlich treuen Mann, mit Bitten, auf deren Erfüllung ich in meinem Gewissen vor Gott dringen muß.

Erstens: Ich bitte Sie, solange Sie das Bundeskanzleramt innehaben, keine wie immer geartete neue Konzession an Deutschland oder an die österreichischen Betont-Nationalen zu machen.

Zweitens: Sollten Sie den Eindruck haben, daß von Deutschland neue Forderungen oder Drohungen gegen Österreich bevorstehen, bitte ich Sie, mir dies sofort zur Kenntnis zu bringen.

Drittens: So unerwartet Ihnen Nachstehendes vorkommen wird, so reiflich ist es in diesen schweren Stunden in äußerster Gefahr erwogen: Sollten Sie einem Druck von deutscher oder von Betont-Nationaler Seite nicht mehr widerstehen zu können glauben, so bitte ich Sie, mir, wie immer die Lage auch sei, das Amt eines Kanzlers zu übergeben. Ich bin fest entschlossen, zum Schutze von Volk und Staat bis zum Äußersten zu gehen und ich bin überzeugt, dabei Widerhall beim Volke zu finden. Infolge der Lage, die ein langwieriges Anerkennungsverfahren seitens der Mächte nicht erlauben würde, will ich von Ihnen für diesen Anlaß nicht die Restauration der Monarchie verlangen. Ich würde Sie nur auffordern, mir die Kanzlerschaft zu übergeben, so daß *ohne* Änderung der Verfassung, *ohne* neue Anerkennung – wenigstens für die entscheidende Lage – die gleichen Vorteile erreicht werden könnten, wie durch den formellen Akt der Wiederherstellung der Monarchie. Ich möchte hier nochmals betonen, daß ich für diesen schwerwiegenden Entschluß vor Gott, dem Volke, der Welt

und der Geschichte allein die volle Verantwortung übernehme.
Ich habe mich verpflichtet gefühlt, Ihnen dies alles in diesen schicksalsschweren Stunden zu schreiben. Ich bin überzeugt, hiermit am besten meiner Pflicht als Sohn des Märtyrerkaisers Karl, als glühender österreichischer Patriot und als legitimer Kaiser dieses Landes nachzukommen. Sie, lieber Herr von Schuschnigg, beschwöre ich im Andenken an Ihren einst geleisteten Offizierseid, im Andenken an Ihre großen Verdienste um den legitimistischen Gedanken, im Andenken an Ihre selbstlose patriotische Arbeit, mir in diesen Bitten entgegenzukommen. Glauben Sie nicht, daß dieser Brief etwa dem Machthunger eines jungen ambitionierten Mannes entspringt. Solche Ambitionen – wenn ich sie je gekannt hätte – würden schweigen angesichts der furchtbaren Lage und der ungeheuren Verantwortung. Ich handle nur deswegen so, weil ich dies als meine Pflicht ansehe, denn, wenn Österreich in Gefahr ist, hat der Erbe des Hauses Österreich mit diesem Lande zu stehen und zu fallen.
Von dem Inhalt dieses meines Briefes an Sie weiß außer mir niemand. Ich habe sogar meinem Vertrauensmann, Gesandten von Wiesner, hierüber keine wie immer geartete Mitteilung gemacht. Ich bitte Sie, auch Ihrerseits von diesem Brief niemand gegenüber Erwähnung zu tun und ihn brieflich so bald wie möglich zu beantworten und mir Ihre Rückäußerung auf gleichem Wege zukommen zu lassen.
Ich versichere Sie weiter meines Vertrauens sowie meines Entschlusses, Ihnen in allem in dieser schweren Zeit behilflich zu sein. Möge Gott Sie segnen und Ihnen den richtigen Weg zum Wohle und zur Rettung der Heimat weisen!

In der Fremde, am 17. Februar 1938.«

Ehrenbürger in eintausendfünfhundertsiebenunddreißig österreichischen Gemeinden

Bis zum Jahre 1964 waren es sogar um drei Gemeinden mehr. Aber im Jahre 1964, auf dem Höhepunkt der Kampagne gewisser Kreise gegen die Heimkehr Ottos, beschloß die Gemeinde Gratkorn (Steiermark), ihrem Ehrenbürger diese Würde wegen »erwiesener Unwürdigkeit« abzuerkennen; eine »Unwürdigkeit«, die laut Gemeindeordnung Gratkorn für Landesverräter oder Kriminelle vorgesehen ist; ähnlich charakterstark agierte die Gemeinde Schwechat, Niederösterreich, die Otto die Ehrenbürgerschaft deswegen aberkannte, weil er »eine Gefahr für die Demokratie« darstelle. Im Jahr 1967 zog noch die niederösterreichische Gemeinde St. Georgen am Steinfeld nach, die Otto die Ehrenbürgerschaft aberkannte, weil er »keine Handlungen« gesetzt habe, »die Verdienste um die Gemeinde St. Georgen am Steinfeld im allgemeinen erkennen ließen«...
Nur der Vollständigkeit halber sei bemerkt, daß die Dame – Frau Bürgermeisterin Hilde Hahn – ausgerechnet mit dieser Formulierung irrt; mag Otto von Habsburg auch um ihr Dorf keine *besonderen* Verdienste gehabt haben – etwa in dem Sinne, der Gemeinde eine Kläranlage errichtet zu haben –, so hat er doch »im allgemeinen« durch seine Tätigkeit in den Vereinigten Staaten die Wiedergeburt Österreichs – und damit auch St. Georgens – in Freiheit ermöglicht!
Doch es sei in diesem Zusammenhang nicht vergessen, daß die ganze Idee mit den Ehrenbürgerschaften für Otto aus dem linken Lager kam.
Es begann damit, daß die »Volks-Zeitung«, das Organ der Tiroler Sozialisten, im September 1931 die völlig frei erfundene Nachricht in die Welt setzte, daß nun mit der unmittelbar bevorstehenden Rückkehr Ottos zu rechnen sei, weil ihn jetzt *fünfzig* Gemeinden Tirols zum Ehrenbürger gemacht hätten. Bürgermeister Josef Kaltenhauser aus dem Tiroler Bauerndorf Ampaß gefiel der Gedanke. Er setzte sich mit seinen Bauern und Gemeinderäten zusammen, setzte auch eine zünftige Begründung für diese Verleihung auf und am 6. Dezember 1931 wurde Otto Ehrenbürger von Ampaß.
Es gibt einen Bericht des Bürgermeisters Josef Kaltenhauser, der mit seinen Gemeinderäten in Steenockerzeel am 7. und 8. April 1932 zu Besuch weilte, in dem es heißt:
»Wir sagten, daß wir als einfache Bauern gekommen seien und als Bauern vor Seiner Majestät stünden...«
Andere Gemeinden zogen schnell nach. Noch im Jahre 1931 waren es allein in Tirol 60; von »Abfaltersbach« bis »Zöblen«.
Die Steiermark und Kärnten folgten dem Tiroler Beispiel. Jedes Jahr wurden neue Listen mit dem Namen der »Kaisergemeinden« veröffentlicht, viele Gemeinden verliehen Otto auch das »Heimatrecht«, was wegen der Heimkehr von besonderer Wichtigkeit war.
Die Ehrenbürger-Urkunden, die Otto verliehen wurden, sind übrigens über ihren ideellen Wert hinaus vielfach auch hinreißende Zeugnisse der Volkskunst, kleine Meisterwerke, mit unendlicher Sorgfalt und Liebe angefertigt; welche Wertschätzung sie bei dem mit diesen Urkunden Ausgezeichneten genießen, zeigt wohl am einfachsten die Tatsache, daß sie auf allen Fluchtwegen mitkamen, von Steenokkerzeel durch Frankreich und Spanien und Portugal in die USA und wieder zurück; vielleicht gaben gerade jene Zeugnisse der Zuneigung Otto die Kraft, seine Aufgabe für Österreich so zu erfüllen, wie er es tat.

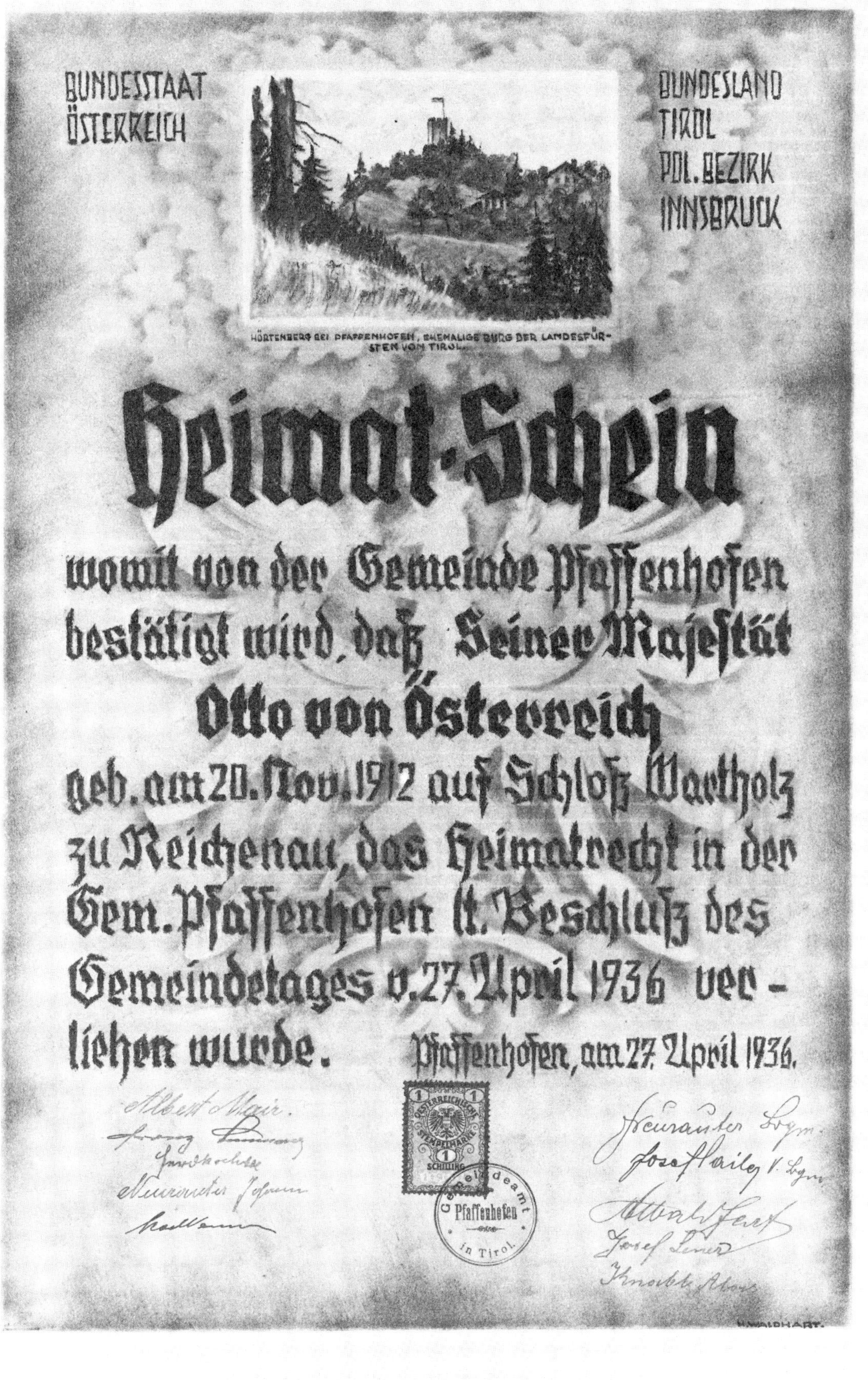

BUNDESSTAAT
ÖSTERREICH

BUNDESLAND
TIROL
POL. BEZIRK
INNSBRUCK

HÖRTENBERG BEI PFAFFENHOFEN, EHEMALIGE BURG DER LANDESFÜRSTEN VON TIROL.

Heimat-Schein

womit von der Gemeinde Pfaffenhofen bestätigt wird, daß Seiner Majestät

Otto von Österreich

geb. am 20. Nov. 1912 auf Schloß Wartholz zu Reichenau, das Heimatrecht in der Gem. Pfaffenhofen lt. Beschluß des Gemeindetages v. 27. April 1936 verliehen wurde.

Pfaffenhofen, am 27. April 1936.

Österreichische Stempelmarke 1 Schilling

Gemeindeamt Pfaffenhofen in Tirol

H. WALDHART.

Ehrenbürger-Urkunde

Der Gemeinderat von Ampaß hat beschlossen, an die Bevölkerung von Ampaß mit einer Denkschrift über die Ausnahmegesetze gegen die Habsburger heranzutreten, in welcher zum Proteste gegen die Vergewaltigung aller Grundsätze der allgemeinen Gerechtigkeit aufgefordert wird. Mit Einverständnis der Mehrheit der Bevölkerung ernennt der Gemeinderat von Ampaß

OTTO VON HABSBURG
ZUM EHRENBÜRGER der GEMEINDE AMPASS

Der Gemeinderat tut dies, um einerseits gegen das durch die Ausnahmegesetze geschaffene Unrecht zu protestieren und zu demonstrieren, andererseits um dem Hause Habsburg für das erlittene Unrecht eine kleine moralische Genugtuung zu leisten.

Ampaß am 7. Dezember 1931 — Der Gemeinderat:

Andrä Noch	Josef Kaltenhauser Bgm.
Schirndl Johann	Alois Sailer Bgm. Stellvertreter
Josef Peer	Andrä Knofler
Johann Müller	Josef Meixner

DENKSCHRIFT

des Gemeinderates von Ampaß zur Frage des Ausnahmegesetzes gegen die Mitglieder des Hauses Habsburg.

Die Bevölkerung Österreichs hat im Weltkriege beispielloses Heldentum gezeigt und unmeßbare Opfer für das Vaterland gebracht. – Ein Gewaltfriede knechtete unser Volk. Ganz Österreich protestierte gegen dieses Unrecht. Wir alle fordern Gerechtigkeit von unseren Gegnern, Gerechtigkeit auf für uns Besiegte. Zu einer Zeit, als unser Schrei nach Gerechtigkeit in alle Welt drang, wußte der junge, in Not und Elend geborene Staat nichts Besseres zu tun, als die gewöhnlichsten und allgemeinsten Grundsätze der Gerechtigkeit zu vergewaltigen und Akte zu setzen, welche kaum schamloser und frecher jede Gerechtigkeit verhöhnen. Durch eigene Gesetze wurden die Mitglieder des Kaiserhauses Habsburg ihres Privateigentums beraubt und Ihnen der Aufenthalt im Lande unmöglich gemacht. Die ausgewiesenen Mitglieder des ehemaligem Kaiserhauses waren vor wie nach Ausrufung der Republik österreichische Bürger und sind es heute noch. Kein österreichischer Staatsbürger darf nach österreichischem Rechte an das Ausland ausgeliefert oder des Landes verwiesen werden. Kein österreichischer Bürger, auch kein Ausländer, darf in Österreich seines Privateigentums beraubt werden. Vor dem Gesetze sind angeblich alle Bürger ohne Unterschied des Standes, der Geschlechter etc. gleich. Für die Mitglieder des Hauses Habsburg hat man jedoch durch ein paar scheinheilig stilisierte Paragraphen die primitivsten Rechte aufgehoben. Damit hat in Österreich jede Gerechtigkeit aufgehört, das Recht ist erschlagen. Es gibt keine halbe, keine teilweise Gerechtigkeit. Gerechtigkeit herrscht nur, wenn man voll und ganz, ohne Ausrede, ohne Ausnahme sie übt, gleichviel ob ihre Übung angenehm oder beschwerlich ist, ohne Rücksicht, an wem immer sie geübt werden muß. In allen diesen Punkten hat man in Österreich die Gerechtigkeit durch die Ausnahmegesetze gegen die Habsburger verletzt, das Recht gebeugt. Was heute noch als Recht in Österreich existiert, ist weitab von Gerechtigkeit entstanden und kann für sich nicht die sittlichen Kräfte in Anspruch nehmen, welche einem Rechte innewohnen, welches auf Gerechtigkeit aufgebaut ist. Wenn es möglich war, im Falle der Habsburger das Recht zu beugen, so kann sich irgendwann irgendwer finden, dem es eben auch nur ein Fetzen Papier ist. Wir fordern darum nichts als Gerechtigkeit. Wir fordern, daß das Unrecht gutgemacht werde. Wir fordern Gerechtigkeit für alle ohne Ausnahme. Wir fordern darum Gerechtigkeit auch für die Habsburger. Wir glauben in Österreich an keine Gerechtigkeit mehr, solange diese Schandgesetze nicht aufgehoben werden. Wir glauben nicht an diesen Staat, solange Österreich nicht den Mut hat, begangenes Unrecht wieder gut zu machen, und zu feig ist, Gerechtigkeit zu üben. Wir haben zu Niemanden Vertrauen, der nicht so ehrlich ist, begangenes Unrecht mit allen Mitteln gut zu machen. Darum verlangen wir die Aufhebung der Ausnahmegesetze gegen die Habsburger. Jeder ehrliche Staatsbürger, welch' Standes und Farbe er auch sei, muß mit uns für Gerechtigkeit allen Bürgern gegenüber eintreten. Wenn wir schon ein armer, schwacher Staat, ein armes Volk sind, voll Sorgen und Not, aber ehrlich und gerecht wollen wir sein. Wir sind arm, aber keine Lumpen. Armut und Elend dürfen keine Ausrede sein, sich von den Pflichten der Gerechtigkeit zu drücken. Darum setzen wir uns für die Aufhebung der gegen die Habsburger gerichteten Ausnahmegesetze ein. Wir wenden uns an alle anständigen, ehrlichen, gerechtigkeitsliebenden Republikaner, an alle Bürger jeden Standes, jeder Richtung, mit uns für Gerechtigkeit einzutreten.

Ampaß, am 7. Dez. 1931. — Der Gemeinderat von Ampaß

Andrä Noch	Josef Kaltenhauser Bgm.
Schirndl Johann	Alois Sailer Bgm. Stellvertreter
Josef Peer	Andrä Knofler
Johann Müller	Josef Meixner

Der Gemeinderat von Ampass hat beschlossen, an die Bevölkerung von Ampass mit einer Denkschrift über die Ausnahmegesetze gegen die Habsburger heranzutreten, in welcher zum Proteste gegen die Vergewaltigung aller Grundsätze der allgemeinen Gerechtigkeit aufgefordert wird. Mit Einverständnis der Mehrheit der Bevölkerung ernennt der Gemeinderat von Ampass

OTTO VON HABSBURG

Zum Ehrenbürger der Gemeinde Ampass.

Der Gemeinderat tut dies, um einerseits gegen das durch die Ausnahmegesetze geschaffene Unrecht zu protestieren und zu demonstrieren, andererseits um dem Hause Habsburg für das erlittene Unrecht eine kleine moralische Genugtuung zu leisten.

Ampass, am 7. Dezember 1931. Der Gemeinderat:

IVSTITIA FVNDA[...] [...]EI PVBLICAE EST

Denkschrift des Gemeinderates von Ampass zur Frage des Ausnahmegesetzes gegen die Mitglieder des Hauses Habsburg.

Die Bevölkerung Oesterreichs hat im Weltkriege beispielloses Heldentum gezeigt und unmessbare Opfer für das Vaterland gebracht. – Ein Gewaltfriede knechtete unser Volk. Ganz Oesterreich protestierte gegen dieses Unrecht. Wir alle fordern Gerechtigkeit von unseren Gegnern, Gerechtigkeit auch für uns Besiegte. Zu einer Zeit, als unser Schrei nach Gerechtigkeit in alle Welt drang, wusste der junge, in Not und Elend geborene Staat nichts Besseres zu tun, als die gewöhnlichsten und allgemeinsten Grundsätze der Gerechtigkeit zu vergewaltigen und Akte zu setzen, welche kaum schamloser und frecher jede Gerechtigkeit verhöhnen. Durch eigene Gesetze wurden die Mitglieder des Kaiserhauses Habsburg ihres Privateigentums beraubt und ihnen der Aufenthalt im Lande unmöglich gemacht. Die ausgewiesenen Mitglieder des ehemaligen Kaiserhauses waren vor wie nach der Ausrufung der Republik österreichische Bürger und sind es heute noch. Kein österreichischer Staatsbürger darf nach österreichischem Rechte an das Ausland ausgeliefert oder des Landes verwiesen werden. Kein österreichischer Bürger, auch kein Ausländer darf in Oesterreich seines Privateigentumes beraubt werden. Vor dem Gesetze sind angeblich alle Bürger ohne Unterschied des Standes, der Geschlechter etc. gleich. Für die Mitglieder des Hauses Habsburg hat man jedoch durch ein paar scheinheilig stilisierte Paragraphen die primitivsten Rechte aufgehoben. Damit hat in Österreich jede Gerechtigkeit aufgehört, das Recht ist erschlagen. Es gibt keine halbe, keine teilweise Gerechtigkeit. Gerechtigkeit herrscht nur, wenn man voll und ganz, ohne Ausrede, ohne Ausnahme sie übt, gleichviel ob ihre Uebung angenehm oder beschwerlich ist, ohne Rücksicht, an wem immer sie geübt werden muss. In allen diesen Punkten hat man in Oesterreich die Gerechtigkeit durch die Ausnahmegesetze gegen die Habsburger verletzt, das Recht gebeugt. Was heute noch als Recht in Oesterreich existiert, ist weitab von Gerechtigkeit entstanden und kann für sich nicht die sittlichen Kräfte in Anspruch nehmen, welche einem Rechte innewohnen, welches auf Gerechtigkeit aufgebaut ist. Wenn es möglich war, im Falle der Habsburger das Recht zu beugen, so kann sich irgendwann, irgendwer finden, dem es eben auch nur ein Fetzen Papier ist. Wir fordern darum nichts als Gerechtigkeit. Wir fordern, dass das Unrecht gut gemacht werde. Wir fordern Gerechtigkeit für alle ohne Ausnahme. Wir fordern darum Gerechtigkeit auch für die Habsburger. Wir glauben in Österreich an keine Gerechtigkeit mehr, solange diese Schandgesetze nicht aufgehoben werden. Wir glauben nicht an diesen Staat, solange Österreich nicht den Mut hat, begangenes Unrecht wieder gut zu machen und zu feig ist, Gerechtigkeit zu üben. Wir haben zu Niemanden Vertrauen, der nicht so ehrlich ist, begangenes Unrecht mit allen Mitteln gutzumachen. Darum verlangen wir die Aufhebung der Ausnahmegesetze gegen die Habsburger. Jeder ehrliche Staatsbürger, welch' Standes und Farbe er auch sei, muss mit uns für Gerechtigkeit allen Bürgern gegenüber eintreten. Wenn wir schon ein armer, schwacher Staat, ein armes Volk sind, voll Sorgen und Not, aber ehrlich und gerecht wollen wir sein. Wir sind arm, aber keine Lumpen, Armut und Elend dürfen keine Ausrede sein, sich von den Pflichten der Gerechtigkeit zu drücken. Drum setzen wir uns für die Aufhebung der gegen die Habsburger gerichteten Ausnahmegesetze ein. Wir wenden uns an alle anständigen, ehrlichen, gerechtigkeitsliebenden Republikaner, an alle Bürger jeden Standes, jeder Richtung, mit uns für Gerechtigkeit einzutreten.

Ampass, am 7. Dezember 1931. Der Gemeinderat von Ampass:

Original-Bildtext vom 20. November 1930: »Dieses Bild wurde am 20. November anläßlich der Großjährigkeitsfeier (›jour de la majorité politique‹) des Erzherzogs FRANZ JOSEPH OTTO, Sohn von weiland Kaiser Karl I., aufgenommen. Otto ist nun Chef des Hauses Österreich und Prätendent des Thrones von Österreich und von Ungarn. Otto sitzt neben seiner Mutter Kaiserin Zita und seiner Großmutter Maria Josepha von Sachsen.«

Original-Bildtext vom 19. Jänner 1933: »OTTO VON HABSBURG IN BERLIN! Exklusivbild der Associated Press vom Besuch Otto's von Habsburg im Preußischen Landtag! Prinz Otto von Habsburg, der österreichisch-ungarische Thronprätendent, weilt seit einigen Tagen inkognito in Berlin. Er hat unter dem Namen eines Herzogs von Bar bei einem österreichischen Staatsangehörigen Wohnung genommen. Die Wohnung des Prinzen wird streng geheimgehalten.
A.P. Bild zeigt eine seltene Zufallsaufnahme: Prinz Otto von Habsburg als Zuhörer im Preußischen Landtag. Er sitzt in der Loge rechts hinten (mit gestützter Hand). Der im 20. Lebensjahre stehende Otto von Habsburg weilt studienhalber in Berlin.«

Otto von Habsburg, der in jener Zeit Studienmaterial für seine Dissertation zum Thema des Erbrechts und der Unteilbarkeit österreichischen Bauernbesitzes (»Coutumes et droits successoraux de la classe paysanne et l'indivision des propriétés rurales en Autriche«) in Berlin absolvierte, war heiß umworbener Zielpunkt verschiedener Einladungen. Jene des Reichspräsidenten von Hindenburg – der Otto im Glanze seiner von Kaiser Franz Joseph I. und Kaiser Karl I. erhaltenen Dekorationen empfing – nahm der Einundzwanzigjährige gerne an.

»Wissen Sie, Majestät, hier in Berlin hat nur *ein* Mensch habsburgfeindliche Gefühle, und der ist ›Österreicher‹. Es ist dieser komische Gefreite...« eben jener, den *er*, Hindenburg, bald darauf zum Reichskanzler machen sollte. Kurz darauf überbrachte Prinz August Wilhelm von Preußen Otto eine Einladung Hitlers zu einer Begegnung in Berlin. Otto lehnte es jedoch ab, mit dem Emporkömmling Hitler, in dem er instinktiv *die* Gefahr für Österreich und Europa erkannte, zusammenzutreffen. Er lehnte auch eine unmittelbar darauf wiederholt ausgesprochene Einladung Görings zu einer Zusammenkunft ab; damals war Hermann Göring bereits Präsident des Reichstages.

Nach dem Besuche Ottos im Berliner Landtag – Otto interessierte sich immer besonders für Parlamente und ihre unterschiedlichen Arbeitsweisen – wiederholte Landtagspräsident Kerl die Einladung Görings. Doch der junge Habsburger blieb hart. Kein wie immer gearteter Kontakt mit diesen Gewalthabern – auch wenn sie durch demokratische Volkswahl an die Macht gekommen waren.

Original-Bildtext vom 23. September 1934, Foto »Actualité«: »Flugtage in Evère. Erzherzog Otto von Habsburg im Gespräch mit dem österreichischen Piloten Robert Kronfelt vor seinem Flugzeug AUSTRIA III.«
Auf dem gleichen Flugfeld standen im Februar/März des Jahres 1938 die Aeroplane des Königlich-Belgischen Aero-Clubs bereit, um Otto und seine Begleitung sofort nach Österreich zu fliegen (über Frankreich und die Schweiz), falls ein Ruf aus der Heimat käme (»wenn sich auch nur das geringste Zeichen von Widerstand regt«).

Original-Bildtext vom 10. August 1934: »OTTO VON HABSBURG IN KOPENHAGEN. Otto ist zu einem vielbesprochenen Aufenthalt in Kopenhagen eingetroffen. Das Bild zeigt von links Markgraf Alexander Pallavicini, Otto von Habsburg und Graf Heinrich Degenfeld. Photo New York Times.«

Die gesamte Verantwortung für das Haus Österreich und die Politik ging nun auf den jungen Kaiser über; Oberhaupt des Hauses Österreich war Otto schon *vor* seiner Großjährigkeit gewesen. Kaiserin Zita erklärte am 20. November 1930 in feierlicher Form, daß Kaiser Karls Erstgeborener mit diesem Tage sein achtzehntes Lebensjahr vollendet habe und damit sowohl im Sinne der Hausgesetze als auch des Testaments Kaiser und König Karls großjährig geworden und ihre Vormundschaft sowie jene von Erzherzog Max (des Bruders von Kaiser Karl) hiermit erloschen sei.

Von jenem Augenblick an trägt Otto persönlich die Pflichten und Rechte des Oberhauptes des Hauses Österreich. Die Großjährigkeitsurkunde wurde vor allen Anwesenden verlesen und von Kaiserin Zita, Erzherzogin Maria Josepha (der Mutter Kaiser Karls), Erzherzog Max, Obersthofmeister Josef Graf Hunyady sowie von Baron Erwein Gudenus und Josef Graf Cziráky (als Schriftführer) unterzeichnet.

Originaltext vom 16. März 1934: »Prinz Otto in Paris. Tod seines Onkels Prinz Sixtus. Prinz Otto, der Erbe des Thrones von Österreich, kam nach dem Tode seines Onkels Prinz Sixtus von Bourbon-Parma nach Paris. Das Foto zeigt Prinz Otto (links) mit seinen Brüdern (rechts Erzherzog Robert, und etwas verdeckt, Erzherzog Karl Ludwig). Im Hintergrund der Obersthofmeister, Heinrich Graf Degenfeld.« Otto nützte die Gelegenheit, auch von Paris aus beruhigend auf die Regierung von Bundeskanzler Dollfuß einzuwirken, um die Wunden des Februar 1934 so rasch wie möglich zu heilen.

Erzherzog Eugen im Gespräch mit Bundeskanzler Engelbert Dollfuß, der eine merkwürdige politische Entwicklung zwischen 1933 und 1935 durchlief: Er begann betont republikanisch und entwickelte später immer mehr Gefühl für den Legitimismus, obwohl – oder gerade weil? – Otto über Gesandten von Wiesner, Ernst Karl Winter und Erzherzog Eugen alles daransetzte, Dollfuß zu Milde und Offenheit zu bewegen. Ganz aus der Tradition seines Vaters kommend, der den rechtmäßig zum Tode verurteilten Mörder des Ministerpräsidenten Karl Graf Stürgkh, Friedrich Adler, begnadigt hatte, forderte Otto auch für die Verurteilten des Februar Milde und Gnade. Daß Friedrich Adler später im Exil ein erbitterter Gegner Ottos blieb und alles Menschenmögliche unternahm, um Ottos Pläne zur Errichtung einer österreichischen Exilvertretung und eines österreichischen militärischen Kontingents zu unterlaufen, änderte an der Ansicht Ottos nichts. So wie 1934 versuchte Otto auch später ununterbrochen, Kontakte zu den Sozialdemokraten herzustellen, getreu seinem Grundsatz »einigen – nicht trennen«.

»Erzherzog Otto in Italien. Gestern ist Erzherzog Otto in Viareggio eingetroffen. Die Reise wurde von allen offiziellen Stellen geheim gehalten, und man verknüpft diese Reise schon aus diesem Grunde mit politischen Hintergründen« (Originaltext vom 8. August 1934). Vielfach knüpfen sich an die Reise auch Spekulationen über eine Heirat zwischen Otto und einer italienischen Königstochter…

Original-Bildtext vom 23. August 1934: »Otto von Habsburg, dessen auffallende Reisetätigkeit in politischen Kreisen viel Beachtung findet, weilt zur Zeit in Schweden, wo er auch vom schwedischen König empfangen wurde.
Unser Bild zeigt König Gustav Adolf mit Otto von Habsburg auf der schwedischen Sommerresidenz des Königs, Schloß Sollinden.«

Eine große Begegnung: Anläßlich der Enthüllung einer Gedenkbüste für Prinz Sixtus von Bourbon-Parma, den Onkel Otto von Habsburgs, in der Geographischen Gesellschaft von Paris kam es am 10. Dez. 1934 zu einem herzlichen Gespräch zwischen dem Sohn Kaiser Karls und Marschall Franchet d'Esperay, der im Ersten Weltkrieg die französische Thessaloniki-Armee und damit die Truppen auf dem Balkan befehligt hatte. Nach dem Ende des Krieges erwies sich Franchet d'Esperay, ein hochgebildeter Soldat, der um die Wichtigkeit der Erhaltung des mitteleuropäischen Raumes wußte, als ein verläßlicher Förderer der Pläne Kaiser Karls, ähnlich wie Marschall Lyautey. »Franchet d'Esperay gehörte ja der gleichen militärischen Gruppe an wie Marschall Lyautey, der auch mit uns sehr verbunden war. Der war ein Lothringer, und fühlte sich auch als Lothringer und hat mich immer ›mein Herzog‹ genannt. Im Gegensatz zu Franchet habe ich ihn sehr oft gesehen, er war, wie Franchet, ein großer Freund Österreichs, und hat alles getan, um Österreich zu helfen«. Er stand auch Prinz Sixtus in der für den Bourbonen durchaus nicht einfachen Zeit nach dem Kriege bei, als Clemenceau und dessen Gesinnungsgenossen versuchten, an dem Mann, der mithelfen wollte, so früh wie möglich einen gerechten Frieden zu finden, Rache zu üben, wobei sie vor keinem Mittel zurückscheuten. Prinz Sixtus überstand alle Verfolgungen und Verleumdungen übrigens mit Kaltblütigkeit und Bravour, auch darin ein Vorbild für seinen Neffen Otto, der in dem tapferen, ja kühnen Prinzen Sixtus auch den besten Freund seiner Jugendjahre sah: »Früh in meiner Jugend hatte ich eine wertvolle Lehre von meinem Onkel, Prinz Sixtus von Bourbon-Parma, erhalten. Ich hatte den energischen, zielbewußten, ungemein talentierten Mann zutiefst bewundert. Er hegte politische Ambitionen, war aber in der Vorbereitungsphase als Entdecker, Forscher, ganz besonders aber als Schriftsteller tätig. Seine historischen und politischen Bücher waren in glänzendem Stil geschrieben. In französischen literarischen Kreisen gab man ihm die Chance, schon vor seinem 50. Geburtstag Mitglied der französischen Akademie zu werden. Da er außerdem noch als Vortragender wirkte, stellte ich ihm die Frage, wie er überhaupt noch, bei all seinem Einsatz, dazu käme, Bücher zu veröffentlichen. Seine Antwort ist mir eine der wichtigsten Lehren fürs Leben geblieben: ›Ich verfasse sie in jenen fünf Minuten, die andere Menschen vertrödeln.‹«

Ein »Schattenkabinett« tagt: Verhandlungen in Steenockerzeel im Jahre 1935. Otto mit Gesandtem Friedrich von Wiesner, Herzog Max von Hohenberg, Markgraf Alexander Pallavicini und Staatssekretär Carl Baron von Karwinski.

Originaltext vom 7. Februar 1936: »Erzherzog Otto, would-be ruler von Österreich, lächelt in Paris, während die westlichen Staatsmänner über sein Schicksal beraten. Obwohl sein Schicksal noch immer von Ungewißheit überschattet ist, lächelt Erzherzog Otto in Paris zuversichtlich der Menge zu. Sein Besuch in Paris fällt mit jenem des Fürsten Starhemberg, des österreichischen Vizekanzlers, zusammen, der mit europäischen Staatsmännern über die Restauration des Hauses Habsburg in Österreich konferierte.«

Tatsächlich befand sich Vizekanzler Starhemberg im Auftrag der österreichischen Bundesregierung als Vertreter Österreichs beim Begräbnis von König Georg V. in London und sollte dann nach Steenockerzeel reisen, um – wie er selber schreibt – »Otto vor seinen eigenen österreichischen Anhängern zu warnen und seine Rückkehrbestrebungen zu dämpfen: ich hatte vor, den jungen Thronfolger zu ersuchen, sich noch einige Zeit zu gedulden«.

Otto freute sich über diese Ankündigung wenig, weil ein Vizekanzler im Ausland – noch dazu im Rahmen eines solchen Ereignisses – nicht öffentlich über Österreichs Staatsform sprechen sollte, zumal zu diesem Begräbnis ja auch Spitzenpolitiker der Kleinen Entente gekommen waren, die selbstredend in London wie in Paris gegen Starhembergs Äußerungen sofort protestierten. In einer Art Panikreaktion behauptete Starhemberg kurz darauf das Gegenteil, nämlich daß in absehbarer Zeit von Restauration keine Rede sein könne.

Otto traf in Paris selbstverständlich *nicht* mit Starhemberg zusammen, hatte er doch einige Mühe, die diplomatischen Scherben, die Starhemberg verursacht hatte, zu kitten. Für Starhemberg selbst bedeutete diese Ungeschicklichkeit den Beginn seiner Entmachtung; seine mehrmaligen Vorstöße in Richtung »Restauration« mit wiederholt geäußerten Rückziehern wie »in den kommenden Jahren aber nicht« schadeten der Sache Österreichs sehr.

Original-Bildtext vom 22. November 1937:
»Die Geschwister des österreichischen Thronprätendenten Otto besuchen eine Filmvorführung über das Leben ihres Vaters. Erzherzog Felix, der Bruder Ottos, wird in Österreich die Militärakademie besuchen und ist in Wien eingetroffen. Aus diesem Anlaß hat die Heeres-Lichtbildstelle aus dem Archiv den jungen Habsburgern Filme aus den Weltkriegs-Frontbesuchen Kaiser Karls vorgeführt. The New York Times Photo zeigt: Erzherzogin Adelhaid, die Schwester Otto's von Habsburg, Feldmarschall Erzherzog Eugen, Erzherzog Felix und Major Wratschko, den Leiter der österreichischen Heeresfilmstelle.«

»Kamera-Interview mit einem Einsamen im Exil. Ein Bild, aufgenommen vor dem Heim Erzherzog Ottos, dem Schloß Steenockerzeel, in der belgischen Provinz Brabant, wo er gemeinsam mit seiner Mutter und den Geschwistern auf den Ruf wartet, den Ruf, den verwaisten Thron Österreichs zu besteigen.« (Original-Bildtext vom 2. März 1937, knapp ein Jahr vor der Katastrophe des Jahres 1938). Die Übersiedlung von Lequetio (Baskenland, Spanien) nach Steenockerzeel erfolgte im Frühjahr 1930; erst mit dem Einmarsch der Truppen Hitlers am 10. Mai 1940 wurde Steenokkerzeel (Schloß Ham) in letzter Minute geräumt.

Original-Bildtext vom 20. November 1937:
»Geburtstagsfeier für Otto von Habsburg in Wien
Anläßlich des 25. Geburtstages Otto von Habsburgs fand in Wien ein Dankgottesdienst in der Kapuzinerkirche (in deren Krypta sich die letzte Ruhestätte der Habsburger befindet) in Anwesenheit von Erzherzogin Adelhaid, der Schwester Ottos, und des Erzherzogs Eugen statt.
Unser Bild zeigt, wie die Menge die Mitglieder des Kaiserhauses beim Verlassen der Kirche akklamiert.«

Otto von Habsburg mit zwei österreichischen Bundeskanzlern: dem glücklosen, unentschlossenen Kurt von Schuschnigg und dem zähen, instinktsicheren, unbeugsamen Leopold Figl. »Kanzler Raab war damals übrigens auch beim Katholikentag in München, wo dieses Bild entstand. Ich kannte Leopold Figl schon sehr lange, da er mich als verhältnismäßig junger Politiker bereits vor dem Anschluß besucht hatte. Ich hatte damals mit ihm ein Zusammentreffen in Straßburg, und zwar im Hotel Maison Rouge. Es ging dabei um vorbereitende Besprechungen für eine effektivere Zusammenarbeit zwischen den Monarchisten und den Organisationen des niederösterreichischen Bauernbundes vom damaligen Landeshauptmann Josef Reither.«
Immer wieder wollte der sehr geschichtsbewußte Kurt von Schuschnigg mit Otto über die Ereignisse vom Februar und März 1930 sprechen, doch der Habsburger ging nie darauf ein: »Ich mag keine Sandkastenspiele ...« Zu August Lovrek äußerte sich Schuschnigg wiederholt über den Vorschlag Ottos vom Februar 1938, das Amt des Bundeskanzlers zu übernehmen: »Es wäre vielleicht doch besser gewesen, dem Kaiser das anzuvertrauen, vielleicht wäre etwas gelungen. Ich bezweifle aber, ob die Sozialisten da mitgetan hätten ...«

Otto, Oberst-Inhaber des Infanterie-Regiments Nr. 17, war der ranghöchste österreichische Offizier im Exil.

5
»Operation Otto« (1938)

»SEC/24-5/C-102,
OKW L Ia Nr. 420/38 g.Kodos

Oberkommando der Wehrmacht, Berlin, 11.März 1938.
Bezug: Operation OTTO. ÄUSSERST GEHEIM!
1. Wenn andere Maßnahmen sich als erfolglos erweisen, beabsichtige ich, mit bewaffneten Kräften in Österreich einzufallen, um verfassungsmäßige Zustände herzustellen und weitere Gewalttaten gegen die deutschfreundliche Bevölkerung zu verhindern.
2. Die ganze Operation wird von mir selbst geleitet werden. Gemäß meinen Anordnungen: der ObdH wird die Landoperationen mit der 8.Armee in der Aufstellung und Stärke, die mir vorgeschlagen wurde, und mit Unterstützung der Luftwaffe, der SS und der Polizei leiten. Der ObdL wird die Operationen in der Luft mit den mir vorgeschlagenen Kräften leiten.
3. Operationsaufgaben: a) Armee: Der Einfall in Österreich muß in der mir dargelegten Weise durchgeführt werden. Das erste Ziel der Armee ist die Besetzung von Oberösterreich, Salzburg, Niederösterreich, Tirol und die rasche Besetzung Wiens sowie die Sicherung der österreichisch-tschechischen Grenze. b) Luftwaffe: Die Luftwaffe muß Propagandamaterial zeigen und abwerfen, österreichische Flugplätze besetzen zum Zwecke möglicher weiterer Verstärkung und die Armee auf Verlangen, wenn nötig, unterstützen und außerdem Bombereinheiten für Spezialaufgaben bereithalten.
4. Die Kräfte des Heeres und der Luftwaffe, die für diese Operation bestimmt sind, müssen zur Invasion bereit sein und am 12.März 1938, spätestens von 12 Uhr an, aktionsbereit. Ich behalte mir das Recht vor, Erlaubnis für die Überschreitung und das Überfliegen der Grenze zu geben und den tatsächlichen Zeitpunkt für die Invasion zu bestimmen.
5. Das Verhalten der Truppe muß den Eindruck erwecken, daß wir keinen Krieg gegen unsere österreichischen Brüder beginnen wollen. Es ist in unserem Interesse gelegen, daß die ganze Operation ohne jede Gewalt, sondern in Form eines friedlichen Einmarsches, der von der Bevölkerung begrüßt wird, durchgeführt wird. Es ist daher jede Provokation zu vermeiden. Wenn jedoch irgendwo Widerstand geleistet wird, muß er unbarmherzig durch Waffengewalt gebrochen werden. Österreichische Einheiten, die zu uns übergehen, kommen sofort unter deutsches Kommando.
6. An den übrigen deutschen Grenzen sind augenblicklich keine Sicherheitsmaßnahmen zu ergreifen. Gezeichnet A.Hitler.«

Hitler war zu diesem Zeitpunkt bereits zu der sicheren (und richtigen) Überzeugung gekommen, daß an den »übrigen deutschen Grenzen... keine Sicherheitsmaßnahmen zu ergreifen« seien, weil er bereits wußte, was Schuschniggs (falsche) Überzeugung war: »Hilfe von auswärts kommt nicht und brächte außerdem keine wirkliche Lösung; man darf sie sich darum gar nicht mehr wünschen. Also wäre Blutvergießen und Bürgerkrieg nur sinnloses, verdammungswürdiges Unheil. Wenigstens uns soll keine Schuld daran treffen«. Hitler, der über alle Vorgänge im Bundeskanzleramt bis in die kleinsten Einzelheiten unterrichtet war, kannte selbstverständlich diesen Standpunkt Schuschniggs.
Dazu Otto: »Nicht wir wären es gewesen, die Blut vergossen hätten. Das Blutvergießen war eine Sache Hitlers, nicht dessen, der sein Land verteidigt. Außerdem blieb es uns trotzdem nicht erspart, im Gegenteil, es kam alles noch viel schrecklicher, als es bei einer Verteidigung unseres Landes hätte kommen können. Es ist jetzt in Amerika bei der Sichtung des Archivs meines alten Freundes William Bullitt ein Dokument aufgetaucht, das ich ihm seinerzeit zuspielte. Ich hatte es aus Hitlers Obersalzberg; es war mir von kirchlichen Kreisen übergeben worden, die über Mittel und Wege verfügten, sich direkt aus Hitlers Zwingburg Informationen zu beschaffen.
Ich habe die Existenz dieses Dokuments schon vergessen gehabt, jetzt, nach dessen Wiederentdeckung, erinnere ich mich genau, daß es die gesamten Pläne Hitlers enthielt, wie er, zielbewußt wie er nun einmal war, Europa unterjochen wollte, und er hat es dann genau so getan, wie er es plante. Natürlich hat er es so getan, es wollte ja niemand Widerstand leisten. Wir waren sein erstes Opfer.«

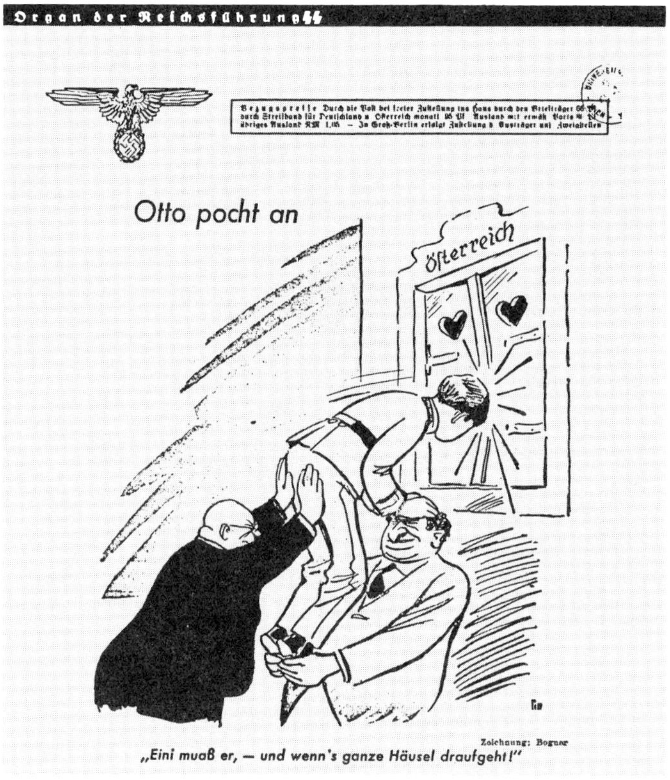

Das »verdammungswürdige Unheil«, wie es Schuschnigg nennt, brach in den Abendstunden des 11. März über Österreich herein, als sich auf dem Ballhausplatz im Grunde genommen jeder – ausgenommen Bundespräsident Wilhelm Miklas, der schon im November 1918 seinen Mann gestellt hatte – von der Verantwortung drückte.

In den Telefonprotokollen lesen sich die entscheidenden Minuten des Abends vom 11. März 1938, also zu einem Zeitpunkt, da Hitlers erste Fassung des Geheimbefehls zur »Operation Otto« schon an die Heeresleitung gelangt war, so dramatisch wie kaum ein Bühnenstück. Die Personen der Handlung und ihre Darsteller sind:

Hermann Göring, im Jahre 1938 preußischer Ministerpräsident und Oberbefehlshaber der Luftwaffe, von Hitler aller Ämter enthoben (allerdings erst am 23. April 1945); endet durch Selbstmord am 15. 10. 1946

Arthur Seyß-Inquart, Innenminister im Kabinett Schuschnigg, Bundeskanzler vom 11. bis 13. März 1938, hingerichtet am 16. Oktober 1946

Wolfgang Muff, Generalleutnant, deutscher Militärattaché in Wien

Wilhelm Keppler, Staatssekretär im deutschen Außenministerium

Wilhelm Miklas, Abgeordneter zum Reichsrat, vom 10. Dezember 1928 bis 11. März 1938 österreichischer Bundespräsident; hat weder 1918 für die Republik, noch 1938 für den »Anschluß« mit JA gestimmt, sondern bis zuletzt seine Unterschrift zur Legalisierung des deutschen Einmarsches verweigert.

Kajetan Mühlmann, führender Wiener Nationalsozialist

Telefonat Göring – Seyß-Inquart – Mühlmann, am 11. März 1938, um 17 Uhr 26

Seyß-Inquart: »Herr Generalfeldmarschall, jetzt ist der Mühlmann gerade gekommen, der dort war. Darf er Ihnen berichten?

Göring: »Ja«

Mühlmann: »Die Situation ist so, daß der Bundespräsident noch immer die Zustimmung hartnäckig verweigert...«

Göring: »Geben Sie mir Seyß-Inquart«

Seyß-Inquart: »Ich bin am Apparat«

Göring: »Also bitte, folgendes: Sie möchten sich sofort mit dem Generalleutnant Muff zum Bundespräsidenten begeben und ihm sagen: Wenn er nicht unverzüglich die Forderungen – Sie kennen sie – annimmt, dann erfolgt heute Nacht der Einmarsch der bereits auf der Grenze aufmarschierten und anrollenden Truppen... Wenn der Miklas das nicht in vier Stunden kapiert, muß er jetzt eben in vier Minuten kapieren!«

Seyß-Inquart: »Na, gut!«

3. Jahrgang/Nr. 2
Februar 1978
Preis öS 15,–, DM 3,–

Schließt die Reihen!

Im Leitaufsatze der letzten Folge des „Österreicher" hat Gesandter Dr. Friedrich Ritter von Wiesner klar und deutlich die Aufgabe, die dem österreichischen Legitimismus in diesen ernsten Tagen gestellt ist, und die Forderungen bekanntgegeben, die die legitimistische Bewegung als ältester und berufenster Träger des österreichischen Unabhängigkeitsgedankens angesichts der sich entwickelnden Verhältnisse zu erheben hat. Wir haben die Souveränität, Unversehrtheit und Unabhängigkeit Österreichs mitzuverbürgen. Diese Aufgabe fällt natürlich allen staatstreuen Elementen zu, im besonderen aber uns, die wir uns den Anspruch und die Anerkennung erworben haben, die Österreichischesten unter den Österreichern zu sein.

In dieser Betrachtung sei nur von unserer Aufgabe die Rede, was nicht heißen soll, daß uns die Formulierung, Vorbringung und Durchsetzung unseres Anspruches auf angemessene Mitbestimmung im willensbildenden Faktor nicht beschäftigte.

Unser Aufgabenkreis erheischt eine Betrachtung aus zwei Gesichtspunkten.

Der Schutz der Unabhängigkeit eines Staates verlangt vor allem einmal von uns selbst Bekenntnis- und Tatfreudigkeit. Nur aus eigener Kraft können wir unser Schicksal formen. Das „Sieg oder Tod!", das unseren Helden im Weltkriege Parole war, darf nicht zur leeren [illegible]lationsbereitschaft den Keim der Niederlage in sich trägt. Die meisten Schlachten – besonders die politischen – sind verloren worden, weil das Kampffeld vorzeitig, ohne äußerste Not, geräumt wurde. Viele militärische und politische Handstreiche gelangen, weil eine schwachmütige Mehrheit vor einer entschlossenen Minderheit die Waffen gestreckt hat. Wer dessen eingedenk ist, der gibt sich nicht auf.

Wir Legitimisten haben unsere Kampfbereitschaft und Kampfkraft nicht in zwanzigjährigem Ringen gestählt, um im ersten Augenblick, der uns auf eine ernste Probe stellt, vor der erbärmlichsten Armee, der Armee der gewohnheitsmäßigen Defaitisten und Überläufer, die Fahne Österreichs niederzuholen. Kein anderes Heer steht uns in der Heimat gegenüber. Und um Angelegenheiten unseres Vaterlandes handelt es sich jetzt. – Wir sind stark. Wir wären es auch, wenn wir nicht zahlreich wären, denn selbst ein kleines Heer ist stark, wenn es nur einem hohen Ideale dient und von einem Geiste beseelt ist. In einer solchen Armee ist für Zaghafte kein Platz; Feigheit hat mit Idealismus nichts gemein.

Wir erhöhen unsere auf Einsatzbereitschaft beruhende Kraft durch Disziplin, durch die freiwillige und darum vollkommenste Unterordnung unter alle Weisungen der Führung. So und nur so streben alle Kräfte auf einem Wege voll Fanatismus dem gemein[illegible]ten Gesichtspunkte, dem des Verhältnisses unserer Bewegung zu anderen Bewegungen und Gruppen in Österreich zu betrachten. Dieses Verhältnis ist leicht zu definieren. Vor allem: Hundert Prozent unserer Mitglieder und Anhänger gehören der Vaterländischen Front an, die in diesen Tagen den erhebenden Elan aller wahren Österreicher zur geordneten Entfaltung zu bringen sucht. Dann: Wer wie wir entschlossen ist, Österreich zu schützen und zu schirmen, ist unser Kamerad und Kampfgenosse. Wer die Freiheit Österreichs leidenschaftlich will, ist unser Bundesgenosse. In diesem Sinne begrüßen wir die im Gewerkschaftsbund organisierten, für Österreichs Unabhängigkeit eintretenden Arbeiter als unsere Freunde. Sie finden in unseren Reihen engere Kameraden, denn manche von ihnen stehen seit jeher, andere seit längerer oder kürzerer Zeit in unserem Lager. Heute eint sie alle der Gedanke an das Vaterland, die Sorge um die Heimat und der Wille zu Österreich. In dem gleichen Sinne begrüßen wir die Bauern, die, indem sie das Vaterland verteidigen, freie Bauern auf ererbter Scholle bleiben wollen, und die vielen, vielen andern, aus deren Treue zu Österreich geschichtlicher und praktischer Sinn spricht. Sie alle mögen wissen: Wann immer sie für Österreich streiten, werden sie den Legitimismus an ihrer Seite und mitten unter ihnen finden.

Das Volk ist mit uns und wir sind

»Der Österreicher«: Das Organ der österreichischen Monarchisten ruft zum Widerstand auf.

Telefonat Göring – Keppler und Generalleutnant Muff (in Wien) 18 Uhr 28 (11. März 1938)

Keppler: »Der Muff ist wieder runtergekommen. Seine Aktion war erfolglos«!

Göring: »Ja, was sagt er denn?«

Keppler: »Er würde das nicht tun.«

Göring: »Dann soll ihn der Seyß-Inquart absetzen! Gehen Sie nochmals rauf und sagen Sie ihm ganz glatt, der Seyß-Inquart solle die nationalsozialistische Wache aufrufen, und die Truppen bekommen jetzt in 5 Minuten von mir den Befehl zum Einmarsch!«

Einige Minuten später:

Keppler: »Also ich war nochmal oben beim Bundespräsidenten Miklas, er hat alles abgelehnt!«

„Hitler befreite uns von den Habsburgern"

Beginnendes Verständnis in Prag

dnb. Prag, 15. März.

Die tschechische Presse fährt mit der ausführlichen Besprechung des Anschlusses" Oesterreichs an das Deutsche Reich fort. Die Ueberschriften lauten: „Was Bismarck nicht zustandegbracht hat, verwirklicht Hitler!" — „Hitler übertrifft Bismarck!" — „Das Großdeutsche Reich ist neu gegründet!" — „Blitzartige völlige Gleichschaltung."

Kennzeichnend für die Stimmung der Tschechen ist ein langer Artikel der „Poledni List", der darauf hinweist, daß man in Prag die Augen vor der Wirklichkeit verschlossen habe und die Wahrheit nicht habe glauben wollen, daß es nämlich nur zwei Möglichkeiten gegeben habe: Anschluß oder Rückkehr der Habsburger. Adolf Hitler habe sich als der große Kenner der politischen Beziehungen erwiesen und so das alte deutsche Ideal verwirklicht. Die Tschechoslowakei müsse alles tun, um ein gutes Einvernehmen mit dem Deutschen Reich herzustellen. Vor allem müsse sie die Emigrantenpolitik auf ihrem Boden verhindern. Entscheidend werde auch sein, wie sie es verstehen werde, ihr Verhältnis zu den Minderheiten zu gestalten.

Die tschechisch-nationale „Narodni Politika" schreibt, der Legitimismus habe die größte Niederlage erlitten. Alle Träume der Habsburger seien in ein Nichts zerronnen. Ein anderer Traum, die großdeutschen Pläne, haben sich verwirklicht. Bismarck sei übertroffen. Erst Adolf Hitler sei die Herstellung der großdeutschen Einheit gelungen. Er habe die Tschechoslowakei von der Habsburger Gefahr befreit. Die Tschechoslowakei brauche sich vor dem Anschluß Oesterreichs an das Deutsche Reich nicht zu fürchten. Strategisch habe sich für sie nichts geändert.

Der tschechisch-agrarische „Venkov" weist darauf hin, daß Oesterreich selbst immer den Anschluß an das Deutsche Reich gewünscht habe. Um seine Unabhängigkeit habe sich nur das Ausland gekümmert und Sorgen gemacht.

»Stuttgarter Zeitung« vom 16.3.1938

Telefonat Seyß-Inquart–Göring 19 Uhr 57

Seyß-Inquart: »Die Regierung hat sich selbst außer Amt gestellt. Der General Schilhawsky hat hier das Kommando über das Militär und wird das Militär zurückziehen. Die Herren stellen sich auf den Standpunkt, sie warten auf den Einmarsch…«

Göring: »…Jeder der Widerstand leistet oder Widerstand organisiert, verfällt augenblicklich unseren Standgerichten. Den Standgerichten der einmarschierenden Truppen, ist das klar?

Seyß-Inquart: »Ja«.

Göring: »Einschließlich führender Persönlichkeiten. Ganz gleichgültig!«

Seyß-Inquart: »Ja, die haben ja Befehl gegeben, keinen Widerstand zu leisten.«

Göring: »Ganz egal! Der Bundespräsident hat sie nicht beauftragt, und das ist auch Widerstand!«

Seyß-Inquart: »Na ja…«

Der General Schilhawsky, Sigismund Schilhawsky, war Schuschniggs Wunschkandidat gewesen, nach ihm, also nach Schuschniggs geplantem Rücktritt am 11. März 1938, das Amt des Bundeskanzlers zu übernehmen.

Schilhawsky hatte abgelehnt: »Ich bin zu alt und außerdem nur Militär, kein Politiker.« Er bekommt dafür den verheerenden Auftrag von Schuschnigg, »das Heer so von den Grenzen zu lösen, daß ein Zusammenstoß mit der reichsdeutschen, etwa einmarschierenden Truppe und damit sinnloses Blutvergießen vermieden wird«, wie sich Schuschnigg in seinem »Requiem in Rot-Weiß-Rot« erinnert.

Es ist bezeichnend, daß Schuschnigg offenbar nicht im Traum daran dachte, Staatssekretär General der Infanterie Wilhelm Zehner zu fragen, ob vielleicht *er* die Kanzlerschaft übernehmen wollte: denn er hätte wahrscheinlich JA gesagt; nicht zum Anschluß, sondern zur Verteidigung Österreichs.

Otto: »General Zehner war das Bild des klassischen, österreichischen Offiziers. Ich habe ihn sehr gut gekannt, er war auch bei uns in Steenockerzeel. Er vertrat Österreich im besten Sinne des Wortes, und es entsprach vollkommen seiner Auffassung von Pflichterfüllung, daß er als Soldat Befehle auszuführen habe. Das österreichische Heer hat niemals in seiner gesamten Geschichte geputscht. Zehner erwartete einen Befehl zum Widerstand. Von mir hätte er ihn erhalten und auch ausgeführt.«

Hitler wußte, warum er bei der Begegnung mit Schuschnigg die Ablösung des österreichischen Staatssekretärs für Landesverteidigung, General der Infanterie Wilhelm Zehner, verlangte. Warum Schuschnigg das verweigerte, ist nicht so klar; zwar kannte er die charakterlichen und militärischen Qualitäten Zehners sehr wohl, aber in der entscheidenden Stunde nutzte er sie nicht.

Zehner wurde trotzdem das Opfer der Mordbuben Hitlers: In den Akten der Abwicklungsstelle des Bundesministeriums für Landesverteidigung wird General Zehner schlicht als »verstorben« geführt. In den Akten der Abwicklungsstelle des Bundesministeriums für Finanzen, Pensions-Abteilung, wird statt ›Selbstmord‹ schlicht ›Tötung‹ festgestellt. Die ›Töter‹ wären demnach die österreichischen ›Legionäre‹ – illegale Nationalsozialisten, die in Deutschland hausten und nach 1938 nicht den erhofften Lohn von Hitler erhielten – gewesen, die Herren Möslacher, Junker und Hemetzberger. Nach Aussage der Witwe General Zehners wurde ihr Mann von den drei Männern erschossen. Es ist aber auch möglich, daß der General »unter dem unmittelbaren Druck der in seiner Wohnung amtshandelnden Personen Selbstmord verübt hat« (Dr. Regele) – was letztlich auf dasselbe hinausläuft: Mord.

Der innere Kreis der Arbeitsgemeinschaft katholischer Verbände, legitimistisch, sehr stark sozial engagiert, auf Versöhnung und Festigung bedacht: diese Männer strebten unter der Führung von Univ.-Prof. Hans Karl Zeßner von Spitzenberg, der 1938 das erste Opfer der Hitler-Barbarei wurde, eine Monarchie an, weil sie wußten, daß nur Otto Österreich vor dem Anschluß bewahren konnte. Im Februar 1938 zogen sie sich auf den rein legitimistischen Standpunkt zurück und unterstützten Ottos Bestrebungen, ohne Rücksicht auf die Staatsform Österreich vor dem Untergang zu bewahren: August Maria Knoll, Baron Zeßner, Ernst Karl Winter, Alfred Missong, Wilhelm Schmidt.

Es ist mit absoluter Sicherheit anzunehmen, daß General Zehner einen Befehl, durch einen Bundeskanzler Dr. Otto von Habsburg gegeben, Österreich mit Waffengewalt gegen Hitler zu verteidigen, befolgt hätte. Und es ist mit derselben Sicherheit anzunehmen, daß das Österreichische Bundesheer diesem Befehl Folge geleistet hätte. Selbst wenige Stunden Widerstand hätten genügt, Österreichs Ehre zu retten und das Land auf die Seite der Siegermächte zu bringen; wenige Stunden Widerstand hätten genügt, eine gesamtösterreichische Regierung, etwa: Habsburg – Seitz – Schmitz – Zehner in die Lage zu versetzen, das Gold und die Devisenreserven der Österreichischen Nationalbank, auf die es die darbende Hitlerherrschaft so begierig abgesehen hatte, in Ausland zu bringen und einen gesamtösterreichischen Widerstand aufzubauen.

Otto: »Ich bin der sicheren Meinung, die österreichischen Sozialdemokraten in Österreich hätten mitgespielt, dafür waren die Kontakte mit Seitz, Emil Oswald, Bergauer, Wilhelm Kick, Kuderna und Riefler viel zu gut. Die arbeiteten alle bestens mit Gesandtem von Wiesner und dem jungen Lovrek zusammen. Und die Revolutionären Sozialisten in Brünn, Bauer und Genossen, hätten für den Anschluß krähen können wie sie wollten. Die Geschichte wäre gelaufen. Aber ich habe für derlei Überlegungen nicht allzuviel übrig. Wann immer ich später mit Schuschnigg zusammentraf, wollte er über dieses Thema ein Gespräch beginnen. Ich habe das immer abgelehnt. Was geschehen ist, ist vorbei. Ich mag keine Sandkastenspiele pensionierter Generale, die im Nachhinein verlorene Schlachten gewinnen. Schuschnigg war aus seiner Bildung und aus seinem Gemüt heraus ein Mensch, der sich zutiefst der Vergangenheit verbunden fühlte, ohne in der Gegenwart die richtigen Konsequenzen ziehen zu können. Ich weigerte mich immer, mit ihm über diese Dinge zu reden.«

Erzherzog Felix als Militärakademiker (1938)

»Wenn Sie nun die Ereignisse vom Februar–März ganz kurz, in einem Wort, charakterisieren sollten: Verlief das Ganze schicksalhaft oder bloß dumm?«
»Von seiner Seite aus schicksalhaft. Von mir aus gesehen dumm«.

Telefonat Göring mit Generalleutnant Muff, 20 Uhr 26
Göring: »Sagen Sie doch dem Seyß-Inquart Folgendes: nach unserer Auffassung ist jetzt die Regierung zurückgetreten. Aber er selbst ist nicht zurückgetreten. Also er soll die Regierung weiterführen und amtieren... Der Einmarsch erfolgt jetzt. Und er soll jetzt die Regierung übernehmen und jetzt die Sache rasch durchführen, und – am besten – der Miklas tritt zurück!«
Muff: »Ja, das tut er nicht! Es war sehr dramatisch. Ich habe etwa eine Viertelstunde mit ihm gesprochen. Er hat erklärt, daß er unter keinen Umständen der Gewalt weiche, und er ernenne keine neue Regierung.«
Göring: »So. Und er weicht nicht der Gewalt?«
Muff: »Er weicht nicht der Gewalt.«
Göring: »Na, was heißt das? Dann läßt er sich also ausheben?«
Muff: »Ja, er bleibt dort sitzen.«
Göring: »Na gut. Bei 14 Kindern muß man vielleicht sitzen bleiben. Also schön, sagen Sie das Seyß. Seyß soll die Regierung übernehmen!«

Göring mit Keppler, 20 Uhr 48
Keppler: »Ich möchte Ihnen kurz berichten: Also Bundespräsident Miklas hat sich geweigert, etwas zu machen. Die Regierung ist aber trotzdem außer Funktion getreten. Ich habe mit Schuschnigg gesprochen, und er sagte mir, sie hätten ihre Funktion niedergelegt...
Seyß hat am Rundfunk gesprochen, daß er als Innenminister die Geschäfte weiterführe...
Die alte Regierung hat Befehl gegeben, daß das Heer keinerlei Widerstand leistet. Also es darf nicht geschossen werden.«
Göring: »Na ja, das ist ja auch Wurscht!«

Vielleicht sind damals – ausnahmsweise – Otto und der Initiator der »Operation Otto« einer Meinung gewesen. Schuschnigg war gelähmt, gelähmt von dem Trauma, »deutsches Blut« vergießen zu müssen, ohne zu erkennen, daß ja nicht er, Schuschnigg, sondern er, Hitler, deutsches Blut vergießen werde.
Hitler zog am Abend des 11. März mit eiskaltem Zynismus, von Göring ständig über die Gespräche mit dem Ballhausplatz (oder was es davon noch gab) auf dem laufenden gehalten, die für ihn einzig richtige Folgerung: ›OPERATION OTTO 2. TEIL‹. Denn Otto selbst war ja bereits ausgeschaltet, und mit ihm jede Widerstandskraft. Und Schilhawsky hatte Befehl gegeben, die Grenzen zu entblößen!

»GEH, 24-10/C 182
OKW L 1a Nr. 427/38

ÄUSSERST GEHEIM! Berlin, 11. März 1938, 20 Uhr 45. Oberkommando der Wehrmacht. Operation OTTO. Weisung Nr. 2
1. Die Forderungen des deutschen Ultimatums an die österreichische Regierung sind nicht erfüllt worden.
2. Die österreichische Wehrmacht ist angewiesen worden, sich beim Einmarsch der deutschen Truppen zurückzuziehen und Kämpfe zu vermeiden. Die österreichische Regierung hat die Wirksamkeit ihres eigenen Abkommens aufgehoben.
3. Um weiteres Blutvergießen in österreichischen Städten zu vermeiden, wird der Einmarsch der deutschen Wehrmacht in Österreich gemäß der Weisung Nr. 1 bei Tagesanbruch am 12. März beginnen. Ich erwarte, daß die gestellten Ziele durch Anwendung aller Kräfte vollständig, so rasch als möglich erreicht sind. Gezeichnet A. Hitler.«

Armeekommandant Erzherzog Josef Ferdinand, einer der kühnsten Heerführer des 1. Weltkrieges, der sich durch seine draufgängerische, unkonventionelle Art, mit der er seine drei Infanterie-Truppendivisionen (zwei Tiroler – und eine der Honved) im Spätsommer 1915 bei Zamosc und Tarnawatka gegen die Russen führte, unsterblichen Ruhm erworben hatte, fiel als einer der ersten Österreicher den Schergen Hitlers zum Opfer: Er bedachte den »Größten Feldherrn aller Zeiten«, den fahnenflüchtigen Gefreiten Hitler, öffentlich weder mit »Heil« noch mit »JA«... sondern mit – dem Götzzitat. Dafür kam er in das Konzentrationslager Dachau.

Mit N. S. Bildbeobachter

39. Ausg. Einzelpreis 20 Pfennig (30 Groschen)
Abonnement ab 1. April Reichsmark 4.–
(Schilling 6.–) monatlich

„Freiheit und Brot!"

VÖLKISCHER BEOBAC

Verlag: Zentralverlag der NSDAP. Frz. Eher Nachf. G. m. b. H., München – Berlin – Wien. Zweigniederlassung Wien, VII., Ahornergasse 6, Fernsprechnummer B-37-506. Drahtanschrift: Beobachter Wien. Postsparkassenkonto Wien B-3094.
Anzeigenverwaltung: Ala-Österreichische Anzeigengesellschaft A. G., Wien, I., Wollzeile 16. Schulerstraße 11, R-29-5-50 Serie.

Kampfblatt der nationalsozialistischen Bewegung Großdeutschlands

20. April 1938 • Nr. 85 • Seite 10

Steckbrief gegen Otto von Habsburg

Habsburgs entartetster Sproß – ein landesflüchtiger Verbrecher

Wien, 19. April

Wie Dienstag mittag bekannt wird, ist vom österreichischen Landesjustizministerium gegen Otto von Habsburg, den ehemaligen Anwärter auf den österreichischen Thron, wegen des Verbrechens des Hochverrates am 29. März d. J. ein Haftbefehl erlassen worden. Da der Hochverräter landesflüchtig geworden ist – er hielt sich in den letzten Wochen in Paris auf und flennte um Hilfe für das „arme unterdrückte österreichische Volk" gegen Hitler – wurde ein Steckbrief gegen ihn erlassen.

Damit hat ein Sproß des Hauses Habsburg, in dem schon während des Weltkrieges der Verrat zu den Hausgepflogenheiten gehörte, seinen Einzug gehalten in die Verbrecherakten der Staatsbehörde.

Mit dem Steckbrief gegen diesen würdigen Sohn des Verräters Kaiser Karl und seiner

Tatbestand des Hochverrates

Abgesehen von der Niedrigkeit der Gesinnung, die aus einer derartigen Handlung spricht, hat sich Otto von Habsburg damit des Verbrechens des Hochverrates schuldig gemacht. Nach vollzogenem Anschluß war er als bis dahin

sidenten der Französischen Republik, Poincaré, heranzutreten und „ihm die geheime Mitteilung zu machen, daß ich (Kaiser Karl) mit allen Mitteln und mit meinem ganzen persönlichen Einfluß die gerechte französische Zurückforderung Elsaß-Lothringens unterstützen werde".

K. u. k. Kriegshetzer

Dieser Verräterbrief, der dem deutschen Volk in seiner ganzen Niedrigkeit immer wieder in Erinnerung gebracht werden muß, entspringt der gleichen Gesinnung, mit der der Sohn dieses Verräterkaisers Karl, Otto von Habsburg, sich nicht scheute, kriegerische Verwicklungen heraufzubeschwören, um seine kläglichen dynastischen Belange zu

Es darf mit an Sicherheit grenzender Wahrscheinlichkeit angenommen werden, daß es in der Geschichte der Kriege und der bewaffneten Raubüberfälle nie einen Angriffsbefehl gegeben hat, der als Ursache der Aggression die Tatsache nennt, daß der Verteidiger beschloß, sich im Falle eines Einmarsches »zurückzuziehen und Kämpfe zu vermeiden« (Punkt 2 des Geheimbefehls ›Operation Otto‹). Wenn je in der Geschichte der Welt die Hoffnung gehegt wurde, daß Zagheit und Warten auf Gnade und Verständnis eines Aggressors, Unentschlossenheit und an die Grenze der Selbstverstümmelung gehende Friedfertigkeit helfen würden, ›Blutvergießen zu vermeiden‹ – Schuschniggs fixe Idee –, so wird sie hier widerlegt: Das Zurückweichen Schuschniggs, der Wankelmut und die Scheu vor Verantwortung brachten die größte Katastrophe über die Menschheit, setzten die schlimmste Mordmaschinerie in Gang, die es je gab.

Otto wußte längst, was gespielt wurde. »Ja, ich wußte es seit der Antwort Schuschniggs auf mein Angebot, die Kanzlerschaft zu übernehmen unter der Bedingung, daß mit der österreichischen Arbeiterschaft Frieden geschlossen und die Sozialdemokraten in die Regierung einbezogen werden. Als er ablehnte, gab es kaum noch Hoffnung. Dennoch – hätte es auch nur das geringste Anzeichen des Widerstandes irgendwo in Österreich gegeben, wäre ich sofort gekommen. Meine Brüder Robert, Karl Ludwig und Rudolf waren Mitglieder des Königlich Belgischen Aero-Clubs, und von jener Seite wurde ihnen damals das Angebot gemacht, uns augenblicklich nach Österreich zu fliegen, wenn das für unsere Sache gut und notwendig ist. Aber es regte sich kein Widerstand.«

Otto hat dann später, in Paris, versucht, der französischen Regierung zu erklären, warum sich Österreich nicht wehren konnte, um trotz allem das Bestmögliche für unser Land

herauszuholen. Aber dort scheiterte wieder vieles am Widerstand der Revolutionären Sozialisten, auch nur irgend etwas für Österreich zu tun, weil sie ja grundsätzlich immer den Abschluß bejaht hatten. Am 12. März war er da…
Die Legitimisten, die im Zuge einer gewaltigen Versammlungswelle im Winter 1938 noch einmal alle patriotischen Gefühle der Österreicher mobilisierten, erkannten am 10. März, daß für den Augenblick alles verloren sei. Die wiederholten dringenden Anrufe Ottos aus der Schweiz, aus Frankreich und zuletzt aus Steenockerzeel, ob er nicht *doch* kommen solle – er war von einer Minute auf die andere bereit, den österreichischen Widerstand zu führen –, wurden abschlägig beschieden: Es sei absolut keine Aussicht auf irgendeine Art des bewaffneten Widerstandes, im Augenblick sei Österreich verloren.
Der Pöbel versammelt sich vor dem Haus der Legitimisten: »Juda verrecke!« grölen sie in Sprechchören und skandieren unermüdlich: »Mit dem Otto, diesem Schuft, in die Kapuzinergruft.«
Josef Roth wird ein Jahr später in der Zeitung Ottos, der »Österreichischen Post«, im Pariser Exil seine unsterbliche Erzählung »Die Kapuzinergruft« veröffentlichen, die Geschichte des Offiziers, der sich am 12. März in die Kapuzinergruft begibt, um in Österreich zu sein…
Während die ersten nationalsozialistischen Ausschreitungen beginnen, verbrennt Frau von Wiesner pausenlos Dokumente, schafft Lovrek mit Freunden aus der legitimistischen Jugendbewegung die gesamte Kartei der Legitimisten – es sind an die 30000 Organisations- und Gruppenleiter, Funktionäre, Spender, Förderer, deren Namen den Schergen Hitlers nicht zum Opfer fallen dürfen –, dazu das gesamte Archiv der Legitimisten, an den Donaukanal und versenkt den Schatz. Zahllosen Patrioten wurde dadurch Freiheit und Gesundheit bewahrt, vielen das Leben.
Immer wieder – aber vergeblich – hatte Otto seine Mitarbeiter aufgefordert, Österreich zu verlassen und zu ihm ins Exil zu kommen. Doch keiner von ihnen wollte die »einfachen« Leute allein und in Stich zu lassen. Vergeblich bemühte sich Otto, Baron Zeßner von Spitzenberg, einen Mann, den er im Exil dringend gebraucht hätte, zur Abreise zu bewegen. Als sich dieser nach langem Zögern schließlich doch entschloß, dem Ruf seines Kaisers ins Exil zu folgen, um dort für Österreichs Wiedergeburt zu arbeiten, war es zu spät; die National-Sozialisten packten zu:
»Zeßner ist dann in Dachau elend gestorben«, erinnert sich August Lovrek, »ich habe ihn noch an seinem Sterbetag gesehen. Reden konnten wir ja nicht miteinander. Ich werde den traurigen Ausdruck seiner Augen nie vergessen. Mit geschwollenen Füßen und zum Umfallen schwach stand er auf dem Appellplatz in der Sonne, mit einem Holzstampfer den Platz planierend.«
Trotz der gelungenen Aktion, nämlich die gesamte Kartei und alles irgendwie belastende Material zu vernichten, zu verbrennen, zu versenken, fielen die führenden Mitglieder dieser patriotischen Gruppe Hitlers Häschern zum Opfer: Erich Thanner, Karl Serschen, Pfarrer Steinbock, August Lovrek… um nur einige zu nennen, die das Inferno überlebten.
Es ist merkwürdig und soll daher an dieser Stelle besonders angeführt werden. In den zahllosen Begegnungen Otto–Schuschnigg, die nach 1945 stattfanden, suchte der Altbundeskanzler stets das Gespräch mit seinem Kaiser – er sagte und dachte nie anders. In seinem »Requiem in Rot-Weiß-Rot« erwähnt er den Brief Ottos, in dem dieser ihm die Übernahme der Kanzlerschaft angeboten hatte, mit folgenden Zeilen: »Der junge Kaiser schließlich sandte mittels Boten ein Schreiben, in dem er mich unter Anrufung meines früheren Offizierseides beschwor, ihm gegebenenfalls zur Rettung Österreich die Bundeskanzlerschaft zu übertragen….« Zum Originaltext gehören auch die vier Punkterln.
Vielleicht stehen sie für »1936«, als Otto den ersten ernstlichen, ja dramatischen Zusammenstoß mit ihm hatte, weil Schuschnigg, entgegen seinem Versprechen, seinen Kaiser erst *nach* dem Juliabkommen mit Hitler verständigt hatte. Dieses Juliabkommen, in dem sich »Österreich als deutscher Staat bekennt« und das Österreich die Pflicht auferlegte, zwei neue Regierungsmitglieder aufzunehmen (Edmund von Glaise-Horstenau als Minister ohne Portefeuille und Guido Schmidt als Außenminister), bedeutete denn auch den Anfang vom Ende der Unabhängigkeit Österreichs.
Als Edmund Weber, der Beauftragte Schuschniggs, in Steenockerzeel eintraf und Schuschnigg dort sein Übereinkommen mit Hitler vorlegen ließ, mit der Bitte »Geben Sie Ihre Einwilligung«, lautete Ottos Antwort: »Nein«. Denn er wußte, daß ein Nachgeben gegenüber der Gewalt nur neue Gewalt hervorrufen würde, wie es dann 1938, 1939 und in der ganzen Folge auch geschah.

6
Paris (1939–1940)

Kurzer historischer Überblick über die Ereignisse von 1938 bis zum Zusammenbruch Frankreichs im Jahre 1940

17. Februar 1938:
Otto von Habsburg bietet Bundeskanzler Kurt von Schuschnigg die Übernahme der Kanzlerschaft an; Bedingung ist die Versöhnung mit der Sozialdemokratie. Schuschnigg lehnt ab.

11. März 1938:
Otto von Habsburg verläßt die »Warteposition« Schweiz und reist über Frankreich nach Steenockerzeel (Belgien) zurück. Die Verbindung mit den Getreuen in Österreich, die eine rechtzeitige Flucht aus Solidaritätsgründen verweigern, bleibt aufrecht.

12. März 1938:
Hitlers Truppen marschieren in Österreich ein. Der »Anschluß« wird mit Gewalt vollzogen.

3. April 1938:
Staatskanzler a. D. Dr. Karl Renner begrüßt in einem großen Interview im »Neuen Wiener Tagblatt« die sogenannte »Volksabstimmung« über die Zugehörigkeit Österreichs zum Deutschen Reich. (»Ich stimme mit JA«.)

Juni 1938:
Otto Bauer legt in einem Grundsatzartikel im sozialistischen »Kampf« die Generallinie der Sozialisten fest: es soll beim Anschluß bleiben. Ziel ist die »gesamtdeutsche Revolution«.

20. April 1938:
»Führers Geburtstag«; zu diesem Anlaß veröffentlicht das Justizministerium einen Steckbrief gegen *Otto von Habsburg,* der gegen den Anschluß Protest eingelegt hat und zum Widerstand aufruft.

29. September 1938:
»Münchner Abkommen«; Abtrennung des Sudetenlandes.

5. Oktober 1938:
Beneš tritt zurück und emigriert nach London.

9./10. November 1938:
»Reichskristallnacht«

30. November 1938:
Emil Hácha wird tschechischer Staatspräsident; er unterstützt weiterhin den emigrierten Beneš mit enormen Geldmitteln.

15. März 1939:
Besetzung der Rest-Tschechoslowakei durch deutsche Truppen

22. März 1939:
Besetzung des Memelgebietes durch deutsche Truppen

23. August 1939:
Unterzeichnung des deutsch-sowjetischen Nichtangriffspakts in Moskau durch die Außenminister Joachim von Ribbentrop und Wjatscheslaw Molotow. Ein geheimer Zusatzvertrag gibt Polen östlich der Weichsel an die Russen preis.

1. September 1939:
Beginn des II. Weltkrieges; Überfall auf Polen

3. September 1939:
Kriegserklärung Frankreichs und Großbritanniens gegen Deutschland. »Drôle de guerre«: trotz erdrückender Übermacht unternehmen die Westmächte nichts zur Entlastung Polens.

5. September 1939:
Die USA proklamieren ihre Neutralität.

12. September 1939:
Edouard Daladier übernimmt im französischen Kriegskabinett die Ämter eines Ministerpräsidenten sowie des Außen- und des Kriegsministers.

17. September 1939:
Die »Rote Armee« dringt in Polen ein; Polen wird zwischen Nazis und Kommunisten aufgeteilt.

28. Oktober 1939:
Erstmalig verfügt die SS im »Generalgouvernement« die Kennzeichnung von Juden mit einem gelben Stern.

28. Februar 1940:
Otto von Habsburg tritt über Einladung Präsident Roosevelts eine Reise in die USA an, vor allem um Präsident Roosevelt über die Lage in Europa zu informieren.

1. März 1940:
Sumner Welles, US-Unterstaatssekretär, trifft in Berlin ein.

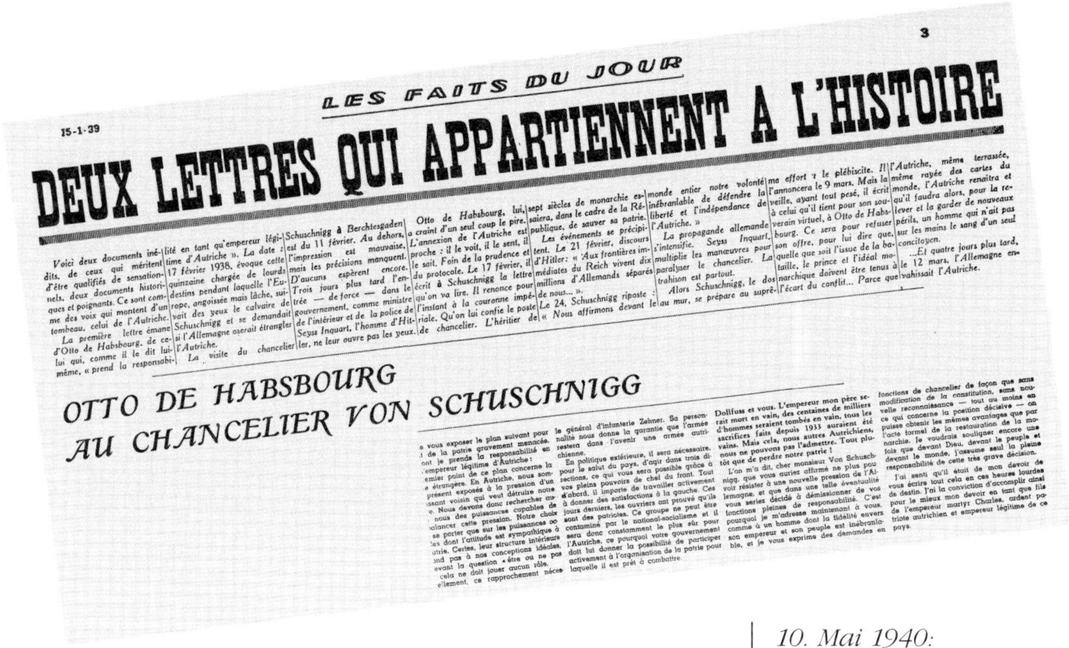

15-1-39 3

LES FAITS DU JOUR

DEUX LETTRES QUI APPARTIENNENT A L'HISTOIRE

Voici deux documents inédits, de ceux qui méritent d'être qualifiés de sensationnels, deux documents historiques et poignants. Ce sont comme des voix qui montent d'un tombeau, celui de l'Autriche.

La première lettre émane d'Otto de Habsbourg, de celui qui, comme il le dit lui-même, « prend la responsabilité en tant qu'empereur légitime d'Autriche ». La date : 17 février 1938, évoque cette quinzaine chargée de lourds destins pendant laquelle l'Europe, angoissée mais lâche, suivait des yeux le calvaire de Schuschnigg et se demandait si l'Allemagne oserait étrangler l'Autriche.

La visite du chancelier Schuschnigg à Berchtesgaden est du 11 février. Au dehors, l'impression est mauvaise, mais les précisions manquent. D'aucuns espèrent encore. Trois jours plus tard l'entrée — de force — dans le gouvernement, comme ministre de l'intérieur et de la police de Seyss Inquart, l'homme d'Hitler, ne leur ouvre pas les yeux.

Otto de Habsbourg, lui, a craint d'un seul coup le pire. L'annexion de l'Autriche est proche : il le voit, il le sent, il le sait. Foin de la prudence et du protocole. Le 17 février, il écrit à Schuschnigg la lettre qu'on va lire. Il renonce pour l'instant à la couronne impériale. Qu'on lui confie le poste de chancelier. L'héritier de sept siècles de monarchie essaiera, dans le cadre de la République, de sauver sa patrie.

Les événements se précipitent. Le 21 février, discours d'Hitler: « Aux frontières immédiates du Reich vivent dix millions d'Allemands séparés de nous... ».

Le 24, Schuschnigg riposte : « Nous affirmons devant le monde entier notre volonté inébranlable de défendre la liberté et l'indépendance de l'Autriche. »

La propagande allemande s'intensifie. Seyss Inquart multiplie les manœuvres pour paralyser le chancelier. La trahison est partout.

Alors Schuschnigg, le dos au mur, se prépare au suprême effort : le plébiscite. Il l'annoncera le 9 mars. Mais la veille, ayant tout pesé, il écrit à celui qu'il tient pour son souverain virtuel, à Otto de Habsbourg. Ce sera pour refuser son offre, pour lui dire que, quelle que soit l'issue de la bataille, le prince et l'idéal monarchique doivent être tenus à l'écart du conflit... Parce que l'Autriche, même terrassée, même rayée des cartes du monde, l'Autriche renaîtra et qu'il faudra alors, pour la relever et la garder de nouveaux périls, un homme qui n'ait pas sur les mains le sang d'un seul concitoyen.

...Et quatre jours plus tard, le 12 mars, l'Allemagne envahissait l'Autriche.

OTTO DE HABSBOURG AU CHANCELIER VON SCHUSCHNIGG

...e vous exposer le plan suivant pour ... de la patrie gravement menacée, ...ont je prends la responsabilité en ...empereur légitime d'Autriche :

...emier point de ce plan concerne la ...e étrangère. En Autriche, nous som... présent exposés à la pression d'un ...ssant voisin qui veut détruire notre ...e. Nous devons donc rechercher au... nous des puissances capables de ...alancer cette pression. Notre choix ... se porter que sur les puissances oc...les dont l'attitude est sympathique à ...utrie. Certes, leur structure intérieure ...ond pas à nos conceptions idéales, ...evant la question « être ou ne pas ... cela ne doit jouer aucun rôle. ...ellement, ce rapprochement néces... le général d'infanterie Zehner. Sa personnalité nous donne la garantie que l'armée restera dans l'avenir une armée autrichienne.

En politique extérieure, il sera nécessaire, pour le salut du pays, d'agir dans trois directions, ce qui vous sera possible grâce à vos pleins pouvoirs de chef du front. Tout d'abord, il importe de travailler activement à donner des satisfactions à la gauche. Ces jours derniers, les ouvriers ont prouvé qu'ils sont des patriotes. Ce groupe ne peut être contaminé par le national-socialisme et il sera donc constamment le plus sûr pour l'Autriche, ce pourquoi votre gouvernement doit lui donner la possibilité de participer activement à l'organisation de la patrie pour laquelle il est prêt à combattre.

Dollfuss et vous. L'empereur mon père serait mort en vain, des centaines de milliers d'hommes seraient tombés en vain, tous les sacrifices faits depuis 1933 auraient été vains. Mais cela, nous autres Autrichiens, nous ne pouvons pas l'admettre. Tout plutôt que de perdre notre patrie !

L'on m'a dit, cher monsieur Von Schuschnigg, que vous auriez affirmé ne plus pouvoir résister à une nouvelle pression de l'Allemagne, et que dans une telle éventualité vous seriez décidé à démissionner de vos fonctions pleines de responsabilité. C'est pourquoi je m'adresse maintenant à vous, comme à un homme dont la fidélité envers son empereur et son peuple est inébranlable, et je vous exprime des demandes en fonctions de chancelier de façon que sans modification de la constitution, sans nouvelle reconnaissance — tout au moins en ce qui concerne la position décisive — on puisse obtenir les mêmes avantages que par l'acte formel de la restauration de la monarchie. Je voudrais souligner encore une fois que devant Dieu, devant le peuple et devant le monde, j'assume seul la pleine responsabilité de cette très grave décision.

J'ai senti qu'il était de mon devoir de vous écrire tout cela en ces heures lourdes de destin. J'ai la conviction d'accomplir ainsi pour le mieux mon devoir en tant que fils de l'empereur martyr Charles, ardent patriote autrichien et empereur légitime de ce pays.

Er ist Beauftragter des US-Präsidenten Roosevelt in Europa und soll die Lage erkunden.

4. März 1940:
Otto von Habsburg trifft nach einer abenteuerlichen Clipper-Reise in Baltimore ein.

10. März 1940:
Otto von Habsburg trifft Präsident F. D. Roosevelt in Washington. In einem mehrstündigen Gespräch geht es um die Neuordnung des Donauraums nach dem Kriege und die Notwendigkeit der Wiedererrichtung Österreichs.

März 1940:
Otto von Habsburg konferiert in den USA nach der Begegnung mit Präsident Roosevelt mit Außenminister Cordell Hull, Verteidigungsminister Harry Hoodring, Landwirtschaftsminister Henry A. Wallace und den Senatoren Key Pittman, Sol Bloom, Allen W. Barkley und William H. Taft. Die Weichen für die Wiederherstellung Österreichs scheinen gestellt.

26. April 1940:
Neuerliches Zusammentreffen mit Präsident Franklin D. Roosevelt. Dem Präsidenten ist bereits klar, was Europa – und die Habsburger – erwartet, und macht *Otto von Habsburg* ein Asylangebot für die ganze kaiserliche Familie, das schon wenige Wochen darauf in Anspruch genommen werden muß.

2. Mai 1940:
Otto von Habsburg fährt über Paris nach Steenockerzeel zurück (7. Mai).

9. Mai 1940:
Genau am 48. Geburtstag von Kaiserin und Königin Zita erläßt Hitler sein »Euthanasiegesetz« rückwirkend ab 1. September 1939!

10. Mai 1940:
Beginn der großen deutschen Offensive im Westen: Hitlers Truppen dringen in Belgien, den Niederlanden und Luxemburg ein.
Die kaiserliche Familie entkommt den Häschern Hitlers nur knapp und flieht über Dünkirchen nach Zentralfrankreich. *Otto von Habsburg* versucht, von Paris aus Widerstand zu organisieren und betreut Flüchtlinge.

12. Mai 1940:
Internierung aller deutschen Staatsbürger in Großbritannien. *Robert von Habsburg* kann durch seinen Einfluß Tausenden emigrierten Österreichern die Internierung ersparen.

13. Mai 1940:
Winston Churchill wird britischer Premierminister. Schlagartig verbessert sich damit die Position von *Robert von Habsburg*, der nun in London für Österreich noch aktiver werden kann.

19. Mai 1940:
Marschall Pétain wird französischer Verteidigungsminister.

20. Mai 1940:
Das KZ Auschwitz wird errichtet.

28. Mai 1940:
Kapitulation Belgiens

4. Juni 1940:
Abschluß der Evakuierung Dünkirchens

10. Juni 1940:
Kriegseintritt Italiens auf Seite Hitlers
Deutsche Truppen nähern sich Paris, *Otto von Habsburg* entkommt mit seiner Begleitung.

14. Juni 1940:
Paris fällt in die Hände der Deutschen.

16. Juni 1940:
Rücktritt der Regierung Reynaud

17. Juni 1940:
Pétain erbittet Waffenstillstand.
Am gleichen Tag bildet General de Gaulle ein »Nationalkomitee der freien Franzosen« in London.

19. Juni 1940:
Die kaiserliche Familie überschreitet bei Hendaye-Irun die rettende spanische Grenze. Es gelingt *Otto von Habsburg*, mehrere hundert Juden, die sich auf der Flucht befinden, als seine »Begleiter« hinüber in das sichere Spanien zu schleusen. Wenige Tage darauf erreichen deutsche Truppen die spanische Grenze.

27. Juni 1940:
Nach kurzem Spanien- und Portugalaufenthalt reist *Otto von Habsburg* in die USA, um dort die Interessen Österreichs wahrzunehmen und das Asyl seiner Familie vorzubereiten.

ÉDITION DE 5 HEURES

LE JOURNAL

N° 16888 — 0.50

PARIS, 100, RUE DE RICHELIEU — RIC.+81-54 — DIMANCHE 15 JANVIER 1939

LE VOYAGE TRIOMPHAL DE M. DALADIER

Deux documents sensationnels

DEUX LETTRES

A LA VEILLE DE L'ANSCHLUSS

Le 17 février 1938, Otto de Habsbourg héritier des Empereurs d'Autriche écrivait au chancelier Schuschnigg :

“...Si vous arriviez à croire que vous ne pouvez plus résister à la pression des Allemands, je vous prie, quelle que soit alors la situation, de me céder les fonctions de chancelier. Je suis fermement résolu à aller jusqu'au bout pour protéger le peuple et l'Etat, et j'ai la conviction que le peuple répondrait à mon appel ... Je ne demanderai pas, à cette occasion, la restauration de la monarchie...”

OTTO DE HABSBOURG

Le 2 mars 1938, le chancelier Schuschnigg répondait :

“...Si, ce dont Dieu nous garde, un contre-coup historique devait se produire, même s'il fallait que l'Autriche cédât à la violence à laquelle elle a longtemps et opiniâtrément résisté avec honneur, il vaudrait encore mieux qu'il en fût ainsi sans que la dynastie s'y trouvât entraînée. Car, même dans ce cas, l'heure de la résurrection finirait par sonner...”

Puis ce fut le drame

Die französische Presse berichtete in Balkenlettern und Großformat über Ottos Kampf gegen Hitler und für Österreich.

Nach dem »Anschluß«: Otto von Habsburg und seine Familie kämpfen um die Wiedererrichtung eines freien, unabhängigen Österreich

Otto von Habsburg hatte die Tage unmittelbar vor dem Anschluß in der Schweiz verbracht, um der österreichischen Grenze so nah wie möglich und sofort zur Stelle zu sein, wenn sich doch noch eine Gelegenheit zum unmittelbaren Eingreifen bieten sollte.
Am 11. März begab sich Otto zu weiteren Besprechungen nach Frankreich und von dort nach Steenockerzeel, wo mehrere Maschinen flugbereit in der Nähe von Brüssel darauf warten, die jungen Habsburger nach Österreich zu bringen, sollte sich auch nur das geringste Zeichen von Widerstand bemerkbar machen.
»Ich habe, so lange wie möglich, mit Österreich telefonisch Kontakt gehalten, das ist bis tief in die Nacht hinein gegangen, bis in den Morgen des 12. März; und auch noch später, denn der Chefredakteur Bittner, der von Paris nach Wien gefahren war, um dort unseren Leuten behilflich zu sein, war mit mir auch noch in Kontakt, als die deutschen Truppen sich dort bereits einrichteten. Georg Bittner war der frühere Chefredakteur des »Österreicher«. Er hatte sich, die heraufziehenden Gefahren rechtzeitig erkennend, bereits frühzeitig vor dem März 1938 nach Paris abgesetzt. Georg Bittner war ein Vertrauensmann von Baron Wiesner. Er war ein wirklich treuer Mann. Als bester Beweis das Folgende: 24 Stunden vor der Okkupation, als noch der Kampf um eine freie Volksabstimmung lief, hatte ich aus England eine größere Summe Geldes für den Wahlkampf erhalten. Da dieser Betrag aber nicht über Banken laufen konnte, sondern persönlich überbracht werden mußte, bat ich Bittner, dies zu tun.
Es haben ihm zwar die Knie geschlottert, aber er hat den Befehl sofort ausgeführt. Er kam übrigens in Wien gleichzeitig mit den deutschen Truppen an. Dann, mitten in dem unbeschreiblichen Chaos, ist in ihm der Geist des Journalismus erwacht, und er ist noch zwei Tage in Wien geblieben, uns immer wieder von Telefonzellen aus anrufend, um zu berichten, was sich dort abgespielt hat. Dann hat er das einzig Richtige getan: Da alle Grenzen gesperrt waren, ist er nach Deutschland gefahren und über Holland ausgereist, wo natürlich die Gestapo noch keineswegs flüchtende Österreicher erwartet hat. Er war es auch, der dann Leiter der österreichischen Sendungen beim Französischen Rundfunk war und der als letzter – noch im Jahre 1940 – seine Sendungen führte, als bereits alles andere aufgehört hatte. Er hat das französische Radio bei der einen Türe verlassen, als die deutschen Truppen bei der anderen Türe hereingedrungen sind. Er war dann später in Amerika, wo er allerdings keine Rolle mehr spielte, da er sehr bald krank wurde und dann auch nach nicht zu langer Zeit gestorben ist.«

Die Geschichte mit dieser dramatischen Geld-Überbringung hat übrigens ein tragisch-komisches Nachspiel: Als die Wahlhilfe Baron Wiesner erreichte, war Wien schon in deutscher Hand und Wiesner als der Führer des österreichischen Legitimismus ständigen Belästigungen und Verhören und schließlich der Haft ausgesetzt. Seine resolute Gemahlin, die sich mehrmals mit dem Schlüsselbund in der Hand gegen Eindringlinge recht erfolgreich zur Wehr setzte (an der Seite ihres ersten Mannes hatte sie auch den Boxeraufstand in Peking gut hinter sich gebracht), nähte die Mappe mit dem Geld in ihre Matratze ein. Im Jahre 1944, als das Wohnhaus der Familie Wiesner auf dem Brahmsplatz den Bomben zum Opfer fiel, verbrannte auch die »Wahlhilfe«, die Georg Bittner mit so viel Mut nach Österreich gebracht hatte...

Als August Lovrek, der damals zufällig ausgerechnet an jenem für das hochbetagte Ehepaar Wiesner so tragischen Tag als »U-Boot« nach Wien kam und bei Wiesners nach dem Rechten sehen wollte, fand die beiden mit den spärlichen Resten ihrer Habe auf einem Leiterwagerl.

Hilfe für das Ehepaar Wiesner und die ersten verhafteten österreichischen Legitimisten-Führer kam im März 1938, überraschender Weise, via London; genauer gesagt: über Prinz Felix von Luxemburg. Schon am 18. März hatte sich Graf Degenfeld, der Kanzleichef Ottos, an den amerikanischen Gesandten in Brüssel gewandt und um Hilfe für die Festgenommenen gebeten, der US-Gesandte Gibson war ein treuer Freund des Hauses.

»Gibson hat mir bei dieser Gelegenheit gesagt, man müßte auf irgendeinem Wege Lord Halifax (den damaligen britischen Außenminister) bitten, daß er mit dem deutschen Geschäftsträger spricht und ihm in freundschaftlicher Weise rät, Deutschland möge keinerlei Gewaltmaßnahmen gegen prominente Persönlichkeiten in Österreich ergreifen, da dies die ohnehin wegen der österreichischen Ereignisse erbitterte öffentliche Meinung in England noch mehr reizen würde. Mit Rücksicht darauf, daß Deutschland sich mit England jetzt gut zu stellen wünscht, wäre eine solche Aussprache mit Lord Halifax vielleicht nicht ohne Erfolg, meinte Mr. Gibson. Als ich Mr. Gibson sagte, daß ich keinerlei Weg zu Lord Halifax habe, meinte er, daß Seine Königliche Hoheit, Prinz Felix von Luxemburg, Lord Halifax kenne.«

Dieser Weg wurde auch begangen: Prinz Felix, ein Bruder von Kaiserin Zita, der während des ganzen Ersten Weltkrieges in der österreichisch-ungarischen Armee diente, Kaiser Karl einmal das Leben rettete und Österreich kannte und liebte, hatte im Jahre 1919 Großherzogin Charlotte von Luxemburg geheiratet, war »Prinz von Luxemburg« geworden.

Die Intervention aus Luxemburg bei Lord Halifax verhinderte das Schlimmste: Friedrich von Wiesner, Baron Werkmann, August Lovrek, Herzog Max und Fürst Ernst von Hohenberg kamen mit dem Leben davon; die geschwächte Gesundheit von Baron Zeßner-Spitzenberg hielt die Strapazen im Konzentrationslager Dachau jedoch nicht durch, für ihn kam jede Hilfe zu spät.

Sofort nach dem Anschluß übersiedelte Otto von Habsburg nach Paris, weil sich dort bessere Arbeitsmöglichkeiten für seine Aktivitäten gegen Hitler und für die Wiedererrichtung Österreichs ergaben. Die »Arbeitsbedingungen« erwiesen sich für den kaum sechsundzwanzigjährigen Kaiser als denkbar schwierig. Denn während alle anderen von Hitler nach und nach überrannten Länder im westlichen Ausland alsbald sich um einen Monarchen oder eine Symbolfigur wie Charles de Gaulle sammeln konnten, erwies sich die »österreichische Emigration« als nur zum Teil »österreichisch« – die Sozialisten begrüßten ja mehrheitlich den »Anschluß« – und erwies sich großteils durch persönliche und parteipolitische Interessen korrumpiert.

Da war die »Emigration« von 1918, Menschen, die wohl nicht hatten flüchten müssen, die aber ein Leben in dem so klein und bedrängt gewordenen Österreich nicht goutieren wollten. Sie sahen wohl in Otto von Österreich ihr Leitbild, erwiesen sich aber aufgrund ihrer überkommenen, gelegentlich völlig überholten Vorstellungen mitunter eher als Hindernis denn als Hilfe.

Dann gab es die »34er-Emigration«, fast ausschließlich im Soge des Otto Bauer, eines doktrinär-fanatischen Anhängers des Anschluß-Gedankens. In seinem im Pariser Exil erscheinenden »Der Sozialistische Kampf« hatte Otto Bauer kurz vor seinem Tode im Juli 1938 (!) so formuliert: »Aber die Parole, die wir der Fremdherrschaft der faschistischen Satrapen aus dem Reich über Österreich entgegensetzen, kann nicht die reaktionäre Parole der Wiederherstellung der Unabhängigkeit Österreichs sein, sondern nur die Parole der gesamtdeutschen Revolution.«

Dann gab es eine eher »weiche« Gruppe sozialistischer Emigranten, die Renners Ansicht teilten: »Obwohl nicht mit jenen Methoden errungen, zu denen ich mich bekenne, ist der Anschluß nunmehr doch vollzogen, ist geschichtliche Tatsache, und diese betrachte ich als wahrhafte Genugtuung.« (Renner in seinem Neuen Wiener Tagblatt-Interview vom 3. April 1938.)

Es gab auch eine gemäßigte, Österreich wohlgesinnte sozialdemokratische Emigration, symbolisiert in so hervorragenden Männern wie Heinrich Allina oder Karl Hartl, und dann noch Menschen im »Zwischenreich«, Männer wie Julius Deutsch, die wohl insgeheim erkannten, was zu geschehen habe, dann aber entweder aus Mangel an Autorität oder Mut scheiterten.

Als ich im Jahre 1966 anläßlich des 50. Todestages von Kaiser Franz Joseph eine Fernseh-Dokumentation herstellte und der alte, aber sehr liebenswürdige und in der Weisheit seiner Lebenserfahrungen stehende Julius Deutsch eine äußerst anerkennende, ja wehmütige Stellungnahme zur Monarchie abgab, erklärte ihn die »Arbeiter-Zeitung« des Anschlußfreundes Oscar Pollak am nächsten Tag taxfrei für geistesgestört. Hätte Deutsch schon während des Zweiten Weltkrieges jene Zivilcourage gegenüber seinen (angemaßten) Parteibonzen gezeigt, die er 1966 an den Tag legte, wäre Österreich wahrscheinlich vieles erspart geblieben.

Dann gab es da noch die Kommunisten, damals gleichfalls erklärte Feinde des Otto Bauer, nicht, weil sie Kommunisten waren, sondern weil sie – als einzige neben den Legitimisten – für die Selbständigkeit Österreichs eintraten. Otto Bauer bezichtigt alle seine Gegner gar der »fanatischen Österreicherei« – übrigens ein abfälliger, auf Wilhelm Liebknecht gemünzter Ausspruch des Friedrich Engels, den Otto Bauers Revolutionäre Sozialisten im Exil eifrigst nachbeteten.

Es gab dann noch eine österreichische Emigration »1938«, führende Mitglieder des Herrschaftssystems aus dem Ständestaat, und schließlich eine vielfach völlig unpolitische, allein auf Grund des Rassenhasses der Nationalsozialisten geflohene, österreichische Judenschaft im Exil, den Habsburgern meist bestens gesinnt.

Hauptquartier Otto von Habsburgs in Paris war das Hôtel Cayré, 4, Boulevard Raspail, am linken Ufer der Seine.

Schon am 15. März trat dort unter Leitung des Habsburgers eine Gruppe österreichischer Emigranten zusammen, die in ihrer Mehrzahl gewiß die Wiedererrichtung einer österreichischen Monarchie ersehnten, aber die Monarchie keineswegs als Bedingung für ihre Arbeit im Widerstand sahen.

Es ist auffallend, daß Otto von Habsburgs Gegner, vor allem jene aus dem Lager der Revolutionären Sozialisten, die bis nach dem Kriege nichts im Kopfe hatten als den Anschluß und die Revolution, es einfach nicht zur Kenntnis nehmen wollen, daß Otto von Habsburg immer zuerst für Österreich arbeitete – auch nach 1945 – und für ihn die Frage der Staatsform stets zweitrangig war, – wenn nicht gar, manchesmal zum Kummer seiner Anhänger, letztrangig.

Verständnis für diese in den Augen vieler immerhin sehr auffallende, für manche unverständliche Großzügigkeit kann nur der aufbringen, der imstande ist, langfristig zu denken; über den Schlagschatten einer augenblicklich hereinbrechenden Katastrophe, Revolution, Wahlniederlage oder Parteilinie hinaus zu sehen. Otto von Habsburg hat die Quintessenz dieser Erkenntnis einmal drastisch in dem Satz formuliert: »In der Politik gibt es nichts Endgültiges und nichts Immerwährendes.«

Revolutionen kommen und gehen wie Parteien, Systeme wandeln sich, Republiken und Monarchien wechseln einander ab wie Diktaturen und milde Zepter; aber Völker bleiben doch eine gewisse Weile, Heimat und Heimatgefühl auch, und ihnen sollte man dienen, und nicht einer Ideologie, die sich ohnehin früher oder später totläuft:

»Wir haben schon 1940 klar erkannt, daß im Zuge der laufenden Ereignisse an eine Wiedererrichtung der Monarchie nicht zu denken war«, sagte mir Erzherzog Robert bei einem Gespräch in Basel im August 1987, »aber an unserer Einstellung zu Österreich hat das selbstverständlich nichts geändert. Die Geschichte geht ja weiter, und wir sind keine Familie, die vom Augenblick lebt, vor allem hat unsere Einstellung zu den Völkern mit der augenblicklichen Staatsform nichts zu tun.«

Wer an die Habsburg-Kannibalen (eine Wortschöpfung von Günther Nenning) der Jahrzehnte nach dem Zweiten Weltkrieg denkt, deren Tagespublizität längst untergegangen, deren Machtfülle längst entschwunden ist, der mag auch verstehen, was es heißt, in der Geschichte am »längeren Hebelarm« zu sitzen.

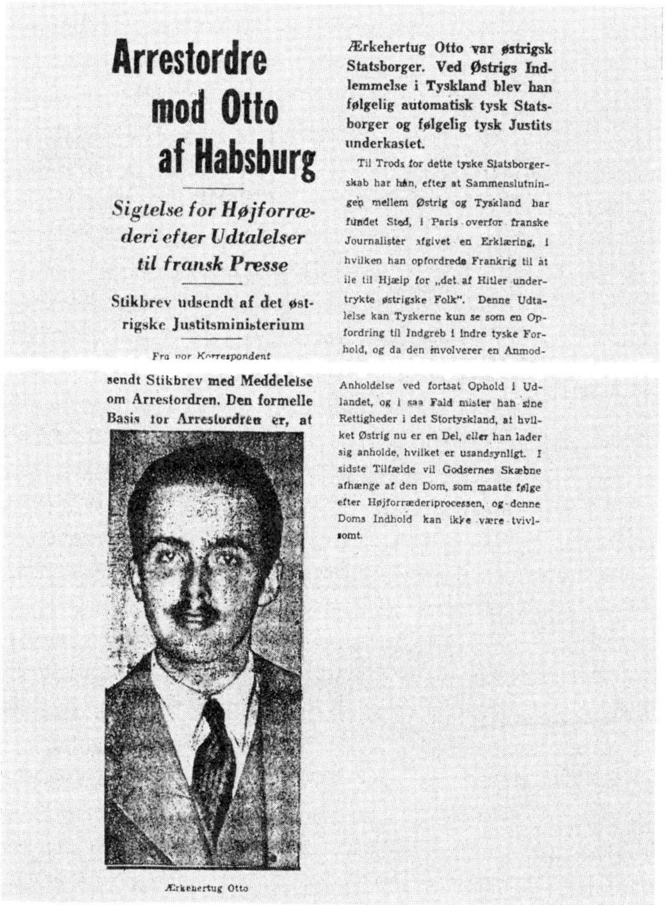

Arrestordre mod Otto af Habsburg

Sigtelse for Højforræderi efter Udtalelser til fransk Presse

Stikbrev udsendt af det østrigske Justitsministerium

Fra vor Korrespondent

sendt Stikbrev med Meddelelse om Arrestordren. Den formelle Basis for Arrestordren er, at

Ærkehertug Otto

Ærkehertug Otto var østrigsk Statsborger. Ved Østrigs Indlemmelse i Tyskland blev han følgelig automatisk tysk Statsborger og følgelig tysk Justits underkastet.

Til Trods for dette tyske Statsborgerskab har han, efter at Sammenslutningen mellem Østrig og Tyskland har fundet Sted, i Paris overfor franske Journalister afgivet en Erklæring, i hvilken han opfordrede Frankrig til at ile til Hjælp for „det af Hitler undertrykte østrigske Folk". Denne Udtalelse kan Tyskerne kun se som en Opfordring til Indgreb i indre tyske Forhold, og da den involverer en Anmod-

Anholdelse ved fortsat Ophold i Udlandet, og i saa Fald mister han sine Rettigheder i det Stortyskland, at hvilket Østrig nu er en Del, eller han lader sig anholde, hvilket er usandsynligt. I sidste Tilfælde vil Godsernes Skæbne afhænge af den Dom, som maatte følge efter Højforræderiprocessen, og denne Doms Indhold kan ikke være tvivlsomt.

»Berlingske Tidende«, Kopenhagen, berichtet in großer Aufmachung am 20. April 1938 über den Steckbrief, den Hitler gegen Otto erließ: die gesamte Weltpresse hatte über keine andere Persönlickeit zu berichten, die sich für die Freiheit und Unabhängigkeit Österreichs einsetzte, weil die sozialistische Emigration für die Beibehaltung des Anschlusses eintrat und ausschließlich Legitimisten (und Kommunisten!) für die Wiedererrichtung Österreichs auftraten.

Otto von Österreich legte feierlich Protest gegen die gewaltsame Besetzung Österreichs ein, und fast die gesamte Weltpresse übernahm den Protest.
Gauleiter Bürckel – der neue Machthaber in Wien – ging prompt in die Falle und ließ sich im Rundfunk auf eine ausführliche Habsburg-Beschimpfung ein, worauf die Österreicher wieder wußten, wo Otto war und was er zur Befreiung Österreichs unternahm.
Ein paar Tage später ließen sich die National-Sozialisten dazu verleiten, ausgerechnet zu Hitlers Geburtstag einen vom Justizministerium erlassenen »Steckbrief« gegen Otto zu veröffentlichen. Jedermann wußte nun, daß Otto im freien Westen für Österreich »flennte«.
Die Presse der freien Welt nahm die absurde Geschichte von der steckbrieflichen Verfolgung sofort auf und berichtete darüber. Überall, wo österreichische Flüchtlinge lebten, wuchs der Wille, etwas »zu tun«. Die Sache der Freiheit Österreichs war noch nicht verloren!

Versuch der Errichtung einer österreichischen Vertretung und einer bewaffneten, österreichischen Einheit

Otto von Habsburg sah vor allem, daß Österreich, das durch Hitlers Gewaltakt seine Selbständigkeit verloren hatte, eine rechtsgültige Vertretung brauchte und unbedingt auch im mit Sicherheit zu erwartenden Krieg entsprechend vertreten sein mußte, nämlich durch eine eigene, österreichische militärische Einheit.
Die Voraussetzungen zu beiden Maßnahmen, sowohl was die Anerkennung einer österreichischen Exilregierung als auch die Aufstellung einer bewaffneten Einheit betr. waren zweifelsfrei gegeben; nicht nur, weil es genug einsatzfreudige Emigranten gab, sondern auch, weil die politischen Verbindungen Ottos in Paris die entsprechende Arbeitsgrundlage boten.
Otto kannte Frankreich seit Jahr und Tag, sprach vollendetes Französisch, war durch seinen Onkel, Prinz Sixtus von Bourbon-Parma in die Kreise der hohen französischen Politik, der Wissenschaft und der Literatur eingeführt worden – so zählte der französische Dichter Jean Giraudoux, seit 1939 Leiter des französischen Informationsdienstes, zum engsten Kreis um Otto, ferner Innenminister Georges Mandel, Arbeitsminister Anatole de Monzie, der Präsident der Demokratisch-Republikanischen Union Louis Marin, die Brüder Sarraut (Albert Sarraut war Erziehungsminister), Marineminister Campinchi und Marschall Pétain. Der Weg zu Ministerpräsident Daladier war bald hergestellt.
Immer wieder tauchte in den Gesprächen um Österreich und dessen Wiederherstellung die Frage der politischen und militärischen Präsenz Österreichs auf.

Doch vorerst mußte die rechtliche Lage der aus Österreich geflüchteten Landsleute geklärt werden. Deutschland übte auf Frankreich unerhörten Druck aus, die Flüchtlinge als »Deutsche Staatsbürger« zu erfassen, was im zu erwartenden Ernstfall, nämlich dem Kriegsausbruch, eine sofortige Internierung aller österreichischen Flüchtlinge bedeutet hätte.
Ein erster, aber für alle österreichischen Flüchtlinge lebenswichtiger Erfolg Ottos war es, als die Franzosen daraufhin den wohl absurden, aber immerhin hilfreichen Terminus »ex-autrichien« erfanden und keine Internierungen mehr stattfanden. Otto von Habsburgs Durchsetzungsvermögen kam selbstverständlich allen Österreichern zugute, auch jenen Männern wie dem »kleinen« Otto Bauer (vulgo »Herbst«), Friedrich Adler oder Manfred Ackermann, die alles daransetzten, um die Arbeit Ottos zu behindern, vor allem die Wiedererrichtung Österreichs zu verhindern.
Die Tatsache, daß es so viele Österreicher gab, die für eine Rekrutierung auf französischer Seite in Frage kamen, ließ die französischen Militärs naturgemäß nicht kalt. Es gibt ein österreichisch-französisches Dokument aus dem April 1939, das aufzeigt, wie weit die Pläne zur Aufstellung einer österreichischen Einheit bereits gediehen waren:

»Streng reservat«.

Notizen zum Akt
»Militärdienstpflicht der Österreicher in Frankreich«

Rangsverhältnisse.

Vom Standpunkt der französischen Armee aus gesehen, bietet sich folgende Ausgangssituation: auf Grund der Gesetze melden sich (oder werden einberufen) einige tausende Österreicher der verschiedensten militärischen Ausbildungsgrade, d. i.: vom kriegserfahrenen Berufsoffizier angefangen, über Reserveoffiziere mit einiger Kriegserfahrung und Subalternoffiziere wie Chargen des Bundesheeres, über provisorisch ausgebildete Offiziere und Chargen der Miliz (freiwilliges Schutzkorps), bis herunter zu militärisch überhaupt nicht ausgebildeten bzw. überhaupt nicht mit militärischen Begriffen vertrauten Personen.
Die französische Armee kann daher à priori keinerlei Unterschiede machen, sondern wird diese Einberufenen vorerst als unterschiedslose Masse betrachten müssen, daher also auch keine Rangsunterschiede machen können.
Aufgabe des CENTRE MILITAIRE POUR LES AUTRICHIENS wird es nun sein, dem Armeekommando die nähere Untersuchung der Fähigkeiten, Erfahrungen und des Ausbildungsgrades des Einzelnen zu erleichtern. Hierzu werden folgende Listen abzufassen sein:
1. K.u.k. Berufsoffiziere mit Kriegserfahrung;

2. K.u.k. Reserveoffiziere mit Kriegserfahrung;
3. Offiziere des Aktivstandes des Bundesheeres;
4. Offiziere in der Evidenz des Bundesheeres;
5. Offiziere und Chargen der Miliz bzw. des Schutzkorps, je nach Ausbildungsgrad und aktiver militärischer Dienstleistung.

Am zweckmäßigsten wäre es nun, diese österreichischen Chargen ehebaldigst in Kursen der französischen Armee (Sommer-Übungslager usw.) zusammenzufassen, die den französischen Instruktoren die Einschätzung dieses Materials ermöglichen, den Kontakt der Österreicher mit der französischen Armee herstellen, und so etwa bis zum Herbst bereits einen halbwegs mit den französischen Verhältnissen vertrauten Kader herzustellen, der dann seinerseits bei der Einberufung größerer Mengen dienstpflichtiger Österreicher assistieren könnte und gleichzeitig für sich selbst am ehesten Aussicht auf Zuerkennung einer französischen Charge hätte.

Es wäre denkbar, für die Absolventen dieses ersten Kurses das Wiederaufleben eines im Weltkriege bestandenen Brauches durchzusetzen, der darin bestand, Ausländern, die bereits in anderen Armeen als der französischen Offiziersgrade bekleidet hatten, folgende Chargen zu verleihen: allen Oberoffizieren bis zum Hauptmannsrang den Rang eines Sous-lieutenant, allen Stabsoffizieren den Rang eines Commandant.

Die Zuerkennung eines französischen Grades an Österreich ist aus mehreren Gründen wichtig und für einen baldigen Zeitpunkt anzustreben: Propagandistische Wirkung auf Österreicher und andere Nationalitäten der Monarchie in- und außerhalb Frankreichs sowie innerhalb der heutigen Reichsgrenzen; Hebung des Ansehens der Österreicher in Frankreich und den alliierten Staaten; Erleichterung der zivilen Situation der Österreicher gegenüber den französischen Verwaltungsbehörden; schließlich Anerkennung der österreichischen Nation als nation alliée; Ansporn für die in Frankreich dienenden Österreicher; Dokumentation ihres tatsächlichen Wertes.

Unbeschadet des französischen Grades und unabhängig vom Avancement in der französischen Armee – ein von dieser zuerkannter Rang kann nur für Frankreich und nur für die Dauer der Dienstleistung in Frankreich Wirksamkeit haben – steht Seiner Majestät als Oberstem Kriegsherrn der österreichischen Nation das Recht der Ernennung und Beförderung von österreichischen Militärpersonen zu. Dieses Recht steht für den österreichischen Rechtsbereich sogar ausschließlich Ihm zu.

Dieses Recht kann unbeschadet eines etwa vorhandenen französischen (oder anderen als österreichisch-ungarischen) Ranges ausgeübt werden; eine Ernennung oder Beförderung durch Seine Majestät verpflichtet den dieserart Ausgezeichneten für den österreichischen Bereich, berechtigt ihn aber zu keinerlei Anspruch gegen die Armee, in deren Reihen er augenblicklich dient. Solange eine ausschließlich nur auf den Obersten Kriegsherrn vereidigte und Seiner ausschließlichen Befehlsgewalt unterworfene Armee nicht besteht, wären daher allfällige Ernennungen oder Beförderungen mit dem Beisatz »unter Vorbehalt des Ranges bis zur Aufstellung einer österreichischen Armee« auszusprechen.

Die Erwerbung einer anderen als einer österreichischen Charge bedarf unter allen Umständen der allerhöchsten Bewilligung und Sanktion, wenn sie auch für den österreichischen Rechtsbereich gültig sein soll.

Für den internen Gebrauch wird beantragt, außer den für die französischen Militärbehörden bestimmten Listen (siehe oben) eine gegen Kriegsrisiken möglichst gesicherte Stelle mit der Evidenzhaltung aller außerhalb der Reichsgrenzen befindlichen Militärpersonen (Offiziere, Unteroffiziere, Reserveoffiziere, Militärärzte, usw.) zu beauftragen. Hauptzweck dieser Standesführung soll sein, für den Kriegsfall eine sofortige Übersicht der disponiblen Offiziere und Gleichgestellten zu ermöglichen und diese entsprechend zu instradieren.

Organisatorischer Aufbau des
CENTRE MILITAIRE POUR LES AUTRICHIENS.

I. Comité de Recrutement (angeschlossen: Bureau de Recrutement);
II. Service de Propagande et des Renseignements (erweiterte Stabsabteilung);
III. Commandement militaire du Corps Volontaire Autrichien.

Die Abteilung II. gliedert sich:

Bureau A: Dienstführende Koordinationsabteilung für:
Verbindung der Abteilungen untereinander,
Ausbildung des Spezialkaders,
Herstellung des Propagandamaterials.

Bureau B: Evidenzbureau (Defensive)
Österreichische Verbände im Ausland;
Renseignements;
Kriegsgefangenenlager,
Fürsorgeaktionen und Verbindung zu solchen;
(= Territoire français).

Bureau C: Liaison à l'arrière des fronts;
(= Territoire autrichien).

Im April 1939.«

Die Österreicher in Frankreich – die Kreise um Otto von Habsburg, durchaus nicht ausschließlich Monarchisten und Legitimisten – nahmen den Ball begeistert auf. Unmittelbar nach der Veröffentlichung des Dekrets vom 16. Mai 1939 entwickelte der zuständige Arbeitsring um Otto einen Plan zum Aufbau einer *österreichischen* Streitmacht innerhalb der französischen Armee.

»ENTWURF

betreffend die Zusammenarbeit der nationalen österreichischen Streitkräfte im Rahmen des nationalen französischen Verteidigungssystems

Die in Frankreich wohnenden Ex-Österreicher empfinden Genugtuung über das Gesetzesdekret, veröffentlicht am 16. Mai 1939, betreffend

1. die freiwillige Erlaubnis für alle Ausländer, sich zum Militärdienst zu melden und
2. die Unterstellung der staatenlosen Ausländer und der anderen Nutznießer des Asylrechtes unter die den Franzosen durch das Gesetz vom 11. Juli 1938 auferlegten militärischen Verpflichtungen.

Schon im Augenblick der internationalen Krise vom September 1938 hatten wir uns an unsere Landsleute gewandt und sie aufgefordert, sich freiwillig zur französischen Armee zu melden. Die Ex-Österreicher haben sich daraufhin zu Hunderten in unseren Büros eingefunden, um ihren Willen zu erklären, sich an der nationalen Verteidigung Frankreichs zu beteiligen, da dieses Land ihnen zur zweiten Heimat geworden war. Mit den gleichen Gefühlen sind die in Frankreich lebenden Ex-Österreicher auch heute bereit, an einem Krieg gegen jedweden Aggressor teilzunehmen und ganz besonders an einem Krieg gegen das nationalsozialistische Reich, den Unterdrücker ihres unglücklichen Vaterlandes.

Um die effizienteste Verwendung der nationalen österreichischen Streitkräfte im französischen nationalen Verteidigungssystem zu gewährleisten, erlauben wir uns im Folgenden den französischen Militärbehörden einige uns essentiell erscheinende Bemerkungen zu übermitteln.

Die militärischen, politischen und moralischen Leistungen, welche die Österreicher bereit sind der französischen Sache zu leisten, übersteigen bei weitem die rein zahlenmäßige Bedeutung der Emigration im engeren Sinne. Die Repräsentanten dieser Emigration sind auf das Engste mit dem unterdrückten Vaterland verbunden, wo Millionen von Landsleuten in einem europäischen Krieg das Signal für die Befreiung der Heimat von einer unerträglichen Fremdherrschaft sehen.

Die österreichische Emigration ist also heute der Sprecher dieser Millionen, die zum gegenwärtigen Zeitpunkt noch nicht die Möglichkeit haben, frei zu sprechen und zu handeln, die jedoch im Kriegsfalle eine vielleicht entscheidende Rolle spielen werden.

Die von der österreichischen Emigration im gegebenen Augenblick gegebenen Befehle könnten eine Volksbewegung von solchem Umfang gegen die deutschen Unterdrükker auslösen, daß allein dadurch die Fronten der Achse schwer in Mitleidenschaft gezogen werden könnten. – (Wir sind bereit, mündlich einige Details betreffend den aktuellen Stand der Organisation der oppositionellen Kräfte in Österreich selbst vorzubringen.) –

Die österreichische Emigration ist Träger eines nationalen Auftrages, eines Auftrages, der auf einem beträchtlichen Teil des feindlichen Territoriums subversive Einflüsse von erstrangiger Bedeutung hervorrufen wird. Es wäre daher äußerst wichtig, ab sofort mit der Ermächtigung und der Zustimmung der zuständigen französischen Behörden die militärischen und anderen Kräfte der österreichischen Emigration in einem nationalen Rahmen zusammenzufassen und zu organisieren.

Wir streben die Formierung eines Corps österreichischer Freiwilliger an

Was dies betrifft, beschränken wir uns heute darauf, einige der wichtigsten Punkte des Planes hervorzuheben. Wir sind auch gerne dazu bereit, jede weitere erwünschte Erklärung zu liefern. Die Hauptvorteile der Aufstellung eines österreichischen Corps wären die folgenden:

1. Die Präsenz eines österreichischen Freiwilligencorps an der Front, im Angesicht von Landsleuten, die wider Willen die Uniform des deutschen Heeres tragen müssen, könnte erheblich die Moral des Gegners untergraben und ganze Einheiten, die aus Österreichern zusammengesetzt sind, zur Desertion veranlassen. Die gleiche Wirkung wird sich übrigens auch gegenüber den italienischen Alpini-Einheiten ergeben, die zum Großteil aus Südtirolern gebildet sind. Es wird also von der Propaganda – wir werden im Folgenden darüber sprechen – und von einer gewissenhaften Auswahl abhängen, die heilen Elemente dieser Truppen dem Freiwilligencorps einzugliedern.

2. Die Kader eines österreichischen Freiwilligencorps würden jederzeit besonders qualifizierte Personen zur Verfügung stellen, die in Zusammenarbeit mit dem Nachrichtendienst und der französischen Propaganda wertvolle Dienste leisten könnten. Wir verweisen auf die Tatsache, daß wir schon jetzt über spezielle Kader für Sonderaufgaben verfügen, wie der Propaganda über T.S.F., Nachrichtendienst, Propaganda in neutralen Ländern, ausgebildete Leute, um bei Befragungen von Kriegsgefangenen Hilfe zu leisten, um

Kriegsgefangenenlager zu beeinflussen, um österreichische Elemente von den übrigen abzusondern etc. etc.
3. Einige tausende Österreicher, die nicht in Frankreich, sondern in der Schweiz und in England, in Belgien und in den Niederlanden, in den skandinavischen Ländern, in den Vereinigten Staaten, in Kanada und in Südamerika wohnhaft sind, teilen mit ihren Landsleuten in Frankreich den Wunsch, aktiv am gemeinsamen Werk der demokratischen Staaten mitzuwirken. Das Vorhandensein eines österreichischen Freiwilligencorps in Frankreich wird sie also entweder dazu bewegen, sich in den französischen Konsulaten einzufinden, um nach Frankreich gebracht zu werden, um dort in die französische Armee einzutreten oder Frankreich mit eigenen Mitteln zu erreichen, was die verfügbare Mannschaftsstärke erheblich verstärken könnte. Es wäre also von höchster Wichtigkeit, schon jetzt in Frankreich über eine Organisation zu verfügen, die sich ihrer Einbeziehung widmen könnte.
Um schließlich der Vielzahl an Aufgaben gerecht zu werden und um zwischen den französischen Militärbehörden und den Ex-Österreichern in Frankreich zu vermitteln, empfehlen wir die Einrichtung eines

MILITÄRISCHEN ZENTRUMS FÜR DIE ÖSTERREICHER
(Kommission für die Verwendung der staatenlosen Ex-Österreicher im Rahmen des Gesetzesdekretes).

Was seine Organisation betrifft, und unter Annahme einer wohlwollenden Aufnahme des Planes von seiten der zuständigen französischen Stellen, erlauben wir uns folgendes vorzuschlagen:
Das MILITÄRISCHE ZENTRUM FÜR DIE ÖSTERREICHER, aufgebaut als Kommission, wird in jeder Weise seine Hilfe und seine volle Zusammenarbeit der französischen Armee und der französischen Verwaltung zur Verfügung stellen, insbesondere was die Rekrutierung, die Identifizierung, die Ausbildung und die Überwachung der freiwilligen oder rekrutierbaren Österreicher anbelangt. Das C.M.P.L.A. wird der Leitung eines Offiziers der französischen Armee unterstellt, der speziell zu diesem Zweck abgestellt ist.
Mit der Zustimmung desselben kann der (zivile) Präsident des C.M.P.L.A. einberufen:

(I.) Das Rekrutierungskomitee (Erste Sektion des C.M.).
Dieses Komitee würde sich im Prinzip, unter dem Kommando eines französischen Offiziers, aus 10 bis 15 österreichischen Mitgliedern zusammensetzen, die durch ihre persönliche Integrität für die genannten Aufgaben qualifiziert sind, und die dank ihrer persönlichen Beziehungen und Kenntnisse die dauernde Verbindung mit allen wünschenswerten Elementen der österreichischen Emigration aufrecht erhalten würden.
Das Rekrutierungskomitee wird eine beschränkte Anzahl seiner Mitglieder bestimmen, um das *Stellungsbüro* im engeren Sinne zu formieren, dessen Hauptaufgabe die Kontrolle und die Auswahl der Freiwilligen sein würde, ebenso wie die Überprüfung aller Listen, die die französischen Behörden von ihm anfordert. Es wird für das gute Funktionieren der Rekrutierung und für die Ausführung aller vorbereitenden Arbeiten verantwortlich sein.
Zur Ersten Sektion (Rekrutierung) wird die Zweite Sektion des CENTRE MILITAIRE POUR LES AUTRICHIENS, genannt

(II.) Propaganda und Nachrichtendienstsektion
Immer in voller Zusammenarbeit mit den entsprechenden französischen Stellen und unter ihrem obersten Kommando wird es von dieser Sektion abhängen, alle subversiven Propagandaaktionen vorzubereiten und durchzuführen, um an den gegnerischen Fronten, im Hinterland, in den Kriegsgefangenenlagern, in den neutralen Ländern, mit Flugzetteln, mit für österreichische Kader in der deutschen Armee bestimmten Flugschriften und mittels Radio Propaganda zu machen, – dies alles nach den detaillierten Plänen, die wir uns gestatten werden, den zuständigen französischen militärischen Kreisen vorzulegen. Diese Abteilung müßte darüber hinaus dem französischen Generalstab Spezialagenten zur Verfügung stellen, die die Verhöre von Kriegsgefangenen österreichischer Nationalität effizienter gestalten könnten, etc. –
Nach der Einrichtung der beiden genannten Sektionen, könnte man zur Einrichtung der III.ten Sektion, genannt

(III.) Militärische Befehlzentrale des Corps
übergehen. Da das österreichische Freiwilligencorps ein Teil der französischen Territorialarmee ist, ist es selbstverständlich, daß es im Ernstfall dem Befehl französischer Offiziere unterstellt wäre.
Das französische Kommando wird sicherlich der Tatsache Rechnung tragen, daß die österreichische Emigration in Europa ebenso wie in mehreren überseeischen Ländern über höhere Offiziere verfügt, die sowohl militärisch (wozu man ihre exakte Kenntis der derzeit vom Reich und von Italien annektierten Gebiete zählt) als auch politisch hochqualifiziert sind. Diese würden nichts besseres verlangen, als im Ernstfalle ihren französischen Kollegen zur Seite zu stehen. Sogar ohne von vorneherein anerkannten militärischen Rang wüßten sie auf hervorragende Weise die Aufgaben des Kommandos der Freiwilligencorps zu ergänzen. Sie würden also Beweise ihrer Qualitäten erbringen, was dem französischen Oberkommando erlauben würde, nach einiger Zeit über die Frage ihres Ranges zu entscheiden (1).
Wir unterstreichen hier, um keine Mißverständnisse aufkommen zu lassen, daß alle Mitglieder und Funktionäre der oben genannten Sektionen persönlich dem österreichi-

schen Freiwilligencorps eingegliedert wären und daher ebenso wie alle anderen Österreicher in der Armee dem Oberbefehl derselben unterstellt wären, ebenso wie derselben militärischen Disziplin.
Wir halten uns bereit, jeder von den betroffenen französischen Dienststellen zu diesem Zwecke bestimmten Kommission detaillierte Vorschläge vorzulegen, ebenso wie das gesamte Material über schon getätigte Rekrutierungen (Freiwilligenmeldungen vom September 1938), die Listen der Spezialisten und besonderen Kader etc. –

(1): Detaillierte Auskünfte über diese Punkte können mündlich erbracht und übermittelt werden.«

Aus welchen Persönlichkeiten bestand der Kreis, der sich um Otto von Habsburg geschart hatte? Wodurch zeichnete sich diese ebenso ideenreiche wie effiziente Schar aus? Am einfachsten ist die Atmosphäre um Otto wahrscheinlich durch einen Vergleich zu beschreiben. Man nehme das Blatt »DER SOZIALISTISCHE KAMPF« der Revolutionären Sozialisten um Otto Bauer und seinen Kreis zur Hand und die »Österreichische Post« der Legitimisten: dort eine einzig und allein auf den Gedanken »Revolution« ausgerichtete eiskalte theoretische Schrift, die sich in schier endlosen Aufsätzen in revolutionären Planspielen erging, in absolut nicht österreichischen Gedankengängen.
Schlägt der unbefangene Leser hingegen eine Ausgabe des unter dem gewiß bescheidenen, aber liebenswürdig gehaltenen Titel »Die österreichische Post« erschienenen Blattes auf, so fühlt er sich in eine andere, und sicher auch bessere Welt versetzt: In der »Post« Otto von Habsburgs schrieb ein Franz Werfel, ein Alfred Polgar, dort erschien als Fortsetzungsgeschichte Joseph Roths unsterbliche »Kapuzinergruft«. Wer in der »Post« blättert, darf wohl sagen: in *deren* Lager war Österreich. Von den großen Politikern, die für die »Österreichische Post« schrieben, sollen nur Richard Graf Coudenhove-Kalergi genannt sein, Harold Nicolson, prominenter Abgeordneter im Unterhaus, oder auch Winston Churchill.
Sozialisten wie Julius Deutsch, die die Welt schon ein wenig kannten, bemühten sich – absolut vergeblich – bei dem »inneren Kreis« der Revolutionären Sozialisten um Versöhnung und Vernunft. Es gehört tatsächlich zu den Treppenwitzen der Weltgeschichte, daß ausgerechnet jene Leute, die alles darangesetzt haben, aber wirklich alles, um Österreichs Wiedergeburt als freier und unabhängiger Staat zu verhindern, *nach* der gegen ihren Widerstand erfolgten und nur den Habsburgern zu verdankenden Wiedererstehung alles, aber auch schon wirklich alles, daransetzten, um Otto und seiner Familie die Heimkehr zu verwehren.
Selbstverständlich gab es im sozialistischen »Lager« auch Männer, die das Gebot der Stunde erkannten. In London war es der Sozialdemokrat Heinrich Allina, der seine uneingeschränkte Mitarbeit Erzherzog Robert anbot, in Paris war es Karl Hartl, ein Mann, dem sein Name geradezu auf den Leib geschrieben war: hart, aber mit österreichischem Diminuitiv, also liebenswert hart.
Als alle Versuche scheiterten, mit den »Revolutionären Sozialisten« (die nie Österreich wollten, sondern ausschließlich ein revolutionäres Großdeutschland) ins Gespräch zu kommen, sahen sich die österreichischen Sozialdemokraten im Exil gezwungen, sich zu wehren. Es gibt dazu zwei erschütternde Dokumente:

»AKTENVERMERK

Das Organisationskomitee der österreichischen Sozialdemokraten in Paris (rechter Flügel der österreichischen Sozialdemokratie) ist seit einigen Monaten besonderes Angriffsziel für Verleumdungen, vornehmlich kommunistischen Ursprungs, oder von Agenten der Revolutionären österreichischen Sozialisten, einer offiziellen Organisation mit dem Sitz 20, Avenue de Trudaine.
Die extreme österreichische Linke verzeiht dem Organisationskomitee der österreichischen Sozialdemokraten nicht seine antigroßdeutsche und nationalösterreichische Haltung, welche diese Gruppe seit dem Beginn des Krieges an den Tag gelegt hat, indem sie mit der nationalen österreichischen Bewegung zusammenarbeitete. Nach einer klassischen Vorgangsweise versucht die 3. Internationale ihre Gegner in den Augen der französischen Behörden dadurch verdächtig zu machen, daß man sie als Kommunisten hinstellt.
Die Verleumder versuchen die Tatsache als Beweis heranzuziehen, daß einer der Chefs des Organisationskomitees der österreichischen Sozialdemokraten, Herr Bibring David, 28, rue Vanneau, bekannt unter dem Schriftstellernamen Brenner, bis 1930 der kommunistischen Internationale angehört hat. Diese Tatsache war jedoch den Leitern des österreichischen nationalen Dienstes bekannt, als er zum Mitarbeiter und später zum Mitdirektor des österreichischen nationalen Dienstes, 30, rue Saint-Augustin, bestimmt wurde. Ein Lebenslauf von Herrn Bibring-Brenner, in dem seine Aktivitäten für die kommunistische Partei Österreichs in der Vergangenheit genau erläutert worden waren, wurde dem Quay d'Orsay und der Ministerpräsidentschaft am Beginn des Krieges übergeben.
Seit Jahren hat Herr Brenner nicht nur jede Verbindung mit der moskowitischen Bewegung abgebrochen, sondern ist einer ihrer leidenschaftlichsten Gegner geworden, was ihm eben die Feindseligkeit der 3. Internationale und ihrer Helfershelfer einträgt.
Das Organisationskomitee der österreichischen Sozialdemokraten ist im Juni 1938 gegründet worden. Es tendiert

eindeutig zu einer endgültigen Trennung Österreichs von Deutschland, ungeachtet des im Reich existierenden Regimes. Hierdurch unterscheidet sich das Organisationskomitee der österreichischen Sozialdemokraten klar von der offiziellen Sozialdemokratie (Auslandsdelegation der österreichischen Sozialisten, 20, Avenue de Trudaine – Revolutionäre Sozialisten) die, zumindest bis zum Kriegsbeginn, nie ihre Vorliebe für eine großdeutsche Revolution verhehlt hat.

Andererseits hat das Organisationskomitee seit Beginn des Krieges für eine österreichische Legion gearbeitet und hat immer die Notwendigkeit einer geheiligten Union der Österreicher vertreten, während die Revolutionären Sozialisten zumindest bis zum Anfang dieses Monats gegenüber jeder Vorstellung eines österreichischen Freiwilligencorps feindselig geblieben sind und sogar unter den gegenwärtigen Umständen jede politische Zusammenarbeit mit gemäßigten Gruppen oder unabhängigen Sozialisten abgelehnt haben.

Leitung des Organisationskomitees der Österreichischen Sozialdemokraten:
Herr David Bibring-Brenner, 28, rue Varneau
Herr Karl Hartl, 14, Allée des chênes, Plessis-Robinson
Doktor Erwin Pollach, genannt Kaiser, 165, rue Pelleport
Frau Eleonore Müller-Mittler, Sekretärin, 28, rue Vanneau

Resolution betreffend die Pflichten der österreichischen Sozialdemokratie während des Krieges

Die Österreichischen Sozialdemokraten in den Gruppierungen der »Association of Austrian socialdemocrats in Great Britain« und im »Comité d'Organisation des Sociaux-Démocrates autrichiens« erklären:

Die entscheidende Rolle, die der österreichischen Arbeiterklasse im Kampfe gegen Hitler und für die Befreiung des unterdrückten Landes zukommt, muß ihren höchsten Ausdruck in der Tatsache finden, daß die österreichischen Arbeiter und Sozialisten in ein österreichisches Freiwilligenkorps eintreten.

Dieses österreichische Freiwilligenkorps wird das österreichische Volk in seiner Gesamtheit repräsentieren, unter der Fahne der Freiheit und der Unabhängigkeit, an der Seite der Armeen und all der demokratischen Kräfte, die gegen die Gewaltherrschaft der Diktaturen kämpfen.

Die unterzeichneten sozialistischen Gruppierungen sind entschlossen, alles zu unternehmen, um für dieses österreichische Freiwilligenkorps in Österreich selbst Freiwillige zu mobilisieren, ist diese Aktion doch unabdingbar, um die Tyrannei niederzukämpfen für den Triumph der Freiheit.

Die österreichische Arbeiterklasse wird alles unternehmen, ist auch zu jedem Opfer bereit, um die Dauer des Krieges und die Sklaverei in ihrem Vaterlande abzukürzen.

Es lebe das freie Österreich!
Es lebe die österreichische Sozialdemokratie!
Es lebe der kämpfende und triumphierende Sozialismus!

Association of Austrian Social Democrates in Great Britain, London	Comité d'organisation des sociaux-démocrates autrichiens, Paris
Heinrich Allina Schubauer	Karl Hartl Georg Brenner Dr. Kurt Kaiser

Paris – London, am 20. März 1940«

Frankreich erkennt die Notwendigkeit einer Wiederherstellung Österreichs an

Im Juli 1939 fand das entscheidende Gespräch des Ministerpräsidenten Daladier mit Otto von Habsburg über Österreich auf Schloß Chantilly, ehemals Residenz der Montmorency und Condé, statt, in dem es erstmals gelang, ein

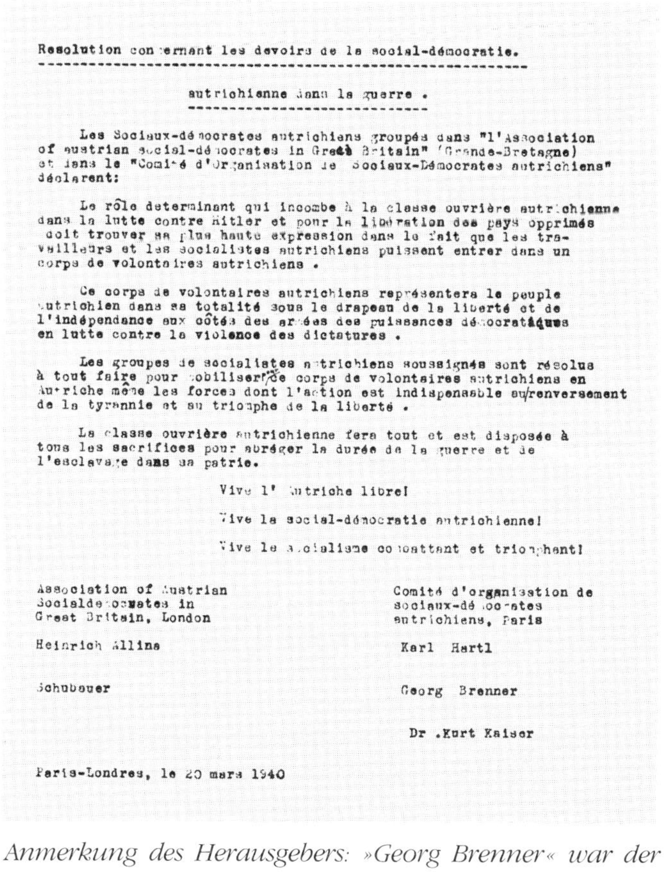

Resolution concernant les devoirs de la social-démocratie.

autrichienne dans la guerre .

Les Sociaux-démocrates autrichiens groupés dans "l'Association of austrian social-démocrates in Greàt Britain" (Grande-Bretagne) et dans le "Comité d'Organisation de Sociaux-Démocrates autrichiens" déclarent:

Le rôle determinant qui incombe à la classe ouvrière autrichienne dans la lutte contre Hitler et pour la libération des pays opprimés doit trouver sa plus haute expression dans le fait que les travailleurs et les socialistes autrichiens puissent entrer dans un corps de volontaires autrichiens .

Ce corps de volontaires autrichiens représentera le peuple autrichien dans sa totalité sous le drapeau de la liberté et de l'indépendance aux côtés des armées des puissances démocratiques en lutte contre la violence des dictatures .

Les groupes de socialistes autrichiens soussignés sont résolus à tout faire pour mobiliser ce corps de volontaires autrichiens en Autriche même les forces dont l'action est indispensable au renversement de la tyrannie et au triomphe de la liberté .

La classe ouvrière autrichienne fera tout et est disposée à tous les sacrifices pour abréger la durée de la guerre et de l'esclavage dans sa patrie.

Vive l' Autriche libre!

Vive la social-démocratie autrichienne!

Vive le socialisme combattant et triomphant!

Association of Austrian Socialdemocrates in Great Britain, London	Comité d'organisation de sociaux-démocrates autrichiens, Paris
Heinrich Allina	Karl Hartl
Schubauer	Georg Brenner
	Dr .Kurt Kaiser

Paris-Londres, le 20 mars 1940

Anmerkung des Herausgebers: »Georg Brenner« war der Kriegsname von David Bibring, Dr. Erwin Pollach firmierte als »Dr. Kurt Kaiser« und Karl Hartl war und blieb Karl Hartl.

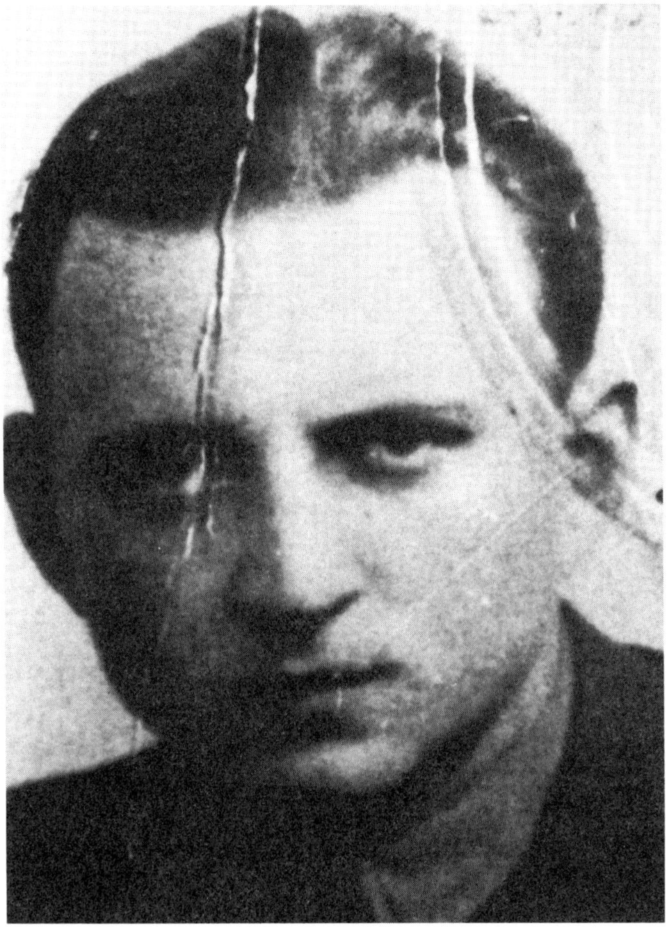

Karl Hartl, der leidenschaftlich für die Wiedererrichtung Österreichs eintrat und daraufhin aus der Sozialdemokratischen Partei ausgeschlossen wurde. Erst Bruno Kreisky »rehabilitierte« den Sozialdemokraten, der die ganze Kriegszeit über im französischen Untergrund gekämpft hatte, und holte ihn in das Außenamt.

alliiertes Land ausdrücklich auf die Wiederherstellung eines freien, unabhängigen Österreich festzulegen.
Unmittelbar darauf verfaßten Otto von Habsburg und sein Mitarbeiter Martin Fuchs eine Denkschrift, um die französische Regierung zur offiziellen Anerkennung einer österreichischen Exilregierung zu bewegen.
Angelpunkt dieses Meisterstücks einer Rechtsbegründung ist die Tatsache, daß sich ein Mitglied der Regierung Schuschnigg, der Bundesminister Hans Rott – »ein gut gesinnter, gerader, leider allzu unerfahrener Mann; die Tatsache, daß er auch noch manueller Arbeiter war, machte ihn sehr sympathisch« – im Pariser Exil befand und nach dem Tode Zernattos wohl einziges exiliertes Regierungsmitglied war, aber eben doch eine Rechtskontinuität eindeutig gewährleistete. Daß mit Hans Rott die Politik des »Ständestaates« im Exil weitergeführt werden sollte, ist eine absurde Behauptung. Seine Aufgabe war es, in dieser extremen Notzeit eine staatliche österreichische Kontinuität darstellen zu helfen, sonst garnichts.

»Wir haben das Schriftstück im Juli '39 verfaßt, nach einem Gespräch mit Ministerpräsident Daladier, das von dem US-Botschafter in Paris, William Bullitt, oder von dem französischen Innenminister Georges Mandel vermittelt worden war, daran erinnere ich mich nicht mehr genau. In jenem Gespräch mit Ministerpräsident Edouard Daladier war zum ersten Mal eindeutig die Rede von der Möglichkeit einer österreichischen Exilvertretung. Es war das auch jenes Gespräch, in dem ich mit Edouard Daladier ausmachte, daß Frankreich die Befreiung Österreichs und die Wiederherstellung von Österreichs Souveränität als Kriegsziel annehmen werde, sobald der Krieg mit Hitlerdeutschland ausgebrochen sei. Daladier hat sich übrigens fest an diese Vereinbarung gehalten, was aus den Telegrammen Frankreichs an die Königin von Holland und den König von Belgien im Dezember 1939 klar zu ersehen ist.«
Das Ergebnis der Anerkennung der Notwendigkeit, Österreich als unabhängigen Staat wiederherzustellen – es muß dieser Schritt unbedingt als erste Stufe zur »Moskauer Deklaration« verstanden werden –, war der Versuch von österreichischer Seite, eine Exilregierung aufzustellen, um alle österreichischen Interessen wahren zu können. Der französischen Regierung wurde die folgende Denkschrift überreicht:

»Memorandum

zur Rechtsbegründung des Anspruches auf Anerkennung als Fortsetzung der letzten legalen Regierung Österreichs.

I. Die Illegalität der Annexion.

In Anbetracht der Tatsache daß:
1) Die Unabhängigkeit, Integrität und volle Souveränität Österreichs in den verschiedensten Verträgen nach dem Weltkrieg 1914–1918 feierlichst bestätigt wurde und von allen Regierungen der Welt, insbesondere von den Großmächten, anerkannt war;
2) In den verschiedensten gemeinsamen Erklärungen die Vertreter der englischen, französischen und italienischen Regierungen den Willen ihrer resp. Regierungen bekannt gaben, daß »die Notwendigkeit der Erhaltung der Unabhängigkeit und Integrität Österreichs weiterhin ihre gemeinsame Politik leiten werde« (englisch-französisch-italienische Erklärungen vom 17. Feber 1934, vom 27. September 1934, nach der Stresa-Konferenz am 14. April 1935, in der gemeinsamen englisch-französischen Erklärung im Namen der Regierung Seiner Majestät des United Kingdoms und der Regierung der französischen Republik vom 3. Feber 1935 usw.);
3) Österreich ein gleichberechtigtes Mitglied des Völkerbundes war und sein internationaler Status als unabhängi-

ger Staat nur nach vorherigem Beschluß des Völkerbundes geändert werden durfte (Friedensvertrag von St. Germain, Artikel 88);
4) Artikel 10 des Covenant des Völkerbundes vom 28. Juni 1919 die Mitglieder des Völkerbundes verpflichtet, die territoriale Integrität und die bestehende politische Unabhängigkeit aller Mitglieder des Völkerbundes zu respektieren und gegen Angriffe von Außen zu schützen;
5) Die mexikanische Regierung nach dem Überfall Deutschlands auf Österreich im Namen der lateinamerikanischen Regierungen in Übereinstimmung mit den Bestimmungen des Völkerbundes einen Protest beim Völkerbund einreichte;
6) Deutschland insbesonders nicht nur im Friedensvertrag von Versailles (Artikel 80) ausdrücklich die Unabhängigkeit und Integrität Österreichs anerkannt hat, sondern in den verschiedensten freiwilligen und bindenden öffentlichen Erklärungen und im Namen der verantwortlichen Regierungen Deutschlands in der Zeitspanne von 1920 bis 1938 diese bedingungslose Anerkennung der Unabhängigkeit Österreichs wiederholt hat;
7) Der Überfall auf Österreich durch die deutsche Wehrmacht am 11. März 1938 einen einseitigen Vertragsbruch darstellt, durch welchen weder die Rechtsgültigkeit der diesbezüglichen internationalen Verträge noch die bindenden Erklärungen der englischen, französischen und italienischen Regierungen zu Recht aufgehoben wurden;

II. Die Unmöglichkeit eines effektiven Widerstandes.

Weiterhin in Anbetracht der Tatsache daß:
8) Die österreichische Armee ausschließlich der Aufrechterhaltung der Ordnung innerhalb der Grenzen Österreichs und zur Kontrolle dieser Grenzen dienen sollte (Friedensvertrag von St. Germain, Artikel 120);
9) Die österreichische Armee den Stand von 30.000 Mann nicht überschreiten durfte und weder Tanks, noch Flugzeuge, noch schwere Artillerie, noch Befestigungsanlagen, noch im Allgemeinen zur modernen Kriegsführung notwendige Spezialwaffen benützen durfte (idem Artikel 121);
10) Jede effektive Kriegsindustrie oder selbst Vorkehrungen zur Schaffung einer solchen Kriegsindustrie verboten war (idem Artikel 132);
11) Alle Maßnahmen für eine Mobilisierung verboten waren (idem Artikel 18);
12) Es weiterhin auch nach dem Jahr 1936 bei den beschränkten Mitteln, die Österreich zu Aufrüstungszwecken verwenden konnte, unmöglich war, bis zum März 1938 das Land in einen verteidigungsfähigen Zustand zu setzen und es ebenso unmöglich war, in dieser Zeitspanne eine produktionsfähige Kriegsindustrie auch nur in ihren Anfängen aufzubauen;

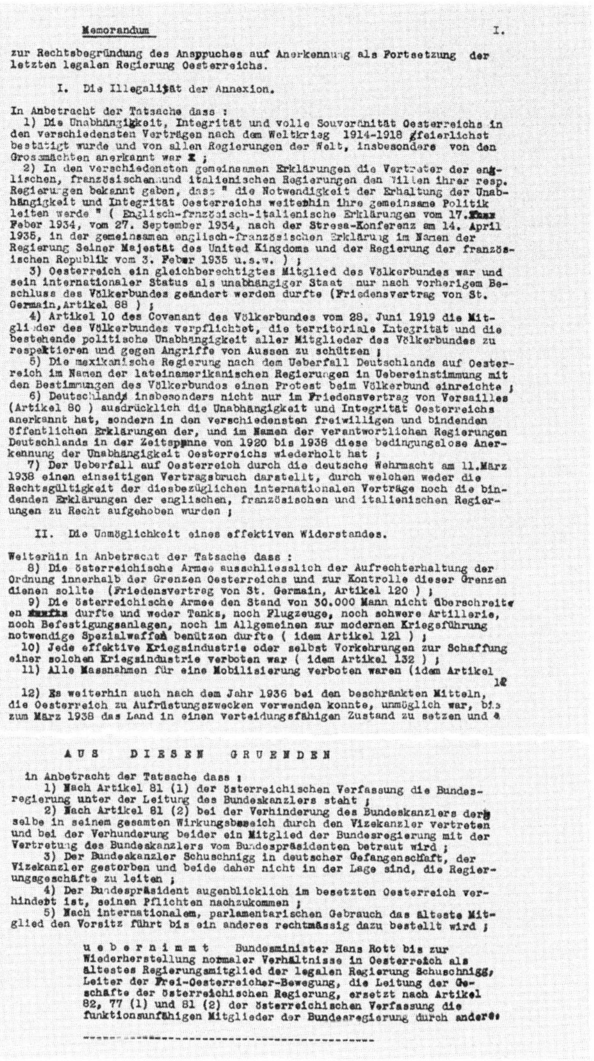

Memorandum I.

zur Rechtsbegründung des Ansppuches auf Anerkennung als Fortsetzung der letzten legalen Regierung Oesterreichs.

I. Die Illegalität der Annexion.

In Anbetracht der Tatsache dass :
1) Die Unabhängigkeit, Integrität und volle Souveränität Oesterreichs in den verschiedensten Verträgen nach dem Weltkrieg 1914-1918 feierlichst bestätigt wurde und von allen Regierungen der Welt, insbesondere von den Grossmächten anerkannt war ;
2) In den verschiedensten gemeinsamen Erklärungen die Vertreter der englischen, französischen und italienischen Regierungen den Willen ihrer resp. Regierungen bekannt gaben, dass " die Notwendigkeit der Erhaltung der Unabhängigkeit und Integrität Oesterreichs weiterhin ihre gemeinsame Politik leiten werde " (Englisch-französisch-italienische Erklärungen vom 17. Feber 1934, vom 27. September 1934, nach der Stresa-Konferenz am 14. April 1935, in der gemeinsamen englisch-französischen Erklärung im Namen der Regierung Seiner Majestät des United Kingdoms und der Regierung der französischen Republik vom 3. Feber 1935 u.s.w.) ;
3) Oesterreich ein gleichberechtigtes Mitglied des Völkerbundes war und sein internationaler Status als unabhängiger Staat nur nach vorherigem Beschluss des Völkerbundes geändert werden durfte (Friedensvertrag von St. Germain, Artikel 88) ;
4) Artikel 10 des Covenant des Völkerbundes vom 28. Juni 1919 die Mitglieder des Völkerbundes verpflichtet, die territoriale Integrität und die bestehende politische Unabhängigkeit aller Mitglieder des Völkerbundes zu respektieren und gegen Angriffe von Aussen zu schützen ;
5) Die mexikanische Regierung nach dem Ueberfall Deutschlands auf Oesterreich im Namen der lateinamerikanischen Regierungen in Uebereinstimmung mit den Bestimmungen des Völkerbundes einen Protest beim Völkerbund einreichte ;
6) Deutschland insbesonders nicht nur im Friedensvertrag von Versailles (Artikel 80) ausdrücklich die Unabhängigkeit und Integrität Oesterreichs anerkannt hat, sondern in den verschiedensten freiwilligen und bindenden öffentlichen Erklärungen der, und im Namen der verantwortlichen Regierungen Deutschlands in der Zeitspanne von 1920 bis 1938 diese bedingungslose Anerkennung der Unabhängigkeit Oesterreichs wiederholt hat ;
7) Der Ueberfall auf Oesterreich durch die deutsche Wehrmacht am 11. März 1938 einen einseitigen Vertragsbruch darstellt, durch welchen weder die Rechtsgültigkeit der diesbezüglichen internationalen Verträge noch die bindenden Erklärungen der englischen, französischen und italienischen Regierungen zu Recht aufgehoben wurden ;

II. Die Unmöglichkeit eines effektiven Widerstandes.

Weiterhin in Anbetracht der Tatsache dass :
8) Die österreichische Armee ausschliesslich der Aufrechterhaltung der Ordnung innerhalb der Grenzen Oesterreichs und zur Kontrolle dieser Grenzen dienen sollte (Friedensvertrag von St. Germain, Artikel 120) ;
9) Die österreichische Armee den Stand von 30.000 Mann nicht überschreiten durfte und weder Tanks, noch Flugzeuge, noch schwere Artillerie, noch Befestigungsanlagen, noch im Allgemeinen zur modernen Kriegsführung notwendige Spezialwaffen benützen durfte (idem Artikel 121) ;
10) Jede effektive Kriegsindustrie oder selbst Vorkehrungen zur Schaffung einer solchen Kriegsindustrie verboten war (idem Artikel 132) ;
11) Alle Massnahmen für eine Mobilisierung verboten waren (idem Artikel 18
12) Es weiterhin auch nach dem Jahr 1936 bei den beschränkten Mitteln, die Oesterreich zu Aufrüstungszwecken verwenden konnte, unmöglich war, bis zum März 1938 das Land in einen verteidungsfähigen Zustand zu setzen und

A U S D I E S E N G R U E N D E N

in Anbetracht der Tatsache dass :
1) Nach Artikel 81 (1) der österreichischen Verfassung die Bundesregierung unter der Leitung des Bundeskanzlers steht ;
2) Nach Artikel 81 (2) bei der Verhinderung des Bundeskanzlers derselbe in seinem gesamten Wirkungsbereich durch den Vizekanzler vertreten und bei der Verhunderung beider ein Mitglied der Bundesregierung mit der Vertretung des Bundeskanzlers vom Bundespräsidenten betraut wird ;
3) Der Bundeskanzler Schuschnigg in deutscher Gefangenschaft, der Vizekanzler gestorben und beide daher nicht in der Lage sind, die Regierungsgeschäfte zu leiten ;
4) Der Bundespräsident augenblicklich im besetzten Oesterreich verhindert ist, seinen Pflichten nachzukommen ;
5) Nach internationalem, parlamentarischen Gebrauch das älteste Mitglied den Vorsitz führt bis ein anderes rechtmässig dazu bestellt wird ;

u e b e r n i m m t Bundesminister Hans Rott bis zur Wiederherstellung normaler Verhältnisse in Oesterreich als ältestes Regierungsmitglied der legalen Regierung Schuschnigg, Leiter der Frei-Oesterreicher-Bewegung, die Leitung der Geschäfte der österreichischen Regierung, ersetzt nach Artikel 82, 77 (1) und 81 (2) der österreichischen Verfassung die funktionsunfähigen Mitglieder der Bundesregierung durch andere

13) Somit die österreichische Regierung durch die Österreich auferlegten, oben angeführten Verpflichtungen nicht in der Lage war, die Unabhängigkeit und Integrität Österreichs im Falle eines militärischen Angriffes mit allen dazu notwendigen Mitteln zu verteidigen;
14) Andererseits aber alle Angriffe des deutschen Reiches und im Auftrag des deutschen Reiches auf die Unabhängigkeit Österreichs mit anderen als militärischen Mitteln in ständigem Kampf von 1933 bis 1938 erfolgreich abgewiesen wurden und Österreich somit seinen Willen zur Erhaltung der Selbständigkeit bewiesen hat;
15) Österreich als Mitglied des Völkerbundes Anrecht auf Schutz und Hilfe gegen den deutschen Überfall hatte;
16) Der Völkerbund den von allen seinen Mitgliedern in den Artikeln 10–21 des Covenant des Völkerbundes vom 28. Juni 1919 übernommenen Verpflichtungen nicht nachgekommen ist;
17) Die österreichische Bundesregierung bei den Großmächten, Mitgliedern des Völkerbundes, vergeblich um Schutz und Hilfe angesucht hat;

18) Österreich, sich selbst überlassen, jedoch nicht in der Lage war, sich zu verteidigen und daher die Unmöglichkeit vorlag, gegen eine von außen kommende Gewalt einen effektiven Widerstand zu leisten;

III. Der rechtliche Weiterbestand der Regierung Schuschnigg.

Weiterhin in Anbetracht der Tatsache daß:
19) Die von der deutschen Reichsregierung durch Ultimatum und Gewalt erzwungene sogenannte Regierung Seyß-Inquart ungesetzlich war und gegen die österreichische Verfassung verstieß;
20) Daher die letzte legale Regierung Österreichs die Regierung Schuschnigg bleibt, diese Regierung nur der Gewalt gewichen ist und somit rechtmäßig weiterbesteht;

AUS DIESEN GRÜNDEN

in Anbetracht der Tatsache daß:
1) Nach Artikel 81 (1) der österreichischen Verfassung die Bundesregierung unter der Leitung des Bundeskanzlers steht;
2) Nach Artikel 81 (2) bei der Verhinderung des Bundeskanzlers derselbe in seinem gesamten Wirkungsbereich durch den Vizekanzler vertreten und bei der Verhinderung beider ein Mitglied der Bundesregierung mit der Vertretung des Bundeskanzlers vom Bundespräsidenten betraut wird;
3) Der Bundeskanzler Schuschnigg in deutscher Gefangenschaft, der Vizekanzler gestorben und beide daher nicht in der Lage sind, die Regierungsgeschäfte zu leiten;
4) Der Bundespräsident augenblicklich im besetzten Österreich verhindert ist, seinen Pflichten nachzukommen;
5) Nach internationalem, parlamentarischen Gebrauch das älteste Mitglied den Vorsitz führt, bis ein anderes rechtmäßig dazu bestellt wird;
übernimmt Bundesminister Hans Rott bis zur Wiederherstellung normaler Verhältnisse in Österreich als ältestes Regierungsmitglied der legalen Regierung Schuschnigg, Leiter der Frei-Österreicher-Bewegung, die Leitung der Geschäfte der österreichischen Regierung, ersetzt nach Artikel 82, 77 (1) und 81 (2) der österreichischen Verfassung die funktionsunfähigen Mitglieder der Bundesregierung durch andere.

Die Revolutionären Sozialisten liefen bei der französischen Regierung Sturm gegen diese Resolution, um die Aufstellung einer österreichischen Exilregierung zu verhindern. Der völlig harmlose Hans Rott diente dabei als Vorwand, gegen Schuschnigg aufzutreten, der längst in Hitlers Lagern schmachtete, während Dr. Karl Renner nun in einem groß angelegten Aufsatz die Annexion der Tschechoslowakei begrüßte und mancherlei Privilegien genoß...
Daß es bei Hans Rott nicht um Schuschnigg, sondern eine Chance zur Wahrung österreichischer Kontinuität ging, war den Sozialisten völlig gleichgültig.
Es gibt bereits einige hervorragende Darstellungen der Lage der österreichischen Emigration in Frankreich; in Österreich befaßte sich Dr. Ernst Schwager in einer einschlägigen Dissertation in bemerkenswerter Offenheit mit diesem Thema, und in Frankreich Professor Joseph Rovan, zu dessen Erkenntnissen Otto von Habsburg, nicht ohne den ihm eigenen Schuß Humor, heute bemerkt: »Rovans Studie ist fast ausschließlich auf den Erinnerungen von Klaus Dohrn aufgebaut. Dohrn war ein hochintelligenter, talentierter Mensch, der aber leider auch – durch seine Persönlichkeitsstruktur – sehr viele Probleme geschaffen hat, was dann zu einer Distanzierung führen mußte. Schade... der Mann hatte ungeheures Talent, ein guter Journalist, ideenreich.«
Leider waren zahllose Emigranten, so idealistisch und selbstlos sie auch gesinnt sein mochten, auf Grund der Entwurzelung und der damit verbundenen Geldnot oft allzu leicht erpreßbar und bestechlich.
Klaus Dohrn gehörte zu jenen, die niemals vollen Einblick in die Hintergründe der Aktionen Ottos erhalten hatten; er stellte ein zu großes Sicherheitsrisiko dar.
»Entscheidend bei diesen Hintergründen war die Hilfe des Hauses Rothschild. Zu diesem hatte ich Kontakte über zwei Personen, einen Verwandten der Rothschilds, Herrn Karl Hans Strauß, einen wohl gänzlich unpolitischen, aber dafür grundanständigen Menschen. Die andere Kontaktperson war Anatole Mühlstein, ein ganz großes politisches Talent. Er war der Sohn des Großrabbiners von Wilna, war dann in der zaristischen Zeit in die anarchistische Szene gelangt, hatte sich an einem Attentat gegen einen Großfürsten beteiligt und wurde daraufhin zu längerer Gefängnisstrafe verurteilt. Im Laufe dieser Gefängnisstrafe wurde er zum Konservativen, da er Zeit hatte, zu lesen und da er ein hochintelligenter Mann war. Nach der Befreiung schloß sich Mühlstein der polnischen Bewegung an und wurde ein Mitarbeiter von Marschall Pilsudski. Er spielte auch eine Rolle in der polnischen Diplomatie. Er war dann, in der zweiten Hälfte des Weltkrieges, der Mann, der das Vermögen der Rothschilds übernahm und es wieder zu dem aufgebaut hat, was es heute ist. Bei den Rothschilds hat uns ganz besonders der alte Baron Robert, der in Paris lebte, unterstützt. Ich möchte aber auch noch auf eine zweite starke Unterstützung von Seiten von Madame Wittouck, geborene Brandeis, verweisen, die durch ihren Mann sehr stark in der Zuckerindustrie Belgiens verankert war. Sie hat gewaltig für die österreichische Sache gespendet.«
Zu all den Finanzierungs- und Organisationsproblemen

kamen noch die ständigen Infiltrierungsversuche von Seiten der Geheimdienste.
Schon zu Zeiten der Emigration in Frankreich bildete sich (nicht immer schlecht für Otto von Habsburg und seine Getreuen) die Legende heraus, so manches liefe über »Luxemburg«, wo man ja einen leiblichen Onkel des Habsburgers wußte, ebenso wie einen engen Verwandten auf dem Throne der Belgier. »Es wird erzählt, daß ich die Möglichkeit gehabt hätte, luxemburgische Pässe durch die luxemburgische Regierung für die österreichische Emigration zu erhalten. Das stimmt einfach nicht. Vielmehr hatte der französische Nachrichtendienst eine ziemliche Anzahl von luxemburgischen Pässen gefälscht oder gestohlen, das weiß ich natürlich nicht, und mir dann für unsere Leute solche Pässe gegeben. Ich wollte natürlich denen, die solche Pässe erhielten, nicht sagen, woher sie kamen, daher der Eindruck von Dohrn, daß ich die von den Luxemburgern hatte. Diese Personaldokumente haben sich übrigens sehr gut bewährt.«
Einer der hervorragendsten Mitarbeiter Otto von Habsburgs war zweifellos Martin Fuchs.
»Ich hatte nach dem Sommer 1940 nicht mehr die Möglichkeit, ihn zu unterstützen; er trat dann in den Dienst der Amerikaner. Martin Fuchs war schon vor der Okkupation Österreichs hilfreich gewesen und daher die logische Anlaufstelle, sobald die Okkupation vollzogen war. Er kam zu mir über Herrn von Wiesner, da jener über das alte österreichische Außenamt viel mit dem Vater von Martin Fuchs zu tun gehabt hatte, der dort in der Presseabteilung tätig gewesen war. Fuchs hatte es rechtzeitig verstanden, Kontakte in der französischen Politik herzustellen; er war anständig, intelligent, arbeitsam. Sein Buch ›Un pacte avec Hitler‹ schrieb er großteils aufgrund jener Dokumente, die ich ihm zur Verfügung stellen konnte.
Dann sind da noch zwei Personen, die Schlüsselrollen spielten. Da war zunächst Dr. Ernst Hoor, in dessen Wohnung in der rue Lincoln die ersten konspirativen Treffen vor und gleich nach der Okkupation Österreichs stattgefunden haben, und der uns auch nachher viel geholfen hat. Er ist zwar politisch nie stark hervorgetreten, war aber aus dem Hintergrund ein zuverlässiger Mann, auf den man immer zählen konnte. Und dann war da noch Georg Bittner, Wiesners Vertrauensmann, ein nicht so sehr physisch wirkender, aber moralisch dafür absolut präsenter Held.
Dann hatten wir in Dijon mit Hilfe des Französischen Innenministeriums eine Zentrale aufgebaut, unter der Führung von Herrn Waschnigg, die besonders die Kontakte mit den österreichischen Widerstandsgruppen hielt, auch mit der Gruppe Burian.«
Eine bunte Welt; die eigenartige Gestalt des Militärakademikers Baron Nikolaus Marsburg tauchte auf, »ein Mann, aus dem ich nie recht klug geworden bin«.
Es war eine Zeit voller abenteuerlicher, oft schillernder Gestalten. Tauchte doch da eines Tages ein sehr umgänglicher Herr Fischler von Treuberg auf, der alles Mögliche organisierte und auftrieb, auch ein Flugzeug, das mich im Juli 1939 rasch nach London bringen sollte wegen einer dringenden Besprechung. Im allerletzten Augenblick zerschlug sich die Reise wegen einer anderen, wichtigeren Sache. Monate später erfuhr ich dann über den britischen und den französischen Geheimdienst, daß der Mann meine Entführung nach Deutschland geplant hatte...«
Kontakte gab es über Herrn Géza von Mukarovsky und viele andere Männer und Frauen, denen letztlich, gemeinsam mit ihrem Leitbild Otto, die Wiedergeburt Österreichs zu danken ist.
»Es war vor allem die Gruppe um den ehemaligen Bürgermeister von Wien, Karl Seitz, der ein ausgesprochener österreichischer Patriot war, mit der wir in Kontakt standen. Im Inland, zuhaus in Österreich, gab es sehr gute Berührungen.«
Eine Verständigung gab es dennoch nicht: »Es ist einfach nicht gelungen, da bei den Sozialisten bis tief in den Krieg hinein eine absolute Ablehnung gegenüber der Wiederherstellung eines unabhängigen Österreich bestanden hat. Die Sozialisten haben sich ja erst sehr spät auf die österreichische Linie begeben.«
Erste Opfer der österreichischen patriotischen Gesinnung innerhalb des Lagers der Emigranten wurden jene Parteigenossen, die sich aus ihrem Selbstverständnis als Österreicher heraus auf die österreichische Linie Ottos begaben.
Sie waren vor keiner Diffamierung, keinem Parteiausschluß – legitim oder nicht –, keiner Verdächtigung gefeit; was nicht »großdeutsch« und »revolutionär« um jeden Preis, auch den Preis der Selbstaufgabe Österreichs, sein wollte, fiel der RS-Feme, dem aus selbstherrlichen, parteiinternen Gnaden errichteten »Parteigericht« anheim; Karl Hartl, einer der sympathischsten Männer des österreichischen – und des französischen! – Widerstandes, war eines der Opfer der Partei-Mafia. Grund des über ihn ausgesprochenen Bannstrahls war die Tatsache, daß er Österreich *vor* die Revolution stellte, ähnlich wie die Sozialdemokraten Heinrich Allina in London oder Georg Brenner (David Bibring) und Kurt Kaiser (Dr. Erwin Pollach) in Paris.
Es wurden zahllose Versuche von Seiten Otto von Habsburgs unternommen, die Sozialisten von seinen Absichten zu überzeugen; die Antwort hieß stets »Nein«, nicht nur zu Habsburg – das wäre dem Habsburger gleichgültig gewesen –, sondern »Nein« zu einem selbständigen Österreich. So war es für Otto von Habsburg eine ausgesprochene Erleichterung, dem Hexenkessel antiösterreichischer Intrigen in Paris im Februar 1940 entrinnen und über Einladung des Präsidenten der USA, Franklin D. Roosevelt, in die Vereinigten Staaten reisen zu können.

7
Erste Amerika-Reise
(März–Mai 1940)

Die politische Zielsetzung Ottos während der ersten Amerikareise war völlig klar und unzweideutig: Es galt, die amerikanische Öffentlichkeit und den schier allmächtigen Präsidenten vor den weiteren Plänen Hitlers zu warnen und die Wiedererrichtung Österreichs als Langzeit-Ziel amerikanischer Politik durchzusetzen.
Am 4. März 1940 traf Otto nach einer für ihn überaus interessanten und lehrreichen Flugreise mit einem Clipper der Panamerican Airways nach Zwischenlandungen auf den Azoren und den Bermudas im Hafen – damals benützte man Wasserflugzeuge für Atlantiküberquerungen – von Baltimore ein. Der Empfang durch die amerikanische Öffentlichkeit war überwältigend und das Echo innerhalb der österreichischen Emigration in den Vereinigten Staaten so, daß sich der junge Otto, der bisher fast ausschließlich Schwierigkeiten und Kampf erlebt hatte, in eine ganz neue, ganz erfreuliche und ungetrübt positive Stimmung tauchen konnte. Die Rechnung für diese schöne Zeit des ersten Amerika-Aufenthaltes sollte ihm während des zweiten Amerikaaufenthaltes noch präsentiert werden.
Höhepunkt der ersten Amerikareise Ottos war naturgemäß die Begegnung mit Präsident Roosevelt am 10. März 1940. Die gegenseitige Sympathie, ja Zuneigung, die auf beiden Seiten ungemindert anhielt bis zum Tode des Präsidenten am 12. April 1945 (Roosevelt hielt bis zuletzt Kontakt mit dem Hause Österreich), brach sozusagen unvermittelt und spontan aus:
Für den gelähmten, stets an seinen Rollstuhl gefesselten Präsidenten bedeutete der blutjunge »Otto of Austria« ein Stück herrrlicher, frischer Erinnerungen an seine eigene Jugend, in der er noch mit dem Fahrrad durch die Provinzen des altehrwürdigen Österreich-Ungarn fuhr. Für Otto wiederum war Roosevelt ein lebendiger Beweis dafür, was *Wille* alles vermag.
Das erste Gespräch Otto – Roosevelt gestaltete sich gleich sehr konkret. Bezüglich Ungarns, wo damals Ministerpräsident Pál Teleki alles daransetzte, Horthy daran zu hindern, sich ganz an Hitler zu verkaufen, weckte Otto in Roosevelt Verständnis für eine Revision des Vertrages von Trianon.
Bezüglich Österreichs – und damit auch Ungarns – lief das Gespräch auf die Notwendigkeit hinaus, nach dem Kriege eine neue Donauföderation zu errichten, selbstverständlich nach demokratischer Willenskundgebung der Völker des Donauraums, die, man vergißt das allzu oft, nach dem Ende des Ersten Weltkrieges *nicht* stattgefunden hatte; die Errichtung der Republik »Deutschösterreich« war ja Frucht der Revolution einer verschwindend kleinen Gruppe und *nicht* Ergebnis einer Volksabstimmung gewesen.
Es folgte eine triumphale Reise durch den Mittleren Westen der Vereinigten Staaten und eine kurze Visite in Kanada, wo Otto besonders in Toronto durch sein überzeugendes Auftreten, wohl auch durch seine umfassenden Sprachkenntnisse, großes Echo in der Öffentlichkeit hervorrief.
Der Besuch diente übrigens auch vorbeugend – Otto spürte das Unheil, das über Belgien und Frankreich bald hereinbrechen mußte – der Quartiersuche für die kaiserliche Familie.
In Chicago gab es eine besonders merk- und denkwürdige Einladung bei einer Mrs. Richard Crane. Richard Crane hatte gegen Ende des Ersten Weltkriegs mit seinen Dollarmillionen den tschechischen Emigranten Thomas Masaryk ausgehalten und die national-tschechische Sache, ohne Kenntnis der wahren Zusammenhänge, rückhaltlos unterstützt.

Als Financier des Wahlkampfes von Präsident Wilson kaufte er sich nach dessen Wahlsieg, wie es in den USA noch immer üblich ist, in die »Diplomatie« ein. Seine Tochter Leatherbee verheiratete er an den jungen Jan Masaryk, während Richard Crane jr. als US-Botschafter in Prag das Palais Schönborn erwarb.
Otto von Habsburg erkannte sofort, wie entscheidend wichtig es für die Sache Österreichs war, die »Society« zu interessieren und für sein Land nach Möglichkeit einzuspannen und zu gewinnen.
Die Beneš-Clique merkte das sofort.
Aus ihrer Sicht war ihr beim ersten Besuch des jungen Habsburgers in den USA der krasse Fehler unterlaufen, die Fähigkeiten Ottos zu unterschätzen. Das sollte ihnen kein zweites Mal passieren; sofort nach der Übersiedlung der kaiserlichen Familie in die USA schossen sie sich rücksichtslos auf Otto und seine Politik ein.

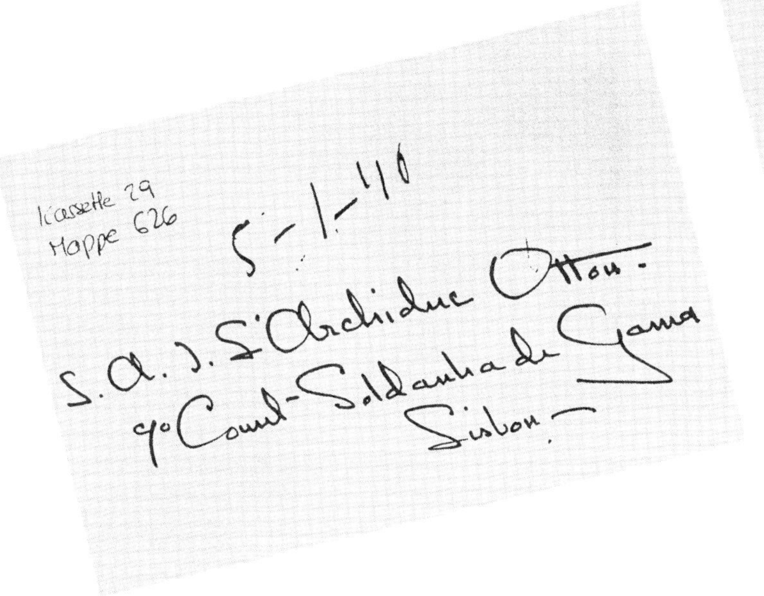
Kassette 29
Mappe 626
5-1-40
S.A.I. L'Archiduc Otto.
c/o Conde Saldanha da Gama
Lisbon.

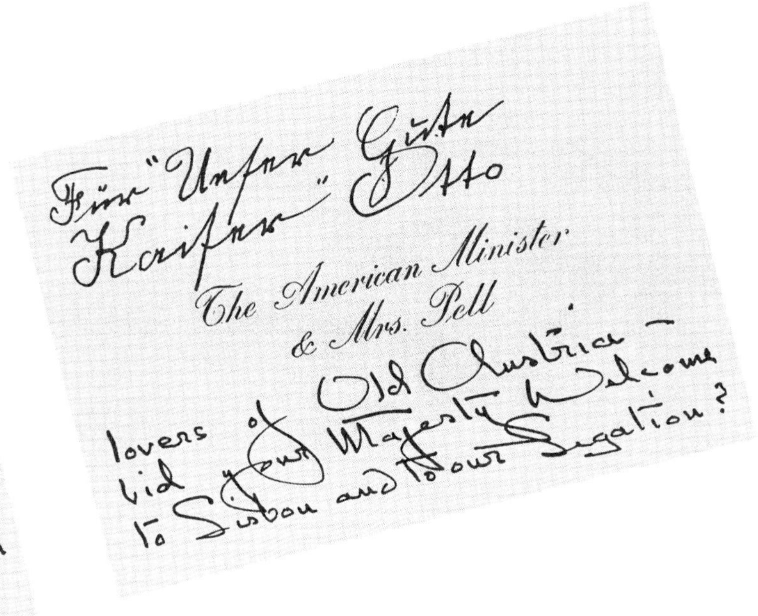
Für "Unser Gute Kaiser" Otto
The American Minister
& Mrs. Pell
lovers of Old Austria –
bid your Majesty Welcome
to Lisbon and to our Legation?

Ein liebenswürdiger Beweis für die Zuneigung, der sich Otto in amerikanischen diplomatischen Kreisen erfreute: Der amerikanische Gesandte in Lissabon, Howard Pell, und seine Gemahlin, »lovers of Old Austria«, begrüßen Otto von Habsburg in Lissabon. »Für ›Unser Gute Kaiser‹ Otto; Der amerikanische Gesandte und Mrs. Pell, Freunde des alten Österreich, entbieten Eurer Majestät in Lissabon und in unserer Gesandtschaft den Willkommensgruß« Gesandter Pell erwies sich später, bei der Übersiedlung der kaiserlichen Familie nach Amerika, als denkbar hilfsbereit.

Jetzt, im April 1940, sah die US-Welt noch freundlicher aus. Die Bilanz konnte sich sehen lassen. Otto hatte mit Verteidigungsminister Harry Hoodring konferiert, mit dem einflußreichen Senator Robert M. Taft, mit Vizepräsident John N. Garner, mit Außenminister Cordell Hull, mit Landwirtschaftsminister Henry A. Wallace, auch mit dem aus Europa heimkehrenden Sumner Welles, um nur einige zu nennen. Roosevelt zeigte sich beeindruckt von dem Auftreten des jungen Habsburgers vor dem Senat, der Otto nach der beeindruckenden Rede »standing ovations« bereitete, was seit Jahrzehnten nicht mehr geschehen war.

Am 26. April 1940, am Ende eines um mehrere Wochen verlängerten USA-Aufenthaltes, machte der durch die Berichte von Sumner Welles und Otto sichtlich desillusionierte Roosevelt dem jungen Habsburger auch ein konkretes Asylangebot: Sollte in den zu erwartenden Wirren durch die Aggression Hitlers Gefahr für »the House of Austria« entstehen, möge er mit seinen Angehörigen in den USA Schutz suchen. Noch konnte keiner der Gesprächspartner ahnen, daß die Heimkehr Ottos nach Europa mit Hitlers Offensive zusammenfiel. Kaum hatte Otto von Habsburg wieder belgischen Boden betreten, brach die Sturmflut nationalsozialistischer Angriffe über Westeuropa herein.

Hyde Park im Staat New York, Präsident Roosevelts Geburts- und Wohnhaus. Hier empfing Roosevelt Otto von Habsburg, Kaiserin Zita und die Erzherzoginnen Elisabeth und Adelhaid; hier fielen einige der wichtigsten Entscheidungen über die Wiedererrichtung Österreichs nach dem Sieg der Alliierten in Gesprächen zwischen Otto von Habsburg, Kaiserin Zita und F. D. Roosevelt; sie waren die einzigen Österreicher, die dem Präsidenten dieses Anliegen vortrugen und letztlich auch durchzusetzen wußten.

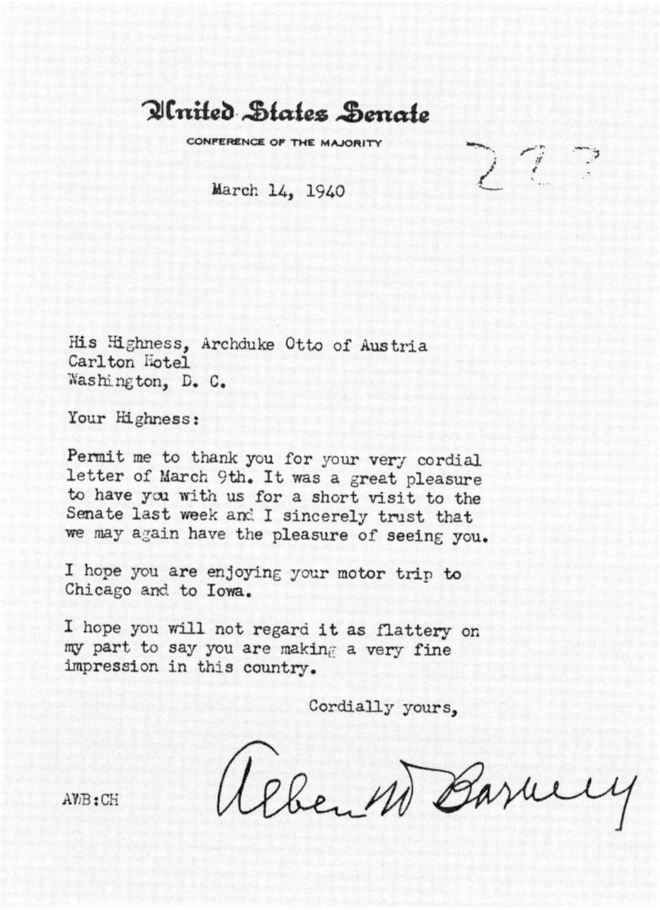
United States Senate
CONFERENCE OF THE MAJORITY

March 14, 1940

His Highness, Archduke Otto of Austria
Carlton Hotel
Washington, D. C.

Your Highness:

Permit me to thank you for your very cordial letter of March 9th. It was a great pleasure to have you with us for a short visit to the Senate last week and I sincerely trust that we may again have the pleasure of seeing you.

I hope you are enjoying your motor trip to Chicago and to Iowa.

I hope you will not regard it as flattery on my part to say you are making a very fine impression in this country.

Cordially yours,

Alben W. Barkley

AWB:CH

»Alben W. Barkley
Kentucky

Senat der Vereinigten Staaten
Mehrheitsfraktion

14. März 1940

Seiner Hoheit Erzherzog Otto von Österreich
Carlton Hotel
Washington D.C.

Euer Hoheit:
Erlauben Sie mir, Ihnen für Ihren so herzlichen Brief vom 9. März zu danken. Es war eine große Freude, Sie vergangene Woche zu einem kurzen Besuch bei uns im Senat zu haben und ich hoffe sehr, daß wir wieder das Vergnügen haben werden, Sie zu sehen.
Ich hoffe, daß sie Ihre Autoreise nach Chicago und Iowa genießen.
Ich hoffe, daß Sie es nicht als Schmeichelei auffassen, wenn ich Ihnen sage, daß Sie in diesem Lande eine sehr gute Figur machen.

Herzlich Ihr
Alben W. Barkley«

Brief des österreichischen Historikers und Publizisten Robert Rie an Erzherzog Felix, der Anfang des Jahres 1940 bereits in die USA übersiedelt war.
Der Brief enthält eine fast seherische Vorhersage bezüglich der Schwierigkeiten, die Otto in Amerika erwarten würden, sowie eine perfekte Analyse der hauptsächlichen Urheber der Probleme, nämlich Beneš und den von ihm ausgehaltenen Kreis, zu dem in weiterer Konsequenz gewiß auch ein Außenminister Cordell Hull (das 2. »C«, das Rie im Brief anspricht, dürfte Tommy Cochran sein, ein ghostwriter Roosevelts) gehörte:

»106 – C – ne.
Washington, D.C., am 28. Februar 1940.

Kaiserliche Hoheit!

Wie alle Washingtoner war auch ich durch die in den hiesigen Zeitungen aufgetauchte Mitteilung überrascht, Seine Majestät der Kaiser beabsichtigte, in kürzester Zeit die Vereinigten Staaten zu besuchen.
Ich weiß natürlich nicht, ob es sich hierbei nur um ein Gerücht, um einen »ballon d'essay«, oder um die Wiedergabe einer voll begründeten Meldung handelt, doch möchte ich im letzteren Fall unbedingt an Eure Kaiserliche Hoheit – Ihre genügende Kenntnis des amerikanischen Wesens und der amerikanischen Denkungsart bereits voraussetzend – appellieren, diesen Besuch so gründlich wie möglich vorzubereiten.
Wir müssen unbedingt von der Grundtatsache ausgehen, daß dieses Land – nicht parteipolitisch, aber weltanschaulich – republikanisch und monarchiefeindlich ist; daß die Leute die Begriffe »Republik« und »Demokratie« sogar in wissenschaftlichen Arbeiten durcheinanderwerfen. Wir müssen uns die sicherlich schmerzliche Tatsache vor Augen halten, daß die Vereinigten Staaten bisher in den Schicksalsstunden des Erzhauses immer auf der feindlichen Seite standen: In der mexikanischen Krise begünstigte die Union Juarez – ungeachtet ihrer späteren vergeblichen Intervention zugunsten des gefangenen Kaisers Maximilian –, im Weltkrieg stieß der demokratische Präsident Wilson Ihre kaiserlichen Eltern vom Thron. Die kapitalistischen Demokraten Wilson, House, F.D. Roosevelt (der damals »Beobachter« in Westeuropa war) etc. waren wesentlich republikanischer als die leitenden deutschösterreichischen Sozialdemokraten Seitz, Renner, Viktor Adler, die seit der Thronbesteigung Kaiser Karls in ununterbrochenem Kontakt mit dem Träger der Krone gestanden waren. Die Amerikaner standen voll und ganz unter dem Einfluß der tschechischen Theoretiker Masaryk und Benesch, was – »History repeats itself« – sich nur wenig geändert zu haben scheint. Im Gegenteil! Ich darf Eurer Kaiserlichen Hoheit versichern, daß die Einflußnahme der Tschechen hier nur gestiegen ist, und ich weiß positiv, daß Oberst Hurban, der Gesandte, den radikaleren Tschechen spielt, da er Benesch ausstechen

Original-Bildtext vom 4. März 1940, Associated Press-Foto aus New York: »ER SAGT DIE EUROPÄISCHE FÖDERATION VORAUS. Erzherzog Otto von Habsburg, Anwärter auf den Thron des thronlosen Österreich, während eines Interviews, in dem er erklärte, daß sowohl eine Revolution als auch ein alliierter Sieg eine mitteleuropäische Föderation nach sich ziehen würde. Mit ihm sein Bruder Erzherzog Felix (23, rechts). Der siebenundzwanzigjährige Otto, ein Großneffe Kaiser Franz Josephs, kam heute früh nach einem Transatlantikflug mit dem Clipper aus Paris an.«

und der »neue« Masaryk der erneuerten Tschechoslowakei werden will. Er ist besser dran als wir Österreicher, denn er ist in ununterbrochenem amtlichen Kontakt mit dem State Department, dem Weißen Haus und seinen alliierten Kollegen, – begünstigt eigentlich durch den Umstand, daß er ja sonst nichts zu tun hat...

Ein Seitenblick: Gegenwärtig laufen zwei Filme, Juarez verherrlichend und die republikanische Stellungnahme Lincolns, nämlich »Juarez« mit Muni und »The mad Empreß«. Es muß weiter darauf hingewiesen werden, daß nur sehr selten Stimmen laut werden – in der Presse, in Vorträgen –, die die Wiedereinrichtung eines selbstständigen Österreich, von Großösterreich ganz zu schweigen, verlangen. Die Wiedererrichtung der Tschechoslowakei ist offizielles Kriegsziel.

Ich unternehme es daher, Eure Kaiserliche Hoheit neuerlich und nachdrücklichst zu bitten, den eventuellen Besuch Seiner Majestät auf das sorgfältigste vorzubereiten, sich auch der Ihnen zu Gebote stehenden Hilfskräfte zu bedienen und den Einfluß der »Men behind« nicht zu unterschätzen. Ob Staatssekretär Hull nur dem Präsidenten referiert oder den New Dealern direkt, – FDR. spricht alle Staatsangelegenheiten mit den beiden C durch, deren einen Sie ja bei Ihrem vorletzten Aufenthalt in Washington ausführlich gesprochen haben.

Ich hoffe sehr, daß Eure Kaiserliche Hoheit stets in Kontakt mit Baron Heine sind, der von uns als seinen Washingtoner Mitarbeitern stets genau über die Ereignisse am Potomac informiert wird, und halte es für äußerst zweckdienlich, daß Sie selbst Seiner Majestät über die politische und – ich möchte sagen – weltanschauliche Situation in den Vereinigten Staaten ausführlich und ehrlich Vortrag halten.

Ich empfehle mich Eurer Kaiserlichen Hoheit«

Original-Agenturtext vom 23. März 1940: »ERZHERZOG OTTO VON HABSBURG GIBT PRESSE-INTERVIEW IN NEW YORK. WIDE WORLD PHOTO ZEIGT: Erzherzog Otto von Habsburg, Prätendent für den österreichischen Kaiserthron (Mitte) mit seinem Bruder, dem Erzherzog Felix, und seinem Aide de Camp Graf Trauttmansdorff in ihrer Suite im Ritz-Carlton Hotel, New York, wo sie ihr Presse-Interview gaben.«

Original-Bildtext vom 26. März 1940 (Keystone): »Während der frühere Gouverneur Alfred E. Smith (links) aufmerksam zuschaut, trägt Erzherzog Otto von Habsburg seinen königlichen Namenszug in das Goldene Buch des Empire State Building ein. Rechts Erzherzog Felix, Ottos Bruder. Otto, der sich nun in New York befindet, um die Arbeitsweise einer Demokratie zu studieren, um dieses Wissen dereinst in der Verwaltung einer Föderation von Donaustaaten zu nützen, ist Anwärter auf den nicht bestehenden Thron des Kaiserreiches Österreich-Ungarn.«

Originaltext vom 18. April 1940 (Zensur-Sichtvermerk 70600): »Prinz Otto von Habsburg, der sich in Begleitung seines Bruders Erzherzog Felix befindet, unterhält sich mit Fiorella La Guardia, dem volkstümlichen Bürgermeister von New York.«

„Das Schwarze Korps"

Otto in Amerika

Letztes Handschreiben

Seiner kaiserlichen apostrophierten Majestät Otto des Zerfepschten.

„An mein Volk! An meine lieben Juden!

Wir, Otto der Große, von Schuschniggs und Starhembergs Gnaden Kaiser von Österreich, apostolonischa König der Tschechoslowakei und Jugoslaviniens, Herzog von Palästina und Galizien, gefürsteter Graf von Timelkam und Pasching, Großherzog von Lodomerien und Illyrien und Kronprinz von Paneuropa, geruhen allergnädigst an meine Kaisergemeinden, deren gewesene Bürgermeister und sonstigen Schlawiner nachstehendes Rundschreiben zu erlassen:

Zuvörderst möchten Wir in Unserem und Unserer kaiserlichen Mutter Namen Dank sagen für die Geschenke Eures goldenen Herzens, die auch diesmal wieder den Weg zu Uns gefun-

Wie alle anderen Zeitungen der Nationalsozialisten trug auch das Organ der SS »Das Schwarze Korps« unfreiwilllig zur habsburgischen Nachrichtenübermittlung bei. So dümmlich konnte eine Karikatur, konnte ein »witzig« sein wollender Kommentar gar nicht abgefaßt sein, daß man die wahren Absichten des Habsburgers nicht verstanden hätte. Gelegentlich fanden sich sogar prophetische Vorhersagen der Nationalsozialisten: Der hier spöttelnd als »Kronprinz von Paneuropa« apostrophierte Otto ist inzwischen längst – als Nachfolger Graf Coudenhoves – Präsident der Paneuropa-Union.

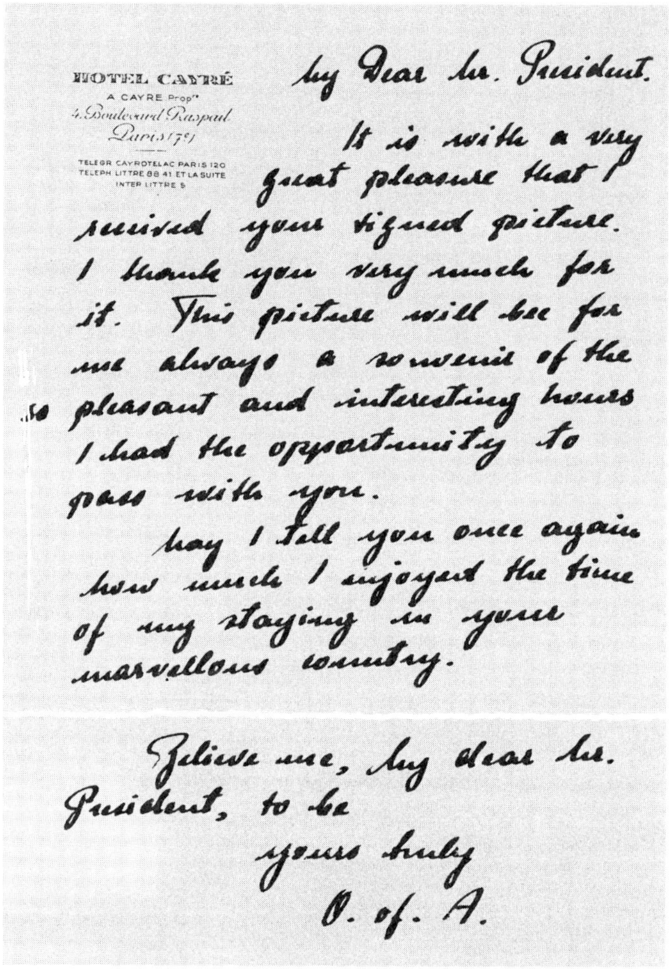

HOTEL CAYRÉ
A CAYRE Propre
4, Boulevard Raspail
Paris (7e)
TELEGR CAYROTELAC PARIS 120
TELEPH LITTRE 88 41 ET LA SUITE
INTER LITTRE 5

My Dear Mr. President.

It is with a very great pleasure that I received your signed picture. I thank you very much for it. This picture will be for me always a souvenir of the so pleasant and interesting hours I had the opportunity to pass with you.

May I tell you once again how much I enjoyed the time of my staying in your marvellous country.

Believe me, my dear Mr. President, to be
yours truly
O. of A.

Unmittelbar vor seiner Abreise aus den Vereinigten Staaten schreibt »Otto of Austria« – so die Briefunterschrift – am 27. April 1940 einen Dankbrief an Präsident Roosevelt, seinen Gastgeber. Typisch für den sparsamen Habsburger ist das für den Entwurf benützte Briefpapier aus dem Hotel Cayré in Paris.

»Mein lieber Herr Präsident!
Mit großer Freude habe ich das Portrait mit Ihrer Unterschrift erhalten. Ich danke Ihnen sehr dafür. Dieses Bild wird für mich immer ein Andenken an die so angenehmen Stunden sein, die ich mit Ihnen verbringen durfte.
Darf ich Ihnen nochmals sagen, welche Freude mir die Zeit bereitete, die ich in Ihrem wunderbaren Land verbringen durfte.
In diesen entscheidenden Tagen, in denen wir für die Ideale unserer gemeinsamen christlichen Zivilisation kämpfen, denken alle Europäer, besonders aber wir, die Vertreter der Nationen, die heute unter dem deutschen Joch sind, mit Gefühlen tiefer Dankbarkeit an die große amerikanische Nation und deren Führung, an die zahlreichen Zeichen der Sympathie für unseren Kampf gegen die totalitäre Barbarei. Ich verbleibe, lieber Herr Präsident,

Ihr aufrichtiger
Otto von Österreich«

8
Auf der Flucht (1940)

Auf dem Heimflug nach Europa legte Otto schriftlich Bilanz seiner ersten Amerika-Reise. Sie stellte sich als ein vollkommener, eigentlich durch nichts getrübter Erfolg dar. Die Amerikaner und Kanada hatten sich von der besten Seite gezeigt, die Machtgruppe Beneš hatte viel zu spät reagiert und österreichische Emigranten-Gruppen und Grüppchen, die sich in gegenseitiger Intrige und Eifersucht wechselweise kaltstellten, gab es auch noch nicht.

Kaum nach Paris zurückgekehrt, machte sich wegen der ständigen Wühlarbeit der Revolutionären Sozialisten gegen die Aufstellung einer österreichischen Vertretung Enttäuschung unter den österreichischen Emigranten breit: Am 5. Mai 1940, also nur wenige Wochen nach dem Überfall Hitlers auf Norwegen, konstituierte sich in London bereits eine norwegische Exilregierung. Sicher vertraten auch in ihr mehrere Minister mehrere politische Parteien und Überzeugungen, doch das Bewußtsein, Norweger zu sein, bedeutete eben mehr als alles andere. Die österreichischen Sozialisten konnten sich aber trotz geradezu gewagter, ja geradezu *kühner* Versuche eines Julius Deutsch noch immer nicht zu einer österreichischen Linie durchringen.

Unmittelbar vor dem 48. Geburtstag seiner Mutter begab sich Otto zurück nach Steenockerzeel; seine Heimkehr traf zusammen mit den ersten Nachrichten aus Luxemburg über eine bevorstehende deutsche Offensive gegen Belgien und Luxemburg.

Ein rauschendes Geburtstagsfest hätte es ohnehin nicht gegeben, das lag nicht im Lebensstil der Kaiserin-Mutter, noch dazu in der Fremde.

Am Abend des 9. Mai 1940 verdichten sich die Anzeichen für eine unmittelbar bevorstehende deutsche Offensive. Der belgische Verteidigungsminister persönlich ruft in Steenockerzeel an und gibt eine dringende Warnung durch. Otto verständigt seine Verwandten drüben in Luxemburg, »Onkel Felix«, Gemahl der Großherzogin Charlotte, Bruder Kaiserin Zitas.

Felix kennt den Krieg, er hat seinen Schwager Kaiser Karl ungezählte Male an die Front begleitet. Keine Panik. Dann meldet sich Felix in Steenockerzeel: Er müsse mit seiner Familie sofort weg, es sei ein Plan der Deutschen bekannt geworden, die Großherzogin zu kidnappen.

Dann ruft Otto den König der Belgier an und gibt in knappen Worten das Wichtigste durch. Leopold macht sich keine Illusionen. Das neutrale Belgien steht unmittelbar vor der Invasion durch die Deutschen...

Wenige Stunden später ist es so weit. Die deutsche Luftwaffe hat Brüssel im Visier, ein Bombenhagel geht auf die wehrlose Hauptstadt eines neutralen Landes nieder.

Deutsche Fallschirmspringer besetzen im Handstreich das Fort Eben Emael und die wichtigsten Straßenverkehrspunkte. In Steenockerzeel weiß man, was das bedeutet: Otto von Habsburg wird steckbrieflich von den Nationalsozialisten verfolgt und ist mit Sicherheit der von den »Braunen« meistgesuchte Mann im Freien Westen.

Unmittelbar nachdem die drei Wagen mit den Familienmitgliedern des Hauses Österreich, den engsten Getreuen und den Kindern der Großherzogin von Luxemburg (sie waren Kaiserin Zita anvertraut worden) Steenockerzeel verlassen haben, bombardiert ein Flugzeug Görings bereits das Schloß Ham, in dem die kaiserliche Familie so gute Tage erlebt hatte – die Großjährigkeit Ottos, die Feier seiner Promotion, die Besuche vieler Getreuer aus der Heimat.

Die siebzehn Menschen begeben sich, in drei Autos zusammengepfercht, auf die Flucht vor den Nationalsozialisten und ihrem pathologisch Habsburg-hassenden »Führer« und seinen Schergen. Volle zwei Monate sollte die Flucht dauern, immer gejagt von den hitlerischen Häschern, quer durch Frankreich, wo das für wenige Tage Ruhe bietende Schloß Bostz – Residenz des Prinzen Xavier von Bourbon-Parma – wie eine Insel des Friedens vor dem abermaligen Aufbruch wirkt; die Habsburger wissen, daß sie ohne das Überqueren der rettenden spanischen Grenze verloren sind. Otto, der junge Kaiser ohne Land und Herrschaftsbereich, aber mit desto mehr Verantwortungsgefühl, verläßt seine Familie bereits am 12. Mai, eine Familie, die unter der sicheren (und erfahrenen) Führung einer durch die Dramatik von Jahrzehnten des Krieges, des Exils, der Restaurationsversuche, der Not gestählten, umsichtigen Ausdauer einer Frau steht: Kaiserin und Königin Zita. Sie wird ihre Kinder und die ihr Anvertrauten schon durchbringen. Der Erstgeborene, Otto, wird sich inzwischen um seine Landsleute im Exil kümmern.

Nachdem sich Otto und sein »allzeit Getreuer«, Heinrich Graf Degenfeld, von der habsburgisch-luxemburgischen Flüchtlingskolonne wieder getrennt hatten, strebten sie Paris zu. In der durch die deutsche Offensive verursachten Panik sind mehrere sozialistische Flüchtlinge abermals interniert worden. Otto erkennt sofort, daß bei dem zu erwartenden blitzartigen Vormarsch der Deutschen den sozialistischen Landsleuten das Schlimmste drohte; kein Mensch würde sich in dem allgemeinen Chaos noch um die Gefangene kümmern und sie rechtzeitig befreien.
Otto unternahm alles, um die Gefährdeten freizubekommen. Es handelte sich um recht bekannte Persönlichkeiten aus der linken Reichshälfte: unter ihnen »Brenner« (mit bürgerlichem Namen David Bibring) und Frau Müller-Mittler. Nach wiederholten Interventionen bei Innenminister Georges Mandel gingen die Internierten gegen Ende Mai 1940, gerade noch rechtzeitig vor dem Einbruch der Deutschen, frei.
In Belgien entschlossen sich die Getreuen Ottos am Tage der deutschen Invasion zu einem schon seit längerem geplanten Schritt. In Belgien lebten ja mehrere tausend österreichische Emigranten und ein großer Teil von ihnen war unter der Führung von Wilhelm Wunsch in einem »Bund der Österreicher – Entr'Aide Autrichienne« organisiert.

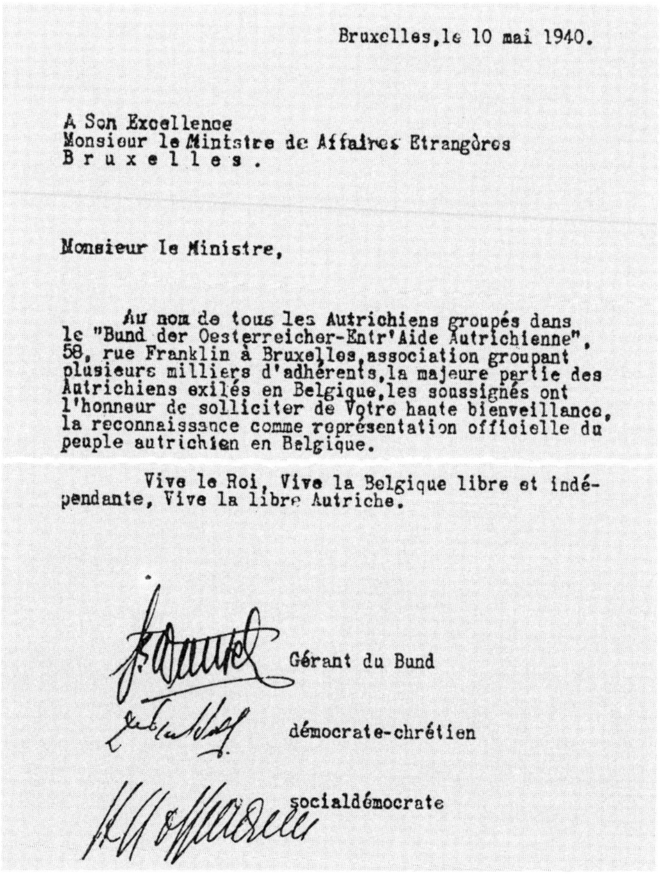

Bruxelles, le 10 mai 1940.

A Son Excellence
Monsieur le Ministre de Affaires Etrangères
B r u x e l l e s .

Monsieur le Ministre,

Au nom de tous les Autrichiens groupés dans le "Bund der Oesterreicher-Entr'Aide Autrichienne", 58, rue Franklin à Bruxelles, association groupant plusieurs milliers d'adhérents, la majeure partie des Autrichiens exilés en Belgique, les soussignés ont l'honneur de solliciter de Votre haute bienveillance, la reconnaissance comme représentation officielle du peuple autrichien en Belgique.

Vive le Roi, Vive la Belgique libre et indépendante, Vive la libre Autriche.

Gérant du Bund
démocrate-chrétien
socialdémocrate

»Seiner Exzellenz, dem Herrn Minister für Auswärtige Angelegenheiten
Brüssel

Herr Minister,

Im Namen aller Österreicher, die im »Bund der Österreicher-Entr'Aide Autrichienne« 58, rue Franklin in Brüssel, einer Gemeinschaft, die mehrere tausend Mitglieder, den Großteil der in Belgien im Exil lebenden Österreicher umfaßt, vereinigt sind, haben die Unterzeichneten die Ehre, Sie gütigst um die Anerkennung als offizielle Vertretung des österreichischen Volkes in Belgien zu ersuchen.
Österreich, das sich de facto seit der deutschen Invasion im Kriegszustand mit der deutschen Nation befindet, hat nicht die Möglichkeit, seinen Willen nach Unabhängigkeit und seinen Wunsch, die Agressoren zu bekämpfen, frei auszudrücken.
Nur die ins Ausland geflüchteten Österreicher können dies tun.
In ihrem Namen bitten wir Eure Exzellenz, die drei Unterzeichneten als »Offizielles österreichisches Aktionskomitee und Vertretung der freien Österreicher« in Belgien betrachten zu wollen.
Darüberhinaus ersuchen die Österreicher, die seit zwei Jahren die Gastfreundschaft Belgiens genießen, durch unsere Vermittlung, ihre Kräfte mit jenen der Belgier vereinigen zu dürfen, um die Unabhängigkeit des Landes und die Freiheit des belgischen Volkes zu sichern. Die in Belgien im Exil lebenden Österreicher ersuchen dringlich, an der Seite ihrer belgischen Kameraden gegen den gemeinsamen Feind kämpfen zu dürfen. Wir verlangen, daß wir die Ermächtigung erhalten, eine österreichische Legion aufzustellen. Sie wird bereit sein, jedem Befehl zur Verteidigung des Landes oder zu Hilfsdiensten Folge zu leisten.
Wir erwarten, sehr verehrter Herr Minister, daß sie unserem legitimen Verlangen auf Anerkennung als Vertretung der Österreicher stattgeben werden und erwarten eine rasche Antwort.
Nehmen Sie, Exzellenz, bitte unsere respektvollsten Grüße entgegen.

Es lebe der König! Es lebe das freie und unabhängige Belgien! Es lebe das freie Österreich!

W. Wunsch — Geschäftsführer des Bundes
(unleserlich) — Christdemokrat
H. Hoffmann — Sozialdemokrat
Persönlich und vertraulich«

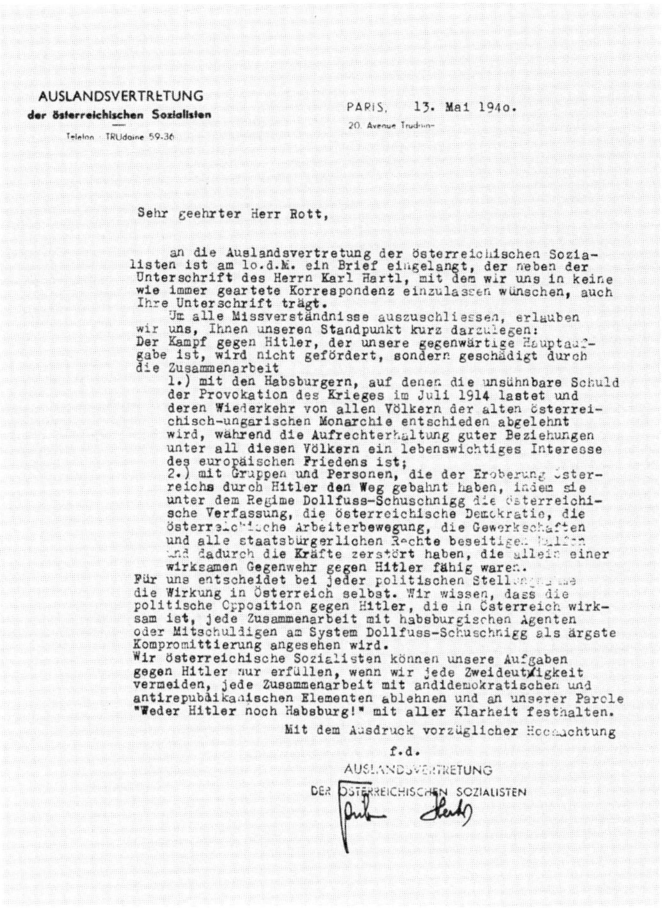

AUSLANDSVERTRETUNG
der österreichischen Sozialisten

Telefon TRUdaine 59-36

PARIS, 13. Mai 194o.
20, Avenue Trudaine

Sehr geehrter Herr Rott,

an die Auslandsvertretung der österreichischen Sozialisten ist am lo.d.M. ein Brief eingelangt, der neben der Unterschrift des Herrn Karl Hartl, mit dem wir uns in keine wie immer geartete Korrespondenz einzulassen wünschen, auch Ihre Unterschrift trägt.

Um alle Missverständnisse auszuschliessen, erlauben wir uns, Ihnen unseren Standpunkt kurz darzulegen:
Der Kampf gegen Hitler, der unsere gegenwärtige Hauptaufgabe ist, wird nicht gefördert, sondern geschädigt durch die Zusammenarbeit

1.) mit den Habsburgern, auf denen die unsühnbare Schuld der Provokation des Krieges im Juli 1914 lastet und deren Wiederkehr von allen Völkern der alten österreichisch-ungarischen Monarchie entschieden abgelehnt wird, während die Aufrechterhaltung guter Beziehungen unter all diesen Völkern ein lebenswichtiges Interesse des europäischen Friedens ist;
2.) mit Gruppen und Personen, die der Eroberung Österreichs durch Hitler den Weg gebahnt haben, indem sie unter dem Regime Dollfuss-Schuschnigg die österreichische Verfassung, die österreichische Demokratie, die österreichische Arbeiterbewegung, die Gewerkschaften und alle staatsbürgerlichen Rechte beseitigen halfen und dadurch die Kräfte zerstört haben, die allein einer wirksamen Gegenwehr gegen Hitler fähig waren.

Für uns entscheidet bei jeder politischen Stellungnahme die Wirkung in Österreich selbst. Wir wissen, dass die politische Opposition gegen Hitler, die in Österreich wirksam ist, jede Zusammenarbeit mit habsburgischen Agenten oder Mitschuldigen am System Dollfuss-Schuschnigg als ärgste Kompromittierung angesehen wird.
Wir österreichische Sozialisten können unsere Aufgaben gegen Hitler nur erfüllen, wenn wir jede Zweideutigkeit vermeiden, jede Zusammenarbeit mit andidemokratischen und antirepubäikanischen Elementen ablehnen und an unserer Parole "Weder Hitler noch Habsburg!" mit aller Klarheit festhalten.

Mit dem Ausdruck vorzüglicher Hochachtung

f.d.
AUSLANDSVERTRETUNG
DER ÖSTERREICHISCHEN SOZIALISTEN

Allein in Brüssel verfügte der absolut legitimistische »Bund« über fast eintausend eingeschriebene Mitglieder und darüber hinaus in den belgischen Provinzen, besonders aber unter den österreichischen Grubenarbeitern in den belgischen Kohleminen, über ein Vielfaches dieser Zahl.

Wilhelm Wunsch leitete auch die hervorragend gemachte österreichische Emigrantenzeitung »Donau-Echo«. Dank der engen Zusammenarbeit von Wunsch und Otto einerseits und den engen verwandtschaftlichen Beziehungen Ottos zum belgischen Königshaus, aber auch dank der überzeugten monarchistischen Gesinnung des belgischen Sozialistenführers Paul Henri Spaak andererseits standen die Aussichten recht günstig, daß Belgien noch *vor* den Franzosen eine österreichische Vertretung (vielleicht sogar als ersten Schritt in Richtung Exilregierung) anerkennen könnte.

Die Aufregung und das Chaos des 10. Mai nützten einige führende Mitglieder des »Bundes der Österreicher«, dem belgischen Außenminister eine Note zu überreichen, in der angesichts der deutschen Offensive und des zu erwartenden Kampfes die Anerkennung des »Bundes« als offizielle Repräsentanz Österreichs gefordert wird und gleichzeitig damit die Aufstellung einer österreichischen Legion als Kampf- und Hilfstruppe.

Unter dem Bombenhagel hunderter deutscher Flugzeuge, die bald darauf über Brüssel auftauchten, und in der Not der achtzehn Tage, die sich das kleine Königreich gegen den übermächtigen Gegner hielt, ging diese Demarche unter. Bald gab es nur mehr eine Parole: Flucht. Nicht alle kamen davon. Auch der dritte Unterzeichner der Wunsch-Note, Heinrich Hoffmann, kam in Hitlers KZ Auschwitz ums Leben.

Wilhelm Wunsch konnte glücklich in letzter Minute entkommen und spielte in Kanada noch eine wichtige Rolle innerhalb der patriotischen österreichischen Emigration.

Schwieriger gestaltete sich die Lage in Paris. Hatte auch ein Otto Bauer noch seine aberwitzige »Anschluß«-Parole im April 1938 in Brüssel verfaßt, schlug er mit seinen Anschluß-Männern doch sein Hauptquartier alsbald in dem bequemeren Paris auf.

Nach dem Eintreffen Ottos in Paris am 14. Mai 1940 – die Deutschen Truppen hatten am gleichen Tag *nach* der Kapitulation Hollands den gesamten Stadtkern von Rotterdam in Schutt und Asche gelegt – galt es, gemeinsam mit den engsten Mitarbeitern im Rahmen einer Lagebesprechung die Pläne für eine langfristig zu gestaltende Zukunft und die unmittelbar notwendigen Schritte zu koordinieren.

Während Ottos Amerika-Reise – um den Sozialisten die Mitarbeit und das Ja zu erleichtern, war dies so abgesprochen – hatten Minister Rott und der Sozialdemokrat Heinrich Allina (London) namens der Österreichischen Liga dem Französischen Staatspräsidenten Albert Lebrun ein Memorandum überreicht und einen gemeinsamen Aufruf an die Exil-Österreicher zum gemeinsamen Widerstand gerichtet.

Ausgerechnet Friedrich Adler – als Mörder des Ministerpräsidenten Karl Graf Stürgkh unter Kaiser Franz Joseph rechtskräftig zum Tode verurteilt, aber von Kaiser Karl begnadigt – verhinderte in seinem blinden Haß gegen den Sohn seines Lebensretters jedwede Verständigung.

Am 10. Mai riefen in einer Parallelaktion zu der Demarche des Wilhelm Wunsch in Brüssel die österreichischen Sozialdemokraten im französischen Exil ihre sozialistischen Genossen vom linken Flügel abermals zur Zusammenarbeit auf.

Die Antwort ist von blindem Parteihaß gezeichnet. Wer bedenkt, daß am gleichen Tag Hitlers Truppen bereits Richtung Paris marschierten, wer bedenkt, daß dieser Gruppe bekannt sein mußte, daß Otto von Habsburg in seinem Brief an Bundeskanzler Schuschnigg (17. Februar 1938) auf einer Versöhnung mit der österreichischen Sozialdemokratie expressis verbis bestanden hatte, wer bedenkt, wie leidenschaftlich Otto von Habsburg Bundeskanzler Dollfuß aufgefordert hatte, keine Todesurteile auszusprechen oder gar zu vollstrecken, wird diese von Engstirnigkeit und

Parteilichkeit geprägte Antwort als das nehmen, was sie ist: Verrat an Österreich, mit schlimmen Folgen für Österreich. Denn abermals wurde die Aufstellung eines österreichischen militärischen Kontingents damit verhindert.
Der Vormarsch der Truppen Hitlers steigerte die materielle und seelische Not der österreichischen Emigration. Ich habe in den Archiven einen sehr liebenswerten Brief der Berta Zuckerkandl-Szeps gefunden, in dem sie Richard Graf Coudenhove-Kalergi, den Präsidenten der Paneuropa-Union, der erst kurz vorher in der »Österreichischen Post« einen aufrüttelnden Artikel über die Zukunft Österreichs und Mitteleuropas veröffentlicht hatte, um Hilfe für österreichische Sozialisten bittet.
Selbstverständlich wußte Frau Zuckerkandl (die Frau des Bruders von Georges Clemenceau; über sie wurde die Verbindung ihres Schwagers Georges Clemenceau mit Kronprinz Rudolf bekannt), daß Coudenhove diesen Hilferuf an Otto weiterleiten würde.
Selbstverständlich hoffte auch sie, daß hier endlich einmal ein Nachgeben von sozialistischer Seite eingeleitet werden könnte. Einen ähnlichen Versuch wagte auch das Büro des Erzbischofs von Paris. Es war alles vergeblich... die sozialistischen Emigranten verweigerten sich.
Völlig unabhängig von der Ablehnung der emigrierten sozialistischen Führung, mit irgendeiner österreichischen Gruppierung zusammenzuarbeiten, die sich die Wiedererrichtung eines unabhängigen Österreich zum Ziele setzte, half Otto *jedem* Österreicher in den dramatischen Stunden, als sich die Besetzung von Paris und die Niederlage Frankreichs bereits abzeichneten, sich in das rettende »faschistische« Spanien abzusetzen oder eventuell hinüber nach England.
Das Hôtel Cayré am Boulevard Raspail Nr. 4 war in jenen Tagen Anlaufstelle für Österreicher aus jedem politischen Lager; Kommunisten, die über keine Papiere zum Verlassen des nun zur Falle werdenden Paris verfügten, kamen genauso dorthin wie »revolutionäre« Sozialisten. Es ging ums nackte Überleben.
Als Otto sich mit einem dicken Packen von Pässen und Papieren, allesamt ohne den lebensrettenden Ausreisestempel, ins Innenministerium begibt und dort von einem Beamten die sehr praktische Frage hört: »Was kümmert Sie das – *Sie* haben doch Ihren Ausreisestempel«, antwortet er schlicht: »Ja, aber der Kapitän verläßt als letzter das sinkende Schiff.«
Der Beamte gibt die Ausreisevisa.
Als in Paris schon totale Weltuntergangsstimmung herrscht, erfährt Otto aus verläßlicher amerikanischer Quelle, daß sich die deutsche Offensive nach Norden wendet.
Paris erhält keine Atem-, aber eine Nachdenkpause.
Die Franzosen versuchen, im Chaos zu retten, was noch zu retten ist.

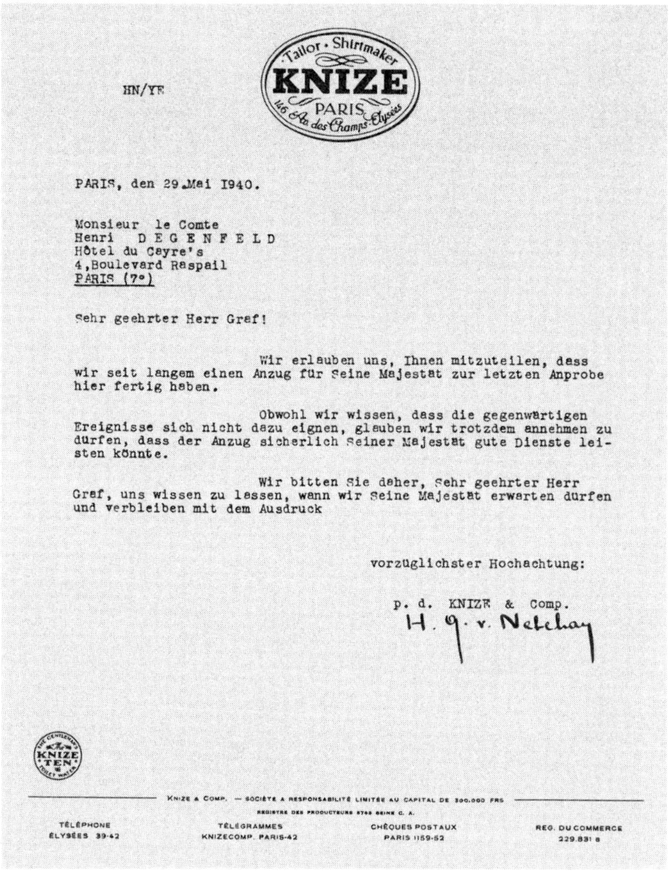

HN/YF

Tailor • Shirtmaker
KNIZE
PARIS
146 Av. des Champs-Elysées

PARIS, den 29.Mai 1940.

Monsieur le Comte
Henri D E G E N F E L D
Hôtel du Cayre's
4,Boulevard Raspail
PARIS (7°)

Sehr geehrter Herr Graf!

Wir erlauben uns, Ihnen mitzuteilen, dass wir seit langem einen Anzug für Seine Majestät zur letzten Anprobe hier fertig haben.

Obwohl wir wissen, dass die gegenwärtigen Ereignisse sich nicht dazu eignen, glauben wir trotzdem annehmen zu dürfen, dass der Anzug sicherlich Seiner Majestät gute Dienste leisten könnte.

Wir bitten Sie daher, Sehr geehrter Herr Graf, uns wissen zu lassen, wann wir Seine Majestät erwarten dürfen und verbleiben mit dem Ausdruck

vorzüglichster Hochachtung:

p. d. KNIZE & Comp.
H. G. v. Netchay

The Gentleman's KNIZE TEN Toilet Water

KNIZE & COMP. — SOCIÉTÉ A RESPONSABILITÉ LIMITÉE AU CAPITAL DE 300.000 FRS
REGISTRE DES PRODUCTEURS 8745 SEINE C. A.

TÉLÉPHONE ÉLYSÉES 39-42 | TÉLÉGRAMMES KNIZECOMP. PARIS-42 | CHÈQUES POSTAUX PARIS 1159-52 | REG. DU COMMERCE 229.831 B

Das für die Österreicher wichtigste Ergebnis der Regierungsumbildung ist, daß Georges Mandel nun Innenminister wird. Viele, auch Otto, sagen von ihm, er wäre damals der einzige *Mann* gewesen, ausgestattet mit der Eigenschaft, die Otto bis zum heutigen Tag an einem Mann am meisten schätzt: *MUT.* General Gamelin, der im Ersten Weltkrieg unter der energischen Führung Joffres (der 1914 die Marne-Offensive der Deutschen zum Stehen gebracht hatte) gar nicht schlecht gewesen war, erwies sich nach der diabolisch-genialen Umgehung der Maginot-Linie, in deren Fortsetzung Gamelin alle Defensiv-Hoffnung gesetzt hatte, als Chaot und Niete. Die Franzosen bestellten den 1940 schon steinalten Weygand (er sollte fast 100 Jahre alt werden) zum neuen Oberbefehlshaber, aber ohne Erfolg. Vielleicht lebte in Weygand ein ähnlicher Gedanke wie in den »Revolutionären Sozialisten« aus dem von ihnen so gehaßten Österreich: Bündnis auch mit Hitler-Deutschland, vielleicht Einbindung in ein neues »Reich« (national)sozialistischer Prägung.
Weygand schloß sich folgerichtig auch der Vichy-Regierung an, als Frankreich besiegt worden war, und konnte erst im Jahre 1948 mit Mühe und Not seine Rehabilitierung erreichen.
Der neue Staatssekretär im Verteidigungsministerium, ein gewisser Charles de Gaulle, ein *wahrer* Freund Ottos, sollte

noch ein anderes Frankreich verkörpern: eines des echten Widerstandes und, nach dem Kriege, das der *Versöhnung* mit Deutschland.
Am 28. Mai mußte das tapfere Belgien kapitulieren. Über die österreichischen Emigranten, die sich vergeblich um die Aufstellung einer »Österreichischen Legion« bemüht hatten, brach eine Katastrophe herein.
Einziger Lichtblick in jenen tristen Mai-Tagen des Jahres 1940 war die Bestellung von Winston Churchill zum neuen britischen Premierminister.
Am 3. Juni entluden deutsche Flugzeuge ihre Bombenlast über Paris.

Ottos Fluchtplanung vom 10.Juni 1940:
»Route:
1. Gemeinsames Treffen im Hotel Cayré
2. Ausgänge:
entweder: a.) Porte d' Orléans: Bvd. Raspail hinauf bis zur Place Denfert Rochereau, dort halb rechts Avenue d' Orléans bis zur Porte d' Orléans. Von da geradeaus hinaus – Croix de Berny – Longjumeau – Apajon – Étampes – Toury – Orléans – Bahnhof.
oder: b.) Porte d' Italie: Bvd. Raspail – Place Denfert – Rochereau – Avenue du Parc Montsouris – Rue Deutsch de la Meurthe – am Ende Bvd. Jourdan bis Porte d' Italie: rechts von da ab Juvisy – Essonnes – Pressoir – Prompt – von da nach rechts bis nach La Ferté Allais – nach Etampes.
NB: Sehr wichtig!
1. Bei Evakuierung bei Nacht oder unter schweren Umständen nehmen die Wagen keine Rücksicht aufeinander, sondern fahren unabhängig.

I.
1. Margulies (sein Auto):
1. Margulies
2. Eyerl
2. Chevy: Otto
Fuchs
Schuschnigg
Plöchl
3. Steyer: CL [Carl Ludwig]
Degenfeld
Rott
Kupsa

Valisen:
Margulies 4: Eyerl, Margulies, Kupsa, Fuchs
Chevy: 3: Otto, Plöchl, Schuschnigg
Steyer: 3: CL, Dgfld [Degenfeld], Rott
andere Variante:
Margulies – Fuchs –
1) Chevrolet S.M., Prinz Xavier, Schuschnigg, Plöchl
2) Steyer E. C. Ludwig [Erzherzog Carl Ludwig], Rott, Degenfeld, Eyerl«

Am 5. Juni begann der »zweite Abschnitt« der Schlacht um Frankreich, der Angriff in Richtung Paris, und am 10. Juni hatte Mussolini nichts Besseres zu tun, als gleichfalls Frankreich den Krieg zu erklären.

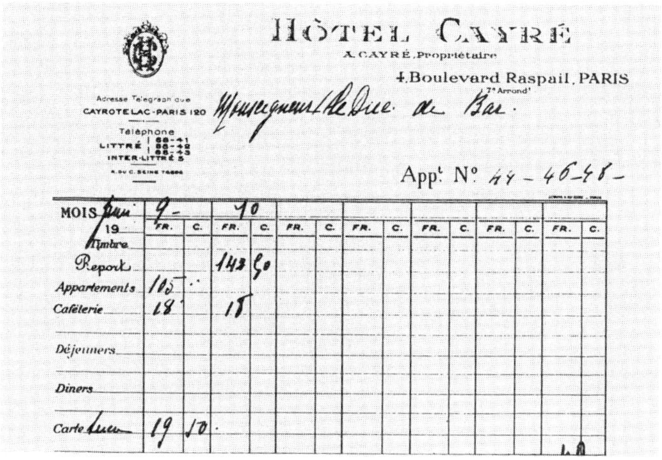
HÔTEL CAYRÉ
A. CAYRÉ, Propriétaire
4, Boulevard Raspail, PARIS
7e Arrond'
Adresse Télégraphique CAYROTELAC-PARIS 120
Monseigneur le Duc de Bar
App' N° 44 – 46 – 48 –

MOIS Juin 19	9 –	10
Timbre		
Report		143,60
Appartements	105	
Cafeterie	18	15
Déjeuners		
Diners		
Carte Lune	19	10

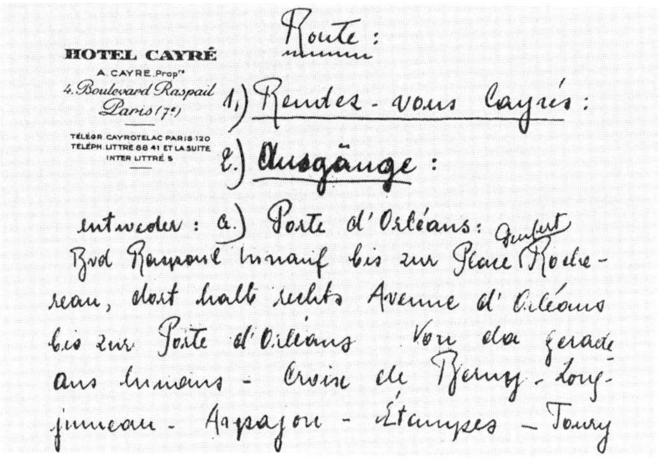
HOTEL CAYRÉ
A. CAYRE, Prop're
4, Boulevard Raspail
Paris (7e)
TÉLÉGR CAYROTELAC PARIS 120
TÉLÉPH LITTRE 88 41 ET LA SUITE
INTER LITTRÉ 5
Route:
1.) Rendez-vous Cayrés:
2.) Ausgänge:
entweder: a.) Porte d'Orléans: Denfert Bvd Raspail hinauf bis zur Place Rochereau, dort halb rechts Avenue d'Orléans bis zur Porte d'Orléans Von da gerade aus hinaus – Croix de Berny – Longjumeau – Apajon – Étampes – Toury

Am selben Tag mußte sich Otto entschließen, gemeinsam mit seinem engsten Mitarbeiterstab Paris zu verlassen, um nicht Hitlers Häschern in die Hände zu fallen.
Am Vorabend spielte sich noch einer der Treppenwitze europäisch-österreichischer Geschichte ab, wie sie eben zu einem solch tragischen Anlaß gehören: Der frühere amerikanische Gesandte in Brüssel, Herr Gibson, der durch seinen klugen Rat (nämlich das Schicksal der in Österreich verhafteten Getreuen Herzog Max von Hohenberg, Ernst von Hohenberg, Baron Zeßner, Baron Wiesner und August Lovrek dem britischen Außenminister Lord Halifax anzuvertrauen) den engsten Mitarbeitern Ottos in Österreich das Leben gerettet hatte, lud im »Ritz« zu einem letzten Zusammentreffen vor dem Einmarsch der Truppen Hitlers ein.
Ein Vertrauter des polnischen Freiheits-Idols General Sikorski war da, Erzherzog Karl Ludwig und die unwiderstehliche Claire Booth-Luce (Herausgeberin des LIFE-Magazins, später US-Botschafterin in Rom), die sich stets als eine loyale Fürsprecherin Ottos und Österreichs erweisen sollte.
Am Ende der Besprechung bittet der Chef des Hauses seine Gäste persönlich, sich ins »Goldene Buch« des Ritz einzutragen. Die nächsten »Goldenen«, nur wenige Tage darauf,

heißen bereits Rommel und Cruwell (er ist General Rommels Stabschef).
Am 10. Juni, spätabends, es geht schon auf den 11. zu, bezahlt Otto die Rechnung in seinem Hauptquartier, dem »Cayré«.
Er hatte für den Ernstfall – die Einnahme der Stadt Paris durch die Deutschen – einen Fluchtplan ausarbeiten lassen. Unterwegs, auf der Fahrt in das Schloß seines Onkels, des Prinzen Xavier von Bourbon-Parma, hört die kleine Reisegesellschaft vom Kriegseintritt Mussolinis gegen Frankreich.
Aus Besson kabelt Otto ein Sympathietelegramm an Paul Reynaud. Dann setzt sich Otto mit den Landsleuten in Dijon in Verbindung: Dort hat sich um den tapferen Waschnigg mit Hilfe des französischen Innenministeriums eine Zentrale für die Kontakte mit dem österreichischen Widerstand in der Heimat aufgebaut. Es galt, Freunde und Mitarbeiter zu warnen und Fluchtmöglichkeiten zu besprechen.
Es schien nur den Ausweg nach Französisch-Marokko zu geben: Aus Bordeaux, wohin die französische Regierung geflüchtet war, ließ der treue Innenminister die Habsburger und ihre Schutzbefohlenen auf Schloß Bostz verständigen, sie mögen augenblicklich nach Bordeaux kommen, sonst sei ihnen der Fluchtweg abgesperrt.
Sonntag, den 16. Juni, gibt es ein kurzes, freudiges Wiedersehen mit der großherzoglichen Familie von Luxemburg, die, bewacht von marokkanischen Garden, vorübergehend auf Schloß Lamonzie, unweit von Bordeaux, untergekommen ist.
Bordeaux selbst quillt von Flüchtlingen über. Ottos erster Weg führt zu den Beamten des Innenministeriums, die für neuerliche Internierungen österreichischer Flüchtlinge verantwortlich sind. Er erhält die Zusicherung der sofortigen Freilassung aller Österreicher und einen Termin bei Innenminister Georges Mandel für 22 Uhr.
Der Generalsekretär des Außenamts, Charles Rochat, empfängt den Habsburger in einer Schule... das ehemalige Direktionszimmer des Lycée Lafayette dient nun Rochat als Amtsraum. Die Lage Frankreichs ist verzweifelt; doch noch versichert Rochat seinem jungen, energischen Gast, die Regierung werde aushalten; der päpstliche Nuntius berichtet Otto kurz darauf, Paul Reynaud habe auch den neuen britischen Premierminister Winston Churchill angerufen und ihm gesagt, Frankreich werde nicht aufgeben.
Der abendliche Besuch im »Chapon Fin«, dessen Wirt mitten in diesem Weltuntergang hervorragend kocht, gleicht der Beiwohnung einer chaotischen Kabinettsitzung mit Zaungästen: Der Renegat Pierre Laval kommt und versucht sogar, sich Otto anzubiedern, Admiral François Darlan ist da und spricht überlaut von seiner Flotte, die sich nie ergeben werde... schon bald darauf ist auch er mit der Vichy-Regierung verbandelt, ähnlich wie Philippe Henriot, mit dem Otto tags darauf sogar eine öffentliche Auseinandersetzung hat: Philippe Henriot, der noch vor kurzem im Parlament wacker für Österreich gesprochen hat. Nun plädiert auf einmal für Waffenstillstand und hetzt lauthals gegen die Juden! Otto nennt Henriots Verhalten in aller Öffentlichkeit »Verrat«. Henriot bezahlte für diese Rede später mit seinem Leben, die Résistance richtete ihn hin.
Georges Mandel sah Otto in jenen »letzten Tagen von Bordeaux« noch einmal: Sonntag, den 16. Juni, um 22 Uhr, nach einer dramatischen Kabinettsitzung, in der beschlossen wurde, den Widerstand in den Kolonien fortzusetzen, vor allem in Afrika.
Georges Mandel und Otto vereinbaren ein neuerliches Treffen für den nächsten Tag, für 14h 45. Doch noch in der Nacht übernimmt Pétain die Macht und bittet Hitler um Waffenstillstand. Die Regierung Reynaud besteht nicht mehr. Auch Staatspräsident Lebrun gibt auf.
Als Otto und sein Bruder Karl Ludwig – sie verbrachten die Nacht in Lamonzie – das Hotel betreten, in dem Georges Mandel sie erwarten wollte, erfahren sie, daß der alte Herr vor einer Stunde verhaftet worden ist. Selbst in dieser Minute dachte er an seine habsburgischen Freunde: Insgeheim hinterließ er ihnen die Nachricht, sie mögen Frankreich so schnell wie möglich verlassen.
Da steht auch schon ein Polizist vor Otto und seinem Bruder Karl Ludwig: »Ihre Personalausweise bitte!« Das ist die Verhaftung.
Doch der »Geheime« hat nicht mit dem Reaktionsvermögen der zwei jungen Männer gerechnet. Er erhält einen harten Stoß, taumelt zur Seite, und schon sind Otto und Karl Ludwig in den wogenden Menschenmassen vor dem Hotel untergetaucht.
Die anstelle der Regierung amtierende Waffenstillstandskommission ließ Otto sofort zur Verhaftung ausschreiben.
Am 18. Juni, schon auf der Flucht zur rettenden spanischen Grenze, wagt sich Otto noch einmal in den Hexenkessel von Bordeaux hinein, um einem lieben, alten Freund, dem portugiesischen Botschafter, das Wort abzunehmen, daß er nur ja *jedem* österreichischen Flüchtling, der ihn um Hilfe bittet, ein Visum für Portugal ausstelle.
Otto hastet weiter, zum spanischen Botschafter. Es besteht ja die Gefahr, daß Spanien, das soeben erst einen grauenhaften Bürgerkrieg hinter sich gebracht hat, österreichischen Sozialisten und Kommunisten, die zu Tausenden gegen Franco gekämpft hatten und in Frankreich Asyl fanden, die Durchreise nach Portugal verweigern könnte.
Auch hier gibt der Spanier nach: ja, er wird *jedem* österreichischen Flüchtling ein Durchreisevisum ausstellen.
Endlich kann Otto zurück zu seiner Familie, die sich bei Libourne, eine Wegstunde östlich von Bordeaux, versammelt hat.
Dort sammeln sich auch liebe, treue Freunde aus Polen.

General Sosnowski ist da und wartet auf versprengte, polnische Einheiten, die sich dem Zugriff der Hitler-Stalin-Allianz entziehen konnten. Vor allem aber weilt der alte Freund der jungen Habsburger im Lager, der legendenumwobene Wladislaw Sikorski. Im Ersten Weltkrieg hatte er an der Seite Österreich-Ungarns in der ›Polnischen Legion‹ gegen die Russen gekämpft. Nun waren die Karten anders gemischt, und die Habsburger wollten eine ›Österreichische Legion‹ aufbauen… Bis es so weit sein würde, wäre Sikorski gerne bereit, die tatendurstigen Erzherzöge in seine Armee aufzunehmen, sollten sie nun in Frankreich, in England oder irgendwo weiterkämpfen für die Befreiung der Heimat. Er wird sich noch am selben Tag nach England begeben, um von dort aus den polnischen Widerstand zu leiten.

Auch die Habsburger müssen weiter.

Am 19. Juni erreichen sie die Gegend um Biarritz; übernachtet wird ein paar Kilometer südlich der völlig verstopften Heerstraße Bayonne–San Sebastian in Ustarritz.

Monsieur Paul Reynaud

Président du Conseil Ministère de la Guerre Paris

Au moment de la vile agression de l'Italie je tiens à Vous dire en mon nom propre et en celui des Autrichiens notre entière solidarité avec la cause des Alliés qui est aussi celle des peuples danubiens Stop Les Autrichiens fiers de leur histoire se souvenant des batailles de Custozza, Assiago et Caporetto sont prêts et espèrent pouvoir combattre bientôt aux côtés des Français contre l'ennemi commun. stop. Plus que jamais nous sommes certains que Dieu donnera la victoire à ceux qui luttent pour l'idéal chrétien du droit, de la justice et de la liberté

Othon d'Autriche

Othon , Duc de Bar, Besson (Allier)

Herrn Paul Reynaud *Besson, 11. Juni 1940*
Ministerpräsident/Kriegsminister Paris

Angesichts des niederträchtigen, von Italien entfesselten Angriffskrieges möchte ich Sie sowohl meiner persönlichen Solidarität sowie jener der Österreicher mit der Sache der Alliierten versichern, aber auch der Völker des Donauraumes. Stolz erinnern sich die Österreicher der Schlachten von Custozza, Asiago und Caporetto und sind bereit und hoffnungsvoll, schon bald an der Seite Frankreichs gegen den gemeinsamen Feind kämpfen zu können. Mehr denn je sind wir davon überzeugt, daß Gott jenen den Sieg geben wird, die für das christliche Ideal des Rechts, der Gerechtigkeit und der Freiheit kämpfen. *Otto von Österreich*
Otto, Herzog von Bar, Besson (Allier)

Zeitlich am nächsten Morgen bricht die habsburgische Flüchtlingskarawane in Richtung Grenze auf. Man befindet sich in der Bannmeile der Erinnerungen an die schönen Tage von Lequetio… aber nicht nur die Familie selbst.

Als es beim Übertritt nach Spanien Schwierigkeiten gibt, eilt plötzlich der Wachkommandant herbei: »Aber das ist doch die Kaiserin von Lequetio«, ruft er seinen Leuten zu, »die durften schon immer herein!« Kaiserin Zita erinnert sich noch Jahrzehnte danach schmunzelnd an diesen neuen Titel, der ihr damals aus Lequetio ›nachgeeilt‹ war.

Für zahllose Österreicher, darunter sehr viele jüdische Flüchtlinge aus Österreich, wurde das freudige Wiedererkennen des Grenzbeamten zum lebensrettenden laissez-passer.

Die Zöllner, auch froh, einmal großzügig sein zu dürfen, fragen Otto von Habsburg, welche Autos und Personen zu *seinem* Konvoi gehörten.

Und Otto nannte rundweg *alle*, die ihm in das rettende Spanien folgen wollten; es waren mehrere hundert Menschen, und zwar durchwegs solche, die den Schergen Hitlers mit Sicherheit zum Opfer gefallen wären, Juden vor allem, Sozialisten, Kommunisten. Österreicher.

»Persönlich und vertraulich«: Martin Fuchs an die Österreich-Abteilung des Außenamtes in Paris:

»Memorandum über die Frage der Gründung einer österreichischen Legion in Frankreich

Die Frage der Gründung einer österreichischen Legion in Frankreich ist seit dem Beginn des Krieges nahezu von der Gesamtheit der in Frankreich lebenden Österreicher aufgeworfen worden. Sie ist der wichtigste Wunsch der Österreicher in aller Welt gewesen, besonders seit dem denkwürdigen Telegramm des Präsidenten Lebrun an die Königin der Niederlande, einem Telegramm, in welchem der Präsident die Befreiung Österreichs offiziell zum französischen Kriegsziel erklärte. Die Österreicher waren nicht nur gewillt, mit der Waffe auf seiten der Alliierten für die Befreiung ihres Landes zu kämpfen; sie sind auch überzeugt, daß die Schaffung einer österreichischen Legion auch eine äußerst heilbringende Wirkung im Inneren Österreichs selbst hätte.

Bis jetzt ist diese Gründung durch die Tatsache verhindert worden, daß man vor der Schaffung der Legion die Anerkennung einer österreichischen Vertretung forderte. Die Schaffung einer politischen Vertretung wiederum stieß auf bekannte Schwierigkeiten, deren bedeutendste die, um nicht mehr zu sagen, seltsame Haltung der kleinen Gruppe der revolutionären Sozialisten war (Auslandsdelegation der österreichischen Sozialisten).

Heute, angesichts der deutschen Aggression, hat sich diese Situation verändert. Die militärischen Probleme haben vor den politischen Problemen Vorrang und die überwiegende Mehrheit der Österreicher ist überzeugt, daß es heute keine grundsätzlichen Schwierigkeiten für die Schaffung

einer Legion mehr geben kann. Dieser Wunsch der Österreicher wird nun noch durch die Tatsache verstärkt, daß Österreicher, die sich freiwillig zur Fremdenlegion gemeldet haben, bereits ihr Blut für die Sache der Alliierten vergossen haben.
Darüber hinaus wird durch aus London eingegangene Informationen bestätigt, daß die englischen Behörden die Österreicher in England ermächtigt haben, ein Bataillon österreichischer Pioniere im Rahmen der englischen Armee zu formieren, obgleich England in der österreichischen Frage niemals eine so klare Haltung eingenommen hat wie die französische Regierung.
In Anbetracht des sozusagen einhelligen Wunsches der Österreicher, der gegenwärtigen Lage und der unbestreitbaren Wirkung, die die Schaffung einer österreichischen Legion auf die Österreicher hätte, die heute zwangsweise zum deutschen Heer eingezogen sind, erscheint es klar, daß man sich sofort an die Schaffung der österreichischen Legion in Frankreich machen müßte, ohne die Anerkennung einer politischen Vertretung Österreichs abzuwarten.
Praktisch gesehen könnten die Österreicher in Frankreich eine Legion von Freiwilligen von sicherlich 2000 bis 3000 Mann aufstellen, von denen ein großer Teil seine Ausbildung bei der Fremdenlegion erhalten hat, und zu welchen in kürzester Zeit noch die österreichischen Freiwilligen in den heute neutralen Staaten kommen könnten. Die Anzahl der Letzteren ist schwer zu schätzen. Es erscheint jedoch sicher, daß sie nach einer sehr pessimistischen Schätzung von der Stärke von Regimentern sein könnte.
Was die österreichischen Offiziere anlangt, so ist nach den offiziellen österreichischen Dokumenten der ranghöchste österreichische Offizier Erzherzog Otto von Österreich, der in der kaiserlichen Armee als Kronprinz den Rang eines Obersten innehatte und dessen Rang von der Bundesregierung im Jahre 1936 anerkannt wurde. In Frankreich und England leben mehrere Majore und Hauptleute, Leutnants und Fähnriche, von denen einige während des Weltkrieges gedient haben; andere haben ihren Rang im österreichischen Bundesheer empfangen. Darüber hinaus gibt es eine gewisse Anzahl österreichischer Offiziere in den neutralen Ländern, die sich schon bereit erklärt haben, nach der Aufstellung einer österreichischen Legion nach Frankreich zu kommen.
Darüber hinaus gab es vor einem Monat mehr als 2000 Österreicher in den Reihen der alliierten Armeen, insbesondere in der Fremdenlegion. Übrigens tun zahlreiche Österreicher als Hilfskräfte Dienst.
Um daher den praktischen Teil zusammenzufassen, ergibt sich daraus die Möglichkeit, sofort zur Schaffung einer österreichischen Legion zu schreiten, deren Anzahl rasch wachsen würde. Aber von Beginn an könnte man mit 2000–3000 Österreichern rechnen, abgesehen von jenen, die zur Zeit in der Fremdenlegion dienen und deren Transferierung in die Reihen der österreichischen Legion natürlich bis zum Ausgang der gegenwärtigen Schlacht aufgeschoben werden müßte.
Abschließend können wir also sagen, daß die Schaffung einer freiwilligen österreichischen Legion jederzeit möglich ist. Ihre psychologische Wirkung in Österreich und unter den Österreichern in aller Welt – besonders jenen Österreichern, es handelt sich um fast eine Million Menschen, die heute als amerikanische Staatsbürger in den Vereinigten Staaten leben und einen beachtlichen Einfluß ausüben – wäre für die Sache der Alliierten überaus günstig.
Was die Vorgangsweise der Aufstellung dieser österreichischen Legion betrifft, sollte man nicht mehr eine politisch repräsentative Lösung abwarten, sondern einzig und allein außerhalb und oberhalb der Parteien eine österreichische Mission anerkennen, die alle die österreichische Legion betreffenden Fragen zu verhandeln und zu leiten hätte.
Diese Mission sollte aus den höchstrangigen aktiven Offizieren zusammengesetzt sein, die sich in Frankreich und England befinden. Da die Aufgaben der Kommission technischen Charakter hätten, könnte diese Militärkommission aus dem Major Alfred HORTWIG (Paris) und Major MAYER (Libourne) zusammengesetzt sein, da diese beiden Personen die dienstältesten Offiziere im Majorsrang unter den Österreichern sind – sowie aus den Hauptleuten Hugo BOUVARD und HECHET aus London. Diese Personen würden auch durch ihre militärische Qualifikation und ihr Vorleben garantieren, daß die Schaffung der österreichischen Legion auf einer rein nationalen Basis vor sich gehen würde, unter Ausschluß jeglicher Parteipolitik.
Die Österreicher der ganzen Welt hoffen, daß die französische Regierung, die zu wiederholten Malen ihre freundschaftliche Gesinnung dem österreichischen Volk gegenüber bewiesen hat, heute den innigsten Wunsch aller österreichischen Patrioten erfüllen möge: Auf Seiten der ruhmreichen französischen Armee gegen Deutschland zu kämpfen, für die Befreiung Österreichs und für den Sieg der Sache der Alliierten, die allen Österreichern, die dieses Namens würdig sind, teuer ist.

Handschriftliche Anmerkung:
Zu übergeben an:
den Minister der öffentlichen Arbeiten M. de Monzier (mit Begleitbrief)
an den Innenminister M. Mandel (mit Begleitbrief)
Quai d' Orsay M. Ch. Roux (mit Begleitbrief)
an den Prés. du Conseil M. de Margerie (mit Begleitbrief) (für Reynaud)
zweimal R. Dupont des Lojes Maréchal Pétain (mit Begleitbrief) durch Lémery

»Ich traf nur einen einzigen wirklichen Charakter: Georges Mandel.« Der französische Innenminister hat alles getan, um der Sache Österreichs zum Durchbruch zu verhelfen; sogar im Augenblick seiner Verhaftung gab er noch Anweisung, Otto zu warnen und zur sofortigen Flucht zu raten.

an den Finanzminister M. Marin (mit Begleitbrief)
Quai d' Orsay, M. Rochat (zur Information)

In Anbetracht der gegenwärtigen Umstände und der Tatsache, daß ein gutes Funktionieren sicherlich erleichtert würde, wenn ein begrenztes Exekutivorgan mit den österreichischen Angelegenheiten befaßt wird, wird die folgende Struktur einer österreichischen Vertretung vorgeschlagen:

I. Vorsitz: 1) Präsident: Prof. Richard Wasicky
2) politische Berater: Herr Minister Hans Rott (für die Rechte) und Herr Minister Julius Deutsch (für die Linke)

II. Ziviles Exekutivorgan: Zusammengesetzt aus drei Mitgliedern, nämlich: Herr Prof. Wasicky als Präsident, Herr Martin Fuchs, Vertreter der Rechten und Herr Hans Sailer, Vertreter der Linken.

Jede Entscheidung von politischer Tragweite muß einvernehmlich beschlossen werden.

III. Militärisches Exekutivorgan: Zusammengesetzt aus drei Technikern, die dem französischen Kommandanten der österreichischen militärischen Formation beigestellt werden sollen, als da sind: Herr Baron Peter Soren, Hauptmann Klein (von der Linken) und Major Horner (von der Rechten).

Jede grundsätzliche Entscheidung, die über rein Technisches hinausgeht, muß einvernehmlich und mit Zustimmung des zuständigen Exekutivorgans beschlossen werden.

IV. Monatlich erstatten die drei Exekutivorgane Bericht an den Österreichischen Rat, der sich persönlich aus den Mitgliedern der Aufsichtsräte der »Österreichischen Liga«, der »Auslandsdelegation der österreichischen Sozialisten«, der »Vereinigung der jüdischen Emigranten Österreichs«, sowie aus namhaften österreichischen Persönlichkeiten zusammensetzt.

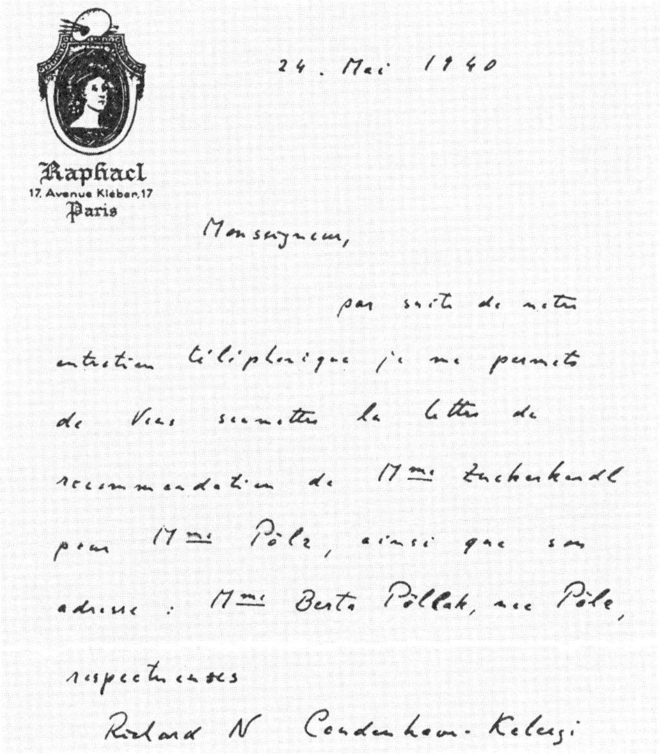

Raphael
17. Avenue Kléber, 17
Paris

24. Mai 1940

Monseigneur,

par suite de notre entretien téléphonique je me permets de Vous soumettre la lettre de recommandation de Mme Zuckerkandl pour Mme Pölz, ainsi que son adresse: Mme Berta Pöllak, née Pölz,

respectueuses

Richard N Coudenhove-Kalergi

Richard Graf Coudenhove-Kalergi bittet Otto um Hilfe für eine sozialistische Emigrantin aus Wien-Favoriten

RAPHAEL
17. Avenue Kléber 17
Paris

Monseigneur,

Nach unserer telefonischen Unterredung erlaube ich mir, Ihnen das Empfehlungsschreiben von Madame Zuckerkandl an Madame Pölz zu übermitteln, sowie Ihre Adresse: Madame Berta Pöllak [Pollak], geborene Pölz, 58 a, rue Maxo XXe. –

Mit den respektvollsten Grüßen verbleibe ich, Monseigneur

Ihr

Richard Coudenhove-Kalergi

Ein Brief Ottos vom Juli 1940, geschrieben in Lissabon an seinen Bruder Robert in London, gibt die dramatischen Geschehnisse, die verzweifelte Lage der Österreicher, aber auch den unbeugsamen Willen Ottos zum Weiterkämpfen authentisch wieder:

»Lieber Robert!

Schon seit langer Zeit habe ich Dir nicht schreiben können. Der letzte Brief war aus Paris und ich weiß gar nicht, ob Du ihn erhalten hast. Seither ist eine Zeit vergangen, die uns allen wie ewig lang schien. Es war nicht schön. Angefangen mit dem Rückzug aus Paris, 48 Stunden bevor die Boches dort einzogen, in einer der unbeschreiblichsten Autokarawanen, über die nächtliche Fahrt von Bostz nach Bergerac bis zu den zwei scheußlichen Tagen, die ich in Bordeaux verbrachte. Diese Tage in Bordeaux – der letzte Tag des Kabinettes Reynaud und der erste Tag von Pétain – haben mir leider bewiesen, daß das französische Regime ganz faul war: Vor dem heranrückenden Feind ein Ausbruch der Feigheit, die wirklich abstoßend war: Es dreht einem den Magen um. Ich traf nur einen einzigen wirklichen Charakter: Georges Mandel. Er hat bis zuletzt für den Weiterkampf gearbeitet, sich den Haß des ganzen losgelassenen Gesindels zuziehend. Er hat in seiner Sorge und Verzweiflung noch immer an seine Freunde gedacht, für unsere Sicherheit gesorgt. Als ihn das Pétain-Regime verhaften ließ, war das eben zur Stunde, wo ich ein Rendez-vous mit ihm hatte. Er hatte die Geistesgegenwart, im Augenblick wo man ihn abführte, noch seiner Sekretärin zu sagen, sie möchte mich von seiner Verhaftung verständigen und mir seinen Rat übermitteln, daß wir möglichst bald Frankreich verlassen sollen. Was dann weiter geschehen ist, wirst du wohl aus den Briefen der Geschwister erfahren. Ich selbst möchte jetzt hauptsächlichst auf die politischen Aspekte und auf die praktischen Möglichkeiten der jetzigen Situation im Lichte unserer Aktion kommen.

I. Das Schicksal unserer Leute.

Von unseren Leuten in Paris sind bisher folgende hier in Portugal eingetroffen und daher in Sicherheit: Dr. Martin Fuchs, Herr Walter von Schuschnigg, Robert Bauer (vom Radio Fécamp) und Georg Bittner. Nichts zu erfahren ist überhaupt über das Schicksal Herrn von Alexichs. Noch aus Frankreich i. e. aus Hendaye erhielt ich Nachricht von folgenden Personen: Minister Rott, Dozent Plöchl, Kupsa-Bühlheim, Ing. Wunsch, Franz Leitner und Baron Eyerl. Ich habe mich von der ersten Stunde meines hiesigen Aufenthaltes an bemüht, diesen Herren spanische resp. portugiesische Visen zu verschaffen. Es war schwer, ein Duell hier mit dem Amtsschimmel auszufechten. Es ist mir schließlich gelungen, ihnen den spanischen Übertritt und einen portugiesischen Aufenthalt zu sichern, ich weiß nur leider nicht, ob das noch rechtzeitig eingetroffen ist, bevor die Hitler-Horden die Grenzen absperrten. Ich muß leider sagen, daß ich sehr große Angst habe, daß unsere Leute drinnen erwischt worden sind, so daß man für die zukünftigen Aktionen bis auf weiteres leider nur auf die drei Herren rechnen kann, die schon hier sind. Sollte sich diesbezüglich eine Änderung ergeben, was Gott uns geben möge, so werde ich Dich jedenfalls davon verständigen. – Von unsern Gegnern weiß ich bisher nur, daß Zernatto und Stockinger hier in Portugal eingetroffen sind. Was aus Deutsch, Wassitzky und Co. geschehen ist, weiß ich nicht.

II. Weisungen an Amerika.

Da es von hier aus leicht geht, habe ich mich sofort brieflich mit Felix in Amerika in Verbindung gesetzt. Mit diesem Brief habe ich ihm in Kürze folgende Weisungen erteilt:

a) I. Frage der Legion: Es soll, sei es in den Vereinigten Staaten selbst, sei es durch ein Werbebüro in Canada, welches ja bei unseren dortigen Freunden leicht aufgestellt werden kann, an die Anwerbung einer österreichischen Legion in Amerika geschritten werden. Im Gegensatz zu dem bisherigen System, wo wir zuerst um die Autorisation ansuchten und dann erst organisieren wollten, wird diesmal, wenn der Plan akzeptiert ist, zuerst ohne Autorisation an die Anwerbung geschritten. Erst, wenn wir eine genügende Anzahl von angeworbenen Leuten haben, wird die Bildung der Legion den kanadischen Behörden zur Kenntnis gebracht und um die Überlassung eines Trainingcamps gebeten. Mit der Leitung der Sache wird Hauptmann Harand von den Kaiserjägern beauftragt. Das Wesen der ganzen Operation besteht darin, daß sie bis zum erzielten Resultat geheim gehalten wird. Die Leute werden persönlich angeworben und zur Geheimhaltung verpflichtet. Ich teile Dir das nur zu Deiner persönlichen Information mit.

b) Haltung der Österreicher in Amerika: Die Österreicher in Amerika sind angewiesen, sich bis auf weiteres an das Austrian Office in London zu halten, was die allgemeine österreichische Aktion betrifft. Dieses Office ist ja heute die einzige repräsentative Stellung Österreichs in einem kriegsführenden Staat. Was die Legitimisten im besonderen betrifft, so sollen diese mit der Austrian Ligue in London in Fühlung treten. Innerhalb des amerikanischen Kontinentes soll die Austro-American Ligue die Zentrale bilden, bis weitere Weisungen erfolgen.

c) Was die Führung der legitimistischen Bewegung betrifft, so soll, wenn irgend möglich, eine neue Zentrale aufgestellt werden, die gleichzeitig als Zentrale des Weltbundes der Österreicher, des Rekonstruktionsbüros und des Presse- und Propagandabüros dienen soll. Da dies in London schwer möglich ist und auch in den Vereinigten Staaten

wegen der Neutralität auf Schwierigkeiten stoßen könnte, wird in Aussicht genommen, diese Zentrale, wenn möglich in Toronto, Kanada, aufzustellen. Dies hängt einesteils davon ab, ob der Felix das mit den kanadischen Behörden ausschnapsen kann – woran ich nicht zweifle –, andersteils, ob wir die genügenden Leute für die Sache bekommen. Es hängt also vielfach davon ab, ob es einem gelingt, Rott und Comp. herauszubekommen. Gelingt dies aber, so glaube ich, daß dies eine gute Lösung wäre.
Dies schreibe ich Dir, damit Du ungefähr siehst, in was für eine Richtung wir hier jetzt zu arbeiten gedenken. Du kannst natürlich vertraulich hiervon Klein und Bouvard informieren.

III. Eure Lage in England.

1) Deine Lage persönlich: Ich bin der Ansicht, daß Du vor allem darauf schauen mußt, daß Du und diejenigen Deiner Mitarbeiter, auf die Du ganz besondere Stücke hältst und die für eine Arbeit in der Zukunft besonders wichtig sind, nicht von Hitler geschnappt werdet. Es wäre unsinnig, jetzt besondere Heldenstückeln aufzuführen, wenn man dabei der Zukunft besonders präjudizieren würde. Speziell was Dich persönlich anbelangt, lege ich größtes Gewicht darauf, daß Du keine Unvorsichtigkeiten begehst und Dich beizeiten um einen vernünftigen Rückzugsweg nach Canada umsiehst. Detailliert kann ich Dir natürlich nichts sagen, das mußt du selbst sehen. Nur schau' darauf, daß Du keine Dummheiten machst.

2) Politische Lage in England:
a) Soweit ich die Lage hier übersehen kann, glaube ich, daß es gut wäre, wenn das Austrian Office in London irgendeine Erklärung im Namen der Österreicher abgeben würde. Ich denke mir, daß der Hauptinhalt der wäre, daß die Österreicher geschlossen an der Seite Englands am Kampfe gegen Deutschland teilnehmen und England in diesem Kampfe mit allen ihnen zu Gebote stehenden Mitteln zur Seite stehen. Es wäre damit erreicht, daß die Haltung Österreichs präzisiert wäre.
b) Ich würde ferner für wichtig halten, wenn die Austrian Ligue als Vertreterin der österreichischen Legitimisten ebenfalls ein Erklärung abgeben würde, wonach die österreichischen Legitimisten mit absolutester Energie auf Seiten Englands stehen.
c) Ich würde es für wichtig halten, wenn Du trachten würdest, möglichst schnell die Verbindung mit General de Gaulle, Präsidenten des französischen Nationalrates, aufzunehmen. Es wäre wichtig, auf diesem Wege mit den französischen Widerstandskreisen den Kontakt zu finden und so die Kräfte des Frankreichs von morgen geneigt zu machen. Überdies sind wir ja verpflichtet, infolge unserer bisherigen engen Bindung mit Frankreich auch weiterhin den Kontakt mit den positiven Kräften dieser Nation zu halten. Trachte, diese Verbindungen möglichst für uns, nämlich für den Legitimismus zu fruktifizieren. Es wäre vielleicht auch daran zu denken, irgendeine Kontaktinstitution zwischen uns und dem französischen Nationalrat zu schaffen, in der Form, daß wir einen Vertreter bei den Franzosen nominieren und daß sie dafür einen bei uns halten.
d) Ich habe in portugiesischen Zeitungen gelesen, daß sich der gewesene französische Innenminister Georges Mandel nach London begeben haben soll. Ist dies der Fall, was Du ja leicht erfahren kannst, so würde ich Dich bitten, Mandel möglichst bald zu besuchen und ihm in meinem Auftrag noch einmal meinen herzlichsten Dank zu sagen für alles, was er für uns gemacht hat. Sage ihm, daß ich diese seine Freundschaftszeichen in schwerster Zeit niemals vergessen werde und sage ihm, wie sehr es mich freut, ihn in Sicherheit zu wissen. Halte auch dann diesen Kontakt weiter aufrecht.
e) Die polnische Regierung ist ebenfalls bei Euch. Von den Polen kenne ich Außenminister Zaleski, Ministerpräsident General Sikorski und Generalstabschef General Sosnowski. Es wäre gut, wenn Du auch ehest mit den Polen die Verbindung aufnehmen könntest, da sie diejenigen sind, die am meisten solidarisches Interesse mit uns haben. Außerdem ist es wichtig, bei ihnen dem Benesch vorzukommen. Schließlich, wie Du ja aus einem weiteren Passus dieses Briefes sehen wirst, sind die Verbindungen mit den Polen besonders intim geworden und ist dieser Kontakt weiter zu halten. Ich möchte auch darauf hinweisen, daß, wie die Franzosen schon alle den Kopf verloren hatten, die Polen als einzige von allein den Mut und die Entschlossenheit behalten haben und zum äußersten entschlossen waren.

IV. Unsere Pläne.

Gerade in den letzten Tagen in Frankreich haben sich Lulitz [Erzherzog Karl Ludwig] und Rudolf bei der polnischen Armee angemeldet und zwar als Offiziersaspiranten. Sie warten jetzt hier ab, wohin sie einberufen werden. Wir wissen nämlich noch nicht, ob das nach England oder nach Canada sein wird.
Was mich persönlich betrifft, so habe ich mich ebenfalls bei den Polen angemeldet. Ich habe mit den Polen vereinbart, daß die ganzen Details diesbezüglich ihnen durch die hiesige polnische Gesandtschaft bekanntgegeben werden würden. Die Details sind, daß ich als Offizier in die polnische Armee eintreten würde, dabei aber meine politische Handlungsfreiheit vollkommen wahren könnte. Nehmen dies die Polen an, so würde ich das Recht haben, wenn immer es die politische Lage erheischt, mich in Zivil umzuziehen und die Politik zu machen, wie es notwendig ist.

Dadurch habe ich den Vorteil, daß ich mitmachen kann, wenn die politische Lage es erlaubt, und mir meine Freiheit wahre, wenn ich meine politischen Aufgaben zu erfüllen habe. Meine Einberufung würde nach England lauten, wodurch es leicht sein kann, daß ich Dich demnächst in London wiedersehe. Klappt die Sache aber mit den Polen nicht – eine Eventualität, die mir eher unwahrscheinlich erscheint – so würde ich trotzdem gerne nach England kommen, falls England den Kampf weiterführt. Könntest Du Dich diesbezüglich umschauen? Ich wäre Dir sehr dankbar, wenn es Dir möglich wäre, mich diesbezüglich etwas wissen zu lassen. Ich glaube nämlich, daß es wichtig ist, daß ich so oder so nach London komme. Wie Du mir Deine Antwort schreibst, mußt Du Dir selbst ausknobeln. Es geht dreimal wöchentlich ein Passagierflugzeug zwischen England und Lissabon.

Was unsere Damen betrifft, so fahren diese, wenn der Krieg weitergeht, nach Canada. Die Pläne diesbezüglich sind noch nicht präzisiert, können aber jede Stunde aktuell werden, falls die Lage noch kritischer wird, als sie es schon ist. Es wäre daher denkbar, daß, wenn es böse wird, aber dies nur im äußersten Fall, auch ich erst via Canada zurückkomme.

Ich habe inzwischen mit dem U.S.A.Gesandten hier gesprochen und mit ihm ausgemacht, daß jedenfalls für die Mitglieder der Familie amerikanische Visen beschafft werden. Ich werde auch versuchen, den österreichischen politischen Führern amerikanische Visen zu beschaffen und hoffe daher, Anfang der zweiten Hälfte Juli das erste Kontingent nach den Vereinigten Staaten abzuschicken. Jedenfalls werden die Damen nach der Übersee müssen und bin ich diesbezüglich bereits mit Felix in Verbindung.

Ich wäre sehr glücklich, wenn Du mir gelegentlich mitteilen würdest, wie Du die Lage von England aus ansiehst. Hier gewinnt man den Eindruck, daß sich England schwerlich wird halten können, wobei dies allerdings nicht meine Ansicht ist. Ich glaube, daß dies auch On the long run für uns geringe Bedeutung hat, ob England hält, insbesondere wenn der Widerstand sich in Canada weiter organisiert. Jedenfalls glaube ich, daß wir die schwerfälligeren Institutionen unserer Bewegung schon jetzt nach Canada bringen müssen, um nicht wieder einen solchen Schock zu erleben, wie ihn uns der Zusammenbruch Frankreichs brachte. – Sehr wichtig erscheint mir die Nominierung des Wendell Wilkie zum Kandidaten der amerikanischen Republikaner für die Präsidentschaft und des Senators Mac Nary zum Kandidaten für die Vize-Präsidentschaft. Ich persönlich kenne Wilkie nicht, dafür kennt ihn aber Felix gut. Sein Freundeskreis, d.h. seine intimen Freunde sind gleichzeitig der beste Freundeskreis von Felix und von mir in New York. Einer seiner besten Freunde ist der junge Hugh Bullock, mit dem wir die ganze Zeit zusammen waren. Seiner Einstellung nach ist Wilkie absoluter Interventionist und bereit, was immer zu tun, um den Verbündeten zur Hilfe zu eilen. Ich glaube sogar nicht fehl zu gehen, wenn ich die Annahme habe, daß Wilkie als Präsident bestimmt Amerika in den Krieg bringen würde. Das Gleiche gilt in etwas vermindertem Maße für Senator Mac Nary, den Felix und ich persönlich kennen. Mac Nary war Chef der republikanischen Minorität im Senat, ist Senator von Oregon und gehört zu den konservativen interventionistischen Führern der republikanischen Partei. Was außerdem diese Wahl sympathisch macht, ist, daß beide Herren ausgesprochen Konservative sind, die gedanklich unseren Zielsetzungen ungemein nahestehen müßten. Es ist dies der sympathische Typ des amerikanischen Republikaners, der neben seinem christlichen Konservatismus in der Außenpolitik die Dynamik Roosevelts vertritt. Ich kann nicht anders sagen, als daß ich mit dieser Wahl von seiten der Republikaner ungemein zufrieden bin. Der Vorteil ist der, daß für Europäer die nächste Präsidentschaftswahl in Amerika wesentlich an Interesse verliert, da so oder so ein interventionistischer Präsident an die Macht kommt. Ich glaube, daß, wenn es England gelingen sollte, sich bis in den Winter zu halten, wir aus den Schwierigkeiten und aus der Patsche draußen sein werden.

Ich war mit diesem Briefe so ziemlich fertig, als ich Deinen Brief vom 24. Juni erhielt. Ich danke Dir vielmals für diesen Brief, der mich sehr gefreut hat. Wir treffen also so ziemlich dasselbe und dadurch werden manche Punkte meines Briefes überholt.

Ich möchte nur hier noch einmal das größte Gewicht darauf legen, daß Du mit aller Kraft darauf hinwirkst, daß die wichtigsten Deiner Mitarbeiter, also diejenigen Personen, die Deines Erachtens für die Zukunft der Bewegung wichtig sind, sich schon jetzt ein Visum nach Übersee beschaffen, um dann im entscheidenden Moment abfahren zu können. Man müßte sich auch absichern, daß die wichtigsten Leute tatsächlich England verlassen können. Man kann dieser Sache nicht ein scharf genuges Augenmerk widmen, wie Figura bei Frankreich zeigte ...«

(Grüße, Schlußformeln)

Während die Hitler-Offensive gegen Frankreich rollte und die kaiserliche Familie bereits durch Frankreich flüchtete, beschäftigte sich Erzherzog Felix schon intensiv mit der Vorbereitung einer großen Amerika-Kampagne für Österreich. Es ging dabei um die Einleitung einer stets – nicht erst 1940 – verabsäumten public-relations-action, die auch Lateinamerika einbeziehen sollte. Da sich die Ereignisse in Frankreich überstürzten, mußte Erzherzog Felix diesen Plan für einige Monate aufschieben und sich um die ›Quartiermache‹ für seine Angehörigen und die übrigen Flüchtlinge kümmern.

»NEW YORK
10, Park Avenue
16. Mai 1940

Lieber Otto,

Diesen Brief schreibe ich Dir in doppelter Ausfertigung, einen Teil schicke ich an Rochat. Den anderen Teil wird Dir Herr Van Zeeland zukommen lassen, wenn er auf dem Weg zum Kampfeinsatz in Belgien Frankreich durchqueren wird.
Ich möchte Dich über ein zweistündiges Gespräch informieren, das ich heute mit M. Dario St. Marie hatte. Zurückkommend auf seine Idee, die er Dir bezüglich einer Reise nach Südamerika erläutert hat, fragte er mich, ob ich nicht eine solche Reise im Herbst unternehmen könnte. Ich habe Ihm dargelegt, daß ich sie wegen meiner Vorträge in den Vereinigten Staaten nicht machen könnte, aber daß möglicherweise einer meiner Brüder für eine gewisse Zeit auf diesen Kontinent kommen und in Südamerika Vorträge halten würde. Ich habe ihm gesagt, daß einer meiner jüngeren Brüder dieser Aufgabe nachkommen könnte. Er ist nicht ganz darauf eingestiegen, weil er sagt, daß keiner meiner Brüder Erfahrung beim Sprechen habe. Ich habe Ihm erklärt, daß ich es auch erst hier gelernt hätte etc., kurz, am Ende hat er mir vorgeschlagen, eine solche Reise im August und September zu machen. Ich habe Ihm sofort erklärt, daß ich zu diesem Zeitpunkt in Europa wäre. Nichtsdestoweniger hat er schrecklich insistiert, daß ich Dir schreibe, um Dir seinen Plan vorzulegen. Eine solche Reise hätte einen doppelten Zweck: 1) Propaganda durch Vorträge, die er schon nach der Unterredung mit Dir in den Staaten Uruguay, Brasilien, Argentinien, Chile und Peru vorbereitet hat. Diese Vorträge würden die Kosten für die Flugreise, die Aufenthaltskosten und sogar ein wenig mehr einbringen, sie würden an den Universitäten dieser Länder gehalten werden. Darüberhinaus würde er, wenn ich recht verstanden habe, für einen offiziellen Empfang in jedem dieser Staaten sorgen. Er hat sich schon mit dem Präsident von Nicaragua, von Guatemala und von Santo Domingo in Verbindung gesetzt, wegen eines offiziellen Empfanges in jedem dieser Länder. Er kennt diese drei Männer persönlich. Er hat die 120 Zeitungen von Mr. Davila (den ich heute treffen sollte, der aber krank ist) für eine große Publizität vor und während einer solchen Reise zur Verfügung.
2) Finanzierung, von welcher er sich viel verspricht. Er hat mir Beispiele zitiert, die, wenn sie wahr sind, mehr als verlockend sind. Ich schreibe Dir die Einzelheiten im Brief an Rochat, denn der an van Zeeland muß in wenigen Minuten abgehen und ich habe nicht die Zeit, das alles lang darzulegen. Er will also, daß ich zwischen dem 1. und 5. August für eineinhalb Monate nach dem Süden verreise. Da er schon begonnen hat, alles vorzubereiten, (er war nach dem Gespräch, das er mit Dir hatte, überzeugt, daß Du völlig mit einer solchen Reise einverstanden wärest und hat also schon begonnen, daran zu arbeiten) habe ich Ihm versprochen, Dir noch heute abend zu schreiben, um Dir die ganze Angelegenheit zu erklären. Er hat mich darüberhinaus gebeten, daß Du Ihm im Falle Deines Einverständnisses mit dieser Reise direkt ein Telegramm schickst, damit er mit der Propaganda beginnen kann. Nachdem er mir während zwei Stunden die Notwendigkeit einer solchen Reise erklärt hat, in Anbetracht der wachsenden Bedeutung Südamerikas, der Leichtigkeit, dort Propaganda zu machen, die dank der Zeitungen sehr lange weiterwirken könne, in Anbetracht der großen Möglichkeiten betreffend den Punkt Nummer 2, habe ich mich trotzdem entschlossen, Dir zu schreiben, was keineswegs meine ursprüngliche Absicht war. Ich wurde in diesem Gedanken durch die Unterredung bestärkt, die ich heute nachmittag mit Mr. Willberforce (dem echten und authentischen) hatte, der mir selbst über diese Frage erzählte, daß es gerade jetzt dort unten soviel zu tun gebe. Willberforce hat mir übrigens gesagt, daß er keineswegs sicher wäre, ob es im Juni überhaupt noch eine Möglichkeit gebe, außer auf einem kanadischen Truppentransportschiff nach Europa zu gelangen – was ich für absurd halte, obwohl Mr. Willberforce alles weiß.... bis zu den letzten »Geheimnissen«. (Ich war dort mit Hedry, und ich hatte »the time of my life« – jedes Wort von W. war für Ihn das Evangelium).
Jetzt weiß ich nicht, was ich tun soll. Soll ich Dir raten, ja zu sagen und meine Reise nach Europa ins Wasser fallen lassen, oder soll ich Dir nein sagen. Ich bin vollkommen niedergeschlagen über die Nachrichten und daher mehr denn je begierig, mit allen meinen Kräften zu arbeiten, andererseits haben mich dieser St. Marie und danach Willberforce sosehr von der Notwendigkeit einer solchen Aktion überzeugt, daß ich glaube, Dir die Angelegenheit vorlegen zu müssen. Du kannst von drüben wahrscheinlich besser beurteilen, ob Du es für opportun hältst oder nicht, und ich will Dich weder in der einen oder in der anderen Richtung beeinflussen.
Vielleicht wirst Du über den ganzen Vorschlag lachen, aber ich lege Dir das ganze lieber vor, als mir später vielleicht sagen zu müssen, daß ich eine einmalige Gelegenheit verpaßt habe.
Laß mich also wissen, wenn Du mich in dieser Sache in irgendeiner Weise brauchen kannst. Inzwischen werde ich weiter Nachforschungen über St. Marie (die bis jetzt alle gut waren) und über die Seriosität und Notwendigkeit einer solchen von Ihm organisierten Reise anstellen.
Ich muß diesen Brief in aller Eile abschließen.
Umarmung

Felix«

9
Im amerikanischen Exil (1940–1944)

Otto mußte von der Einladung Präsident Roosevelts, in die Vereinigten Staaten zu kommen, wenn die Umstände es erforderten, rascher Gebrauch machen, als er ohnehin befürchtet hatte.

Als »Vorreiter« trat Otto schon im Juli 1940, nach der dramatischen Flucht vor den deutschen Nationalsozialisten quer durch Frankreich nach Spanien und Portugal, die Clipper-Reise in die Vereinigten Staaten an.

Abermals bewährte sich Erzherzog Felix als idealer Quartier- und Terminmacher, und schon eine Woche nach der neuerlichen Ankunft in den USA sah Otto den Präsidenten der Vereinigten Staaten wieder, diesmal in Hyde Park, dem Privatbesitz der Familie Roosevelt, unweit der Kleinstadt Poughkeepsie, 1698 von den Holländern angelegt, zu einer Zeit, da New York noch Neu Amsterdam hieß und die Westküste noch so niederländisch war wie die Familie Roosevelt, gleichfalls aus Holland stammend, die den Vereinigten Staaten ja schon einmal einen Präsidenten geschenkt hatte, Theodore Roosevelt. Nun ging Franklin D. Roosevelt schon in seinen zweiten Wahlkampf und freute sich über seinen eher harmlosen republikanischen Gegner Wilkie, der außer einer gewissen Originalität nichts bot und Roosevelt eine blendende Show ermöglichte.

Roosevelt hörte sich Ottos Berichte über Frankreichs Niederlage und den vorläufigen Triumph Hitlers mit wachem Interesse an, war er doch einer der ersten westlichen Politiker, die Hitlers Dämonie erkannten.

Roosevelt wußte auch, daß es Zeit brauchte, um den Kongreß von der Notwendigkeit des Einschreitens zu überzeugen, Zeit, um jenen Mann und sein Werk zu besiegen, und dazu viel technisches know how und politisches Geschick. Roosevelt verströmte, so wie seine Frau Eleanor (mit der Otto später nicht mehr so gut zurecht kam), Optimismus und forderte Otto auf, zunächst einmal die Vereinigten Staaten näher kennenzulernen – also zu reisen – und sich dann nicht in New York, sondern in der Nähe des Präsidenten in Washington niederzulassen. Die Sache begann zunächst in New York, von Essex House aus, von dessen 33. Stockwerk man einen prachtvollen Blick über den Central Park genießen konnte. Doch dafür blieb kaum Zeit. Otto mußte sich zunächst einmal einen soliden Kreis von Helfern aufbauen, eine politisch-gesellschaftliche »Infrastruktur«, ohne die in den USA damals so wenig ging wie heute.

Um Otto scharte sich eine Phalanx von gestandenen Österreichern wie Richard Graf Coudenhove-Kalergi, Martin Fuchs – der hier in den USA in der »Stimme Amerikas« zu einer Weltberühmtheit aufstieg, Erik von Kuehnelt-Leddihn, die »alte Garde« um Hans Rott und Robert Ingrim, und Künstler und Dichter wie Franz Werfel und Bruno Walter, denen allerdings, so wie vielen anderen (Alt-)Österrei-

Martin Fuchs, Journalist und Buchautor, einer der engsten Mitarbeiter Ottos im französischen und amerikanischen Exil, beliebter Radio-Kommentator und blendender Formulierer.

chern, ein eisiger Wind der Erpressung und des Verrates entgegenblies.
Die gegnerischen tschechischen Emigrantenkreise schalteten diesmal nämlich schnell. Der Überraschungssieg Ottos vom März–April 1940 hatte ihnen gereicht, ein zweites Mal sollte der Habsburger Amerikas Öffentlichkeit nicht mehr so leicht erobern!
Es gab da einen Gegner, der mit genialer Strategie, Doppelzüngigkeit, unerschöpflichen Geldmitteln und absoluter Skrupellosigkeit – er war der klassische, geborene National-Sozialist – dem jungen Habsburger Paroli bieten wollte: Edvard Beneš.
Otto von Habsburg zu der Frage der Tätigkeit des Edvard Beneš und seiner Helfershelfer in den USA: »Zweifellos war das haupttreibende Element Beneš und seine verschiedenen Antennen in der österreichischen Emigration. Unter diesen waren am aktivsten die sogenannte ›Austrian Action‹, an deren Spitze Ferdinand Czernin stand, der der Sohn des früheren Außenministers Ottokar Czernin war. Dieser war eindeutig durch die Tschechen ausgehalten. Die UdSSR hat sich da direkt nicht eingemischt, ist aber zweifelsohne hinter Beneš und seiner Arbeit gestanden.
Hier möchte ich gleich etwas Grundsätzliches bezüglich Beneš und seiner Aktion in der Emigration sagen. Die große Kraft von Beneš bestand nicht in seiner unvergleichlichen Erfahrung und in den verschiedenen eigenartigen Unterstützungen, die er von den verschiedensten Seiten erhielt. Eine der wesentlichsten Tatsachen war zweifelsohne, daß er über gewaltige Geldmittel verfügte, mit denen er sich so ziemlich jedermann in den Emigrationen dienstbar machen konnte. Ich hatte lange geglaubt, daß diese Gelder aus der UdSSR kamen. Erst später bin ich aufgrund einer Konversation mit Botschafter Ossutzki und einer mit Hodža darauf gekommen, daß die Gelder von Beneš zu einem guten Teil von Präsident Emil Hácha stammten, dem Nachfolger von Beneš in Prag. Dieser, ein großer Patriot, hatte noch in den letzten Tagen, in denen er über Mittel verfügen konnte, gewaltige Gelder nach London geschickt, damit sie dort Beneš für eine Emigration zur Verfügung stünden. Das war sicherlich das Anfangskapital, mit dem Beneš zu arbeiten beginnen konnte. Es dürfte übrigens das auch erklären, warum Hácha so elend zugrunde gehen mußte, als der Krieg vorbei war. Beneš hatte gar kein Interesse daran, daß diese Verbindungen offenkundig werden. Diese Tatsache erklärt übrigens eine Bemerkung, die Jan Masaryk, der Sohn des ersten Staatspräsidenten und späterer Außenminister, mir gegenüber einmal gemacht hat. Er sagte, die Tschechen seien politische Genies, denn es sei ihnen noch in jedem Weltkrieg gelungen, Regierungen auf beiden Seiten zu haben, so daß sie nicht verlieren könnten. Zwischen diesen Regierungen wiederum bestünden ständig Kontakte.
Hier möchte ich noch eine zweite, grundsätzliche Bemerkung machen, die die Beantwortung anderer Fragen teilweise vorwegnimmt. Zu einem weit größeren Ausmaß, als im allgemeinen bekannt war, hat sich im Zweiten Weltkrieg auch so etwas wie ein unsichtbarer Religionskrieg abgespielt. Ich wurde gefragt, warum etwa Cordell Hull, der Außenminister der Vereinigten Staaten, so total negativ mir gegenüber war. Das war eindeutig die Folge seines abgründigen Hasses gegen Katholiken. Ein Beispiel: Der polnische Botschafter in Washington, Jan Ciechanowski, hat mir nach einer Aussprache mit Cordell Hull erzählt, dieser hätte ihm gesagt, daß wenn die Katholische Kirche weiterhin der Sowjetunion so negativ gegenüberstehen würde, man sich

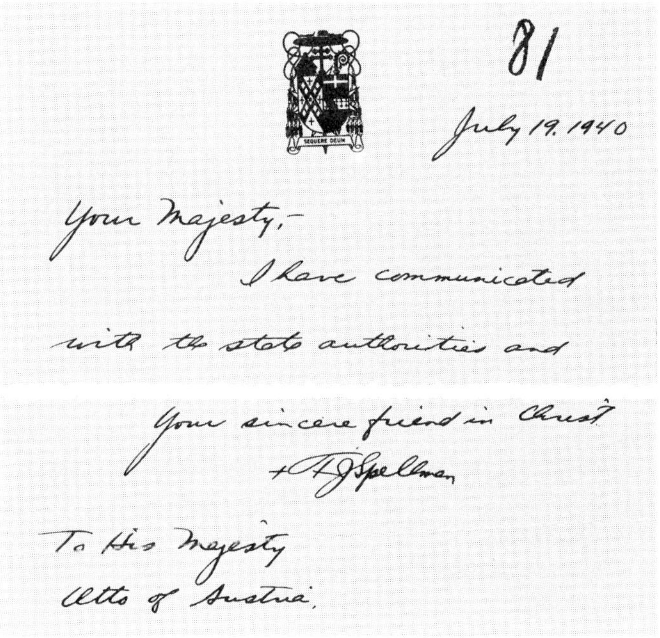
81
July 19. 1940

Your Majesty,–
I have communicated
with the state authorities and

Your sincere friend in Christ
+ F. J. Spellman

To His Majesty
Otto of Austria.

Ein Schreiben Kardinal Spellmans an Otto

überlegen müßte, ob man nach dem Krieg nicht die Katholische Kirche auflöst. Das zeigt übrigens die eigenartige politische Hybris, die in Washington während des Krieges bestanden hat.
Ich mußte somit in Washington mit einer sehr starken Front antikatholisch motivierter Kräfte rechnen, was übrigens auch die Haltung von Anthony Eden, dem britischen Außenminister, der ja ein besonderer Hasser war, expliziert. Demgegenüber hatte ich eindeutig die Unterstützung der Katholiken oder zumindest der meisten unter ihnen. Das gilt für einflußreiche Personen, wie Grace Tully, Roosevelts Sekretärin, die eine prominente Katholikin war, was übrigens das Vertrauen Roosevelts in Tully erklärt, da letzterer wohl nicht Katholik war, aber gewisse Sympathien für dieselben hegte. Das brachte mir auch die Unterstützung von Herrn Leo T. Crowley, dem Vorsitzenden des Economic

War Fare Board, des Präsidenten des Abgeordnetenhauses, John McCormack, sowie des Richters am Obersten Gerichtshof, Justice Frank Murphy. Eine weitere stille Unterstützung kam von dem einflußreichen Führer der Demokraten, dem früheren Postminister von Franklin Roosevelt, James A. Farley. Sehr hilfreich war der apostolische Delegierte in Washington, der spätere Kardinalstaatssekretär, Amleto Giovanni Cicognani.
Die Juden, die auch sehr großen Einfluß hatten, waren zutiefst gespalten. Unter ihren politischen Führungspersönlichkeiten war der Abgeordnete Emanuel Celler, der mein erbitterter Gegner und Beneš' Freund war. Demgegenüber hatte ich Unterstützung von seiten des Präsidenten des Außenausschusses der Kammer, des New Yorker Abgeordneten Sol Bloom. Dieser war mir besonders geneigt, nachdem er durch den Advokaten Rosenberg erfahren hatte, was ich seinerzeit für die Rettung der Juden getan hatte.«
Ein wahres Zentrum für anti-habsburgische Aktivitäten etablierte sich mitten in New York im Rockefeller-Center; ein Zentrum sowjetisch-tschechischer Propagandatätigkeit, in dem nicht nur raffiniert durchdachte Pressekampagnen lanciert, Leserbrief-Aktionen gestartet und Radiostationen mit Drohungen bearbeitet wurden, sondern wo auch Geld überhaupt keine Rolle spielte. Nicht nur, daß die tschechische Emigration dank ihres größeren Weitblicks von vornherein über mehr Kapital verfügte und auch während des Krieges noch Mittel aus Prag in die USA flossen, saß man in jenem Büro noch an zusätzlichen Quellen. Bald bildete das tschechisch-sowjetische Agenturwesen eine Machtfülle heraus, über die nicht einmal pressure-groups bodenständiger Politiker oder Parteien verfügten.
Die Gruppe um Otto sollte die volle Wucht dieser geballten Zeitungs- und Radio-Macht, wie sie von Beneš aufgebaut worden war, zu spüren bekommen, als die Österreicher – über persönlichen und ausdrücklichen Wunsch von Präsident Roosevelt – darangingen, ein »Österreichisches Bataillon« aufzubauen. Schlagartig erschienen in zahllosen Zeitungen (dem Beneš-Netz gehörten mehr als 400 Blätter an!) Aufsätze und Leserbriefe, die Österreich vernaderten, es als »Nazi-Land« darstellten, den Widerstand in der Heimat herabwürdigten, die Monarchie als »Völkerkerker« und die Nachfolge-Republiken als Hort der Freiheit beschrieben.
Die Stoßrichtung der tschechisch-sowjetischen Offensive gegen die Kräfte um Otto von Habsburg und gegen diese Symbolgestalt persönlich galt nicht der Wiedererrichtung Österreichs – *die* hatten die Sowjets von Anfang an einkalkuliert –, sie erschien ihnen notwendig zur Schwächung Deutschlands und zum Vorstoß ins Herz Mitteleuropas. Worum es ging, war, *jenes* Österreich zu bekommen, mit dem sie nach Belieben schalten und walten könnten, ähnlich wie später mit der wiedererrichteten Tschechoslowakei.

Erbittertes Ringen gegen die Austreibungspläne

Einer der rein optischen Höhepunkte der Konfrontation Otto–Beneš ergab sich übrigens im Jänner 1942, als in der gleichen Nummer der einflußreichen FOREIGN AFFAIRS ein Aufsatz von Otto (nach einem seiner Vorträge vor Mitgliedern des Kongresses) und einer von Beneš erschienen.
Otto sprach sich damals für eine Revision der Beschlüsse von St. Germain aus. (»Ich weiß, man kann die Uhr nicht zurückdrehen. Gut. Aber ist es für einen, der sich im Wald verirrt hat, nicht günstig, wenigstens zum Ausgangspunkt seines Irrweges zurückzukehren, um sich neu zu orientieren?«)

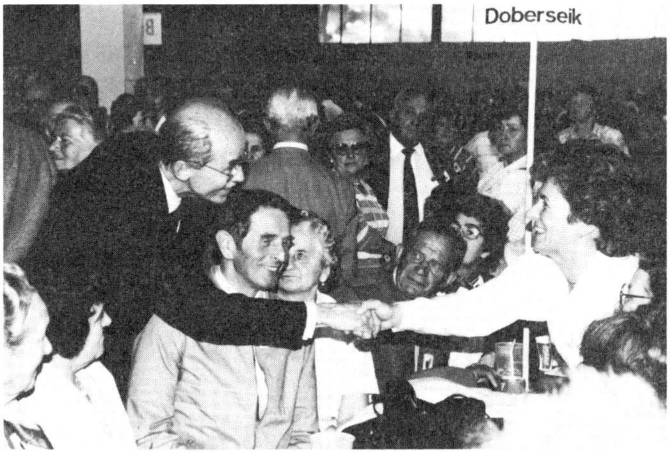

Otto bei den Heimatvertriebenen

Mit großer Überzeugungskraft verglich Otto die Lage der Tschechen in Wien und jene der Sudetendeutschen in Böhmen, als spürte er das kommende Unheil schon voraus. Die ersten Informationen zu dem Unheil, das sich über den Sudetendeutschen zusammenbraute, kamen dann von einer Seite, die gleichfalls von Beneš betrogen worden war: »Die ganze Frage der Vertreibung und der Vertreibungspläne kam an mich an erster Stelle durch die Polnische Regierung, also General Sikorski. Dieser und mein guter Freund Ciechanowski, den ich bereits erwähnt habe, hatten mir nicht nur die Möglichkeit gegeben, über den polnischen Geheimcode Verbindungen mit Lissabon und anderen Hauptstädten zu halten, sie haben auch immer wieder wertvollste Informationen geliefert. Durch diese hatte ich seinerzeit von den Plänen Beneš' Nachricht erhalten. Sehr wertvoll in dieser Arbeit war mir auch ein jüdisch-tschechischer Journalist namens Tyrnauer, amerikanischer Staatsbürger und Korrespondent der Hearst-Presse. Dieser hatte breiten Zutritt zu den Beneš-Kreisen und hat mich immer wieder in entscheidenden Augenblicken wertvoll informiert. Meine Aufgabe damals bestand darin, jedesmal, wenn Beneš eine Initiative ergriffen hatte, zu versuchen, dieser bei Roosevelt entgegenzuwirken. Dabei wurde ganz besonders das Argument verwendet, daß die Austreibung eine typische hitlerische Politik sei und es daher ein Verbrechen wäre, wenn die Alliierten diese selbst aufnehmen würden. Auch mit Hilfe der Polen war mir übrigens klar, daß Beneš am Anfang der einzige war, der die Austreibung betrieben hat. Weder Roosevelt noch Stalin wollten diese. Letzteres habe ich direkt von Roosevelt. Erst langsam ist es Beneš gelungen, den einen gegen den anderen auszuspielen und damit eine Situation zu schaffen, in der sich dann die beiden Großen überboten. Beneš hat eben mit geradezu genialer Geschicklichkeit seine Position als Kurier zwischen Washington und Moskau dazu verwendet, seine eigene Politik einzubringen.«

Es war völlig klar, daß die Verwirklichung der Austreibungspläne des Edvard Beneš eine ganze Kette zusätzlicher Austreibungen – aus dem Banat, aus der Bukowina, aus Siebenbürgen – nach sich ziehen würde; der Kampf um das Heimatrecht der Sudetendeutschen war auch ein Ringen um jenes aller Altösterreicher.

Der Höhepunkt von Ottos zähem Beharren auf den Rechten der Sudetendeutschen war dann seine große Rede vor Abgeordneten der Vereinigten Staaten, die der ehemalige Österreicher und spätere Demokratische Abgeordnete (Pennsylvania) Hermann Eberharter sowie Pete Jarman (ein Demokrat aus Alabama) ermöglicht hatten.

Es kann heute gesagt werden, daß Otto einer der ganz wenigen, wenn nicht der einzige Politiker der Exil-Szene war, der sich – im Gegensatz zu fast allen anderen – in keiner wie immer gearteten Weise erpressen ließ. Der Gruppe um Beneš kam dabei nicht nur ihre schier unerschöpflichen Geldmittel, sondern auch die Tatsache zu Hilfe, daß viele Österreicher im Exil meinten, sie könnten ihren Besitz in der Tschechoslowakei erhalten, wenn sie nicht gegen Beneš auftreten würden: eine Rechnung, die nicht aufging.

Führungskräfte der ›Frei-Österreich-Bewegung‹ (›Free Austrian Movement‹): Walter von Schuschnigg, Ferdinand Czernin (der wegen seiner Spitzeltätigkeit für Beneš bald entfernt wurde), Franz von Hildebrand, Minister Hans Rott, Guido Zernatto und Martin Fuchs (New York, 1942)

Der Kampf um die Wiedererrichtung Österreichs

Was die Arbeit für die Wiedererrichtung Österreichs selbst betrifft, stellten sich auch in den USA etliche Österreicher gegen Otto, einige davon – vor allem Ferdinand Czernin – in tschechischen Diensten stehend, andere, großteils aus dem unerschöpflichen Fundus des Kreises um Beneš lebend, nahmen eine zwielichtige Stellung ein.

Neben dem »Austrian National Committee« unter der Führung von Hans Rott, in dessen Mittelpunkt die Habsburger standen, gab es das »Austrian Labor Committee« mit Julius Deutsch an der Spitze, und eine dritte Gruppe um Richard Graf Coudenhove-Kalergi. Da Graf Coudenhove allseits höchstes Ansehen genoß, ersuchte ihn Otto, als Proponent einer österreichischen Exilregierung aufzutreten.

Am 8. Jänner 1942 antwortete Julius Deutsch, daß das »Austrian Labor Committee« zur Zusammenarbeit mit Männern wie Rott nicht bereit sei – und wegen der Habsburger nicht, weil das das Mißtrauen der Tschechen erwecken würde... Die Abhängigkeiten waren ja schon damals bekannt.

Deutsch blieb auch bei seiner Ablehnung, mitzutun, als ihm Otto eine führende Rolle in allen militärischen Belangen anbot. Als nun Coudenhove seinerseits Deutsch aufforderte, wenigstens von sich aus eine österreichische Vertretung aufzubauen, mußte Deutsch klein beigeben und erklären, seine Leute seien auch untereinander uneins.

Otto von Habsburg heute dazu:

»Hier sei erwähnt, daß in dieser Frage die Emigration keineswegs hilfreich, sondern, im Gegenteil, oftmals sehr störend war. Überhaupt möchte ich sagen, daß es einer meiner großen Fehler war, zu viel Bedeutung der Emigration beigemessen zu haben. Ich hätte mich von Anfang an von der Emigration und ihrem Treiben wesentlich mehr distanzieren sollen. Das ist zumindest mein Eindruck heute. Was die Frage der Wiederherstellung Österreichs betrifft, so war nun einmal die Tatsache die, daß bei Roosevelt, außer meiner Mutter, ich eigentlich der einzige war, der Kontakte direkt zum Präsidenten hatte. Ich habe auch keine Gelegenheit ausgelassen, um ihn im Sinne Österreichs zu beeinflussen. Allerdings muß man sich darüber klar sein, daß es darüber nur zum Teil aktenkundige Dokumente gibt. Es wäre zu riskant gewesen, von meiner Seite wie von der anderen Seite. Ich habe bereits früher erwähnt, daß Roosevelt wohl Harry Hopkins ständig an seiner Seite hatte und ihm auch bis zu einem gewissen Punkt vertraute, daß aber in unserer Frage er nach relativ kurzer Zeit Hopkins mißtraute, so daß hier auch schon darum es keine Unterlagen geben durfte.«

Harry Hopkins, von vielen als das ›andere Ich‹ Roosevelts gehaßt und gefürchtet, versuchte ja auch, Roosevelt einzureden, daß Stalin im Grunde genommen ja ›gar kein Kommunist‹ sei, wofür auch die heuchlerische Zulassung der

Wiederbetätigung der russischen orthodoxen Kirche zum ›Beweis‹ genommen wurde. Zu Harry Hopkins' engstem Mitarbeiterstab gehörte der später als Sowjetspion entlarvte Alger Hiss, gleichfalls ein erbitterter Gegner Ottos.

»Sehr hilfreich waren auf diesem Gelände andererseits einige führende Persönlichkeiten der amerikanischen Regierung. Dabei möchte ich einen erwähnen, der nicht zu unseren Freunden gehörte, der aber in der entscheidenden Frage des Status der Österreicher in den Vereinigten Staaten damals sehr hilfreich war, nämlich den damaligen Justizminister Anthony Biddle. Dieser hat die letzte Entscheidung über den Status der Österreicher aufgrund seiner dauernden Kontakte mit mir in den kritischen Tagen nach der Schlacht von Pearl Harbour erlassen. Sehr wichtig und einflußreich war damals auch sein Solicitor General, ein Katholik, an dessen Namen ich mich aber nicht mehr entsinnen kann. Dieser hat als Jurist jene Situation geschaffen, auf deren Grundlage man politisch arbeiten konnte.«

Mit Freunden in Florida

Die Tätigkeit Ottos in den Vereinigten Staaten galt drei Zielen:

1. der Wiedereinrichtung eines freien, unabhängigen Österreich (gegen Kriegsende bereits deutlich mit gesamteuropäischen Akzenten),

2. der Herauslösung Ungarns aus dem Pakt mit Hitler und der Verhinderung eines sowjetischen Einmarsches in Ungarn – und damit in Mitteleuropa, und

3. der Verhinderung der Austreibung der Sudetendeutschen aus ihrer angestammten Heimat. (Diese Aktivitäten galten auch den Buchendeutschen, Bantzern… allen.)

Bezüglich Österreich ist Ottos Aktion voll gelungen; er hat Österreich wieder auf die Landkarte gebracht. Seine einschlägigen Aktivitäten lassen sich in die Arbeitsabschnitte

a) Durchsetzung der Anerkennung österreichischer Emigranten (die ja als »feindliche Deutsche« gegolten hatten!) als »befreundete Österreicher«,

b) Versuch der Aufstellung einer österreichischen Streitmacht (Austrian Battalion),

c) Anerkennung Österreichs als ein Land, das von Hitler gewaltsam besetzt und daher zu befreien und wieder zu errichten sei (»Moskauer Deklaration«),

d) Aufschub der Bombardierung Österreichs und

e) Durchsetzung der Annahme einer österreichischen Besatzungszone durch die USA.

Die Tätigkeiten Ottos in Amerika und Erzherzog Roberts in London überschneiden sich vielfach. Bei allen Aktionen standen Otto und Robert deren Brüder und Schwestern bei: Felix, Karl Ludwig, Rudolf, Adelhaid, Charlotte und Elisabeth, sowie Kaiserin Zita.

Original-Bildtext vom 22. Juli 1940: »Kaiserliche Flüchtlinge mit amerikanischem Gastgeber! Royalstone, Massachusetts… die frühere Kaiserin Zita von Österreich mit zwei ihrer Kinder und dem amerikanischen Gastgeber, dem Wall Streeter Calvin Bullock auf seinem Landgut in Royalstone, Mass., kurz nach der Ankunft hier am Samstag. Links Mr. Bullock, mit Erzherzogin Elisabeth, rechts von ihm die Kaiserin und Erzherzog Felix. Zita und Elisabeth kamen am Samstag früh mit dem Clipper in New York an. Felix kam schon vor einiger Zeit in unser Land, und zwar mit seinem Bruder Otto, dem österreichischen Thron-Prätendenten.«

Brief von Heinrich Graf Degenfeld aus Lissabon an Erzherzog Felix, New York:

Dafundo, près Lisboa, am 1.Juli 1940.

»Lieber Erzherzog Felix!

Dem gestrigen Briefe samt Beilagen, die wahrscheinlich mit demselben Clipper reisen, wie dieser Brief hier, soll ich noch im Auftrag Sr. M. Folgendes beifügen:
Heute ist ein Telegramm hier eingetroffen, daß auch die zweite Gruppe Österreicher (Rott, Plöchl etc. sowie Laizner) glücklich in Portugal eingetroffen ist. Die Situation ist nun die, daß mit der Weiterbeförderung, wie sie im letzten Briefe geschildert ist – nach U.S.A. und dann Canada – größte Eile geboten erscheint. –
Se. M. bittet Sie daher, für die in Betracht kommenden Österreicher so rasch als irgend möglich beim State-Departement und bei den in Betracht kommenden Persönlichkeiten, zu intervenieren, damit der hiesige amerik. Gesandte, Mr. Pell, so rasch als möglich telegraphisch die Weisung erhält, die notwendigen Visa zu erteilen. – Da damit zu rechnen ist, wegen Platz auf amerikanischen Schiffen, daß die Abreise der in Betracht kommenden, auf Liste II nominierten Personen (ich meine die Liste II, die Ihnen im gestrigen Brief geschickt wurde), also Rott, Fuchs, Plöchl etc., etwa drei Wochen in Anspruch nimmt, so ist größte Eile geboten, daß man möglichst bald mit der Abreise beginnen kann. Die Lage ist nämlich die, daß wir auf den in Betracht kommenden amerik. Schiffen, die wöchentlich einmal gehen, nur etwa 6 bis 7 Personen pro Schiff unterbringen können, wegen Platz etc., daher wird es 3 Wochen dauern, bis die letzte Partie abreisen kann. Da aber niemand weiß, wie und wie rasch sich die Dinge hier entwickeln können, ist Eile geboten. Daher bittet Se.M. Sie dringend, daß Sie versuchen, zu erreichen, daß umgehend *telegraphisch* an den hiesigen amerik. Gesandten, Pell, die Weisung gegeben wird, die Visa an die in Liste II bezeichneten Personen zu erteilen. Zu diesen Personen kommen noch hinzu, und bitte geben *Sie* diese Namen in Washington an, denn sie sind noch nicht auf der Liste:
1. *Miss Elisabeth Laizner* (Schwester von Franz Laizner, war in Paris in der Österr. Liga sehr tätig.)
2. *Miss Maria Klausner* (war in Paris Sekretärin in dem »Centre d'Information Autrichienne«, ist sehr tüchtig.)

Beide sind natürlich infolge ihrer Tätigkeit sehr gefährdet und müssen unbedingt weggebracht werden. –
Ferner bittet Sie Se. Majestät, sich für alle diese Österreicher der Liste II gleich um die Einreise-Erlaubnis nach Canada zu bemühen, dies ist nicht nur für die Fortsetzung der Tätigkeit wichtig, sondern wird auch sehr die Möglichkeit der Einreise-Erlaubnis nach U.S.A. erleichtern. –
Soweit die Personen der Österreichischen Bewegung.
Nun noch ein paar Worte über Ihre Majestät, Seine Majestät, Ihre Geschwister, und dann die Personen der Suite, die auf Liste I bezeichnet sind. Heute vormittags haben Gfin. Kerssenbrock und ich mit dem amerik. Gesandten Mr. Pell hier gesprochen. Er war voll Entgegenkommen, sagte zu, gleich telegraphisch die Anfragen wegen Visum und wegen Clipper-Platzreservierungen nach Washington zu leiten, und meinte aber ganz spontan, das beste wäre, wenn Sie, Erzhg. Felix, gleich in Washington bei Präs. Roosevelt und den kompetenten Persönlichkeiten intervenieren würden, die Dringlichkeit der Sache darstellen, und sowohl für die kaiserl. Familie, die Suite, als auch die Österreicher der Liste II um sofortige telegraphische Visumerteilung, und, für die Majestäten, Ihre Geschwister und event. Gfn. Kerssenbrock und mich, um die Clipperreservation dringend bitten würden. – Pell empfahl, daß wir Ihnen dies *gleich* telegraphisch mitteilen sollten. Ich tue dies mit diesem Brief, vielleicht bekommen Sie unterdessen auch ein Telegramm in diesem Sinn.
Noch möchte ich bemerken, in Ergänzung zu dem, was Se. Majestät Ihnen über seine Absicht schrieb, mit E. Carl Ludwig und Rudolph direkt von hier nach England, eventuell, zu gehen, daß diese Möglichkeit und Aussicht jedenfalls sehr zweifelhaft ist und daß im dringendsten Interesse Sr. Majestät und Ihrer Brüder es unbedingt notwendig ist, daß für diese, gleich wie für die übrigen Mitglieder der kaiserl. Familie, alle Erlaubnisse etc. für Amerika *sofort* gegeben werden. Es wird sich nach der Lage der Dinge dann zeigen, was Se. Majestät unternimmt. –
Meiner Ansicht nach, und damit stimmen hier alle – ausgenommen Se. Majestät selbst – überein, ist es ein ganz zweckloses Exponieren, jetzt nach England zu gehen. Wenn man einmal in Amerika bzw. Canada ist, wird man sehen, wie sich die Lage entwickelt hat, und ist dann noch reichlich genug Zeit, in Canada in die pol. Armee einzutreten. –
Also nochmals bitte größte Eile!

Und tausend herzl. Grüße, lieber Erzhg. Felix,
Ihr aufr. und treu erg.
Degenfeld (m. p.)

P.S.: Ist Trauttmansdorff angekommen?«

Die ›Ostmark‹ wird zum ›Reichs-Luftschutzkeller‹

Bis heute wurde Otto niemals dafür gedankt, daß er jahrelang Bombenangriffe auf Österreich zu verhindern wußte, selbst dann noch, als sich Hitlers Kriegsmaschinerie bereits dieses Phänomens bediente und immer mehr Rüstungsbetriebe in die ›Ostmark‹ umdisponiert wurden.

Zwei Legenden auf einem Bild: Ihre Majestät Kaiserin und Königin Zita und der erfolgreichste k. u. k. Unterseeboot-Kommandant des Ersten Weltkriegs, Franz Baron von Trapp, der in den Vereinigten Staaten mit seinen »Trapp Family Singers« mehr für Österreich tat, als viele wahrhaben wollen.

Freunde, die Otto in jener Zeit in Amerika kannten und seine Lebensgewohnheiten beobachteten, erzählten mir, er sei damals, in jenen ›Bombennächten‹, zu einem nervösen Kettenraucher geworden, immer in der Erwartung geheimnisvoller Telefonanrufe, und immer sofort heftigst reagierend... sei es, daß er dann sofort zum Telefon griff, sei es, daß er sofort in seinen Wagen stieg, um raschest ein bestimmtes Ziel zu erreichen.

Die Nummer, die Otto damals wählte, war die des Präsidenten der Vereinigten Staaten, das Fahrziel das Weiße Haus.

»Ich habe über Felix Somary regelmäßig Geheiminformationen erhalten, welchen Städten die nächsten Bombenangriffe gelten sollten. Somary hatte ›seinen Mann‹, der ihm völlig ergeben war, in dem sogenannten ›Bomb Target Command‹ in Cravelly Points sitzen, in Virginia, einen Herrn S...« (der Name ist bekannt) »und dieser Herr S. informierte Felix Somary stets, wenn sie etwas gegen Österreich planten. Wir hatten dann jeweils 24 bis 48 Stunden Zeit, um bei Präsident Roosevelt zu intervenieren. Die Verbindungen in jenen Fällen, wenn's um die Verhinderung eines Angriffes ging, liefen stets über Miss Grace Tully, die Sekretärin von Präsident Roosevelt, da diese für mich so gut wie immer zu erreichen war, und Grace Tully meine Bitte, den Bombenangriff auf ein Ziel in Österreich zu unterbinden, immer an den Präsidenten weitergab.«

Selbstverständlich versuchten viele Menschen, auf die Tätigkeit des Bomb Target Command Einfluß zu nehmen, allerdings nicht immer im Sinne der Abwendung von Angriffen – im Gegenteil.

Als dank der massiven Verlegung von Betrieben der hitlerischen Rüstungsindustrie eine Bombardierung gewisser Ziele für die Alliierten unabdingbar wurde, erfuhr Otto durch seine Gewährsleute von der geplanten totalen Vernichtung einer bestimmten Kleinstadt in der Nähe von Wien (da der betreffende Initiator noch lebt, kann dieses Städtchen nicht genannt werden), in der sich nicht die Spur eines Rüstungsbetriebes befand. Jener (wahrscheinlich zu Recht verbitterte, daher rachsüchtige Herr S.), Flüchtling, hatte über bestimmte Beziehungen den Männern des Bomb Target Command einreden können, in dem betreffenden Städtchen habe der gesamte wissenschaftliche und technische Stab sowie die Fertigungsabteilung für eine neue, fürchterliche Waffe Unterschlupf gefunden.

Durch seine Vertrauten erfuhr Otto in letzter Minute von dem Wahnsinnsunternehmen und konnte den Vernich-

Otto im Kreise amerikanischer Studenten bei einer Diskussion über das Thema Mitteleuropa: Johns-Hopkins University, Baltimore (Maryland) im Herbst 1940, als Otto, entsprechend dem Ratschlag Präsident Roosevelts »zunächst einmal die Vereinigten Staaten kennenlernen« sollte.

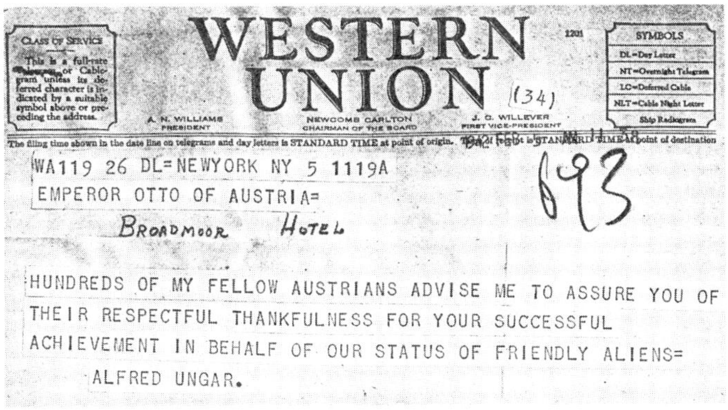
WESTERN UNION

WA119 26 DL=NEWYORK NY 5 1119A
EMPEROR OTTO OF AUSTRIA=
BROADMOOR HOTEL

HUNDREDS OF MY FELLOW AUSTRIANS ADVISE ME TO ASSURE YOU OF THEIR RESPECTFUL THANKFULNESS FOR YOUR SUCCESSFUL ACHIEVEMENT IN BEHALF OF OUR STATUS OF FRIENDLY ALIENS=
ALFRED UNGAR.

»Kaiser Otto von Österreich, Broadmoor Hotel
Über Bitte hunderter österreichischer Landsleute übermittle ich deren respektvollen Dank, daß Sie für uns Österreicher den Status eines befreundeten Ausländers durchsetzen konnten.
Alfred Ungar«

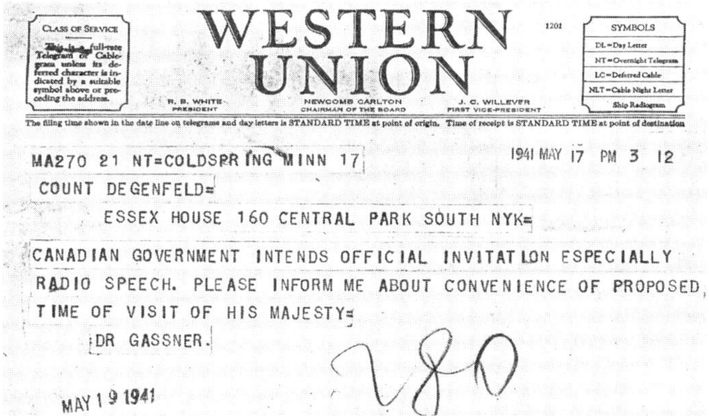
WESTERN UNION

MA270 21 NT=COLDSPRING MINN 17 1941 MAY 17 PM 3 12
COUNT DEGENFELD=
ESSEX HOUSE 160 CENTRAL PARK SOUTH NYK=

CANADIAN GOVERNMENT INTENDS OFFICIAL INVITATION ESPECIALLY RADIO SPEECH. PLEASE INFORM ME ABOUT CONVENIENCE OF PROPOSED TIME OF VISIT OF HIS MAJESTY=
DR GASSNER.

MAY 19 1941

»Graf Degenfeld, Essex House 160, Central Park, New York. Kanadische Regierung beabsichtigt offizielle Einladung, besonders Radioansprache. Bitte informieren Sie mich, wann Seiner Majestät ein Besuch angenehm ist. Dr. Gassner, 19. Mai 1941.«

tungsangriff auf die völlig harmlose, ohnehin bereits von Verwundeten und Ausgebombten übervölkerte Kleinstadt verhindern.

Die tragische Farce um das ›Austrian Battalion‹

Es steht außer Frage, daß das Unternehmen »Österreichisches Bataillon« – wäre es gelungen – Österreich am Ende des Zweiten Weltkrieges auf die Seite der triumphierenden Siegermächte gebracht hätte. Der Mißerfolg war allerdings vorprogrammiert. Da Otto die Hintermänner der zu erwartenden Gegenaktion kannte, auch deren Stärke, Motive und Skrupellosigkeit, riet er Roosevelt ab. Vergeblich.
Warum drängte Präsident Roosevelt Otto in das Abenteuer der Aufstellung eines österreichischen Bataillons hinein?
Es gab zwei Gründe: Politische Gruppen, deren Führer die

Ein »Österreichisches Bataillon« kommunistischer Prägung – also genau das, was die kluge, vorausschauende Politik Stalins erstrebt hatte – wurde 1944 mit Hilfe der Tito-Partisanen in Jugoslawien aufgestellt. Das Ziel war klar: Mit Hilfe der Beneš-Leute und ihrer ›österreichischen‹ Klientel hatten die Linken die Aufstellung eines echten »Österreichischen Bataillons« verhindert und unmittelbar darauf forderte Stalin in der ›Moskauer Deklaration‹ einen österreichischen Anteil bei der Befreiung des Landes. Der konnte 1944 dann nur mehr von den Kommunisten erbracht werden. Zusammen mit einer willfährigen, erpreßbaren Marionettenregierung sollte der letzte Streich gegen ein freies Österreich ausgeführt werden. Daß es nicht so weit kam, ist den ständigen Warnungen Ottos zuzuschreiben, der in der besonders gefährlichen Übergangszeit Roosevelt –Truman dank seiner persönlichen Bekanntschaft mit dem neuen Präsidenten der USA auf die Gefahren aufmerksam machen konnte, die Österreich drohten.

gefährlichen Umtriebe der Sowjets und des in ihren Diensten stehenden Beneš erkannten, wollten unbedingt eine österreichische Exilregierung in den USA sehen, um ein Gegengewicht zu dem immer übermächtiger werdenden Beneš zu schaffen. Dazu gehörten vor allem die Exilpolen um Sikorski, die als erste die Machenschaften zwischen Beneš und den Sowjets durchschauten, und im State-Department ein Cavendish Cannon, der Österreich äußerst wohlgesinnt war.
Roosevelt hätte nur allzu gerne nachgegeben, stieß aber in seinem State Departement auf allzu großen Widerstand.

In dieser Situation glaubte Roosevelt den Stein der Weisen mit der Idee der Aufstellung eines »Austrian Battalion« gefunden zu haben. War erst diese kleine Streitmacht aufgestellt… wer hätte dann noch gegen die Bildung einer dazugehörigen österreichischen Exilregierung etwas einwenden können?
Die Sowjets wie auch Beneš erkannten die Gefahr sofort und unternahmen alles, um die Aufstellung dieses Bataillons zu verhindern. Die Sowjets, in der Planung ihrer Politik den Vereinigten Staaten immer um Jahre, wenn nicht Jahrzehnte voraus, suchten damals schon den Weg nach Mitteleuropa. Dazu gehörte auch ein gefügiges Österreich. Eine von Otto in den USA aufgestellte österreichische Streitmacht, die, wenn auch im Verhältnis zu der gigantischen Kriegsmaschinerie der Alliierten sehr klein, am Tage ›X‹ als Sieger und Befreier in Österreich einziehen würde, war das letzte, was sich die Sowjets wünschten.
Als das Ziel erreicht und die Aufstellung eines Österreichischen Bataillons mit allen nur denkbaren Tricks verhindert worden war, als feststand, daß es eine freie, österreichische Streitmacht nicht geben werde, preßten die Sowjets dann in Moskau in die sogenannte »Moskauer Deklaration« die Klausel, daß sich Österreich an seiner Befreiung zu beteiligen habe und die Herren Cordell Hull und Anthony Eden, die beide die Tragödie um das Austrian Battalion miterlebt hatten und die Hintergründe kannten, stimmten dieser Klausel zu – einem Vertragspunkt also, an dessen Nichterfüllbarkeit sie selbst die Hauptschuld trugen.
Als es für Otto feststand, daß Roosevelt von dieser seiner ›Königsidee‹ nicht abzubringen war, unternahm er alles Menschenmögliche, um das Austrian Battalion auch auf die Beine zu stellen. Er, seine Brüder, alle seine Mitarbeiter gingen mit gutem Beispiel voran. Viele Begeisterte meldeten sich, schon schien das Unternehmen, wider Erwarten, zu gelingen, als die Gegenpropaganda mit aller nur denkbaren Medienmacht über diese amerikanische ›Operation Otto‹ hereinbrach.
Daß sich auch »Österreicher« fanden, die das Spiel des Beneš und Stalin mitbetrieben, mag angesichts der finanziellen Notlage mancher Emigranten sogar teilweise entschuldbar sein…
Schließlich mußte das Unternehmen aufgegeben werden.
Otto nahm in der Öffentlichkeit alle ›Schuld‹ auf sich, verlor kein Wort über die Hintergründe, die zu diesem riskanten, aber beinahe gelungenen Versuch geführt hatten. Roosevelt dankte das Otto auf seine Art: mit noch mehr Verständnis für die Probleme Österreichs, mit noch bereitwilligerem Eingehen auf die Vorschläge Ottos, als es zu den Konferenzen von Quebec I und II kam. So gesehen, war der vergebliche Versuch, ein Österreichisches Bataillon aufzustellen, doch ein Erfolg.

Eines von vielen Dokumenten, die den leider hoffnungslosen Versuch belegen, wie das Lager Ottos mit Hilfe einer ›groß‹ angelegten Leserbrief-Aktion der perfekt gemachten Beneš-Propaganda, die auch von manchen österreichischen Emigranten sowohl aus politischen wie auch finanziellen Gründen mitgetragen wurde, gegenzusteuern suchte. Viele österreichische Emigranten, froh, endlich – dank Otto – eine neue Heimat gefunden zu haben, wollten nur mehr ihre Ruhe…

16. März 1943.

»Sehr geehrter Dr. Engelsberg,

Vielen Dank für Ihren soeben eingetroffenen Brief vom 14. d. M., den ich mich beeile, zu beantworten, da die Sache wichtig und dringend ist. Es ist ganz klar, daß Dr. Medak im Einvernehmen mit Czernin und auf seine Weisung hin alles tut, über das Bataillon Unwahrheiten zu verbreiten und dasselbe zu schädigen. Czernin tut hier dasselbe.
Zu den von Ihnen angeführten Punkten kann ich Ihnen sagen, daß der Kaiser niemals irgend jemand gegenüber die Zahl von 2500, oder gar von 100.000 Freiwilligen, oder irgend eine Zahl garantiert hat. Beide Zahlen sind vollkommen aus der Luft gegriffen, und wenn Medak so etwas sagt, so lügt er in sehr dummer Weise. Denn wie könnte man für ein Bataillon – welches, wenigstens nach meinen seinerzeitigen militärischen Erfahrungen, etwa 900 bis 1000 Mann hat, 2500 garantieren, oder gar eine solche irrsinnige Zahl wie 100.000. – Ebenso ist die Zahl der sich gemeldet Habenden, die Medak mit 27 angibt, vollkommen aus der Luft gegriffen, die Zahl ist weit, weit höher. Hier streut Czernin die Zahl von 29 aus, die auch in manchen Pressemeldungen daraufhin erschienen ist, ebenso absolut aus der Luft gegriffen wie 27. – Es ist ferner vollkommen unwahr, daß alle zum Bataillon ohne ihre Bitte Transferierten protestiert haben und um eine neue Transferierung ansuchen. Es ist aber wahrscheinlich richtig, daß solche Bitten um Transferierungen von Seiten solcher, die mit Österreich nichts zu tun haben wollen, geschehen sind. Die Zahl dieser Bitten weiß weder Medak, noch Czernin. Selbstverständlich ist auch die Auflösung des Bataillons weder erfolgt noch unmittelbar bevorstehend, auch dies ist eine der Ausstreuungen Czernins, um die Sache zu schädigen.
Ich weiß nicht, wie irgendein anständiger Österreicher noch etwas anderes tun kann, als Czernin verachten, der im Falle dieses Bataillons mehr als je zuvor bewiesen hat, daß es ihm in gar keiner Weise um Österreich zu tun ist, sondern einzig darum, etwas zu schädigen, was der Kaiser für Österreicht erreicht hat.
Ich bin sehr froh, an Ihren Brief anknüpfend Ihnen in folgender Angelegenheit vertraulich schreiben zu können

und Sie und Ihre Freunde um Ihre Mitwirkung in 2 Punkten zu bitten.

1) Ich habe den Eindruck, und zwar nicht ohne Grund, daß beim War Department eine ziemliche Anzahl von Briefen einläuft und eingelaufen ist, die sich gegen das Austrian Battalion und gegen Otto von Österreich aussprechen, dagegen sehr wenige, die sich dafür aussprechen. Dies muß bei dieser Stelle den falschen Eindruck erwecken, daß die Mehrzahl der Österreicher und von denjenigen Amerikanern, die sich überhaupt um diese Frage interessieren, gegen das Austrian Battalion und gegen die Person Otto's von Österreich sind, gegen Habsburg und alles, was damit zusammenhängt.

In Wirklichkeit sind nur die Gegner viel rühriger, besser organisiert, arbeiten systematisch und erwecken dadurch einen falschen Eindruck.

Es ist aufs dringendste notwendig, soll unsere Sache nicht wirklichen Schaden erleiden, daß von unserer Seite ebenfalls eifrig, systematisch und in derselben Weise gearbeitet wird, wie es die Gegner tun. Die dem Österreicher so oft eigentümliche Scheu, einer so hohen Behörde wie dem War Department zu schreiben, muß auf alle Fälle überwunden werden.

Es müssen daher, und zwar vom jetzigen Tag angefangen, eine große Reihe von Briefen an das War Department geschrieben werden, die unseren Standpunkt zum Ausdruck bringen. Es handelt sich nicht um lange Ausführungen, sondern um kurze Briefe, aber um sehr viele. Die Zahl ist wichtig. Ich bin überzeugt, daß die dort einlaufenden Briefe beim War Department in dieser Frage nur kurz dahin beurteilt werden, ob sie pro oder contra sind. Es wird sicher, außer es handelte sich um besonders prominente amerikanische Persönlichkeiten, nicht darauf geachtet, wer sie schreibt. Und erst recht wird ganz bestimmt niemandem irgendein Nachteil aus so einem Brief erwachsen. Es ist ein ganz falsches Vorurteil, wenn viele Österreicher glauben, sich bei den Amerikanern dadurch in gutes Licht zu setzen, daß sie ihre alte Heimat verleugnen, nichts mehr mit derselben zu tun haben wollen. Ich bin überzeugt, jeder Amerikaner wird den Österreicher um so höher achten, je mehr dieser seiner Liebe zum unterdrückten Österreich und zu seiner Vergangenheit Ausdruck gibt, dabei natürlich, wenn dies angezeigt erscheint, seiner Liebe zu Amerika ebenfalls entsprechenden Ausdruck gebend. Daß jeder Amerikaner dem War Department frei seine Meinung sagen soll und kann, ist selbstverständlich. – Die Briefe müssen, wie gesagt, kurz sein, aber zahlreich. Man ist hier in Amerika gewöhnt, über jede Frage, die das öffentliche Interesse erregt, in Briefen an die betreffenden hohen Behörden seine Meinung auszudrücken, da ist es doch selbstverständlich, daß Österreicher und Amerikaner, die Österreich lieben, über die Frage des Austrian Battalion schreiben. – Es genügt für den Inhalt und Wirkung des Briefes, wenn geschrieben wird, daß der Briefschreiber dem War Department dafür dankt, daß es im November ein Austrian Battalion geschaffen hat und wenn hinzugefügt wird, daß der Briefschreiber die Initiative Otto's von Österreich, sich mit dem neugegründeten Mil. Committee dem War Department für die Werbung von Freiwilligen zur Verfügung zu stellen, begrüßt. Manche Briefe sollten Hinweise darauf enthalten, daß der Briefschreiber die ganze unsachliche, gehässige Hetze gegen das Austr. Battalion, gegen Otto v. Österreich und das Military Committee verurteilt. In anderen Briefen sollten ein paar freundliche Worte über das Haus Habsburg, über den Kaiser stehen, in anderen kann auf die Vergangenheit Österreichs unter den Habsburgern anerkennenden hingewiesen werden, in anderen kann auf eine solche Zukunft gehofft werden. Alles braucht nur ganz kurz zu

Erzherzog Rudolf im Trainingslager der US-Army in Fort Myer, Virginia, als Soldat des ab Jänner 1943 in Aufstellung begriffenen »Austrian Battalion«. Nach der Invasion Frankreichs im Jahre 1944 ging Rudolf mit gefälschten Papieren von Liechtenstein aus über die österreichische (damals »deutsche«) Grenze, wurde entdeckt, konnte entkommen, heilte seine bei der Flucht erlittene Verwundung in einem Versteck bei den Kapuzinern in Feldkirch (Vorarlberg) aus und nahm nachher am aktiven Kampf gegen die nationalsozialistischen Besetzer teil, wobei ihm seine Ranger-Ausbildung aus Fort Myer stets sehr zustatten kam.

sein. In manchen Briefen kann darauf hingewiesen werden, daß vor der brutalen Besetzung Österreichs durch Hitler zahllose (ca. 1800) österreichische Gemeinden freiwillig, oft sogar gegen den Willen der besorgten Regierung, Otto v. Österreich zum Ehrenbürger ernannten. In anderen wiederum kann gesagt werden, daß man nur jene Österreicher als wahre, österreichische Patrioten ansehen kann, die für das Bataillon sind, es kann auch auf den sofortigen Eintritt der 3 Erzherzoge in dasselbe hingewiesen werden. Amerikaner könnten sagen, daß sie sich mehr über solche Österreicher freuen, die ihrer alten Heimat anhänglich sind, als über solche, die sie von sich weisen und die das prachtvolle Werk der US-Regierung für Österreichs Zukunft, die Schaffung des Bataillons, bekämpfen.
Ich würde Sie bitten, sehr geehrter Dr. Engelsberg, an eine Reihe von vertrauten Freunden heranzutreten und diese Sache gleich ins Werk zu setzen. So sollen nicht nur diejenigen, mit denen Sie selbst davon sprechen, solche Briefe gleich schreiben, sondern jeder soll in seinem Bekanntenkreis diese Anregung weiterverbreiten und wirklich trachten, von vielen Bekannten solche Briefe zu erreichen. Einzelbriefe wirken viel mehr, als z.B. Kollektivbriefe, bei denen die maßgebenden Stellen wahrscheinlich nicht die Unterschriften zählen würden. Durch immer weitere Verbreitung der im Vorstehenden ausgeführten Anregung muß es gelingen, daß unser Standpunkt in vielen Briefen, ich denke, in vielen hunderten, dem War Department bekannt gegeben wird, und das wird Eindruck machen.
Es ist selbstverständlich absolut wichtig, daß man nicht erfährt, daß diese Anregung von hier ausgeht, daher bitte ich Sie, diesen Brief auch niemandem zu zeigen, außer z.B. Father Moser. Aber bitte führen Sie die Sache durch, ich verlasse mich auf Sie für Californien. Und ich kann Ihnen nicht genug sagen, wie wichtig dies ist. – Durch schneeballartige Verbreitung dieser Anregung wird man viele gute Österreicher und sehr viele uns so wohlgesinnte Amerikaner erreichen, und die Sache wird Erfolg haben.
Ich brauche wohl nicht beizufügen, daß die ganze Angelegenheit sehr eilig und dringend ist.
2) Zum zweiten Punkt kann ich mich kürzer fassen, da er in ähnlichen Gedankengängen sich bewegt. Hier in USA ist es allgemein üblich, den Zeitungen seine Meinung auszudrükken, ebenfalls durch Briefe, letters to the Editor. Die Zeitungen bringen immer wieder solche, können natürlich nicht alle bringen, aber einen Durchschnitt. Es sind nun in letzter Zeit, aber auch in den ganzen letzten Monaten, sehr viele Artikel und letters to the editor erschienen, die sich mit dem Austrian Battalion und Otto von Österreich befassen, meistens in ablehnender, oft sehr gehässiger Art. Hier wiederum zeigte es sich, daß die Gegner rühriger, besser organisiert waren. Dem muß nun mit allen Mitteln entgegengearbeitet werden. Es müssen zahllose Briefe an die verschiedenen Zeitungen und auch an die Radiokommentatoren gerichtet werden, in denen unser Standpunkt kurz, aber klar vertreten wird. Kürze scheint mir wichtig, ich habe die Beobachtung gemacht, daß fast immer nur kurze Briefe von den Zeitungen gebracht werden. Auch hier, – wie bei den oben erwähnten Briefen an das War Department – kommt es daher absolut nicht auf sorgfältige Memoranden an, die das ganze Problem behandeln, sondern auf kurze Stellungnahme. Die Themen können zunächst analog denen sein, die ich oben bei den Briefen an das War Department nannte, aber es können und sollen auch weiterliegende Dinge berührt werden, die mit der Vergangenheit und Zukunft Österreichs zu tun haben. Es kann z.B. einmal von dem friedlichen Beisammensein so vieler Völker durch Jahrhunderte unter dem Hause Österreich die Rede sein, es kann davon gesprochen werden, daß im alten Österreich die Juden gut und gerecht behandelt wurden, es kann gegen die Angriffe gegen den Kaiser Stellung genommen werden; darauf hinweisen, daß Otto v. Österreich Nazismus und Faschismus bekämpfte, als noch sehr wenige Menschen in England, Frankreich und USA diese Stellung einnahmen, daß er seit Jahren vor Deutschland warnte – in zahllosen Briefen an die Ehrenbürgergemeinden. – Es kann auch bisweilen auf das Katholische Haus Habsburg hingewiesen werden, auf Habsburgs durch zwei Jahrhunderte währenden Kampf gegen Preußen und preußischen Geist. – Polemik gegen eine bestimmte Zeitung sollte im allgemeinen vermieden werden, außer es wird irgendwie eine besonders handgreifliche Unwahrheit geschrieben. –
Auch hier, wie oben ausgeführt, müssen es sehr, sehr viele Briefe sein. Ich weiß, daß es eine Mühe ist, ich weiß besonders, daß viele Österreicher sich scheuen, mit einem Brief an eine Zeitung hervorzutreten, aber dieses Gefühl muß überwunden werden, hier ist dies die Art, seine Meinung auszudrücken, und jeder Amerikaner hat dafür volles Verständnis. Selbstverständlich ist es besonders begrüßenswert, wenn Sie viele amerikanische Staatsbürger zu solchen Briefen gewinnen können, dies wird vielleicht sogar noch leichter gehen. –
Auch bei diesen letters to the editor ist es ungemein wichtig, daß die Anregung schneeballartig weitergegeben und durchgeführt wird. Sie, sehr geehrter Dr. Engelsberg, gewinnen z.B. 10 oder 15 Personen persönlich für das Schreiben eines solchen letter to the editor (und Sie fragen nach, ob es wirklich geschehen ist), und jede dieser 10 oder 15 Personen gewinnt wieder 10 bis 15 neue, von denen jeder wieder eine Anzahl neue gewinnt.
Auch hier bitte ich, nur zu ganz wenigen, deren Sie vollkommen sicher sind, davon zu sprechen, daß ich Ihnen all dies schrieb. Und bitte, sagen Sie allen, man möge nicht enttäuscht sein, wenn viele letters to the editor nicht gebracht werden, darauf muß man gefaßt sein, aber der

Eindruck *für* unsere Sache bleibt bei den Redaktionen bestehen.
Die Sache ist sehr wichtig, und ebenfalls sehr dringend und eilig. Es muß die unermüdliche Arbeit des Kaisers für Österreich nicht nur dadurch unterstützt werden, daß einige wenige in aufreibender Arbeit mithelfen – Sie wissen, sehr geehrter Dr. Engelsberg, daß ich Sie zu diesen wenigen rechne –, sondern durch diese verhältnismäßig leichte Mitarbeit von vielen, vielen gutgesinnten, heimattreuen Österreichern.

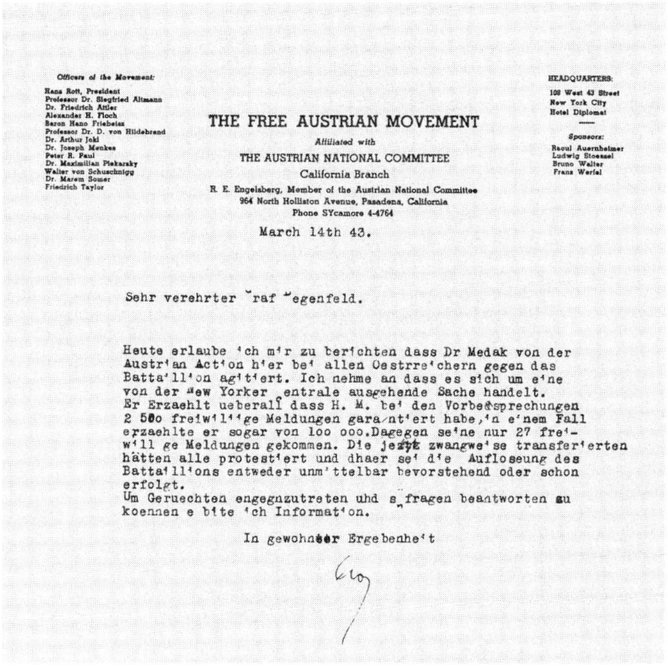

Officers of the Movement:
Hans Rott, President
Professor Dr. Siegfried Altmann
Dr. Friedrich Attler
Alexander H. Floch
Baron Hans Friebeiss
Professor Dr. D. von Hildebrand
Dr. Arthur Jokl
Dr. Joseph Menkes
Peter R. Paul
Dr. Maximilian Piekarsky
Walter von Schuschnigg
Dr. Marem Somer
Friedrich Taylor

THE FREE AUSTRIAN MOVEMENT
Affiliated with
THE AUSTRIAN NATIONAL COMMITTEE
California Branch
R. E. Engelsberg, Member of the Austrian National Committee
964 North Holliston Avenue, Pasadena, California
Phone SYcamore 4-4764

HEADQUARTERS:
108 West 43 Street
New York City
Hotel Diplomat

Sponsors:
Raoul Auernheimer
Ludwig Stoessel
Bruno Walter
Franz Werfel

March 14th 43.

Sehr verehrter ˘raf ˘egenfeld.

Heute erlaube 'ch m'r zu ber'chten dass Dr Medak von der Austr'an Act'on h'er be' allen Oestrre'chern gegen das Batta'll'on ag't'ert. Ich nehme an dass es s'ch um e'ne von der ˘ew Yorker ˛entrale ausgehende Sache handelt.
Er Erzaehlt ueberall dass H. M. be' den Vorbesprechungen 2 500 fre'w'll''ge Meldungen gara⁄nt'ert habe,'n e'nem Fall erzaehlte er sogar von 100 000.Dagegen se'ne nur 27 fre'-w'll ge Meldungen gekommen. Die jetzt zwangwe'se transfer'erten hätten alle protest'ert und dhaer se' d'e Aufloseung des Batta'll'ons entweder unm'ttelbar bevorstehend oder schon erfolgt.
Um Geruechten engegnzutreten uhd s fragen beantworten zu koennen e bite 'ch Informat'on.

In gewohnter Ergebenhe't

Bitte, zeigen Sie diesen Brief auch in Bezug auf diesen Punkt P. Moser, der sicher gerne mithelfen wird. –
Neulich habe ich in einer Zeitung, ich glaube, im Aufbau, einen Artikel von P. Cyrill Fischer gelesen, der mich sehr gefreut hat. Ausgezeichnet! Aber auch und vor allem an die englisch-sprachigen Zeitungen schreiben und unseren Standpunkt betonen, sonst erfährt die amerikanische Öffentlichkeit nicht, wie viele Freunde der Kaiser, seine Sache und das wahre Österreich haben, und die Arbeit für Österreich würde sonst immer schwerer.
Ich bitte Sie sehr, sehr dringend, sehr geehrter Dr. Engelsberg, helfen Sie in dieser Sache, in beiden Angelegenheiten, mit Ihrer ganzen Werbekraft mit, es ist zu wichtig. Natürlich ist dies reine Arbeit persönlichen Kontaktes, von Besprechen mit einer oder zwei Personen jeweils, niemals darf von diesen Dingen in einer auch noch so kleinen Versammlung gesprochen werden, sonst glaubt man, die Sache sei künstlich und kommt nicht aus dem Herzen. Sie kennen viele Österreicher, viele Amerikaner, und ich bin sicher, daß Ihre Mitarbeit wirklich Erfolg haben wird.
Mit meinen besten Grüßen und meinen wärmsten Wünschen, im Besonderen für diese Angelegenheit, bin ich, sehr geehrter Dr. Engelsberg,

Ihr aufrichtiger
Heinrich Degenfeld m.p.

PS. Selbstverständlich darf es bei den letters to the editor nicht bei einem einmaligen Brief jeder der dafür gewonnenen Personen bleiben, sondern jeder soll an mehrere Zeitungen schreiben und immer wieder aufs Neue, nach zwei, drei Wochen und dann immer wieder. Nur so gewinnen wir wirklich die Öffentlichkeit.«

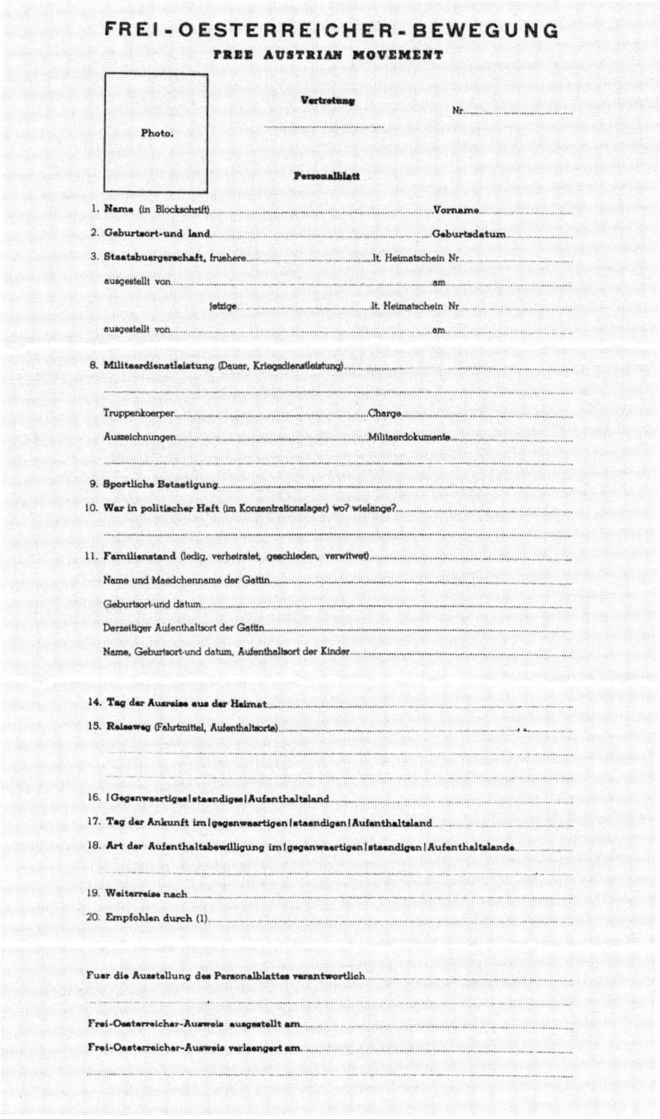

FREI-OESTERREICHER-BEWEGUNG
FREE AUSTRIAN MOVEMENT

Photo.

Vertretung
Nr. ....

Personalblatt

1. Name (in Blockschrift) .... Vorname ....
2. Geburtsort-und land .... Geburtsdatum ....
3. Staatsbuergerschaft, fruehere .... lt. Heimatschein Nr. ....
ausgestellt von .... am ....
jetzige .... lt. Heimatschein Nr. ....
ausgestellt von .... am ....

8. Militaerdienstleistung (Dauer, Kriegsdienstleistung) ....
Truppenkoerper .... Charge ....
Auszeichnungen .... Militaerdokumente ....
9. Sportliche Betaetigung ....
10. War in politischer Haft (im Konzentrationslager) wo? wielange? ....
11. Familienstand (ledig, verheiratet, geschieden, verwitwet) ....
Name und Maedchenname der Gattin ....
Geburtsort-und datum ....
Derzeitiger Aufenthaltsort der Gattin ....
Name, Geburtsort-und datum, Aufenthaltsort der Kinder ....

14. Tag der Ausreise aus der Heimat ....
15. Reiseweg (Fahrtmittel, Aufenthaltsorte) ....
16. |Gegenwaertiges|staendiges|Aufenthaltsland ....
17. Tag der Ankunft im|gegenwaertigen|staendigen|Aufenthaltsland ....
18. Art der Aufenthaltsbewilligung im|gegenwaertigen|staendigen|Aufenthaltslande ....
19. Weiterreise nach ....
20. Empfohlen durch (1) ....

Fuer die Ausstellung des Personalblattes verantwortlich ....

Frei-Oesterreicher-Ausweis ausgestellt am ....
Frei-Oesterreicher-Ausweis verlaengert am ....

»WAR DEPARTMENT
WASHINGTON 17. April 1943

Memorandum für den Präsidenten:

Betrifft: Das Österreichische Bataillon

Angesichts des Interesses, das Sie dem Österreichischen Bataillon entgegenbringen, möchte ich Sie gerne über den gegenwärtige Stand der Dinge informieren. Das Österreichische Bataillon wurde von Erzherzog Otto von Habsburg-Lothringen gefördert, der ein militärisches Komitee organisierte, um der Rekrutierung von Freiwilligen unter den Österreichern in diesem Lande beizustehen. Die Bemühungen dieses Komitees haben sich als nicht erfolgreich erwiesen. Bis heute haben sich sehr wenige Freiwillige gemeldet, und es ist äußerst unwahrscheinlich, daß sich jemals eine genügende Zahl von Freiwilligen melden wird, um dieses Bataillon in voller Stärke aufzustellen und es auf dieser Stärke zu halten. Das Kriegsministerium versuchte, diese Einheit durch unmittelbare Meldung aller Österreicher, die in die Armee eintreten, aufzufüllen. Das Ergebnis war ein allgemeines Absinken der Moral dieser Einheit und schuf unerwünschte politische Auswirkungen. Da eine Kampfeinheit, deren Männer unwillig und von niedriger Moral sind, nur von geringem militärischen Wert wäre, war es notwendig, die Einheit auf eine freiwillige Basis zurückzuführen. Ein Bataillon dieser Art braucht eine Stärke von 931 Mann. Es hat den Anschein, daß nur 144 Männer bleiben werden, wenn die, die nicht bleiben wollen, zu ihren Einheiten zurückgeführt werden. Die Reaktion aus der amerikanischen Öffentlichkeit auf das österreichische Bataillon war negativ, und es ist zweifelhaft, ob es jemals irgendeinen propagandistischen oder militärischen Wert haben wird.

Der Stabschef empfiehlt, das Österreichische Bataillon aufzulösen, und ich stimme mit Ihm überein. Nichts desto weniger möchten wir Ihre Wünsche in dieser Angelegenheit kennenlernen, bevor wir einen endgültigen Schritt setzen.

Unterschrift
Secretary of War (der Kriegsminister)
Henry L. Stimson«

»Das Weiße Haus
Washington 11. Mai 1943

Memorandum für den Kriegsminister
Bitte lesen und an mich zurücksenden
Franklin D. Roosevelt«

Brief von Robert von Österreich, New York City, 5.9.1943, an den Präsidenten; beigeschlossen ein Memorandum über seine Ideen bezüglich der Zukunft des Österreichischen Bataillons. Sein Memorandum ist das Ergebnis seiner Beobachtungen, die er hier beim Bataillon machte, und das Ergebnis seiner Kriegserfahrungen, die er in Großbritannien bei der Befragung von Kriegsgefangenen und bei der Beobachtung von Kommandounternehmen machte.

»Kriegsministerium
Washington 14. Mai 1943

Memorandum für den Präsidenten:
Ich retourniere hiermit die Korrespondenz bezüglich des Österreichischen Bataillons für Ihre Aktenablage.
General Marshall und ich haben sie mit großem Interesse gelesen.

Unterschrift
Henry L. Stimson (Kriegsminister)«

New York City
9. Mai 1943

»Lieber Herr Präsident,
Bevor ich Ihr großes Land verlasse, möchte ich Ihnen noch einmal schreiben und für die Freundlichkeit danken, mit der Sie mich empfangen haben. Ich möchte auch meinen ergebensten Dank für das schöne Bild von Ihnen ausdrükken, das Sie mir geschickt haben. Es war wirklich eine große Freude für mich, mit Ihnen sprechen zu können, und dieses wunderbare Andenken an dieses so überaus angenehme und interessante Treffen mit dem begeisternden Führer von Österreichs großer verbündeten Nation.
Ich erlaube mir, ein kurzes Memorandum über meine Gedanken zur Zukunft des Österreichischen Bataillons beizulegen. Es ist das Ergebnis meiner Beobachtung des Bataillons hier und auch der Kriegserfahrungen, die ich in Großbritannien bei der Befragung von Gefangenen und bei der Beobachtung von Kommandounternehmen sammeln konnte.
Ich danke nochmals für Ihre Freundlichkeit und verbleibe
Sehr geehrter Herr Präsident
Ihr ergebener

Robert von Österreich (M.P.)«

Es geht hier, in der unmittelbaren politischen Vorphase zur »Moskauer Deklaration«, immer dramatischer um den Versuch, doch noch eine unter westlichem Einfluß stehende österreichische Einheit aufzubauen. Die Sowjets und die in ihrem Vorfeld arbeitenden Tschechen und von denen ausgehaltene »österreichische« Emigranten und Emigrantengruppen versuchten, das zu verhindern, während sie gleichzeitig in der Sowjetunion und in Jugoslawien ihre eigenen – kommunistischen – Einheiten aufbauten.

In der »Moskauer Deklaration« tauchte dann, gegen dem ursprünglich von Churchill und Erzherzog Robert konzipierten Text, die Formel von der »Mitschuld« Österreichs und seinem »eigenen Beitrag zur Befreiung« auf. Das allerdings zu einem Zeitpunkt, da Stalin und seine tschechischen und österreichischen Helfershelfer die Aufstellung einer österreichischen freien Streitmacht bereits so gut wie verhindert hatten...

Memorandum Erzherzog Roberts für Präsident Roosevelt (5.9.1943):

»DAS ÖSTERREICHISCHE BATAILLON

I. Die Wichtigkeit des Österreichischen Bataillons

Im Gegensatz zur Meinung einiger Leute liegt die Bedeutung des Österreichischen Bataillons weniger in seinem Wert als Kampfeinheit – sie würde ja stets nur ein Tropfen in einem Ozean sein –, sondern viel mehr in ihrem ungeheuren politischen Wert.

Wie ich aus ganz verläßlichen Informationen entnehmen kann, besonders aus neutralen Ländern, hatte die Aufstellung der österreichischen Einheit innerhalb der Armee der Vereinigten Staaten großen Einfluß auf die österreichische Moral. Schon wenige Wochen nach der Aufstellung des Österreichischen Bataillons wurde über steigende Unruhe und Sabotage in Österreich berichtet. Sogar der Deutsche Rundfunk und die Deutsche Presse sprachen Warnungen aus. Über viele österreichische Patrioten wurden Todesurteile verhängt. Es war zum ersten Mal, daß Österreicher erkannten, daß ihre Unabhängigkeit tatsächlich durch Fakten garantiert wird, und nicht nur durch alliierte Propaganda. Die deutschen Zeitungen in Österreich meinten sagen zu müssen, daß die Schaffung des Österreichischen Bataillons im Falle einer deutschen Niederlage Österreich in das gleiche Schicksal hineinzerren werde wie das ganze Reich. Über zwei Wochen lang versuchten die deutschen Zeitungen in Österreich die Bedeutung der Schaffung eines Österreichischen Bataillons herunterzuspielen. Noch etwas sollte man nicht vergessen. Mehr als 400.000 Österreicher dienen verstreut in der deutschen Armee. Diese Männer wurden gezwungen, im Rahmen der Deutschen Wehrmacht zu kämpfen. Es ist deutlich zu erkennen, daß, während einige wenige mit Begeisterung gegen Rußland kämpften, alle Österreicher nur sehr wenig Kampfbegeisterung zeigten, wenn es irgendwo gegen die westlichen Alliierten ging. Das hat sich sowohl in Norwegen wie in Griechenland gezeigt. Es ist bekannt, daß seit der Besetzung dieser beiden Länder die Österreicher in der deutschen Armee den örtlichen Untergrundbewegungen gegen Deutschland halfen.

Es kann ruhig gesagt werden, daß der Großteil der Österreicher auf seiten der Alliierten steht und bereit wäre zu helfen, würde man ihnen nur irgendeine Art von Ermutigung dazu geben. Bis jetzt war es äußerst schwierig für die Österreicher, zu desertieren oder in der Deutschen Armee Sabotageakte auszuführen, weil es so gut wie keine Hoffnung gab, einer Bestrafung zu entgehen. Wer die Namen österreichischer Soldaten sieht, die von den Deutschen hingerichtet wurden, muß zur Kenntnis nehmen, daß viele von ihnen es wagten, das höchste Opfer darzubringen, um ihrem Lande zu helfen.

Das Bewußtsein, daß es hier ein Österreichisches Bataillon in der Amerikanischen Armee gibt, wird für die Österreicher eine große Ermutigung sein, zu desertieren, sobald sie auf dem Kontinent alliierten Truppen gegenüberstehen. Die Österreicher könnten für die Alliierten die Fünfte Kolonne innerhalb der Deutschen Armee werden.

Es ist offensichtlich, daß die Österreicher – die ja mit Gewalt in die Deutsche Armee gepreßt wurden – für die Alliierten eine größere Hilfe bedeuten können als Angehörige irgendeiner Nation. Aber es gibt auch ein anderes Problem, das Österreich zum verwundbarsten Punkt in dem von den Deutschen beherrschten Europa macht. Österreich ist zur Zeit nicht nur das bedeutendste industrielle Produktionszentrum für Deutschland. Die Eisen- und Stahlindustrie, die Erzeugung von Flugzeugen, Textilien, Explosivstoffen, Düngemitteln und Fahrzeugen wurde bis jetzt noch durch keine Bombenangriffe gestört. Ich möchte außerdem darauf hinweisen, daß der gesamte militärische Nachschub nach Südrußland, Rumänien, Ungarn, nach dem Balkan und nach Italien über Österreich geht. Nur zwei Eisenbahnlinien überqueren die Alpen; eine über den Brenner und die südliche über Venedig. Über Österreich verkehren 90% aller Eisenbahnzüge, die nach Italien fahren, und 85% des Eisenbahnverkehrs, der auf den Balkan geht. Im Augenblick einer alliierten Invasion auf dem Balkan oder in Italien sind die Deutschen gezwungen, ihre gesamten Menschen- und Materialtransporte durch Österreich zu leiten. In diesem Augenblick wird Österreich das Herz der deutschen Verteidigungsanstrengungen sein und äußerst verwundbar durch Sabotageakte werden.

Wenn die Österreicher wissen, daß sie eine Chance haben, erfolgreich gegen ihre Unterdrücker zu kämpfen, werden sie mit all ihrer Kraft zuschlagen.

II. Die Reorganisation des Österreichischen Bataillons

Wenn man um die Bedeutung des Österreichischen Bataillons für die Kampfmoral der Österreichischen Nation weiß, ist es wesentlich, das Österreichische Bataillon im Hinblick auf diesen seinen Zweck zu organisieren.

Es muß zugegeben werden, daß dank der Einflußnahme gewisser fremder Elemente, und auf Grund einer unfairen Kritik durch gewissen Zeitungen, das Bataillon weniger Erfolg hatte, als man erwartete. Auf der anderen Seite sahen gewisse militärische Kreise das Österreichische Bataillon nur vom Standpunkt der Bewertung als Kampfeinheit. Sie

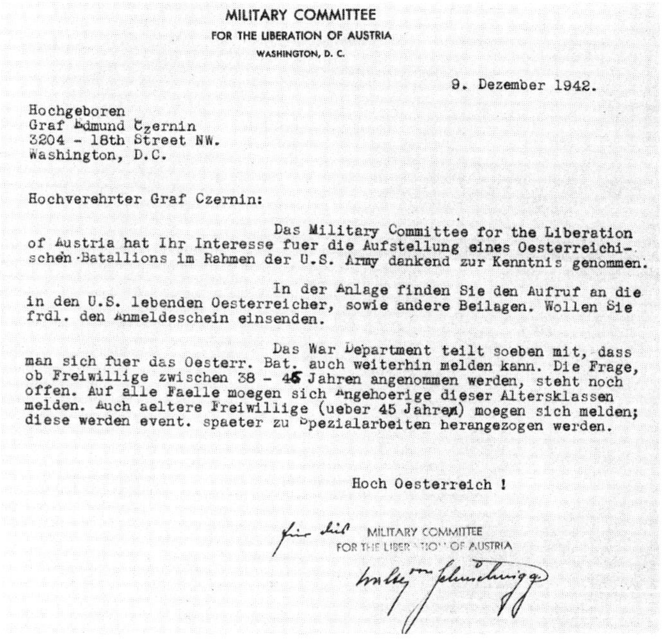

MILITARY COMMITTEE
FOR THE LIBERATION OF AUSTRIA
WASHINGTON, D. C.

9. Dezember 1942.

Hochgeboren
Graf Edmund Czernin
3204 - 18th Street NW.
Washington, D.C.

Hochverehrter Graf Czernin:

Das Military Committee for the Liberation of Austria hat Ihr Interesse fuer die Aufstellung eines Oesterreichischen Batallions im Rahmen der U.S. Army dankend zur Kenntnis genommen.

In der Anlage finden Sie den Aufruf an die in den U.S. lebenden Oesterreicher, sowie andere Beilagen. Wollen Sie frdl. den Anmeldeschein einsenden.

Das War Department teilt soeben mit, dass man sich fuer das Oesterr. Bat. auch weiterhin melden kann. Die Frage, ob Freiwillige zwischen 38 - 45 Jahren angenommen werden, steht noch offen. Auf alle Faelle moegen sich Angehoerige dieser Altersklassen melden. Auch aeltere Freiwillige (ueber 45 Jahre) moegen sich melden; diese werden event. spaeter zu Spezialarbeiten herangezogen werden.

Hoch Oesterreich !

für das MILITARY COMMITTEE
FOR THE LIBERATION OF AUSTRIA

sahen überhaupt nicht dessen moralischen Wert. Darüberhinaus muß in Betracht gezogen werden, daß gewisse Kreise ganz bewußt den Versuch, ein Österreichisches Bataillon aufzubauen, sabotierten, indem sie jüngst den Befehl gaben, daß jeder junge Mann, der jetzt die amerikanische Staatsbürgerschaft erhielt, das Österreichische Bataillon sofort verlassen muß. Nun ist es aber so, daß jeder österreichische Freiwillige nach drei Monaten Dienstzeit automatisch die amerikanische Staatsbürgerschaft bekommt. Unter diesen Umständen kann das Österreichische Bataillon nie die verlangte Kampfstärke erreichen.

Es wäre unter diesen Umständen nützlich, das Problem von einer anderen Seite anzugehen. Das Österreichische Bataillon sollte so organisiert werden, daß es eine Spezialtruppe wird, die den Zweck hat, österreichische Kriegsgefangene und österreichische Deserteure bei sich aufzunehmen. Die meisten Freiwilligen haben ja Hochschulbildung und wären für die Arbeit im Nachrichtendienst geeignet. Sie könnten als Offiziere ausgebildet werden und könnten in dem Augenblick, wenn Deserteure überlaufen, beauftragt werden, eine wirkliche Kampfeinheit zu befehligen. Sie könnten auch die Befragung der Überläufer und der Gefangenen durchführen, und dabei ein Maximum an militärisch wertvoller Information herausholen. Vergessen wir doch nicht, daß diese Leute ihr Wissen viel leichter Landsleuten anvertrauen würden, als Fremden, die sie nicht kennen. Die Österreicher könnten auch eine Polizeiausbildung erfahren, damit sie im Augenblick der Besetzung Österreichs durch alliierte Truppen den Alliierten durch ihren Kontakt mit der örtlichen Bevölkerung helfen können. Vergessen wir nicht, daß die Österreicher ihr Land kennen, und auch in ihrer Heimat eine große Zahl von Menschen kennen, denen die Alliierten hundertprozentig vertrauen können. Auf diese Art sind bereits die britischen Kommandounternehmen in Norwegen durchgeführt worden. Dank der Tatsache, daß die Briten von Norwegern begleitet waren, liefen diese Kommandounternehmen sehr glatt ab, weil die örtliche Bevölkerung dank der norwegischen Begleiter sofort wußte, worum es geht. Um zur praktischen Durchführung zu kommen, würde ich vorschlagen, einen hochrangigen Offizier mit der Aufgabe zu betrauen, sich um das Österreichische Bataillon zu kümmern. Er sollte fähig sein, eine Spezialausbildung zu gewährleisten. Er sollte auch unabhängig genug sein, um sich nicht über die Dienstvorschriften in anderen amerikanischen Einheiten, deren Aufgabe bloß im Gefechtsdienst besteht, den Kopf zerbrechen zu müssen. Die österreichischen Soldaten wären ja dann für eine ganz besondere Aufgabe ausersehen. Er sollte auch unmittelbaren Zutritt zum Oberkommando haben, ohne bei allen Rückfragen ständig den umständlichen Dienstweg beschreiten zu müssen, wobei er ständig mit Leuten zu tun hätte, die die politische Aufgabe des Österreichischen Bataillons nicht verstehen und in ihm bloß eine Kampfeinheit wie viele andere auch sehen. Schon haben sich 25–30 junge Männer freiwillig für so einen Auftrag gemeldet. Sie werden bald in eine Offiziersschule eintreten. Sobald diese Gruppe sorgfältig für diese Sonderaufgabe eingeschult ist, müßten diese jungen Männer unmittelbar nach der Landung alliierter Truppen auf dem Kontinent in jenem Abschnitt eingesetzt werden, der Österreich am nächsten liegt. Mit einem Wort, es käme darauf an, über einen »Kader« zu verfügen, der imstande ist, Kriegsgefangene und Deserteure zu übernehmen und darüberhinaus in der Lage wäre, geheimdienstliche und polizeiliche Aufgaben zu erfüllen.

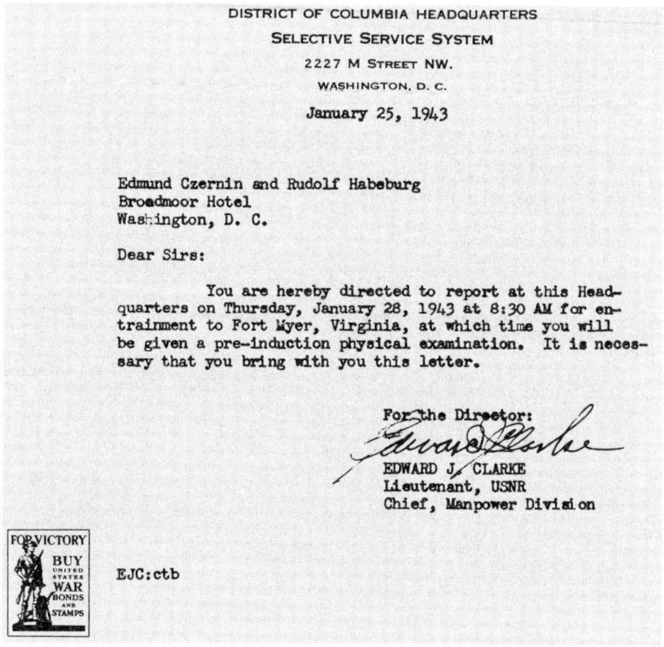

DISTRICT OF COLUMBIA HEADQUARTERS
SELECTIVE SERVICE SYSTEM
2227 M STREET NW.
WASHINGTON, D. C.

January 25, 1943

Edmund Czernin and Rudolf Habsburg
Broadmoor Hotel
Washington, D. C.

Dear Sirs:

You are hereby directed to report at this Headquarters on Thursday, January 28, 1943 at 8:30 AM for entrainment to Fort Myer, Virginia, at which time you will be given a pre-induction physical examination. It is necessary that you bring with you this letter.

For the Director:
EDWARD J. CLARKE
Lieutenant, USNR
Chief, Manpower Division

FOR VICTORY BUY UNITED STATES WAR BONDS AND STAMPS

EJC:ctb

Auch die Deutschen haben nichts anderes getan, als sie mit Hilfe des Kaderpersonals der »Reichswehr« innerhalb kürzester Zeit die Wehrmacht schufen, gegen die wir nun zu kämpfen haben.«

Nach dem vorprogrammierten Scheitern der Aufstellung eines Österreichischen Bataillons gab Otto selbstverständlich nicht auf. Da die Idee zum »Austrian Battalion« ja von Roosevelt persönlich an Otto herangetragen worden war, verfügte er nun über eine Art »Guthaben«, das er für die Anerkennung einer »Österreichischen Vertretung« zu nützen suchte, die dann zu gegebenem Zeitpunkt zur Basis einer provisorischen österreichischen Regierung gemacht werden sollte, auf überparteilicher Grundlage. Die Frage der Staatsform spielte dabei absolut keine Rolle... wie bereits im Februar 1938.

Otto an Roosevelt:

»WASHINGTON D.C. 1.Juni 1943

Lieber Herr Präsident,

Vor einigen Wochen, – am 4. Mai – hatte mein Bruder Robert die Ehre, von Ihnen empfangen zu werden, und überreichte Ihnen, Herr Präsident, bei dieser Gelegenheit einen genauen Plan, wie ein provisorisches unparteiisches Austrian National Council oder eine österreichische Regierung gebildet werden könnte. Der Vorschlag zielte auf die Schaffung einer österreichischen Vertretung hin, die im Geiste der Atlantic-Charta die künftige Entscheidung über Österreich nicht vorwegnehmen, trotzdem aber dem Lande für jene Zeit, da es – so wie viele andere von den Achsenmächten besetzte Länder auch – mit Gewalt zum Schweigen gebracht ist, das Überleben sichern soll. Wie Sie sich erinnern, war ich persönlich in der vorgeschlagenen Personalliste nicht enthalten.

Sie hatten die Güte, die ganze Angelegenheit dem Außenministerium zu übergeben. Wie ich nun erfahre, widersetzen sich gewisse Kräfte im State Departement sogar einer provisorischen Lösung der österreichischen Frage. Ich fürchte sehr, daß ohne Ihre persönliche Intervention, sehr verehrter Herr Präsident, die gesamte österreichische Politik in der österreichischen Frage umsonst sein würde.

Gerade jetzt, da die Befreiung Europas durch amerikanische Streitkräfte heraufdämmert, kann Österreich eine entscheidende Rolle bei der Verkürzung des Krieges spielen. Österreich, als der Mittelpunkt des Eisenbahn- und Verkehrswesens in Mitteleuropa, kann eine Menge dazu beitragen, viele Leben amerikanischer Bürger zu retten. Wenn aber Österreicher handeln sollen, so müssen die Österreicher auch dazu ermutigt werden. Man muß ihnen zeigen, daß die Vereinten Nationen die Unabhängigkeit Österreichs wieder herstellen werden und Österreich als einen Staat

William Christian Bullit ist von 1934–1936 Botschafter der Vereinigten Staaten in Moskau gewesen und kannte daher das Sowjetsystem aus der Nähe. Im August 1936 wurde er US-Botschafter in Paris. Bullit kannte Paris schon aus der Zeit der Friedensdiktate von 1919; in jenem Jahr schrieb er am 17. Mai an Präsident Thomas Woodrow Wilson: »Ungerechte Beschlüsse der Versailler Konferenz über Schantung, Tirol, Thrakien, Ungarn, Ostpreußen, Danzig, das Saargebiet etc. machen neue, internationale Konflikte sicher«. Bullit, als ein Mann der Tat, trat folgerichtig aus der US-Delegation aus und rechtfertigte seine Handlungsweise vor dem Senat mit geradezu prophetischen Worten über den »nächsten« Weltkrieg, der angesichts der Friedensdiktate in den Pariser Vororten unvermeidlich sei.

Bullit war ein klarer Analytiker – Gegenspieler des ahnungslosen US-Botschafters Joseph Kennedy (Vater des späteren US-Präsidenten John F. Kennedy), der Roosevelt einzureden versuchte, Hitler verfüge über eine unbezwingbare Luftwaffe und müsse beschwichtigt werden. Bullit erkannte wahrscheinlich als erster amerikanischer Politker die Gefahr, die von Hitler ausging und informierte Roosevelt umsichtig über seine Erkenntnisse. Es war Botschafter William Christian Bullit, der die Einladung Ottos durch Präsident Roosevelt zu einem Besuch in Washington in die Wege leitete.

Bullit zog sich erst im Jahre 1944 aus der Politik zurück, als er sah, daß all seine Warnungen bezüglich der wahren Absichten Stalins bei Roosevelt auf taube Ohren stießen; dieser glaubte eher den Versicherungen seines Beraters (und später als Sowjetspion entlarvten) Alger Hiss, der ihm wie sein Meister, Harry Hopkins, einredete, Stalin sei »gar kein Kommunist«.

aus ihrer Gruppe betrachten. Die Österreicher haben darauf durchaus Anspruch, und zwar auf Grund ihres nunmehr 5jährigen heldenhaften Widerstandes gegen Deutschland. Aber um die gesamte Widerstandskraft des österreichischen Volkes zu wecken, sind Worte allein nicht genug. Ein Vorgang, wie die Schaffung des Österreichischen Bataillons, war etwas Reales, etwas Greifbares. Nun hat die vollständige Auflösung des Bataillons die deutsche Propaganda sehr gefördert. In Österreich hat das ganz tragische Auswirkungen gehabt.

In dieser Lage wäre eine Vorgangsweise, wie sie mein Bruder in seinem Plan vorgeschlagen hat, wohl die beste Lösung. Wie aufgezeigt, hätte eine österreichische Repräsentanz keinen Einfluß hinsichtlich der späteren Entscheidungen betreffend Österreich. Ich bin sicher, daß die Schaffung einer österreichischen Repräsentanz in Amerika vom österreichischen Volk begrüßt werden würde. Dieser Schritt würde vollständiges Vertrauen wiederherstellen. Er würde meinem Land das Gefühl geben, daß es in der freien Welt vertreten ist und daß vertrauenswürdige Männer dort für Österreich handeln.

Ich weiß, Herr Präsident, daß sie als der politische und militärische Führer der freien Welt diese Sachlage verstehen. Das ist der Grund, warum ich mir die Freiheit nehme, an Sie zu appellieren, für die Schaffung einer unparteiischen provisorischen österreichischen Vertretung einzutreten.

Das Volk in Österreich vertraut in Ihre Führung, ich weiß, daß es nicht enttäuscht werden wird.

Es wäre eine große Auszeichnung für mich, die Gelegenheit zu bekommen, ein paar Minuten mit Ihnen zu sprechen. Bei der Gelegenheit würde ich Ihnen auch einige höchstvertrauliche Informationen geben.

Mit den respektvollsten Grüßen verbleibe ich, lieber Herr Präsident

Ihr ergebener
Otto von Österreich«
M. P.

Übersetzung des Memorandums, das Otto von Habsburg am 1. Juni 1943 brieflich überreichte:

»Die Lösung des Österreichischen Problems

Die Lösung der österreichischen Frage ist von größter Dringlichkeit. Die bevorstehenden großen Konferenzen der Vereinten Nationen und die zunehmenden Kontakte über die Planung des Friedens machen es unbedingt notwendig, daß dieses Land, das das Herz von Mittel- und Südosteuropa ist, vertreten wird. Die von der Regierung der Vereinigten Staaten in der österreichischen Frage unternommenen Schritte machen es gleichfalls unabdingbar, daß in dieser Frage etwas geschieht.

Es ist offensichtlich, daß die gegenwärtige politische Lagerung der österreichischen Emigration überhaupt nicht repräsentativ ist, und daß die Unterschiede innerhalb der politischen Lager in der Emigration derartig sind, daß die politische Emigration als Grundlage einer Lösung ausgeschaltet werden muß.

Eine Lösung des österreichischen Problems kann nur durch die Schaffung einer *neutralen provisorischen Repräsentanz* gefunden werden, die, obwohl unabhängig von der Emigration, über eine gewisse Legitimation verfügt. Da es keine österreichische diplomatische Vertretung im Ausland gibt, könnte man sich an die *Konsuln* als Basis einer solchen Legitimität wenden.

Die drei österreichischen Konsuln, die in diesem Lande leben und nicht zu den Deutschen übergelaufen sind, sollten dem Außenministerium schreiben und anfragen, ob sie nicht im Geiste der Erklärung von Außenminister Hull vom 27. Juli 1941 autorisiert werden könnten, ihre Tätigkeit als österreichische Konsuln wieder aufzunehmen. Das könnte vom Außenministerium angenommen werden. Der nächste Schritt würde darin bestehen, daß nach einer kurzen Zeit die Konsuln dem State Departement schreiben und dabei die Anerkennung eines Provisional Austrian National Council vorschlagen. Dieser Provisional Austrian National Council sollte sich aus jenen österreichischen Diplomaten und Konsuln zusammensetzen, die noch immer loyal zu Österreich sind und ihre österreichische Staatsbürgerschaft behielten. In der westlichen Hemisphäre leben 5 solche Männer. Dieser Provisorische National Council würde zur gleichen Zeit dem Außenministerium schreiben und um Anerkennung bitten. Dieser National Council müßte dabei erklären, daß er seine Funktion als *absolut zeitlich beschränkt* sieht und es bloß als seine Pflicht ansieht, einen Zeitabschnitt zu überbrücken. Der Provisional National Council würde in dem Augenblick zurücktreten, als sich in Österreich selbst eine Regierung bildet. Das Außenministerium könnte folgerichtig an die Anerkennung des Austrian National Council als die zeitweilige Repräsentanz des österreichischen Staates herangehen.

In dem Augenblick, da die Anerkennung ausgesprochen ist, würde sich das Military Committee for the Liberation of Austria auflösen und alle seine Dokumente dem National Council übergeben. Der letzte Schritt würde dann einige wenige Wochen später unternommen werden, wenn sich der Provisional National Council in eine provisorische österreichische Regierung umwandelt und das Außenministerium von diesem Wechsel verständigt. Diese Note würde betonen, daß diese provisorische österreichische Regierung in diesem Augenblick der Befreiung zurücktreten würde und daß sie nicht wünscht, die künftige Verfassung Österreichs zu beeinflussen. Das Außenministerium müßte die Umformung des Provisional National Council in eine provisorische österreichische Regierung anerkennen. Durch diese Vorgangsweise könnte die österreichische Frage für die Dauer des Krieges gelöst werden, ohne dabei allzuviele Kontroversen zu entfachen, ohne Parteifragen zu schaffen, im besten Geist der Atlantic Charter.«

»AUSSENMINISTERIUM
WASHINGTON 10.Juni 1943

Mein lieber Herr Präsident!
Ich schicke mit gleicher Post den Brief an Sie zurück, den Ihnen Erzherzog Otto am 1.Juni gesandt hat. Er wird von einem Textentwurf begleitet, den das Außenministerium als eine angemessene Antwort sieht. Der Text zu dem vorgeschlagenen Antwortbrief wurde von uns in Form eines Entwurfes gelassen, weil der abschließende Absatz im Brief des Erzherzogs eine Bitte in einer anderen Angelegenheit vorträgt, die Ihre persönliche Aufmerksamkeit erfordert.

Ihr Cordell Hull«
M. P.

»WEISSES HAUS 12.Juni 1943

Mein lieber Otto:
Ihr Brief vom 1.Juni wurde sorgfältig gelesen, und ich habe das Außenministerium angewiesen, die in dem Brief angeführten Punkte zu prüfen.
Wie Sie wissen, haben verschiedene Projekte für die Bildung von Gruppen, die provisorisch die österreichische Bewegung in diesem Lande repräsentieren könnten, die sorgfältige Aufmerksamkeit dieser Regierung gefunden. Nichts desto weniger weiß ich, und Sie haben das sicher von Anfang an bemerkt, daß sich diese Regierung niemals damit beschäftigt hat, welche Mitglieder in einer solchen Gruppe vertreten sein sollen. Ich beziehe mich dabei auf eine Erklärung des Außenministeriums vom Dezember 1941, die sich auf die Free Movements bezieht. Auf Gruppen, die im großen und ganzen einen repräsentativen Charakter tragen und den Unabhängigkeitsgeist jener Nationen am Leben halten sollen, die gewaltsam besetzt wurden. Es ist kaum notwendig hinzuzufügen, daß sich das amerikanische Volk glücklich schätzen würde, wenn das Volk von Österreich wieder seinen Platz als unabhängige Nation einnähme. Diese Regierung wird fortfahren, alle Pläne zu überprüfen, die dem vereinigten Volk von Österreich nützlich sein können, damit es seine Zukunft bestimmen könne, und wir werden Ihnen dabei helfen, in Übereinstimmung mit den allgemeinen Zielen der Vereinten Nationen, um einen wirksamen Beitrag zu seiner Befreiung zu leisten.

Ihr sehr ergebener
Franklin D. Roosevelt

Seiner königlichen Hoheit
Erzherzog Otto von Österreich
Broadmore Hotel
Washington D.C.«

»DEPARTMENT OF STATE
Washington 2. Juni 1943

Memorandum für General Watson von Breckinridge Long

Sie forderten ein Memorandum über unser Telefonat bezüglich Otto von Österreich an, das wir heute morgen führten. Unser Gespräch kam zu dem Ergebnis, daß alle Beteiligten zufriedengestellt sein könnten, würde man Otto einberufen und ihn nach seiner Ausbildung an einer non-com training school und nach Erhalt seines dortigen Diploms an eine Offiziersausbildungsschule überstellen. Er könnte dort eventuell im Range eines Unterleutnants verabschiedet werden und, sofern es seine Verdienste rechtfertigen, schrittweise in den Rang eines Hauptmanns befördert werden.

(handschriftliche Ergänzung)
»– all das unter dem Vorbehalt,
daß das nicht mein Revier ist!«

Unterschrift
Breckinridge Long«
M. P.

General Watson an Roosevelt:

»DAS WEISSE HAUS
WASHINGTON 2. Juni 1943

Memorandum für den Herrn Präsidenten

General Hershey rief mich wegen des Falles von Erzherzog Otto an. Er sagte mir, daß Otto sowie seine Brüder vom Stellungskommando registriert worden sind. Seine Brüder sind bereits einberufen worden. Der Name Ottos wurde schon mehrmals an Hershey herangebracht, aber jedesmal ließ er die Sache unerledigt, weil er meinte, er müsse das State Departement fragen, welche Informationen sie in dieser Angelegenheit hätten. Als er endlich das State Departement fragte, sprach Mrs. Shipley mit Summer Welles, der meinte, daß es da keinerlei politische Verwicklungen gäbe, und daß es, soweit es nach Meinung des Außenministeriums ginge, keinerlei Probleme gäbe, aber er, Welles, denke doch, daß die Angelegenheit besser mit dem Weißen Haus direkt zu klären sei. Hershey seinerseits will genau das tun, was auch wir tun wollen, aber fragte mich, ob er in dieser Angelegenheit eine Erklärung erhalten könnte. Ich schließe ein Memorandum von Breckinridge Long bei, das einen Vorschlag zur Erledigung dieser Angelegenheit enthält.

E.M.W.« (M. P.)

»DAS WEISSE HAUS
WASHINGTON 5. Juni 1943

MEMORANDUM FÜR GENERAL WATSON

Sagen Sie Hershey, daß ich damit einverstanden bin.

Unterschrift
Franklin D. Roosevelt«
M. P.

»KRIEGSMINISTERIUM
BÜRO DES GENERALSTABSCHEFS
WASHINGTON 11. Juni 1943

Memorandum für General Watson

Ich habe mit General Hershey bezüglich Otto von Österreich Kontakt aufgenommen und General Hershey wird jetzt die Einberufung vornehmen lassen. Sobald ihn das Stellungsbüro an uns weitergeleitet hat, planen wir, ihn an das Branch Immaterial Replacement Training Center, Camp Joseph T. Robinson, Arkansas zu überstellen. Dort wird er die Grundausbildung als Infanterist erhalten. Nach Vollendung dieses Kurses wird er an die Adjutant General's Officer Candidate School, Fort Washington überstellt.

McCarthy«
Unterschrift
M. P.

»WEISSES HAUS
WASHINGTON 15. Juni 1943

Memorandum für den Herrn Präsidenten

Laut Bericht von General Hershey betreffend Otto von Österreich wird er demnächst einberufen werden.
Nach Durchführung der Musterung wird er zur Armee überstellt, wo er seine Grundausbildung im Camp Robinson, Arkansas, erhalten wird. Nach Vollendung des Lehrgangs wird er an die Adjutant General's Officer Candidate School, Fort Washington, Maryland überstellt.
Damit wird durchgeführt, was von Breckinridge Long vorgeschlagen und vom Präsidenten gutgeheißen wurde.
Unterschrift
E. M. W.«

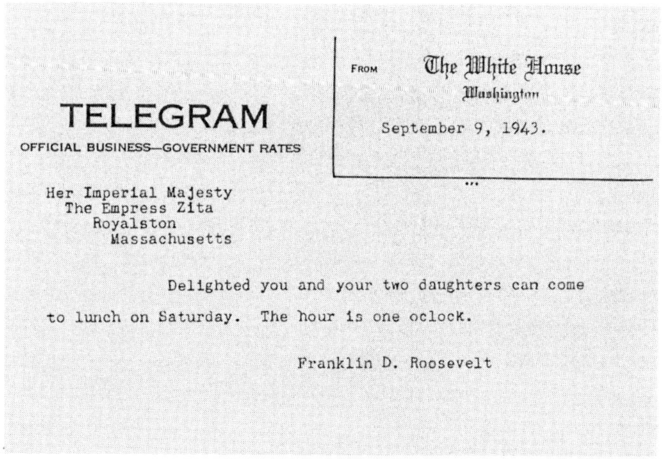
TELEGRAM
OFFICIAL BUSINESS—GOVERNMENT RATES

FROM The White House
Washington

September 9, 1943.

Her Imperial Majesty
The Empress Zita
Royalston
Massachusetts

Delighted you and your two daughters can come to lunch on Saturday. The hour is one oclock.

Franklin D. Roosevelt

3. September 1943

»Meine liebe Kaiserin Zita:
Im Vertrauen gesagt, ich hoffe sehr, daß ich die zwei kommenden Wochenenden zu Hause sein werde, und ich würde mich sehr freuen, wenn Sie mit dem Auto herüberkommen könnten nach Hyde Park zum Mittagessen, und zwar mit jenen von Ihren Kindern, die Sie am Samstag den 11. September oder Samstag den 18. September bei sich haben.
Ich hoffe es.
Beim zweiten Datum hoffe ich auch, meinen Sohn John und seine Frau und die Kinder bei mir zu haben. Er kommt dann von der pazifischen Küste zurück, wo er auf einem neuen Kriegsschiff eingerückt ist.

Mit meinen wärmsten Empfehlungen
Ihr sehr ergebener

Franklin D. Roosevelt
(M. P.)

Ihrer kaiserlichen Majestät
Kaiserin Zita,
Royalston,
Massachusetts«

»Das Weiße Haus
eingelangt am 9. September 1943 um 8 Uhr 45

Lieber Herr Präsident,
Vielen Dank für Ihren freundlichen Brief vom 3. September, den ich soeben erhalten habe. Ich würde es in der Tat vorziehen, am Samstag, den 18., zu kommen, um Sie und Ihren Sohn und dessen Familie zu sehen, aber ich fürchte, dieses Datum liegt zu knapp bei einem Termin, so daß dadurch unser Treffen in Frage gestellt sein könnte. Ich meine, es ist sicherer, für unser Treffen den nächsten Samstag zu wählen, den 11. September, und ich freue mich sehr darauf, Sie dann zu sehen. Indem ich Ihrer freundlichen Einladung Folge leiste, werde ich wahrscheinlich meine zwei jüngsten Töchter Charlotte und Elisabeth mitbringen, da Adelhaid im Augenblick allzusehr beschäftigt ist. Sie hofft aber sehr, Sie demnächst sehen zu können.

Mit meinen wärmsten Grüßen
Zita
Royalstone Mass., 6. September 1943

15. September 1943

»Lieber Otto:

Ich hatte einen höchst erfreulichen Besuch von Ihrer Mutter und zwei der Mädchen in Hyde Park, am Samstag. Ich bin soeben zurückgekehrt und muß morgen Abend schon wieder weg, so daß ich fürchte, es wird mir unmöglich sein, Sie innerhalb der nächsten zehn Tage zu sehen.
General Watson wird zu diesem Zeitpunkt mit Ihnen dann in Verbindung treten. Ich hoffe, Sie sind dann aus dem Westen wieder zurück. Ich hoffe auch, daß Sie dann auch Ihre Schwester Adelhaid mitbringen können, wenn Sie kommen. Ihre Mutter hat mir erzählt, daß Sie ein paar Tage hier weilen wird.

Ihr sehr ergebener
Franklin D. Roosevelt

Seiner königlichen Hoheit
Erzherzog Otto von Österreich
The Broadmoor,
Washington D.C.

Tee in Washington am 1. Oktober 1943, 17 Uhr mit Erzherzogin Adelhaid (handschriftliche Notiz)«

Der Triumph beharrlicher Arbeit für Österreich: am 28. November 1943 ist Ersttag für eine neue US-Briefmarkenserie »OCCUPIED NATIONS« – und dank der Bemühungen Ottos wird Österreich in die Reihe der »zu befreienden« Länder aufgenommen, gemeinsam mit Belgien, Dänemark und allen anderen Opfern Hitlerdeutschlands.
Es war dies der zweite große Erfolg nach der Durchsetzung des Status der Österreicher als Bürger eines befreundeten Landes anstatt des ursprünglichen »enemy alien« – eines »feindlichen Ausländers«.
Der hier abgebildete Brief ist übrigens eine philatelistische Rarität sondergleichen, weil der Postbeamte nicht die 5-Cents-Marke der neuen »Occupied Nations Series« abstempelte, sondern die 10-Heller-Briefmarke der K. u. K. Militärpost mit dem Bildnis Kaiser und König Karls.

»AUSSENMINISTERIUM
WASHINGTON
20. April 1944
MEMORANDUM FÜR DEN PRÄSIDENTEN

Dem Brief von Erzherzog Otto vom 4. April 1944, gerichtet an den Präsidenten der Vereinigten Staaten, lagen mehrere Dokumente über die ungarische Frage bei sowie ein Anhang betreffend die Stellung des früheren österreichischen Botschafters in Brasilien.
Das Memorandum des Erzherzogs schlug dem Präsidenten vor, daß wir unseren Botschafter in Brasilien ermutigen, der brasilianischen Regierung Nachricht zu geben, den früheren österreichischen Botschafter dort wieder anzuerkennen. Das Außenministerium würde nichts dagegen haben, wenn Brasilien Herrn Retschek einige seiner früheren Privilegien wiedergibt oder ihn anerkennt, aber es wäre für unseren Botschafter sehr schwer, in dieser Angelegenheit irgendwelche Empfehlungen zu geben, da wir hier in Washington eine ähnliche Aktion nicht begünstigen könnten, sollte der frühere österreichische Botschafter in Washington gleichfalls eine solche Bitte aussprechen. Wir glauben auch nicht, daß es zum gegenwärtigen Zeitpunkt nützlich wäre, irgendeinen österreichischen Repräsentanten, der von dieser Regierung anerkannt ist, zu haben.
Beigeschlossen:
Das Memorandum Cordell Hull«
(M. P.)

Immer wieder versuchte Otto, eine offizielle österreichische Vertretung aufzustellen, hier, in diesem Memorandum (erste Aprilhälfte 1944, aber ohne Datum) auf einem Umweg über Brasilien, wo Erzherzog Felix die entsprechenden Vorabeiten geleistet hatte. Außenminister Cordell Hull roch die Lunte aber sofort, und da er die Sowjets nicht verärgern wollte, riet er dem durchaus willigen, wegen der Südstaaten aber auf Hull angewiesenen Präsidenten ab:

»MEMORANDUM. Betrifft: *Die Lage Österreichs*

Sowohl der österreichische Botschafter in Brasilien, Herr Anton Retschek, als auch die österreichischen Konsuln dort, blieben nach der Besetzung Österreichs in Brasilien, verließen aber die Botschaft beziehungsweise die Konsulate.
Nach dem Kriegseintritt Brasiliens gegen Deutschland erkannte die brasilianische Regierung den Botschafter wieder als Vertreter der österreichischen Interessen in Brasilien an. Der tschechoslowakische Botschafter in Brasilien, der zur Zeit der Besetzung der tschechoslowakischen Republik gleichfalls zurückgetreten war und seine Botschaft an die Deutschen übergeben hatte, wurde von der brasilianischen

Regierung wieder als Botschafter anerkannt und zwar auf Grund der Tatsache, daß die Besetzung der Tschechoslowakei illegal sei und daher auch sein erzwungener Rücktritt nicht gelte.
Nach der Moskauer Deklaration traten mehrere Österreicher an die brasilianische Regierung heran und baten, Herrn Retschek wieder als österreichischen Botschafter in vollem Umfang anzuerkennen, genauso wie den tschechoslowakischen Botschafter. Die brasilianische Regierung antwortete grundsätzlich zustimmend, gab aber sehr deutlich zu verstehen, daß sie nicht zur Anerkennung schreiten könne, solange sie nicht eine *geheime Ermutigung* von Seiten der Regierung der Vereinigten Staaten erhalte.
Die Angelegenheit ist für Österreich wichtig, da die Wiederernennung von Herrn Retschek Österreich einen unparteiischen, unpolitischen gesetzmäßigen Repräsentanten für alle technischen Angelegenheiten gäbe, ohne irgendwelche politischen Polemiken oder Fraktionskämpfe dabei hervorzurufen. Der Vorteil läge darüberhinaus darin, daß es Brasilien wäre, das mit so einem Schritt voranginge und dieser Schritt später von der Regierung der Vereinigten Staaten nachvollzogen werden könnte. Auf diese Art könnte die Regierung der Vereinigten Staaten jeder möglichen Kritik ausweichen.

Willibald Maria Plöchl, lange Zeit einer der engsten Mitarbeiter Ottos in Frankreich und in den USA, bis er, ohne Rücksprache, die Bildung einer »österreichischen Exilregierung« im Rahmen einer Pressekonferenz bekanntgab. »Da wurde eine wertvolle Patrone verschossen, die man später noch gut hätte gebrauchen können ...«

Ein Wort der Ermutigung von Seiten der Vereinigten Staaten an die brasilianische Regierung würde, gemäß einer Aussage von Botschafter Caffery, entscheidend sein. Sobald eine solche Anerkennung in Österreich bekannt wird, würde sie den österreichischen Widerstand sehr ermutigen, ohne irgendeine künftige Lösung für Österreich vorwegzunehmen. Zur gleichen Zeit würde dieser Schritt den Österreichern das Gefühl geben, daß sie in der freien Welt nicht vergessen sind. Die Österreicher waren ohnehin bitter enttäuscht durch die Abwesenheit irgendeines Repräsentanten in Atlantic City, weil die Furcht vor Hungersnot nach der Befreiung immer mehr um sich greift. Hätte Österreich eine Repräsentanz von rein technischem Charakter, also eine unpolitische Repräsentanz, würde es den Österreichern das Gefühl geben, daß sie, wenn der Feind einmal geschlagen ist, eine gerechte Behandlung erführen. Ich wäre sehr dankbar, wenn ich in dieser Angelegenheit eine Antwort erhalten könnte, und zwar dergestalt, daß die Vereinigten Staaten gewillt sind, den Brasilianern diese Ermutigung zu geben.«

Der Boden für die »Moskauer Deklaration« wird nicht nur in London, sondern auch in Quebec aufbereitet

Wahrhaft ›kakanische‹ Tradition erwachte zu neuem Leben, als in einer der Manier Robert Musils nachempfundenen Parallelaktion Erzherzog Robert in London und Otto in Washington die beiden führenden Männer der westlichen Welt in die Zange nahmen, um ihnen das Zugeständnis der Wiedereinrichtung Österreichs abzuringen. ›Quebec I‹, die erste Konferenz von Quebec, in ihrer Bedeutung vielfach unterschätzt, fand zwischen dem 14. und dem 24. August 1943 statt, rund ein Jahr vor der 2. Konferenz von Quebec, bei der abermals Weichen für Mitteleuropa gestellt wurden. Seit dem Sommer 1943 zeichnete sich bereits die sichere Niederlage Hitlers ab; Zeit für Otto, im Rahmen eines gezielt bei der Eitelkeit seines ›Protectors‹ Roosevelt ansetzenden Memorandums auf die Überflüssigkeit einer Besetzung Österreichs durch die Alliierten hinzuweisen und die Tatsache herauszustreichen, daß Österreich Hitlers erstes Opfer gewesen sei.
Die im freundlichsten Tone gehaltene Antwort Roosevelts mußte bei »My dear Otto« – so der Präsident – die Alarmglocken läuten lassen. Der Einfluß der ›Russischen Gruppe‹ um Roosevelt wuchs täglich, Roosevelts Brief, so liebenswürdig er auch sein mochte, wies deutliche Spuren der Einflußnahme eines Cordell Hull auf, der immer mehr in das Fahrwasser seines Untergebenen, des später als Sowjetspion entlarvten Alger Hiss, geriet.
Doch es gab da auch andere Männer, mit denen Otto im Anschluß an den Juni-Briefwechsel und den darauffolgen-

den Besuch bei Roosevelt konferierte, vor allem Sumner Welles und Cavendish W. Cannon. Cannon kam als Chef der Unterabteilung »Austria« im State Departement die Schlüsselrolle zu; er gehörte zum Kreis William Bullitt und John Winant (dem schon bald darauf als US-Delegationsleiter in der Londoner Nachfolgekonferenz der Botschafter entscheidende Bedeutung zukommen sollte: diese EUROPEAN ADVISORY COMMISSION sollte ja die Ergebnisse der Moskauer Konferenz aufarbeiten).

In stundenlangen Unterredungen mit Sumner Welles und Cavendish W. Cannon konnte sich Otto davon überzeugen, daß seine Vorstellungen über die Zukunft Östereichs weitgehend Beachtung fanden: Unabhängigkeit und territoriale Integrität schienen gesichert; die Zukunft Südtirols als unteilbarer Bestandteil Österreichs gleichfalls, ebenso die Feststellung, daß Österreich ein Opfer und kein Helfeshelfer Hitlers sei.

Sowohl Ottos als auch Roberts Vorstellungen bezüglich der Zukunft Östereichs flossen in die Konferenzprotokolle ein. Daß dabei von der zukünftigen Staatsform Österreichs nicht die Rede war, versteht sich von selbst. Wenn Kaiser Karl die Staatsform der Republik nicht anerkennen konnte, weil das dem elementarsten Selbstverständnis der Monarchie widersprach (Kaiser Karl hätte allenfalls für sich persönlich ver-

»Ein Schnappschuß vom ›Presidential-Prayer-Breakfast‹ in Washington, mit dem Gründer dieser amerikanischen Institution, Abraham Vereide in der Mitte, Generalmajor Robert W. Porter rechts. Senator Frank Carson war ein enger Mitarbeiter Vereides, der das ›P-P-B‹ organisierte, in dessen Mittelpunkt der jeweilige amtierende US-Präsident steht. Ich war mehrfach bei solchen Gelegenheiten eingeladen, hier war es ein Empfang für Präsident Eisenhower, der mir ja sehr gut bekannt war. Ich hatte mit ihm sehr oft als alliiertem Oberkommandanten, später dann als Präsident der Vereinigten Staaten zu tun. Allerdings war ich persönlich weit mehr mit seinem Bruder, dem bekannten Universitätsprofessor verbunden. Mehrfach hielt ich an Universitäten, denen Eisenhower vorstand, Vorträge und bei diesen Anlässen habe ich auch bei ihm gewohnt, wodurch der Kontakt mit dem Bruder des US-Präsidenten sehr freundschaftlich-intim wurde.«

zichten können), und eine von ihm geforderte Volksabstimmung über die Staatsformfrage nie stattgefunden hatte, konnte Otto, ein Vierteljahrhundert danach, unter völlig neuen Umständen, nicht ähnlich staatsstreichartig in dieser Frage vorgehen. Sie erschien ihm auch nicht wesentlich, schon 1938 hatte er die Staatsformfrage hinter die Bedeutung der Errettung Österreichs gesetzt.
Otto konnte mit den Ergebnissen der Konferenz von Quebec, August 1943, zufrieden sein. Österreich würde dank seiner zähen Arbeit mit Sicherheit wieder auf die Landkarte kommen.
Allerdings tauchte immer gefährlicher und bedrohlicher die Frage auf, unter welchen Umständen das geschehen könnte. Während Churchill leidenschaftlich für eine Landung der Briten und Amerikaner in Oberitalien eintrat – um Mitteleuropa dem Zugriff der Sowjets zu entziehen –, bestand Stalin mit Erfolg auf einer Invasion im fernen Westfrankreich. Er setze seinen Standpunkt durch und bereitete sich auf die Übernahme Mitteleuropas (einschließlich Österreichs, trotz späterer »Moskauer Deklaration«) vor. Stalins Schachzüge in diesem Spiel um Mitteleuropa entbehren nicht der Faszination.
Denn kurz darauf, in der Zeit zwischen 19. und 30. Oktober 1943, fand in Moskau die Konferenz der Herren Anthony Eden (Todfeind der Habsburger), Cordell Hull (gleichfalls ein Intimfeind Ottos) und Molotow statt. Nun gehörten sowohl Hull als auch Eden zur zweiten Garnitur, das Sagen haten immer noch deren Chefs, Roosevelt und Churchill, und die waren Freunde Ottos und Roberts.
Die Chancen für Österreich standen also sehr gut.
Stalin, der Österreich wohl erhalten, aber keineswegs unabhängig sehen wollte, hatte von Anfang an richtig kalkuliert: Zuerst mußte jeder österreichische Widerstand unterbunden werden. Das war bereits gelungen, als die Aufstellung eines freien, unabhängigen österreichischen Bataillons in den USA abgewürgt worden war.
Nun folgte der zweite Streich:
Der gleiche Stalin, der die Aufstellung eines österreichischen Befreiungskorps verhindern hatte lassen, setzte in der als »Moskauer Deklaration« bekannt gewordenen Erklärung durch, daß darin ein Passus aufschien, der lautete: »Wir erinnern Österreich daran, daß es die Verantwortung teilt und den Folgen der Tatsache, daß es an der Seite Hitler-Deutschlands am Krieg teilgenommen hat, nicht ausweichen kann. Die endgültige Regelung hängt zwangsläufig davon ab, inwieweit Österreich seinen Teil zu seiner Befreiung beiträgt.«
Ein wahrlich satanisches Konzept: da Stalin die Aufstellung einer österreichischen Streitmacht längst *verhindert* hatte, forderte er eine österreichische Beteiligung an der Befreiung österreichischen Landes.
Wer konnte die noch zustande bringen? Die österreichischen Exilkreise um einen Karl Czernetz oder Oskar Pollak in London nicht. Die waren ja für den Anschluß.
Ein Julius Deutsch in den USA auch nicht. Der hätte zwar... aber »die Partei« wollte nicht (und Beneš auch nicht). Die Herren Renner oder Schärf in Österreich auch nicht, die waren auch (noch) für den Anschluß. Blieben, welch ein Wunder, die Kommunisten. Die konnten, würde sich die Rote Armee erst den Grenzen Österreichs nähern, von Jugoslawien oder von Ungarn her das gerade opportune Maß an »Mitwirkung« leisten, gerade so viel, daß sie nicht lästig werden konnten; noch besser paßten gewiß schon damals solche Politiker, die sich durch Begrüßung oder stillschweigende Duldung Hitlers selbst korrumpiert hatten, in Stalins Konzept der ›Erpreßbarkeit‹ – eine Voraussetzung, die Dr. Karl Renner geradezu ideal erfüllt.
Kurz darauf zog Stalin in seinem hinreißend gespielten Welten-Schach nach, diesmal in Teheran, zwischen dem 28. November und dem 2. Dezember 1943. Hatte er sich in Moskau den Boden zur Einverleibung eines ›unabhängigen‹ Österreich bereitet, schob er in Teheran die Dame nach, die niemand mehr bezwingen sollte: Invasion nicht auf dem Balkan, nicht in Oberitalien (der Balkan und Mitteleuropa sollten ihm gehören), sondern in der fernen Normandie.
Roosevelt gibt nach. Gut, Landung in der Normandie. Ungarn ist damit ausgeliefert. Und – beinahe – auch Österreich. Die Schwächen seines ermattenden Gegenspielers in geradezu sadistischer Weise nutzend, hängt Stalins Wille an die Beschlüsse von Moskau (November 1943) noch ein Nachspiel, das Roosevelts Matt einleiten soll. In Teheran beschließen die Großen von Teheran, in London eine ›Beratende Europäische Kommission‹ leben zu lassen. Stalin geht von der, wie sich zeigen sollte, beinahe richtigen Überlegung aus, daß das Interesse des inzwischen todkranken Roosevelt an Mitteleuropa erlahmen und die immer mehr zu Spielereien ausartenden Gedanken Churchills (der wollte gelegentlich ein Kaisertum Deutschland unter einem Mountbatten errichten, der auch prompt begann, Deutsch zu lernen, dann wieder ein österreichisch-bayerisches »Südreich«, dann wieder ein Mitteleuropäisches Reich nach Zuschnitt der alten Monarchie) jenen selbst ad absurdum führen würden.
Tatsächlich gab das State Department in Washington unter dem Einfluß von Alger Hiss und Harry Hopkins Österreich so gut wie ganz auf und wies seinen Vertreter in der Londoner Konferenz an, den Verzicht der USA auf eine eigene Besatzungszone in Österreich zu verkünden.
Wie diese heraufdämmernde Katastrophe für Mitteleuropa durch Botschafter John Winant (einen Freund Ottos) und Erzherzog Robert buchstäblich in letzter Minute verhindert wurde, wird später dokumentiert – im Kapitel über die Arbeit Erzherzog Roberts in London.

»AUSSENMINISTERIUM
WASHINGTON
20. April 1944

Mein lieber Herr Präsident,

Mein Bruder Karl Ludwig, der vor einigen Tagen aus Europa zurückgekehrt ist, hat mir eine große Menge an Ersthandinformation gegeben, die von größtem Wert ist. Er sammelte diese Nachrichten im Zuge seiner Kontakte mit Leuten verschiedenster Herkunft, unterschiedlicher Nationalität und politischer Bekenntnisse.
Ich finde, daß die Antworten, die er bezüglich der Gefühle für Amerika und den Glauben und das Vertrauen in ihre Führung hat, wirklich ermutigend sind.
Ich habe das Gefühl, daß ein mündlicher Bericht über diese Angelegenheiten Sie sehr interessieren könnte. Mein Bruder steht Ihnen zur Verfügung, wann immer Sie es wünschen. Er ist im Augenblick in Washington, bis Freitag Abend, fährt dann nach Kanada und wird nach einer Woche wieder zurück in den Vereinigten Staaten sein.
Es war mir eine wahre Freude zu hören, daß Ihre Gesundheit wieder vollkommen hergestellt ist.

Mit all meinen besten Wünschen verbleibe ich, lieber Herr Präsident,

Ihr sehr ergebener

Otto von Österreich (M. P.)«

Otto und sein Bruder Karl Ludwig vor ihrem Wohnhaus, dem »Broadmore«, in dem auch der demokratische Senator und spätere Präsident der USA, Harry S. Truman, zuhause war.

Das Studium dieses Briefes vermittelt den Eindruck, Cordell Hull sei nicht Roosevelts, sondern bereits Stalins Außenminister, wenn es um die Frage ›Mitteleuropa‹ geht:

»AUSSENMINISTERIUM
WASHINGTON
25. Mai 1944

GEHEIM

Mein lieber Präsident:
Mit meinem Memorandum vom 12. April, betreffend gewisser Vorhaben, die der Erzherzog Otto vorgeschlagen hatte, retournierte ich Ihnen auch einen langen Brief, den er Ihnen geschrieben hatte. In diesem Brief nimmt er auch auf eine andere Angelegenheit Bezug, die jetzt akut geworden ist; nämlich auf einen Plan, daß sein Bruder Karl Ludwig aus Lissabon zurückkehren, und sein jüngerer Bruder Rudolf daraufhin nach Lissabon fahren solle, um dort die Aktivitäten fortzusetzen, mit denen dessen Bruder Karl Ludwig beschäftigt gewesen war.
Nun ist Karl Ludwig tatsächlich in dieses Land zurückgekehrt, und die Abteilung hat nun das Ansuchen um ein Ausreisevisum für Erzherzog Rudolf zu behandeln, der Anfang Juni nach Lissabon reisen will.
Ich meine, es gibt gute Gründe dafür, warum wir diese Reiseerlaubns nicht erteilen sollten. Die Anwesenheit von Erzherzog Karl Ludwig wurde in Lissabon allgemein bekannt, wo Herr Wodianer, der ungarische Botschafter, mit dem er in Kontakt war, nun daran geht, eine informelle Gruppe früherer ungarischer Diplomaten, die in Lissabon, Madrid, Bern, Stockholm und Istanbul stationiert sind, aufzubauen, und zwar in Opposition zur gegenwärtigen Marionettenregierung in Budapest und mit dem Plan, den Widerstand in Ungarn selbst zu stärken. Sowohl die britische Regierung als auch wir haben den ungarischen Diplomaten gewisse Erleichterungen bezüglich ihrer Verbindungen untereinander gewährt. Und sowohl die britische als auch die sowjetische Regierung sind über die Aktivitäten der Ungarn und ihre Pläne unterrichtet. Wir haben, wie Sie wissen, ein definitives Abkommen sowohl mit der britischen als auch mit der sowjetischen Regierung, das wir bis jetzt loyal eingehalten haben. Ich sehe darin eine Sache von großer Wichtigkeit, uns untereinander über all unsere Schritte bezüglich der Feindstaaten auf dem Laufenden zu halten. Die Erzherzöge sind ganz bestimmt politische und bekannte Persönlichkeiten, und die Abreise von irgendeinem von ihnen nach Lissabon zur gegenwärtigen Zeit würde sicherlich Anlaß für weitreichende Spekulationen geben. Ich denke, Sie werden mit mir darin übereinstimmen, daß die Verquickung dieser Regierung in Fragen bezüglich der politischen Pläne von Erzherzog Otto etwas ist, was äußerst sorgfältig vermieden werden muß, und zwar wegen der

politischen Verwicklungen, sowohl in diesem Lande als auch im Ausland.
Ich fürchte darüber hinaus, daß die Erzherzöge bezüglich der Erleichterungen, die wir ihnen beim Nachrichtverkehr untereinander zugestanden haben, nicht die entsprechende Geheimhaltung geübt haben, und ich meine auch, daß die bevorstehenden militärischen Ereignisse eine Rücknahme dieser Privilegien, die wir ihnen vor einigen Monaten zugestanden haben, nämlich geheime und verschlüsselte Nachrichten zwischen den Erzherzögen in Lissabon und Washington hin und hergehen zu lassen, zurückgezogen werden sollten.
Ich würde daher vorschlagen, daß wir ihre Möglichkeiten, auf speziellen Kanälen, die Ihnen ja vertraut sind, nachrichtentechnisch zu verkehren, beenden und – sofern wir nicht beabsichtigen, der britischen und der sowjetischen Regierung über die Natur der geplanten Aktivität von Erzherzog Rudolf Nachricht zu geben – der Erteilung eines Ausreisevisums für Erzherzog Rudolf nicht zustimmen. Der Grund dafür ist, daß diese Auslandsreise in diesem Zusammenhang mit Sicherheit als eine Reise angesehen würde, die mit Zustimmung der amerikanischen Regierung erfolgt, ja sogar über deren Initiative.

Ihr ergebener

Cordell Hull«

Der US-Vizepräsident mit dem Gouverneur des autonomen Puerto Rico, S. Salazar: »Ich habe Hubert Humphrey lange Zeit gekannt, zuerst als Senator, und dann als Vizepräsident. Das Bild wurde bei einem Treffen mit südamerikanischen Politikern in New York geschossen. Ich war damals aus Washington mit in dessen Privatflugzeug nach New York gekommen. Humphrey gehörte dem linksliberalen Flügel der Demokraten an, war aber ein durchaus gerader Mensch, mit ausgeprägtem Gerechtigkeitssinn. Ich habe ihn recht oft gesehen, in den verschiedenen Etappen seines politischen Lebens.«

Dieses Dokument zeigt unverkennbar den Einfluß der Beneš-Leute (Frage der Restauration, der angeblichen Angst der Nachfolgestaaten vor den Habsburgern), aber auch den Einfluß der beiden Habsburger Otto und Robert. Damals war die Rückgabe Südtirols an Österreich bereits eine beschlossene Sache. Otto war über das in dieser Zielsetzung Erreichte sehr befriedigt; die Staatsformfrage war ohnehin nie bei seiner Arbeit zur Sprache gekommen, und daß ausgerechnet ein Dr. Karl Renner, der zu dieser Zeit noch »vertrauensvoll die Besetzung abwartete« und keinen wie immer gearteten Beitrag zur Wiedererrichtung Österreichs geleistet hatte, die Habsburger 1945/1946 neuerdings des Landes verweisen würde, schien damals so unglaublich wie heute.

»PWC-218
(CAC-210)
8. Juni 1944

DIE BEHANDLUNG VON ÖSTERREICH

I. EINLEITUNG

Nachfolgende Auseinandersetzung mit der Behandlung Österreichs unterscheidet (1) die Langzeitinteressen und Vorhaben der Vereinigten Staaten und (2) die Probleme der Besatzungszeit. Erstere umfassen auch die Errichtung und die Erhaltung Österreichs auf einer gesunden politischen und wirtschaftlichen Grundlage, sodaß dieses Land nicht wieder ein Brennpunkt alldeutscher Betätigung oder eine Versuchung für starke Nachbarn wird. Der zweite Abschnitt schließt die Aufgaben der Bildung einer Militärregierung in Österreich mit ein, die Trennung von Deutschland, unmittelbare Sicherheitsvorkehrungen und die Errichtung einer ständigen Regierung.
Dieses Programm geht von dem Standpunkt aus, daß Österreich ein Opfer der Nazi-Aggression ist und kein integraler Bestandteil Deutschlands. Aus diesem Grund soll Österreich von einer anderen Ausgangslage behandelt werden.

II. Langzeitinteressen und Ziele der Vereinigten Staaten
A. Internationaler Status

1. Politische Aspekte. Österreichs strategische Lage in Europa macht seinen zukünftigen politischen Status in bezug auf seine Nachbarn für die internationale Gemeinschaft zum Gegenstand der Besorgnis der internationalen Gemeinschaft und daher auch für die Vereinigten Staaten. Österreich wurde aus zwei Gründen zur Ursache der Bedrohung allgemeiner Sicherheit; da war zunächst der Mangel an innerer wirtschaftlicher und politischer Stabilität und zweitens die Bereitschaft interessierter Mächte, zu ihrem eigenen Vorteil Einfluß auf österreichische Angelegenheiten zu nehmen.

Die Moskauer Deklaration vom 1. November 1943, die sich auf Österreich bezieht, stellt das Problem Österreich dar, ohne eine endgültige Lösung genauer zu beschreiben. Der Beginn der österreichischen Unabhängigkeit ist als eine Folgeerscheinung der Befreiung von der Nazi-Tyrannei vorweggenommen. Die Erklärung bezieht sich darauf, daß Österreich das erste Opfer der »Hitlerischen Herrschaft« ist, und weist darauf hin, daß die Behandlung Österreichs vom eigenen Beitrag des Landes zu seiner Befreiung abhängen wird. Es gibt daher ganz klare Gründe dafür, daß Österreich anders behandelt werden soll als Deutschland, und daß auch die Stimme des österreichischen Volkes bei der Bestimmung seines künftigen Status gehört werden muß. Darüber hinaus stellt die Moskauer Deklaration auch fest, daß es wünschenswert sei, wenn Österreich und seine Nachbarstaaten bei der Lösung der gemeinsamen Probleme zusammenarbeiten werden. Aus diesem Grunde ist Unabhängigkeit kein Hindernis für künftige wirtschaftliche und politische Beziehungen mit Österreichs Nachbarn, die wahrscheinlich den Charakter besonderer Wirtschaftsabkommen, einer politischen Föderation oder sogar eine Verschmelzung der Souveränitäten annehmen kann, vorausgesetzt, daß solche Übereinkünfte von den Beteiligten angenommen werden und sie für die internationale Organisation annehmbar sind.

Die Vereinigten Staaten, die ja de jure die Union von Österreich mit dem Reich niemals anerkannt haben, sollten die rasche Wiederherstellung Österreichs als einen unabhängigen Staat begünstigen.

Nichts desto weniger ist Unabhängigkeit allein nicht eine entsprechende Grundlage für Österreichs Zukunft. Der Fortbestand eines wiedererstandenen Österreichs wird von einer Lösung seiner inneren Probleme und einer Anpassung seiner politischen und wirtschaftlichen Beziehungen mit seinen Nachbarn abhängen.

Um Österreichs Wiedergeburt zu erreichen, wird empfohlen, daß diese Regierung alle entsprechenden Maßnahmen unterstützt, um das Wachstum eines besser ausgeprägten österreichischen Nationalgefühls in Übereinstimmung mit demokratischen Grundsätzen fördert. Im Rahmen des europäischen Wiederaufbaues soll diese Regierung eine gesunde Wirtschaft des Landes ermöglichen, und gleichzeitig einen wirksamen Schutz gegen äußere Bedrohung durch die internationale Organisation sicherstellen. Da die künftigen Entwicklungen in Österreich und in Mitteleuropa so ungewiß sind, wird außerdem empfohlen, daß kein endgültiges Verbot gegen eine künftige Entscheidung des österreichischen Volkes, enge wirtschaftliche und politische Beziehungen mit den Nachbarstaaten zu pflegen, ausgesprochen wird.

Wenn Österreich unabhängig bleiben soll, dann muß angesichts seiner besonderen strategischen und wirtschaftlichen Stellung die Verantwortlichkeit der internationalen Gemeinschaft hervorgehoben werden, entsprechende Vorkehrungen für die Sicherheit und innere Lebensfähigkeit der kleinen Staaten zu treffen.

2. Wirtschaftliche Aspekte

B. Grenzen

1. Die tschechoslowakisch-österreichische Grenze

Die Vereinigten Staaten sollten die Wiederherstellung der Grenzen von 1937 begünstigen.

Die amerikanische Delegation bei der Pariser Friedenskonferenz von 1919 sprach sich für die Errichtung dieser Grenze aus, die, wenigstens in groben Zügen, den alten Verwaltungsgrenzen zwischen Böhmen und Mähren auf der einen Seite und Österreich auf der anderen Seite folgte. Einige österreichische Gruppen haben um die Abtretung von ungefähr 70 Quadratmeilen in den Bezirken Gmünd und Feldsberg gebeten. Nach der Volkszählung von 1930 waren dort etwa 60.000 Menschen, ungefähr 85% der Gesamtbevölkerung, österreichische Deutsche. Die Rückstellung von Gmünd an Österreich würde die Verbindung von Gmünd nach Pilsen und Prag bedrohen, während die Rückstellung von Feldsberg an Österreich die Eisenbahnverbindung von Lundenburg nach Znaim entzweischnitte, die Verbindung Prag-Brünn-Wien über Breclav gefährdete, und die Flußverbindungen auf der Thaya abschnitte.

2. Die österreichisch-jugoslawische Grenze

Die Vereinigten Staaten sollten die Wiederherstellung der Grenze von 1940 zwischen Österreich und Jugoslawien begünstigen.

Die jugoslawische Exilregierung verlangt den Anschluß des gesamten Landstrichs, der von Slowenen bewohnt wird. 27.000 von ihnen waren im österreichischen Kärnten zurückgelassen worden, und weniger als 4.000 in der österreichischen Steiermark. Eine Abtretung des Klagenfurter Beckens an Jugoslawien würde wahrscheinlich nicht den Wünschen der kärntnerischen Bevölkerung entsprechen, die bei der Klagenfurter Volksabstimmung von 1920 befragt worden war. Diese Abtretung würde darüber hinaus die wirtschaftliche Stabilität der Region stören und Österreich wirtschaftliche Schwierigkeiten einbringen, ohne Jugoslawien entsprechende Vorteile zu schenken. Eine Modifizierung der Grenze zwischen der österreichischen Steiermark und Jugoslawien wäre nicht gerechtfertigt, da die Grenze von 1940 eng der völkischen Teilungslinie folgt, und die wenigen tausend Slowenen nördlich dieser Grenze weit verstreut sind.

»JUSTICE FOR THE TYROL« – »GERECHTIGKEIT FÜR TIROL« lautete das Schlagwort, unter dem das Südtirol-Komitee mit Sir George Frankenstein, Erzherzog Robert, Professor Hayek und anderen Persönlichkeiten – Dr. Otto Hecht war der rührige Generalsekretär – für die Wiedervereinigung Südtirols mit dem Mutterland eintrat. In einem Brief des Komitees an den einflußreichen Senator Vandenberg heißt es etwa: »Das Sicherheitsbedürfnis Italiens kann durch die Wiedervereinigung Südtirols mit Österreich kaum verletzt werden. Abgesehen davon, daß Berge heute keine Sicherheitsgarantie mehr bilden können, dürfen auch die Berge bei Salurn, der Sprachgrenze, für diesen Zweck hoch genug sein.« Es kristallisierte sich auch bald heraus, daß Italien froh war, »wenigstens« Triest behalten zu können. Im Juni 1944 stand bereits eindeutig fest, daß die Wiedervereinigung Südtirols mit Österreich zu den Kriegszielen der USA gehörte (Memorandum des US-Außenamtes vom 24.Juni 1944).
Eine umfangreiche Zusammenfassung aller Vorarbeiten, die unter der Führung Erzherzog Roberts während des Krieges in Großbritannien und in den USA geleistet worden waren, ging unmittelbar nach Kriegsende an den Ballhausplatz, wo sich allerdings kein Mensch um diese Vorarbeiten kümmerte. Alcide de Gasperi, seinerseits aus der k. u. k. Diplomatie und Politik kommend (er war Abgeordneter im Reichsrat gewesen), hatte mit den Österreichern, die nach 1945 die Südtirol-Verhandlungen führten und die von dem wirklichen Stand der Dinge keine Ahnung hatten, leichtes Spiel.

3. Die österreichisch-ungarische Grenze

Die Vereinigten Staaten sollten die Aufrechterhaltung der gegenwärtigen österreichisch-ungarischen Grenze begünstigen und das Burgenland bei Österreich belassen.
Im Jahre 1922 hat Österreich nach einer Volksabstimmung einen Teil von Ungarn erworben. Das Burgenland bedeckt eine Fläche von ungefähr 1.532 Quadratmeilen und hat eine Bevölkerung (1934) von 292.247 Menschen, von denen ungefähr 80% (241.300) deutsche Österreicher, 14% (40.500) Kroaten und 4% (10.400) Ungarn sind. Ungarn hat seine Ansprüche auf das Burgenland nicht sehr kraftvoll vorgetragen, und es gibt keinen zwingenden Grund, warum diese territoriale Frage neuerlich angeschnitten werden sollte.

4. Die österreichisch-italienische Grenze

Es wird empfohlen, die Grenze zwischen Österreich und Italien zu berichtigen, und zwar durch die Abtretung der italienischen Provinz Bozen an Österreich.
Das geschieht mit dem Vorbehalt, daß kleinere Grenzberichtigungen in Übereinstimmung mit der Siedlungsdichte der Sprachgruppen vorgenommen werden.
Das Komitee hat diese Lösung vorgeschlagen, weil:
a. Das Komitee erkennt dieses Gebiet als österreichisch an in seiner Geschichte, Kultur und Tradition, und als ein Gebiet, das wahrscheinlich am Ende des Krieges in seiner Bevölkerung vorwiegend österreichisch sein wird;
b. die Rückstellung dieses Gebietes an Österreich würde sowohl politisch als auch wirtschaftlich beim Wiederaufbau eines österreichischen Staates helfen;
c. der Verlust, den diese Abtretung für Italien bringt, wäre leicht im Vergleich zu dem Gewinn, den diese Abtretung für Österreich brachte.

5. Die österreichisch-deutsche Grenze

Es wird empfohlen die österreichisch-deutsche Grenze mit Stand 1. Jänner 1938 anzuerkennen, ausgenommen die zwei kleinen Berggemeinden im Gebiet von Sonthofen, die im Jahre 1938 aus verwaltungstechnischen Gründen mit Deutschland vereinigt wurden.

C. Innere politische Bedingungen

Die langfristigen Interessen der Vereinigten Staaten bezüglich der Ruhe im Donaugebiet sind dann am besten sichergestellt, wenn sich in Österreich eine gesunde demokratische Selbstregierung entwickeln kann. Die wesentliche Voraussetzung für eine solche Entwicklung wird die Auslöschung der faschistischen Spuren des Dollfuß-Schuschnigg-Regimes und die Zerstörung der Naziherrschaft sein. Wir glauben darüber hinaus, daß der Erfolg der Demokratie in Österreich von einer Beilegung der politischen Differenzen zwischen den zwei Gruppen der Bevölkerung, die früher in der christlich-sozialen und der sozialdemokratischen Partei organisiert waren, abhängt. Die Beilegung dieser Konflikte würde durch die Schaffung erträglicher wirtschaftlicher Bedingungen gefördert werden. Diese Entwicklung könnte gefördert werden durch eine gesunde Lokalautonomie und durch die Zurückdämmung der störenden äußeren Einflüsse.

Im weiteren Interesse der Ruhe wird empfohlen, daß diese Regierung die Restauration des Hauses Habsburg in Österreich opponiert. Wegen der imperialistischen Tradition der Dynastie würde eine Restauration der Monarchie von den Nachbarstaaten als eine Bedrohung gegen ihre Sicherheit aufgefaßt werden.

E. Die Errichtung einer unabhängigen österreichischen Regierung

1. Wann Schritte unternommen werden sollten:

Es wird empfohlen, daß, sobald vernünftige politische Bedingungen eingetreten sind und es offensichtlich ist, daß das österreichische Volk handeln will, Schritte in Richtung der Wiederherstellung des politischen Lebens auf der Basis einer dauerhaften verfassungsmäßigen Grundlage unternommen werden. Es darf vorweggenommen werden, daß die Ausgangsposition für die Wiedergeburt einer nationalen Selbstregierung in Österreich früher zu Tage treten wird als in Deutschland. Unter der Nazi-Regierung hat ein nationaler Widerstand bestanden, und es sollte leicht sein, mit den Anti-Nazi-Elementen zusammenzuarbeiten, um bereits zu einem frühen Zeitpunkt das politische Leben wiederherzustellen.

2. Welche Schritte sollten unternommen werden:

Es wird empfohlen, daß die Bestimmung von Österreichs zukünftigem Regierungssystem von einer demokratisch gewählten konstituierenden Volksversammlung getroffen wird. Das im Hinblick auf die Tatsache, daß es weder eine österreichische Exilregierung gibt, noch irgendein anderes Organ, das als Wächter der österreichischen Souveränität betrachtet werden darf.

Präsident Franklin D. Roosevelt und der Earl of Athlone, Generalgouverneur des Dominions Canada; stehend der kanadische Premierminister Mackenzie King und Winston Churchchill (2. Konf. v. Quebec). Aus dem Gedächtnisprotokoll Ottos über die Besprechung mit Winston Churchill, am 15.9.1944, 17 Uhr: »Österreichische Unabhängigkeit wird wiederhergestellt und versucht, das Land vor dem Bolschewismus zu schützen. Die Frage, ob Österreich mit Süddeutschland konföderieren wolle, ist bei der Konferenz aufgeworfen worden, wurde aber von R. dahin beantwortet, daß man dies den Österreichern selbst überlassen würde. Er glaube, die Österreicher würden es nicht wünschen. Als er dann danach fragte, sagte ich, daß Österreich wohl primär mit dem Donauraum, insbesondere Ungarn gehen wolle; würde dieses aber in die Hände der Russen fallen, so würden die Österreicher wohl eine Union mit dem katholischen Süddeutschland konsiderieren unter der Bedingung, daß Wien die Hauptstadt würde. Deutschland, bemerkte da R., würde in drei Teile zerteilt werden, Mitte, West- und Süddeutschland. Bezüglich der Hull-Deklaration war R. offenbar nicht informiert. Er war mit uns einer Meinung, daß eine Erhebung derzeit viel zu früh sei. Die Frage des österreichischen Underground schien ihn nicht zu interessieren. Er scheint der Ansicht zu sein, daß der Underground so stark sei, daß man nichts für ihn zu tun brauche, außer ihm im letzten Augenblick Waffen zuzuschieben. Bezüglich Südtirol wurde mit ihm gesprochen. Er ist in Sympathie mit unseren Bestrebungen. Ob etwas diesbezüglich gemacht worden sei, ist nicht klar. Er hat Berichte aus Italien über die jetzige italienische Regierung; es seien ihnen alle territorialen Fragen bezüglich Österreich relativ indifferent, nur das eine interessierte sie: sie wollen Triest behalten.« Damals war es längst beschlossene Sache, daß Südtirol – »die Provinz Bozen« – wieder an Österreich kommen sollte; jahrelang und zäh hatte Robert von Habsburg dafür in London gearbeitet, schließlich hatte auch das State Department in Washington zugestimmt. Daß Südtirol schließlich dennoch bei Italien blieb, ist weder den Habsburgern noch den Alliierten anzukreiden.

»Ich traf Lyndon Johnson in seiner Zeit als Präsident mehrmals, auch im Weißen Haus, kannte ihn aber noch aus der Zeit, als er Senator war, insbesondere aber in seiner Eigenschaft als Fraktionsvorsitzender der Demokraten.
Es ist dies eine der typischen Fotografien, die für die Öffentlichkeit gemacht sind. Man macht doch Bilder von Begegnungen bloß, wenn sie beim Publikum Wirkung haben sollen. Das war bei vielen, gerade bei den wichtigsten Begegnungen bei meiner Arbeit für Österreich nicht der Fall. Immer wieder werde ich nach Bildern gemeinsam mit Präsident Roosevelt, Winston Churchill oder Charles de Gaulle gefragt, und ich kann mit Sicherheit sagen, daß es, trotz so vieler Begegnungen, davon keine Fotos gibt. Es sollten ja dabei immer ganz konkrete, praktische Fragen besprochen werden und schon deswegen, damit keine kostbare Zeit vertrödelt werde, wurde auch kein Fotograf zugezogen.
Eine nicht ganz angenehme Folge davon ist, daß es von bestimmten Begegnungen halt keine Bilder gibt. Ich habe während des Zweiten Weltkrieges alle amerikanischen Parlamentarier gekannt, weil ich sie ununterbrochen im Sinne Österreichs bearbeitete. Nach dem Krieg sind diese Männer dann in alle möglichen Positionen gekommen, und ich bin daher häufig mit ihnen zusammen gewesen.
So zum Beispiel habe ich schon den jungen John F. Kennedy sehr gut gekannt, übrigens auch mein Bruder Robert in London, der auch mit Präsident Kennedys Vater, der damals US-Botschafter in London war, seine besonderen Erfahrungen machte. Ähnlich verhielt es sich mit Präsident Truman. Der Senator Harry S. Truman, der erst im Januar 1945 Vizepräsident der Vereinigten Staaten und kurz darauf, nach dem Tode Roosevelts, Präsident der USA wurde, wohnte in meiner Washingtoner Zeit jahrelang im gleichen Haus wie ich in Broadmore. Direkte Verbindung zu ihm hatte ich auch über die Führung der demokratischen Partei, die damals, vor meiner Rückkehr nach Europa, noch in den Händen von James A. Farley lag, dem seinerzeitigen Postminister Roosevelts. Farley stand mir politisch immer nahe, da er ein überzeugter Katholik gewesen ist und ein konservativer Demokrat. Er hat mir in der Frage Österreich hervorragende Dienste geleistet. Mit Farley bin ich auch deswegen sehr viel zusammengekommen, weil er sonntags in Washington in die gleiche Kirche zum Gottesdienst kam wie ich, und nachher unterhielten wir uns stets. Ich verdankte ihm viele nützliche Hinweise, so wie vielen anderen Freunden Österreichs in den Vereinigten Staaten auch. Sie alle haben dazu beigetragen, daß es gelang, Österreich allen Widerständen zum Trotz doch wieder auf die Landkarte zu bringen.«

So früh wie möglich sollten Anstrengungen unternommen werden, der Errichtung von Gemeindevertretungen und einer Selbstregierung entweder de facto oder auf einer juristischen Basis beizustehen. Es wird vorgeschlagen, daß zu einem frühen Zeitpunkt der Besetzung und in Übereinstimmung mit den Wünschen des österreichischen Volkes eine provisorische österreichische Nationalversammlung durch eine allgemeine Wahl gebildet werden kann. Diese Versammlung sollte die notwendigen Schritte, die für einen Übergang von einer provisorischen zu einer ständigen Regierung notwendig sind, planen und Vorschläge für die verfassungsgebende Versammlung einbringen. Zur gegebenen Zeit sollte die provisorische Regierung, die auf Grund der Autorisierung durch die Inter-Alliierten-Behörden handelt, allgemeine freie Wahlen für eine konstituierende Nationalversammlung veranlassen und eine nationale Verfassung formulieren. Die Besatzungsmächte sollten sich darauf beschränken, frei und ordentlich durchgeführte Wahlen zu garantieren und aktive Nazis von der Wahl in die Nationalversammlung auszuschließen. Das österreichische Volk sollte frei in der Wahl seiner Regierung sein. Voraussetzung dafür ist, daß das neue Regime in seinen Grundzügen demokratischen Charakter trägt und daß es bereit ist, solche internationale Verantwortlichkeiten und Verpflichtungen zu übernehmen, wie sie die Dreier-Mächte, die im Interesse der Vereinten Nationen handeln, angemessen finden, ihm aufzuerlegen.
Ob sich der österreichische Staat auf bundes- oder einheitsstaatlicher Struktur organisieren will, bleibt ihm überlassen. Die Entscheidung darüber soll dem österreichischen Volk überlassen werden.

Die Ereignisse in Mitteleuropa, vor allem die dramatische Entwicklung in Ungarn, veranlaßten Otto, im Oktober 1944 nach Europa zurückzukehren – zunächst nach Lissabon, dann nach Paris. Graf Degenfeld gibt der getreuen Grace Tully, Roosevelts Sekretärin, eine lebendige Schilderung der schwierigen Lage Ottos.

Parallel zu den Aktivitäten für Ungarn und Österreich liefen ständig jene für Südtirol, und zwar auf den verschiedensten Ebenen, in London wie in Washington; auch die Arbeit für ›Paneuropa‹ begann für die Nachkriegsphase bereits ›zu greifen‹:

11. Juli 1944

Lieber Graf Coudenhove!

Beigelegt sende ich Ihnen das Memorandum über Süd-Tirol, welches wir in Washington besprochen haben. Ich bitte Sie, dieses Memorandum zu lesen und dort diejenigen Verbesserungen anzubringen, die Sie für geeignet halten. Sie werden auch sehen, daß ich den Punkt bezüglich der Minoritätenrechte nach dem Plebiszit, über den Sie in Washington sprachen, bereits angebracht habe.
Mein Vorschlag wäre, daß, wenn Ihnen das so recht wäre, das Memorandum unter Ihrem Namen gehen könnte. Es wäre dann gut, führende Österreicher, wie z.B. Rott und Deutsch, und ein oder zwei andere zu Unterstützung des Planes zu gewinnen, was ja nicht schwer sein dürfte. Ist dann einmal die Harmonie diesbezüglich hergestellt, könnte es dann zur Besprechung mit Sturzo und anderen italienischen Führern kommen. Es wäre so vielleicht möglich, ein österreichisch-italienisches Einverständnis über diese Fragen zu erzielen. Gelingt dies, so besteht vielleicht die Hoffnung, daß andere Europäische Völker diesen Präcedens zur Schlichtung ihrer eigenen Schwierigkeiten benützen könnten. Ich war Ihnen sehr dankbar für die Information, die Sie mir heute morgen am Telefon gaben.
Ich hoffe sehr, bald die Freude zu haben, Sie und Gräfin Coudenhove wieder zu sehen.
Herzliche Grüße

Otto (m. p.)

Washington, D.C., 8. August 1944

Lieber Graf Coudenhove!

Vielen Dank für Ihre freundlichen Briefe vom 5. August und 7. August sowie für den Entwurf eines Memorandums bezüglich Süd-Tirols. Ihr Brief an den Editor von der »Times« ist ausgezeichnet.
Bezüglich des Memorandums in der Frage Südtirols glaube ich, daß es wirkungsvoller wäre, wenn Sie es an die Staatsmänner senden würden. Ihre überparteiliche und internationale Haltung ist so gut bekannt, daß man in Ihrer Stellung weniger eine österreichisch-nationalistische Haltung vermuten wird. Sollte ich es schicken, könnte es allzuleicht als ein Plädoyer pro domo ausgelegt werden.
Ich lasse eben das Memorandum abschreiben und sende es dann an Sie.
Sehr würde es mich interessieren, zu erfahren, ob Sie schon irgendeine Reaktion aus Portugal bekommen haben. Mehr denn je ist eine aktive europäische Politik in Europa eine Notwendigkeit. Mit herzlichen Grüßen Ihnen und Gräfin Coudenhove

Otto (m. p.)

Washington, 11.Juli 1944

Das Ergebnis der gemeinsamen Arbeit zwischen Otto und Richard Graf Coudenhove-Kalergi:

»MEMORANDUM

Betrifft:
Die Lösung des Problems Südtirol (oder Alto Adige und Trentino)

Jedem politischen Beobachter ist es völlig klar, daß eine der wichtigsten Grundlagen der künftigen europäischen Friedensordnung auch ein dauerndes, friedliches Zusammenleben zwischen Italien und Österreich bildet. Die Spannungen zwischen diesen beiden Staaten rühren so gut wie ausschließlich von territorialen Fragen her. Vorbedingungen für einen dauerhaften Frieden zwischen diesen beiden Staaten ist daher eine beide Seiten befriedigende Lösung.
Das Gebiet, das Südtirol oder Alto Adige und Trentino genannt wird, ist zum Teil von deutschsprachigen Österreichern und teilweise von italienisch Sprechenden bewohnt. Es ist jenes Gebiet Tirols, das nach Ende des Ersten Weltkrieges von Österreich an Italien abgetreten werden mußte. Eine ausschließlich nur *eines* der beiden Länder völlig befriedigende Lösung dieser Frage, die ohne Zustimmung der betroffenen Bevölkerung erfolgt, würde bloß immerwährenden Revisionismus schaffen. Im Geist der Atlantic Charter kann aber eine Lösung nach folgenden Grundzügen gefunden werden:
Sobald Deutschland kapituliert, soll das Gebiet geteilt werden, und zwar entlang der Linie, die etwa von Cortina d'Ampezzo zur Salurner Klause und weiter zum Stilfser Joch verläuft. Die Linie sollte so gut wie möglich der Sprachgrenze entsprechen. Nördlich davon soll eine österreichische, südlich davon die italienische Verwaltung eingerichtet werden.
Ein neutrales Land, am besten wären dazu die Schweiz oder Schweden geeignet, soll dann darum ersucht werden, für eine bestimmte Zeit in jenen Gebietsteilen als Beobachter aufzutreten, in denen die Volksabstimmung stattfinden soll, also in den Gebietsteilen, die zwischen Brenner und Gardasee liegen.
Während der folgenden sechs Monate stellen dann die beiden Verwaltungen unter gegenseitiger Aufsicht sowie

unter Kontrolle des beigezogenen neutralen Staates die Wählerlisten für die Volksabstimmung auf.

Folgende Personen müssen berechtigt sein abzustimmen:

a) Jeder österreichische (deutsche) oder italienische Staatsbürger, der am 1. Juli 1920 seinen Hauptwohnsitz in dem eingangs erwähnten Gebiet hatte, also zwischen Brenner und Gardasee; das heißt: jeder, der am 1. Juli 1920 dort seinen ordentlichen Wohnsitz hatte und seinen Willen bekundet, sich dort wieder niederzulassen oder dort seßhaft zu bleiben;

b) Jeder, der am Tage der Volksabstimmung das einundzwanzigste Lebensjahr erreicht hat oder älter ist und in dem erwähnten Gebiet geboren wurde und zum Zeitpunkt seiner Geburt die österreichische oder die italienische Staatsbürgerschaft besaß und darüber hinaus die Absicht bekundet, vom Tage der Volksabstimmung an in dem betreffenden Gebiet wohnhaft zu bleiben.

   Personen, die das 21. Lebensjahr noch nicht erreicht haben, sind nicht berechtigt, an der Abstimmung teilzunehmen.

Nach Aufstellung der Wahllisten, die entsprechend den oben erwähnten Grundsätzen zu erfolgen hat, ist drei Monate Frist für Einsprüche und Überprüfungen einzuräumen. Die Entscheidungen obliegen den Vertretern jenes neutralen Landes oder jener Länder, die den Volksentscheid überwachen.

Während dieses gesamten Zeitraums steht es jedem der beiden Länder, namentlich Österreich und Italien, völlig frei, im Sinne der Volksabstimmung für ihre Anliegen zu werben, also Propaganda zu machen. Beiden Parteien ist im Rundfunk die gleiche Sendezeit einzuräumen. Das übrige Rundfunkprogramm wird von einer Persönlichkeit jenes neutralen Landes gestaltet, das die Überwachung vornimmt.

Der Tag der Volksabstimmung wird von den neutralen Beobachtern in Übereinstimmung mit den beiden Ländern für einen bestimmten Sonntag festgelegt. An den Wahlurnen gewährleisten neutrale Beobachter die absolute Geheimhaltung der Stimmabgabe. Die Beobachter an den Wahlurnen werden von Vertretern Österreichs und Italiens bei der Erfüllung ihrer Aufgabe unterstützt. Die nämlichen Persönlichkeiten überwachen auch die Auszählung der Stimmen.

In jedem der zwei Territorien, namentlich im nördlichen Landstrich, vom Brenner südlich bis zur Linie Cortina d'Ampezzo – Salurner Klause – Stilfser Joch, und in dem südlichen Landstrich, also südlich der genannten Linie bis zum Gardasee, soll die einfache Mehrheit über die Zugehörigkeit zu Italien oder zu Österreich entscheiden.

Für den Fall, daß in unmittelbarer Grenznähe Gemeinden gegen die Mehrheit in ihrer Zone entscheiden sollten, soll ihre Umsiedlung in das andere Gebiet ermöglicht werden.

Sowohl das Ergebnis der Volksabstimmung als auch irgendwelche Anfechtungen sollten vor den Internationalen Gerichtshof in Den Haag oder vor eine andere, internationale Europäische Gerichts-Autorität gebracht werden, die sich nach Kriegsende herausbilden mag. Beide Parteien, Italien wie auch Österreich, erkennen im voraus die Entscheidung jenes Gerichtshofes an.

Die Übergabe des Landstrichs, der hier in Frage steht, unter die dauernde Souveränität des Staates, für den die Wähler stimmten, soll unter Aufsicht des zu bestellenden neutralen Landes erfolgen.

Beide Parteien, Österreich wie Italien, erklären von vornherein nach der Volksabstimmung keinerlei Schritte gegen jene Bürger einzuleiten, die gegen die Mehrheit ihrer Region gestimmt haben. Sollten in der Folge Bürger jene Region verlassen wollen, deren Mehrheit sich für ein anderes Land aussprach, so muß dies mit einem Minimum an Formalitäten ermöglicht werden. Gleichzeitig mit ihrem Ausreiseansuchen erhalten sie auch die neue Staatsbürgerschaft des Landes ihrer Wahl, soferne dabei Österreich oder Italien betroffen sind. Diesen Personen soll es auch erlaubt sein, innerhalb eines Zeitraumes von drei Jahren ihr gesamtes Eigentum mitzunehmen, und zwar ohne jedwede Beschränkung, sowohl was den Wert als auch den Umfang dieses Eigentums betrifft. Es muß ihnen auch gestattet sein, ihre Immobilien in jenem Land, das sie verlassen, als Eigentum zu behalten. Nach einem Zeitraum von drei Jahren sollen jene Liegenschaften der Gesetzgebung des Landes unterliegen, in dem sie sich befinden. Innerhalb eines Zeitraumes von drei Jahren soll es auch erlaubt sein, ihre Immobilien frei zu verkaufen und den Erlös in das Land ihrer Wahl frei zu transferieren. Diese Bestimmungen gelten selbstverständlich nur für Eigentum, das vor dem Tag der Abstimmung erworben wurde.

Sowohl Österreich als auch Italien erklären übereinstimmend, daß für jene Minderheiten, die nach der Abstimmung verbleiben, vollständige und absolute Garantien in welcher Hinsicht auch immer gewährleistet sind. Das gilt für jede Minderheit, sei sie nun österreichisch mit deutscher Sprache, italienisch oder ladinisch. Alle Minderheiten werden alle Bürgerrechte genießen, und zwar ohne jedweden Vorbehalt. Sie werden das Recht haben, Schulen ihrer Sprache zu unterhalten, mit den Behörden in ihrer Muttersprache zu verkehren, und sie werden auch die gleichen Rechte bei der Erlangung öffentlicher Stellen erhalten.

Dieses Übereinkommen betreffend die Rechte der Minderheiten wird bei der gleichen internationalen Behörde hinterlegt werden, die auch berechtigt sein wird, in Fragen, die infolge des Plebiszits erwachsen, schlichtend einzugreifen. Beide Parteien, sowohl Österreich als auch Italien, erklären, sich dem Spruch jener internationalen Behörde zu beugen. Die Gültigkeit dieses Vertrages ist unbegrenzt.«

Im Herbst 1944 spitzte sich die Lage um Ungarn derartig dramatisch zu, daß Otto sich entschloß, nach Europa zurückzukehren, um seiner ungarischen Heimat näher zu sein und unter Umständen doch noch rasch eingreifen zu können, wenn es noch eine Chance gäbe, Ungarn aus der drohenden deutschen und russischen Besetzung herauszuhalten.
Graf Degenfeld wandte sich daher direkt an die Sekretärin Roosevelts, um für Otto die Möglichkeit zu erwirken, mit dem Clipper nach Europa reisen zu können:

»The Broadmoor, 3061 Connecticut Avenue, Washington D.C.
Telephon Woodley 6900, Ext. 315 and Emerson 3978,
18. Oktober 1944

Liebe Miss Tully,
Bitte entschuldigen Sie mich, daß ich Sie in dieser Angelegenheit belästige, aber die Sache ist sehr dringend und für Erzherzog Otto äußerst wichtig. Ich sehe es daher als meine Pflicht an, so zu handeln.
Ich werde mich so kurz wie möglich halten:
Wie Sie sicherlich wissen, will Erzherzog Otto von Österreich nach Europa gehen, weil er fühlt, daß es seine Pflicht ist, seinen Leuten nahe zu sein. Er wäre schon abgereist, wäre da nicht die Tatsache, daß er einfach nicht einmal jetzt die notwendige »priority« erhalten konnte, um das Flugzeug von Pan American Airways nach Lissabon nehmen zu können.
Der normale Weg, um derzeit nach Lissabon zu reisen, ist, auf einem Pan American Airways-Clipper zu buchen, in dem naturgemäß jeder Passagier seinen Sitz bezahlt. Aber unter den derzeitigen Verordnungen dürfen nur solche Passagiere einen Sitzplatz kaufen und an Bord eines Clippers gehen, die eine »priority« haben. Dieselben werden vom Außenministerium ausgestellt, vom Marineministerium oder dem Kriegsministerium. Sobald einer ein solche »priority« erhalten hat, ist es auch leicht, einen Platz im Clipper nach Portugal zu kriegen.
Erzherzog Otto fragte im Außenamt an, und dort hatte man nichts dagegen, Ihm eine Ausreiseerlaubnis zu erteilen. Es geht auch um die »priority«, so wie sie das Außenamt erst vor wenigen Wochen seinem Bruder Karl Ludwig erteilt hatte. Nun aber zögert das Außenministerium, wie ich gestern erfuhr, dem Erzherzog Otto tatsächlich solch eine »priority« zu erteilen, weil man Presseangriffe in einer oder zwei New Yorker Zeitungen fürchtet.
Unter diesen Umständen suchte der belgische Botschafter für Erzherzog Otto von Österreich unter dem Namen Duc de Bar für eine »priority« an, damit es Ihm ermöglicht wird, mit dem Clipper nach Lissabon zu reisen. Auf Grund der engen Beziehungen zwischen Erzherzog Otto und der königlichen Familie von Belgien setzte der belgische Botschafter diesen Schritt. Mir kommt aber vor, daß das Außenministerium noch immer zögert.
Unglücklicherweise wird diese Angelegenheit, die sich schon über drei Wochen hinzieht, jetzt äußerst dringlich. Erzherzog Otto, der es als seine Pflicht ansieht, seine Reise nach Europa nicht länger aufzuschieben, will unter den gegebenen Umständen an Bord eines jener kleinen portugiesischen Schiffe gehen, die zwischen hier und Lissabon verkehren. Seine Überfahrt dauert zwei Wochen und mehr. Abgesehen von der Tatsache, daß seine Reise sehr lang ist, besonders unter den gegenwärtigen Umständen, gibt es da noch etwas, worauf ich Ihre Aufmerksamkeit richten möchte: Diese portugiesischen Schiffe werden während ihrer Atlantiküberquerung sehr oft von deutschen Booten angehalten und werden auf Ladung und Passagiere untersucht. Personen, die die Deutschen als ihre Feinde betrachten, bringen sie einfach von Bord und schleppen sie nach Deutschland. Wie Sie sich gewiß erinnern, ist es erst im September 1944 passiert und geschah schon des öfteren.
Die Tatsache, daß Erzherzog Otto bald nach Portugal reisen will, ist bereits einem großen Teil der Presse bekannt, und zwar auf Grund irgendeiner Indiskretion, für die der Erzherzog nicht verantwortlich ist, wollte er doch, daß diese Reise geheim bleibt. Unter diesen Umständen darf mit Gewißheit erwartet werden, daß die Deutschen jedes Schiff mit Kurs auf Portugal besonders genau ansehen werden, weil sie höchstes Interesse daran haben, den Erzherzog zu fangen. Wahrscheinlich werden sie jedes einzelne Schiff, dessen sie habhaft werden, nach ihm durchsuchen.
Liebe Miss Tully, Sie werden diese Lage bestimmt verstehen. Und deswegen schreibe ich Ihnen und bitte Sie um die Freundlichkeit, vom Präsidenten die Erlaubnis zu erwirken, daß der Erzherzog eine »priority« für den Pan american Airways Clipper nach Lissabon erhält.
Die Angelegenheit ist sehr dringend, weil der Erzherzog schon Donnerstag früh, also morgen, seine endgültige Buchung für ein portugiesisches Schiff machen will. Er würde sich bereits Samstag, den 21. Oktober, einschiffen – das ist in drei Tagen, wenn er nicht schon vorher die Sicherheit hat, daß Ihm eine »priority« zugestanden wird.
Ich glaube nicht, daß man irgendetwas in Form von Presseangriffen gegen das Außenministerium zu befürchten hat: Die Tatsache, daß der belgische Botschafter um die Gewährung der »priority« ansuchte, rückte die ganze Verantwortlichkeit auf seiten des belgischen Botschafters. Vertraulich erfuhr ich im Außenministerium, daß Sie gerne dem Erzherzog die »priority« erteilen würden, sollte aus dem Weißen Haus ein derartiger Hinweis kommen.
Da ich weiß, wie freundlich der Präsident sich stets gegenüber dem Erzherzog und dessen Familie gezeigt hat, bin ich gewiß, daß er nicht will, daß Ihn die Möglichkeit einer Reise per Clipper nach Lissabon vorenthalten wird, und er

unter den gegenwärtigen ernsten Umständen auch nicht haben will, daß der Erzherzog per Schiff reist.
Aber bitte, liebe Miss Tully, sind Sie so freundlich, und lassen Sie mich die Antwort noch an diesem Nachmittag, heute, am 18. Oktober, wissen, so gegen fünf Uhr nachmittags, so daß die Platzbuchung auf dem Schiff rechtzeitig storniert werden kann, anderenfalls würde der Erzherzog morgen für die Schiffsüberfahrt bezahlen.
Der Erzherzog hat keine Ahnung davon, daß ich Ihnen diesen Brief schreibe. Aber ich, der ich nun seit genau 22 Jahren an seiner Seite weile, betrachte es als meine Pflicht, in dieser Angelegenheit – durch Ihre freundliche Vermittlung – an den Präsidenten zu appellieren.
Mit meinem ergebensten Dank im Voraus und mit meinen besten Empfehlungen verbleibe ich, liebe Miss Tully,

Ihr
Heinrich Graf Degenfeld (M. P.)«

Ein Clipper aus der Kriegszeit, der den Transatlantic-Verkehr bewältigte

Zustimmendes Schreiben von Edward Stettinius, der kurz darauf Außenminister unter Harry S. Truman wurde:

»DER UNTERSTAATSSEKRETÄR
WASHINGTON
20. Oktober 1944

MEMORANDUM FÜR MISS GRACE TULLY

Wie wir schon gestern nachmittags in unserem Gespräch übereingekommen sind, versuchen wir weiterhin in der Angelegenheit Otto Druck auszuüben und hoffen, daß er sich bald auf die Reise machen kann. Über die Marine werden entsprechende Vorkehrungen getroffen, da sie über unseren Luftstützpunkt in Lissabon die Kontrolle ausübt.

Unterschrift
Stettinius (M. P.)«

Lissabon, 8. November 1944
»Lieber Herr Präsident,

Mit großer Freude habe ich von Ihrer triumphalen Wiederwahl gehört.
Nicht daß ich auch nur eine Minute lang daran gezweifelt hätte, daß das amerikanische Volk Ihnen neuerdings das volle Vertrauen aussprechen würde: Nichtsdestoweniger ist diese Gewißheit gut. Ich möchte Ihnen aus ganzem Herzen gratulieren. Nicht nur in Amerika, sondern auch in all den besetzten Ländern wird die Nachricht von Ihrer Wiederwahl große Freude auslösen. Wir danken Gott, daß Sie auch in den kommenden Jahren die Führung innehaben werden.
Seit meiner Ankunft hier habe ich viele direkte Berichte aus der Heimat erhalten. Die Nachrichten aus Ungarn sind niederschlagend und das Volk wird von den Nazibarbaren und den Kommunisten in gleicher Weise dezimiert. Überall hinter den russischen Linien ergreifen die Kommunisten die Macht. Das Überleben der Nation als solche steht in Frage.
Was Österreich betrifft, gibt es viel mehr und viel besser organisierten Widerstand, als ich erwartet hatte. Ich meine, daß wir einen wertvollen Beitrag zur Befreiung leisten können, wenn wir von außen ein wenig Hilfe erhalten. Schon in kurzer Zeit werde ich in der Lage sein, praktische Vorschläge zu machen. Sie werden auf der Linie möglicher Beiträge zur Niederlage Deutschlands unter Verhinderung einer kommunistischen Diktatur nach dem Sieg liegen. In Hinblick auf diese kommenden Briefe bitte ich Sie, mich entweder über Botschafter Norwebb in Lissabon oder über den militärischen Draht nach Lissabon wissen zu lassen, auf welchem Wege ich mit Ihnen persönlich schnell und sicher in Verbindung treten kann. Möge Ihnen Gott für Ihre neue Legislaturperiode als Präsident beistehen. Ich beglückwünsche Sie nochmals zu Ihrem Erfolg und bin,
lieber Herr Präsident, Ihr sehr ergebener
Otto von Österreich«

Lissabon, 10. Jänner 1945
»Lieber Herr Präsident!

Heute hat mich Botschafter Norwebb verständigt, daß er Ihre Anweisung empfangen hat, daß er an Sie gerichtete Briefe annehmen und direkt an Sie weiterleiten soll. Er hat mich außerdem davon unterrichtet, daß er von Ihnen bevollmächtigt wurde, auch Briefe an meinen Bruder Felix beizuschließen. Ich danke Ihnen sehr, Herr Präsident, für dieses Zeichen von Freundschaft, das es mir ermöglichen wird, in vertraulichen Angelegenheiten unmittelbar an Sie heranzutreten. Ich wünsche Ihnen auch ein glückliches neues Jahr.

Möge Ihnen das Jahr 1945 die Erfüllung Ihrer Wünsche bringen und den ersten Schritt zur Verwirklichung Ihrer Pläne zum Weltfrieden.
Seit meinem letzten Brief konnte ich verschiedene Verbindungen herstellen, hauptsächlich mit militärischen Kreisen in Österreich. Diese Kontakte gaben mir ein Bild der wirklichen Lage in Österreich. Besonders schwierig war es, eine Verbindung von hier nach der Schweiz herzustellen, denn da ich über keinerlei diplomatisches Kuriersystem verfüge, muß ich immer darauf warten, bis vertrauenswürdige Personen in einer anderen Angelegenheit reisen, was manches Mal Wochen kosten kann.
Mit den Leuten in Österreich habe ich die Vorgangsweise untersucht, um Österreich in eine positive Aktion auf alliierter Seite zu bringen, um es den amerikanischen und britischen Truppen zu ermöglichen, als erste Österreich zu erreichen. Das ist ein sehr kraftvolles Motiv, weil die Leute alle für die Alliierten eingestellt sind, gleichzeitig aber vor den Russen sehr viel Angst haben.
Zur Zeit überprüfen wir folgende Probleme:
1. Sind wir stark genug, um für die alliierte Sache eine wirkliche Hilfe darzustellen?
2. Wenn ja, welche praktische Hilfe brauchen wir hinsichtlich Waffen, Munition, Radioausrüstung und, unter Umständen, Geld?
3. Welche genauen Pläne können wir zu unserem Beitrag für die Befreiung Österreichs anbieten und welche Hilfe brauchen wir?
Während ich schon ziemlich sicher bin, wie die Antwort lauten wird, möchte ich dieses Mal darüber noch nichts sagen, weil ich nur dann reden will, wenn ich dafür auch wirklich verantwortlich zeichnen kann. Nichtsdestoweniger hoffe ich, bald in der Lage zu sein, einen ernsthaften Plan vorzulegen.
Wenn es Verzögerungen gibt, und die gibt es wegen der ununterbrochenen technischen Probleme mehr als genug, so liegen sie wie gesagt mehr auf der technischen Seite als bei deutschen Gegenmaßnahmen oder deutscher Effizienz.
Presseberichten entnehme ich, daß Sie sehr bald Herrn Churchill und Marschall Stalin treffen werden. Darf ich Sie bitten, bei dieser Gelegenheit Österreich und Ungarn nicht zu vergessen. Die Völker beider Länder sind es wert, und Sie sollten nicht vergessen, welch einen tiefen Glauben, so wie ich, die Menschen dort in Sie haben. Es wäre traurig, sie der zerstörerischen Welt des Kommunismus anheimfallen zu sehen. Besonders Österreich ist ganz klar ein westliches Land, das nicht unter russischen Einfluß gehört. Ich danke Ihnen nochmals sehr und mit den besten Wünschen für Sie verbleibe ich, lieber Herr Präsident,
Ihr sehr ergebener

Otto von Österreich«

Lissabon, 17. Jänner 1945

»Lieber Herr Präsident

Ich schreibe Ihnen diesmal, nur um Ihnen zu sagen, daß ich demnächst nach Paris übersiedeln werde, um die Entfernung nach Österreich zu verkürzen.
Die Entscheidung wurde dadurch vorweggenommen, daß ich Geheimberichte zur Hand habe, die darauf hinweisen, daß, irregeleitet durch gewisse propagandistische Übertreibungen, ein allzu früher Aufbruch gegen die Nazis in Österreich beginnen könnte, der meiner Meinung nach mehr Schaden als Nutzen anrichten würde, weil er es den Deutschen erlaubte, den Widerstand zu zerbrechen, während die Alliierten noch viel zu weit weg sind. Wenn ich kann, würde ich gern eine Wiederholung der nutzlosen Tragödie von Warschau hintanhalten. Ich meine, daß wir die Kräfte bis zu dem Tag schonen sollten, bis sie eine praktische und nützliche Hilfe für die gemeinsame Sache sein können. Ich bitte Sie um die Freundlichkeit, Botschafter Caffery in Paris wissen zu lassen, daß er Briefe von mir an Sie unter den gleichen Bedingungen übernehmen darf wie Botschafter Norwebb in Lissabon. Entsprechend Ihrer freundlichen Erlaubnis lege ich einen Brief für meinen Bruder Felix bei. Ich danke Ihnen sehr herzlich, daß Sie mir diese Vorgansweise erlauben.

Mit den respektvollsten Grüßen verbleibe ich, lieber Herr Präsident,
Ihr sehr ergebener

Otto von Österreich«

Roosevelt, Stalin und Churchill bei der Konferenz von Teheran, November 1943: wie ein Roter Faden zieht sich durch die Konferenzgespräche von Casablanca und Teheran immer wieder auch die Frage »Österreich«: Otto hat Roosevelt ständig »in Arbeit« und Erzherzog Robert den britischen Premierminister Churchill.

Hotel Dorset,
30 West 54th Street
New York, N.Y.
den 12.Januar 1942.

616

Eure Majestaet !

Nachdem ich mich neuerlich mit dem Management der Metropolitan Opera beraten habe,muss ich Ihnen zu meinem tiefen Bedauern mitteilen, dass man an dieser Stelle meine Beteiligung än der geplanten Démarche,auch in der veraenderten Form, wie sie in unserer Unterredung in Aussicht genommen worden war,nicht gestatten kann.

Ich glaube, ich brauche nicht zu versichern, wie nahe es mir geht, nicht in dem von Eurer Majestaet gewuenschten Sinne "mittun" zu koennen.

In treuer Verehrung verbleibe ich

Eurer Majestaet wahrhaft ergebener

Bruno Walter

Bruno Walter

JAN 2 1942 636

MOZART FESTIVAL

CARNEGIE HALL
SATURDAY, JANUARY 17TH, 1942, 8:30 P.M.

SPONSORED BY THE
MOZART FESTIVAL COMMITTEE

OFFICE: 1775 BROADWAY, SUITE 5.., GENERAL MOTORS BLDG. NEW YORK, N. Y. TELEPHONE: COLUMBUS 5-1051

Jan. 14th, 1942.

HONORARY COMMITTEE

His Majesty Archduke Otto Von Habsburg,
Essex House,
160 Central Park South,
New York City.

Your Majesty:-

The Mozart Festival Committee is presenting the Mozart Festival this coming Saturday, January 17th at 8:30 o'clock in Carnegie Hall.

We would be delighted if Your Majesty would honor us with your presence at this concert.

If Your Majesty will have his Secretary let us know how many tickets Your Majesty desires for this performance, we shall be more than happy to send them to Your Majesty and reserve box chairs in the official box for Your Majesty.

We sincerely hope that you will be our guest of honor at this performance and look forward to hearing from Your Highness.

Respectfully yours,

Gustave Kotanyi

Gustave Kotanyi

GK:jb

PLEASE MAKE CHECKS PAYABLE TO GUSTAVE KOTANYI CONCERT MANAGER

RODA RODA
Westend Ave 808, New York City
Tel: Ao 4-7346

Okt. 15. 42

1082

An Se. Hochgeboren, den Herrn Grafen Degenfeld

Sehr geehrter Herr Graf,

ich wäre Ihnen dankbar, wenn Sie die Güte hätt mir eine Audienz bei Seiner Majestät zu erwirken.

Ich bin politisch nicht tätig, bin nicht einma recht politisch interessiert. So gehöre ich denn auch keiner der in Frage kommenden Organisationen an.

Ich wollte mich keiner anschliessen, schon wei mein Status in staatsrechtlicher Hinsicht unkl ist: Ich habe einen österreichischen Pass (Hei matort Wien) der immernoch nicht abgelaufen is Hier eingewandert aber bin ich mit einem jugos wischen Papier.

Ich würde mich auch nur einer österreichisch-u n g a r i s c h e n Organisation anschliess wenn es eine gäbe...

Ich beabsichtige keineswegs S.M. eine Bitte vo zubringen.

Ich habe nur das Verlangen, mich S.M. zu zeige ein Mann - einer der letzten - dėe Oesterreich Ungarn von Reichenberg bis Spizza kennen, vom Stilfserjoch bis Podwoloszyska und Kronstadt. Bitte, verhelfen Sie mir dazu.

In vollkommener Hochachtung,
Ihnen ergeben,

Alexander Roda Ro

Bruno Walter

Roda Roda

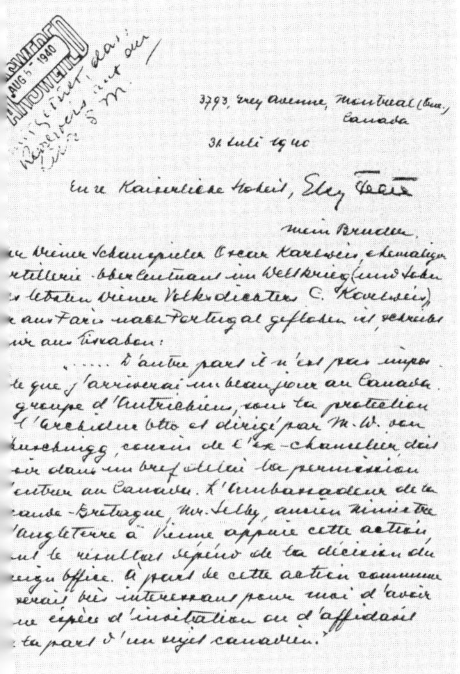

AUG 5 1940

3793, Grey Avenue, Montreal (Que.), Canada

31 Juli 1940

Eure Kaiserliche Hoheit,

mein Bruder, der Wiener Schauspieler Oscar Karlweis, ehemaliger Artillerie-Oberleutnant im Weltkrieg (und Sohn des letzten Wiener Volksdichters C. Karlweis), der aus Paris nach Portugal geflohen ist, schreibt mir aus Lissabon:

"..... D'autre part il n'est pas impossible que j'arriverai un beau jour au Canada. Un groupe d'Autrichiens, sous la protection de l'Archiduc Otto et dirigé par M. W. von Schuschnigg, cousin de l'ex-chancelier, doit avoir dans un bref délai la permission d'entrer au Canada. L'Ambassadeur de la Grande-Bretagne, Mr. Selby, ancien ministre d'Angleterre à Vienne appuie cette action, dont le résultat dépend de la décision du Foreign Office. À part de cette action commune il serait très intéressant pour moi d'avoir une espèce d'invitation ou d'affidavit de la part d'un sujet canadien."

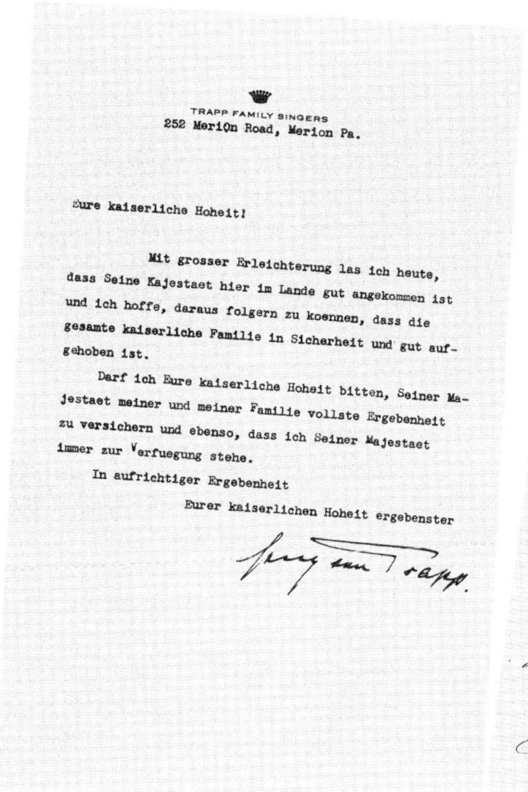

TRAPP FAMILY SINGERS
252 Merion Road, Merion Pa.

Eure kaiserliche Hoheit!

Mit grosser Erleichterung las ich heute, dass Seine Kajestaet hier im Lande gut angekommen ist und ich hoffe, daraus folgern zu koennen, dass die gesamte kaiserliche Familie in Sicherheit und gut aufgehoben ist.

Darf ich Eure kaiserliche Hoheit bitten, Seiner Majestaet meiner und meiner Familie vollste Ergebenheit zu versichern und ebenso, dass ich Seiner Majestaet immer zur Verfuegung stehe.

In aufrichtiger Ergebenheit

Eurer kaiserlichen Hoheit ergebenster

Georg von Trapp

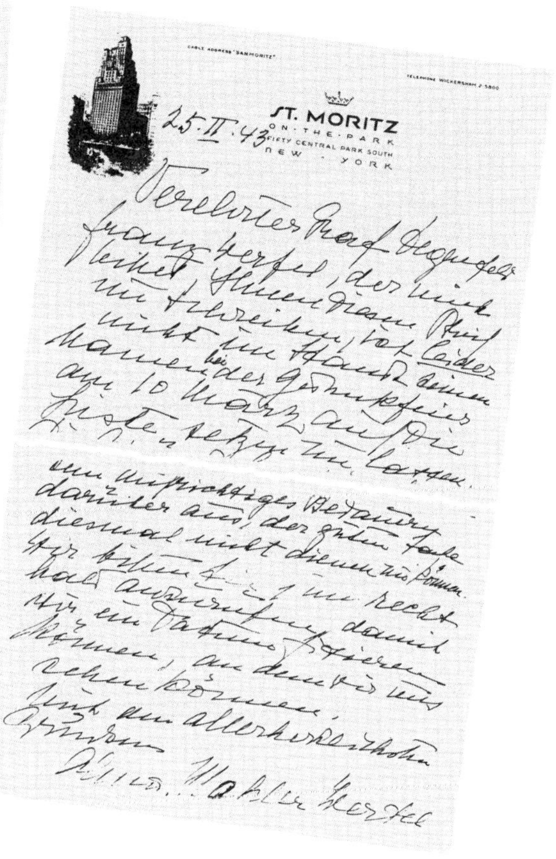

ST. MORITZ
ON-THE-PARK
FIFTY CENTRAL PARK SOUTH
NEW YORK

25. II. 43

Verehrter Graf Degenfeld
Franz Werfel, der mich bittet, Ihnen diesen Brief zu schreiben, ist leider nicht im Stande seinen Namen bei der Gedenkfeier am 10. März auf die Liste setzen zu lassen.
...
sein aufrichtiges Bedauern darüber aus, der guten Sache diesmal nicht dienen zu können. Wir bitten Sie, uns recht bald anzurufen, damit wir ein Datum fixieren können, an dem wir uns sehen können.
Mit den allerherzlichsten Grüßen
Alma Mahler Werfel

Beweise der aufrichtigen Anhänglichkeit, der Treue, aber auch Beweise der Erpreßbarkeit: während sich Baron von Trapp auch im Exil als unbeugsamer Österreicher erwies, glaubte ein Franz Werfel, den tschechischen Erpressungen nachgeben zu müssen. Bedeutende Künstler, die Otto von Habsburg gerne gedient und geholfen hätten, mußten klein beigeben, weil man sonst ihre Karriere vernichtet hätte… Anderen Künstlern, wie Oscar Karlweiß, gelang es, dank ihrer Zivilcourage und durch die Hilfe Ottos in den USA besonders rasch Fuß zu fassen.

Alma Mahler-Werfel

»St. Moritz, on the Park, Fifty Central Park South, New York
Verehrter Graf Degenfeld, Franz Werfel, der mich bittet, Ihnen diesen Brief zu schreiben, ist leider nicht im Stande, seinen Namen bei der Gedenkfeier am 10. März auf die Liste setzen zu lassen. Die Gründe hierfür hat er Ihnen schon öfters angeben müssen. Leider bestehen die Czechoslowaken darauf, daß die Czech-Slow. Staatsbürger sich allen politischen Kundgebungen fernhalten, die nicht mit der Czechoslowakeit zusammenhängen. Da nicht nur Franz Werfel, sondern auch seine Familie abhängig ist, von den czech. Behörden, so werden Sie, verehrter Graf Degenfeld, gewiß einsehen, daß er nicht anders handeln kann. Er drückt Ihnen sein aufrichtiges Bedauern darüber aus, der guten Sache diesmal nicht dienen zu können. Wir bitten Sie, uns recht bald anzurufen, damit wir ein Datum fixieren können, an dem wir uns sehen können. Mit den allerherzlichsten Grüßen Alma Mahler Werfel«

Den Krieg gewonnen, den Sieg verloren: Roosevelt und Churchill mit dem eigentlichen Sieger, Josef Stalin, bei der Konferenz von Jalta (4.–11. Februar 1945), der die fruchtlose Begegnung Churchill-Stettinius auf Malta vorausgegangen war: Otto von Habsburg bemerkte später zum ›UN-RECHT VON JALTA‹:
»Als die Verträge von St. Germain und Trianon nach dem Ersten Weltkrieg den seit zweihundert Jahren geeinten Donauraum zerstörten, trat anarchistisch-nationalistische Kleinstaaterei an die Stelle des alten Reiches. Die einstige Festung Europas gen Osten war damit sturmreif geworden. Deutschland, vom Versailler Vertrag nicht nur materiell und territorial erheblich beschnitten, sondern außerdem schwer traumatisiert, war zwangsläufig ein Element der Unsicherheit geworden. Ausgeplündert und geistig-seelisch verwundet, mußte es unberechenbar werden.
Die sogenannten Staatsmänner der siegreichen Entente, die Europa mit ihren angeblichen Friedensverträgen ins Chaos gestürzt hatten, erkannten das nicht. Das ist um so unverzeihlicher, als es kluge Beobachter gab, die warnend die Stimme erhoben und zur Umkehr aufriefen. Einer von ihnen war der große Franzose Jacques Bainville, der schon in seinem 1919 erschienenen Buch auf die fatalen »Consequences politiques de la paix« hinwies. Er prophezeite, ebenso wie wenige Jahre später Graf Coudenhove-Kalergi, einen zweiten Weltkrieg als Folge des mit den Pariser Verträgen endgültig freigesetzten Nationalismus. Coudenhove-Kalergi sagte bereits damals, daß Europa nach einem neuen Völkerringen zwischen den USA und der Sowjetunion geteilt werden würde. Der Keim der Katastrophe in den Jahren 1938 bis 1945 war also von den Siegern des Ersten Weltkrieges gelegt worden, woran man denken sollte, wenn immer wieder von der deutschen Alleinschuld die Rede ist. Damit soll die Verantwortung Hitlers und seines Regimes keineswegs vermindert werden, doch muß man wissen, daß sich die Tragödie der vierziger Jahre längst anbahnte, als der »Führer« noch ein verspotteter Querulant in Münchner Wirtshäusern war.
Leider zog der Westen aus alledem keine Lehren. Bei der Konferenz von Jalta im Februar 1945 wurden die Fehler von 1919 nicht nur wiederholt, sondern weit übertroffen. Wenn die nach Jalta erfolgte Spaltung Europas in zwei Teile und die den europäischen Völkern von Fremden aufgezwungene Un-Rechtsordnung noch keinen weiteren blutigen Konflikt ausgelöst haben, so liegt das vor allem an den Nuklearwaffen. Ohne diese wäre der Dritte Weltkrieg wahrscheinlich schon im ersten Jahrzehnt nach der Krim-Konferenz ausgebrochen.
Als der amerikanische Präsident Roosevelt aus Jalta zurückgekommen war, faßte er, schon von schwerer Krankheit gezeichnet, seine Eindrücke im Gespräch mit einem meiner Brüder zusammen: »Stalin wußte alles im vorhinein. Ich hatte das Gefühl, er liest in meinem Hirn.«
Es war wohl nicht nur der nahende Tod, der den US-Präsidenten so pessimistisch stimmte. Instinktiv spürte er die Folgen einer Tatsache, die wir heute kennen. Einer seiner engsten Vertrauten, Alger Hiss, war ein Verräter im Dienste Moskaus. Schon darum ging der Westen in einer geschwächten Position nach Jalta.
Nur wer seinerzeit die Verzagtheit der westlichen Politiker erlebt hat, kann Moskaus damalige Stärke ermessen. Der Zweite Weltkrieg wurde, was man heute meist verdrängt, mit dem Ribbentrop-Molotow-Pakt eingeleitet, der unter dem Namen Hitler-Stalin-Pakt bekannt geworden ist. Doch der »Führer« war nicht nur am Anfang des Krieges der Verbündete der Sowjets, er blieb es auf gespenstische Weise bis 1944/45, obwohl Moskau bereits auf der anderen Seite kämpfte. Denn wer von einer Koalition besiegt wird, hat eine letzte Wahl, er kann sich seinen Bezwinger aussuchen. Hitler entschied sich dabei eindeutig für Stalin. Er warf seine letzten Reserven nach Westen und verheizte sie bei der militärisch völlig sinnlosen Ardennen-Offensive. Die Anstrengungen im Osten waren vergleichsweise gering – Berlin mochte, wenn das Dritte Reich schon unterging, in die Hände des Kreml-Herrn fallen. Der braune Diktator wünschte also den Sieg der Roten Armee.«

Am 30. Jänner 1945 übersiedelte Otto aus Lissabon nach Paris, um »näher am Ball« zu sein. Otto lebte in Paris unter äußerster Geheimhaltung. Im Grunde genommen waren es außer einigen engsten Freunden und Mitarbeitern nur zwei Außenstehende, die seinen Aufenthalt kannten: General Charles de Gaulle und der US-Botschafter Cafferey. Roosevelt hatte Cafferey sofort, als er von Ottos Übersiedlung nach Paris erfuhr angewiesen, wie üblich für Otto die »direkte Linie« freizuhalten.

Schwieriger gestaltete sich die Kontaktaufnahme mit den österreichischen Widerstandsgruppen, die, in sich uneinig und führungslos, Opfer der kommunistischen Infamie zu werden drohten: es gab gewisse Hinweise dafür, daß die Sowjets in Wien sinngemäß ein »Warschau« wiederholen wollten, damit ihnen der Rest um so leichter zur Beute fiele.

Um den österreichischen Widerstandsgruppen einen »Koordinator« zu geben, der von allen nichtkommunistischen Gruppen respektiert werde, entsandte Otto kurz darauf seinen Bruder Rudolf nach Österreich.

Da die amerikanischen Stellen zu langsam agierten, erhielt Rudolf einen gefälschten französischen Paß, mit dem er über die schweizerische Grenze nach Österreich kam. Nach einer dramatischen Verfolgungsjagd konnte sich Rudolf in Sicherheit bringen und bis Kriegsende gegen die Besatzungstruppen wirkungsvoll vorgehen.

Im Februar 1945, als sich Otto einen halbwegs präzisen Überblick bezüglich der Lage in der »Alpenfestung« gemacht hatte, trat er neuerdings mit einem Vorschlag an Präsident Roosevelt heran: und zwar in einer neuartigen Variante der seinerzeit von Roosevelt eingebrachten Idee zu einem »Österreichischen Bataillon«. Es wurde immer offensichtlicher, daß die diabolische Idee der Sowjets, zuerst mit Hilfe des Beneš die Aufstellung einer freien, österreichischen Einheit zu verhindern und dann darauf zu bestehen, daß Österreich »selbst« zu seiner Befreiung beizutragen habe, Früchte zu tragen begann: die Kommunisten stellten nun, obwohl in Österreich völlig bedeutungslos, so eine Kampfeinheit auf. Der Zweck war klar: Österreich sollte unter sowjetische Vormacht kommen; bei der Botschafterkonferenz in London schienen dazu die Weichen schon fast gestellt.

Nun sollte versucht werden, mit Hilfe von patriotischen Österreichern, die sich als gefangene Wehrmachtsangehörige in den USA oder in Kanada befanden, sozusagen in letzter Stunde doch noch ein nicht-kommunistisches österreichisches Kontingent aufzustellen.

Von gleicher Bedeutung waren die Anregungen, die Otto auf brieflichem Wege hinsichtlich der Behandlung Österreichs bei den verschiedenen Konferenzen jener Monate gab. Unter dem Einfluß der Sowjets, der nun in Washington seinen Höhepunkt erreichte, lehnten die USA die Aufstellung einer österreichischen Kampfeinheit, wie von Otto vorgeschlagen, ab. Dennoch blieb ein Ergebnis: die Sache der Wiedererrichtung Österreichs blieb ununterbrochen im Gespräch, sie konnte weder vergessen noch übersehen werden.

Konferenz von Potsdam, 17. Juli – 1. August 1945. Der neue Mann der USA heißt Harry S. Truman – und ist ein alter Wohnungsnachbar Ottos aus dem Broadmore-Appartements in Washington! Otto nimmt mit Truman auch sofort brieflichen Kontakt auf, als ihn maßgebliche österreichische Politiker bitten, etwas zu unternehmen, damit Dr. Karl Renner, der sich durch seinen Aufruf, für den »Anschluß« zu stimmen erpreßbar gemacht hatte, nicht tatsächlich zum Werkzeug der Russen degradiert werde. Ottos Warnungen fielen bei Truman auf fruchtbaren Boden. Die USA schenkten Österreich verstärkt Aufmerksamkeit und nahmen das Land auch entsprechend der Bitte Ottos in ihre Hilfs- und Wiederaufbauprogramme auf.

Auf dem Bilde ist noch Winston Churchill zu sehen: er mußte noch während der Konferenz Potsdam verlassen und Clement Attlee weichen, der die ersten Nachkriegswahlen gewonnen hatte. Nun offenbarte sich auch die ganze Tragweite des Sieges von John Winant, Otto und Erzherzog Robert in der Frage der Besatzungszonen Österreichs. Denn wäre es nach dem Willen von Stettinius gegangen, hätten nur Russen und Briten Österreich besetzt. Nur die zähe Beharrlichkeit von Winant, dem Erzherzog Robert ständig den Rücken stärkte, hatte Roosevelt schließlich dazu bewogen, doch noch im Westen Österreichs eine US-Besatzung zu akzeptieren.

Die Katastrophe für Österreich hätte sich spätestens an den Tag herausgebildet, da der maßlos schwache Verzichtspolitiker Clement Attlee von der Labour-Party Englands Premier wurde: er hätte weder das Geld noch die Courage aufgebracht, allein gegen die sowjetische Besatzungsmacht aufzutreten.

Otto von Habsburg mit dem US-Finanzminister Foyler bei einem Empfang eines Bankenkonsortiums in Washington.

Handschriftliche Notiz von Miss Tully:

»Staatstelegramm«

»ENTWURF ZU EINEM TELEGRAMM

AM. EMBASSY,
Paris

Über Anweisung des Weißen Hauses setzen Sie Erzherzog Otto bitte davon in Kenntnis, daß sein Vorschlag für die Verwendung österreichischer Kriegsgefangener im Sinne der Vorschläge, die er in seinem Brief vom 19. Februar 1945 an den Präsidenten richtete, kaum ausführbar ist. Der allgemeinen Frage der Verbindungen mit der österreichischen Untergrundbewegung wird weitere Aufmerksamkeit geschenkt werden.

Handschriftliche Bemerkung: Kopie an Erzherzog Felix schicken.«

»TOP SECRET

MEMORANDUM FÜR DEN PRÄSIDENTEN

Betrifft: Erzherzog Ottos Bitte um österreichische Kriegsgefangene für die Untergrundtätigkeit
Der Vorschlag von Erzherzog Otto, wie in seinem Brief vom 19. Februar angeführt, Herrn Stettinius mit Ihrem Memorandum vom 22. März übersandt, läuft kurz gesagt darauf hinaus, daß man seinem Bruder Felix erlauben solle, österreichischen Kriegsgefangenen in den Vereinigten Staaten Fragen zu stellen und eine gewisse Anzahl (etwa 20 in der ersten Gruppe) für Untergrundtätigkeit in Österreich auszuwählen. Diese Männer sollten per Flugzeug für ein Dreiwochentraining nach Frankreich geschickt werden. Der Erzherzog bittet auch um amerikanische Offiziere, die diese Gruppen ausbilden sollten. Er bittet auch um einen amerikanischen Verbindungsoffizier mit ihm, dem Erzherzog, und Material und Ersatzteile oder den Gegenwert in Geld, um Ausrüstung und Unterhalt dieser österreichischen Gruppe sicherzustellen. Er bittet um telegraphische Antwort auf seine Bitte nach Paris.
Vom politischen Standpunkt betrachten wir diesen Vorschlag mit Besorgnis. Unsere Erfahrung hat gezeigt, daß die Erzherzöge dazu neigen, ihren Vorteil herauszuschlagen, und zwar zu Nutzen ihrer persönlichen Vorhaben. Es geht dabei um Unternehmungen, die aus ihrer Anlage heraus beträchtlichen Verdienst gehabt hätten, wären sie ohne diese persönlichen Neigungen bewerkstelligt worden. Wir meinen, daß wir bei Betrachtung eines Vorhabens dieser Art darauf gefaßt sein müssen, schließlich einer habsburgischen Führung des Widerstands gegenüberzustehen, was – und ich denke, Sie stimmen mir da bei – sowohl innen- wie auch außenpolitische Beziehungen belasten würde.
Ich möchte mich gar nicht über die militärischen und technischen Angelegenheiten, die da mitspielen, auslassen, aber ich erlaube mir doch zu sagen, daß Beamte des Außenministeriums, die Fragen bezüglich der Kriegsgefangenen bearbeiten, längst ähnliche Gedanken bezüglich einer »Durchleuchtung« von Kriegsgefangenen hatten. Sollte Erzherzog Felix mit österreichischen und deutschen Kreigsgefangenen Kontakt aufnehmen, die vorher nicht ausgewählt worden sind, so könnte es sowohl an Ort und Stelle Zwischenfälle geben, als auch die Öffentlichkeit über diese Aktivitäten erfahren.
Ich frage mich auch, ob man Erzherzog Otto einen amerikanischen Offizier zuteilen könnte, ohne daß dabei etwas an die Öffentlichkeit dringt und Spekulationen darüber angestellt werden, was das für eine politische Tragweite habe.
Nichtsdestoweniger könnte es das Kriegsministerium nützlich finden, österreichische Kriegsgefangene für die Aufga-

be, wie sie der Erzherzog vorgeschlagen hat, auszuwählen. Allerdings unter Voraussetzungen, unter denen der Erzherzog selbst eine weniger auffallende Rolle spielen würde. Abgesehen von den Empfehlungen, die das Kriegsministerium dazu macht, würde ich nichtsdestoweniger vorschlagen, nach Paris ein Telegramm gemäß dem beiliegenden Entwurf zu schicken.
Beilagen: 1. Telegrammentwurf nach Paris und 2. ein Brief an Erzherzog Otto

Triumph an der »ZWEITEN FRONT« in London

Erzherzog Robert von Österreich-Este wirkte grundlegend am Zustandekommen der »Moskauer Deklaration« Österreichs mit.

Zeitungsnotiz vom 11. Februar 1915:

Erzherzog Robert von Österreich-Este, als drittes Kind des Thronfolgerpaares Erzherzog Karl und Erzherzogin Zita am 8. Februar 1915 in Schloß Schönbrunn zu Wien geboren. Die Taufe fand zwei Tage später, am 10. Februar 1915, gleichfalls in Schönbrunn im Beisein Kaiser Franz Josephs statt. Als Paten fungierten Erzherzog Max, der Bruder Karls, und Erzherzogin Theresia. Nach der Taufe sagte der Monarch zur glücklichen Mutter, Erzherzogin Zita: »Ich bin so froh, daß das Ganze jetzt bereits auf zwei Paar Bubenaugen ruht...«

Ein Trio für Österreich: Otto, Adelhaid und Robert. Bloß zwanzig Jahre später sollten Otto und seine Geschwister bereits den Kampf für Österreichs Wiedergeburt aufnehmen – und gewinnen.

»25 Jahre später, während des Zweiten Weltkrieges, sollte das Schicksal Österreichs tatsächlich auf meinen Söhnen ruhen,« meint Kaiserin Zita Jahrzehnte danach zum Autor. »Ohne meinen Sohn Robert und seine Freundschaft mit Churchill wäre es nie zu der Moskauer Deklaration gekommen, deren Mitautor er war.«

Erzherzog Robert von Österreich-Este leistete aber noch mehr: Er brachte den amerikanischen Chefdelegierten bei der European Advisory Commission in London im letzten Moment dazu – es war der 8. Dezember 1944 –, dem zögernden Präsidenten Roosevelt das Zugeständnis einer amerikanischen Teilbesetzung Österreichs abzuringen. Österreich wäre ohne diese energische Intervention von Seiten Winants im Jahre 1945 völlig den Sowjets ausgeliefert gewesen, da die Briten allein dem russischen Druck mit Sicherheit nicht widerstanden hätten. Ohne die Zusammenarbeit beider, Erzherzog Robert und Botschafter Winand, wäre das Schicksal Österreichs nach 1945 sicher anders gelaufen.

Am Beginn der Tätigkeit Erzherzog Roberts in London standen vorwiegend kulturelle und karitative Aktivitäten zur »Sympathiewerbung« für Österreich, an der sich auch Künstler wie Richard Tauber oder Arthur Rubinstein betätigten. Die eigentliche politische Arbeit setzte erst nach der Übernahme der Regierungsgeschäfte durch Winston Churchill am 10. Mai 1940 ein.
Das Bild zeigt Erzherzog Robert mit Baron Guido Fuchs, Präsident des »Austrian Circle for Arts and Science«; das Bild wurde am 22. Dezember 1939 aufgenommen.

Schwierige Jahre in London

Erzherzog Robert von Österreich-Este, damals kaum 24-jährig, Licencié des Sciences Diplomatiques (Universität Löwen) sowie der Staats- und Wirtschaftswissenschaft, war im Spätsommer des Jahres 1939 nach London gegangen, um »sein Englisch zu vervollkommnen und in der Wirtschaft zu arbeiten, und zwar in einem britisch-belgischen Kohlegroßhandelsunternehmen, in das mich der belgische Politiker und Freund unserer Familie Paul van Zeeland empfohlen hatte. Im September 1939 sperrten wir wegen des Kriegsausbruches zu. In Anbetracht des Krieges und der schwierigen Lage der Österreicher in England hatte ich aber über Arbeitsmangel nicht zu klagen, im Gegenteil: Bis zum Beginn der großen deutschen Offensive am 10. Mai 1940, einen Tag, nachdem wir noch den 48. Geburtstag unserer Mutter gefeiert hatten, pendelte ich trotz des Krieges noch oft zwischen London, Belgien und Paris«, wo Otto von Habsburg sein politisches Hauptquartier aufgeschlagen hatte. Mit Entsetzen beobachtet der junge Erzherzog Robert, mit welchen Methoden die fanatisch auf die Fortdauer des »Anschlusses« eingeschworenen, aus Österreich nach Frankreich geflüchteten Revolutionären Sozialisten in Paris die Arbeit Ottos für die Wiedereinrichtung eines freien unabhängigen Österreichs behindern, und das, obwohl sie genau wußten, daß die Habsburger die Staatsformfrage völlig außer Diskussion gestellt hatten; galt in dieser Lage doch bloß die Priorität der Wiedereinrichtung Österreichs.
»Im Auftrag meines Bruders Otto nahm ich damals die ersten Kontakte mit der britischen Regierung auf, wobei es vor allem um die Aufstellung eines österreichischen Nationalkomitees unter der Führung des ehemaligen österreichischen Botschafters in London, Sir George Frankenstein, ging. Die britische Regierung war grundsätzlich damit einverstanden, forderte allerdings, daß in diesem Komitee alle österreichischen Parteirichtungen vertreten sein müßten. Da sich die Sozialisten unentwegt weigerten – sie waren an der Wiedereinrichtung eines unabhängigen Österreichs völlig desinteressiert, im Gegenteil, sie hielten den Anschluß als solchen für richtig –, brachen unsere Verhandlungen mit der Regierung zusammen.
Im Jahre 1940 lebten an die 30000 österreichische Emigranten in Großbritannien. Jetzt versuchten wir, wenigstens irgendeine Art von österreichischer Vertretung aufzubauen, doch auch das wurde wegen der Obstruktion der Sozialisten ein Fehlschlag. Schließlich galten dann die Österreicher ebenso als ›enemy aliens‹, als Feinde, wie die Deutschen. Wie die Deutschen wurden alsbald auch die Österreicher auf die Insel Man geschickt, von wo sie, sobald genügend Schiffsraum zur Verfügung stehen würde, nach Neuseeland, Australien oder Südafrika hätten deportiert werden sollen. Nach endlosen Bemühungen erhielt ich die Erlaubnis, eine Liste von mehr als tausend Personen aufzustellen, die nicht in die Lager kommen sollten. Baron Frankenstein und ich mußten bei jedem einzelnen Namen gegenzeichnen. In dieser Zeit erschien auch das erste österreichische Monatsheft in England, was unsere Arbeit ein wenig erleichterte.«
Die Helfer der ersten Stunde waren Kriegsminister Hore-Belisha, Außenminister Halifax sowie Robert »Bob« Boothby, Unterstaatssekretär, einer der engsten Mitarbeiter Churchills bei dessen Kampf gegen Chamberlains Appeasement-Politik und erklärter Gegner des Anschlusses, was in England keineswegs selbstverständlich war.
Die Lage veränderte sich schlagartig mit dem 10. Mai 1940, als Winston Churchill am Tage der deutschen Offensive gegen Westen britischer Premier wurde; nun stiegen auch die Hoffnungen auf eine bessere Österreich-Politik Londons, war doch die historische Bildung Churchills und seine emotionale Bindung an das Mitteleuropa habsburgischen Zuschnitts bekannt.
War der Kreis um Robert von Habsburg bis dato mehr auf karitative Ziele ausgerichtet – ein Arthur Rubinstein wurde da genauso eingespannt wie ein Richard Tauber – konsolidierte sich die Arbeit nun in politischer Richtung: »Mit dem Fortschreiten des Krieges kümmerten wir uns immer mehr ums tägliche Brot und unser politisches Ziel, die Wiedererrichtung Österreichs«.
Zur Verwirklichung dieses Ziels verfügte Robert von Habsburg über eine Reihe hervorragender Mitarbeiter. Da war zunächst Sir George Frankenstein, der frühere österreichische Botschafter bei St. James. Dann war da Kurt Graf Strachwitz, der viele, anfangs noch sehr schwierige Kontakte zur »hohen Politik« herstellte, oft gemeinsam mit Baron Frankenstein, und mit ihm zusammen viele Memoranden ausarbeitete und »sehr österreichisch-national« orientiert war.
»Als im Juni 1940 Frankreich fiel, kamen General de Gaulle und Gaston Pallewski herüber, mit denen wir sofort engsten Kontakt fanden; bei den geflüchteten Belgiern hatten wir in dem großartigen Paul Henri Spaak einen hervorragenden Verbündeten, der mit allen ihm zur Verfügung stehenden Mitteln versuchte, auf seine ›österreichischen‹ Genossen einzuwirken, ja sogar Druck auszuüben – leider vergeblich.
Eigentlich war es tragisch, andernteils aber auch wieder ermutigend, zu sehen daß ›Altösterreicher‹ wie der polnische General Sikorski, General de Gaulle oder Paul Henri Spaak Österreichs Wiedergeburt anstrebten, während die ›österreichischen Landsleute‹ vielfach nur Revolution und Anschluß wollten.«
Dennoch ließen es sich weder Erzherzog Robert noch seine Mitarbeiter verdrießen. Im Gegenteil. Generalsekretär dieser »kleinen Gruppe österreichischer Intellektuel-

ler«, wie Erzherzog Robert es formuliert, war Dr. Otto Hecht, ein durch nichts zu ersetzender Argumentierer. Ferner gehörten zu diesem Kreis Professor Buschbeck, der Christlichsoziale Dr. Walter Breitenfeld, der Jugendführer Peter von Alberts (»er gründete und leitete die AYA, die Austrian Youth Association, in meinen Augen durchaus ein Vorläufer der JES«) und, »sehr wichtig, Croy. Seine Frau war Engländerin, verfügte über ganz hervorragende Kontakte und hat unendlich viel geholfen«.
Dazu kam der Journalist Franz Klein: »Er nannte sich Robert Ingrim, so wurde er auch berühmt, und Robert nannte er sich wegen der hervorragenden Zusammenarbeit mit mir. Er besorgte die Verbindung zur britischen Presse. Durch ihn kam ich an den beinahe allmächtigen Lord Beaverbrook heran.« Beaverbrook war Herr über den Daily-Express, den Sunday-Express und den Evening-Standard und eine Kette weiterer Presseorgane, mit einem Wort, ein Schlüssel zur öffentlichen Meinung.
Ein anderes Mitglied des Kreises um Erzherzog Robert war der Sozialdemokrat Heinrich Allina, früherer sozialdemokratischer Abgeordneter im österreichischen Nationalrat: »Vollkommen links, aber christlich«, wie der Habsburger so respektvoll wie drastisch formuliert: »Ich erinnere mich, daß Allina wiederholt sagte, ›Ich kann einfach nicht begreifen, warum unsere Sozialisten gegen Österreich sind‹. Der Mann hatte halt Überzeugung, Charakter und Courage« – denn die »österreichischen Exilsozialisten taten alles, um Allina zu diskreditieren und zu denunzieren, wie sie es ja auch bei dem Sozialdemokraten Karl Hartl, der sich in Frankreich Otto angeschlossen hatte, gleichfalls taten.«
Die Anschluß-sozialistische Opposition gegen Erzherzog Robert ließ nichts ungeschehen, um alle Versuche, eine gesamtösterreichische Repräsentanz in Großbritannien aufzubauen, zunichte zu machen. Sowohl die Aufstellung einer österreichischen Interessensvertretung wie schließlich die einer österreichischen Exilregierung wurde einfach deswegen verhindert, weil die Sozialisten nicht im Traum daran dachten, nach einem Siege der Alliierten ein unabhängiges Österreich wiedererstehen zu lassen.
»Eines der schlimmsten Ereignisse in der Kette dieser Sabotageakte war, daß diese Leute schließlich die Aufstellung eines eigenen, rein österreichischen Pionierkorps verhinderten, ein Projekt, dessen Verwirklichung bereits absolut gesichert war. Es gab damals in der Kriegszeit aber eine Koalitionsregierung aus Konservativen, Liberalen und Sozialisten, und über Ihre Parteifreunde intrigierten sie solange gegen die schon in Aufstellung begriffene österreichische Pioniereinheit, bis sie zu Fall kam. Ich erinnere mich, wie enttäuscht der Unterhausabgeordnete Leo Amery darüber war, ein politischer Intimus von Winston Churchill, der so viel bei der Aufstellung dieser österreichischen Pioniereinheit geholfen hatte.
Das Hauptargument beim Intrigieren war, daß das österreichische Schicksal nach dem Kriege keineswegs in der Unabhängigkeit liege. Diese Gruppe verfocht bis zuletzt fanatisch den Anschlußgedanken, der in gewissen Kreisen, übrigens auch in England, recht populär war und seine Freunde fand. Außerdem mochten sie wohl fürchten, daß die Legitimisten im Rahmen der Aufstellung der österreichischen Pioniereinheit Oberhand gewinnen müßten.«
Diese Befürchtung hatte keine reale Grundlage, weil Otto von Habsburg immer wieder betont hatte, daß die Staatsformfrage völlig zweitrangig sei. Wichtig für das Haus Österreich war bloß die Wiedererrichtung eines unabhängigen, freien Österreichs.
»Daß ich niemals, auch nicht ein einziges Mal, für die Wiedererrichtung der Monarchie aufgetreten bin, weil ich immer der Meinung gewesen war, zuerst kommt Österreich, dann die Staatsform, störte jene revolutionären Sozia-

Heinrich Allina, Sozialdemokrat, Abgeordneter, in der Emigration unermüdlicher Vorkämpfer für die Wiedererrichtung Österreichs, womit er sich den gnadenlosen Haß seiner sozialistischen Parteigenossen im Exil einhandelte, die für die Beibehaltung des »endlich« vollzogenen Anschlusses eintraten und ihr Heil in einer »Gesamtdeutschen Sozialistischen Revolution« sahen.
Allina war auch Mitglied des AUSTRIAN ADVISORY COMMITEE, das, als aufgrund sozialistischer Interventionen die Bildung einer Österreichischen Exilregierung verhindert worden war – wenigstens in Teilbereichen die Interessen Österreichs vertreten sollte.

listen nicht. Sie wollten ja nicht Österreich, sondern ein revolutionäres Großdeutschland, und sonst gar nichts.«
Erzherzog Robert zog sich mit seinem Stab immer mehr aus dem Intrigantenspiel der österreichischen Emigration zurück und setzte mit umso größerem Erfolg auf die direkte Beeinflussung der politisch entscheidenden Kreise in London. Im Laufe der Zeit hatte sich auf britischer Seite ein »innerer Zirkel« von wirklichen Österreichfreunden zusammengefunden, auf den Erzherzog Robert bauen konnte. Dazu gehörten:
Leo Amery, konservativer Unterstaatssekretär, engster Freund Churchills und gleichzeitiger Intimfeind Anthony Edens; Brandon Bracken, Schwiegersohn des Premierministers Winston Churchill, ein Österreich-Fan, wie er nützlicher nicht sein konnte; die Abgeordneten R. A. Buttler und Hector Bolitho, Herold Caccia, George Harvie-Watt und Henry Channon »Chips«, der in seinen Tagebüchern in einer köstlichen Kurzbeschreibung Erzherzog Robert charakterisiert, wie er, »as grave as ever« – so ernsthaft wie immer –, mit Helm und Spitzhacke in seiner Eigenschaft als Luftschutzwart nächtens auftaucht, um seinen ausgebombten Nachbarn »Chips« aus dem Schutt seines zerbombten Hauses zu graben.
Einer der wichtigsten Kontaktmänner Erzherzog Roberts war der 1940 geadelte Labour-Abgeordnete Baron Nathan, Lord of Churt, Oberst, dessen Spezialität die Veranstaltung exklusiver Ereignisse war; eine Einladung zu einem von Baron Nathan gegebenen Abendessen bedeutete soviel wie »Passport to High Society«. Bei jedem dieser Diners nahm Erzherzog Robert einen Ehrenplatz am Haupttisch der Abendgesellschaft ein, wo dann Persönlichkeiten wie der Belgier Paul Henri Spaak, der polnische Volksführer Sikorski (ein besonders guter Freund Erzherzog Roberts), der belgische Premierminister Pierlot, der in seiner Eigenschaft als Chef der belgischen Exilregierung alle Belgier von ihrem Treueeid für König Leopold entbunden hatte, aber auch ein Eduard Beneš saßen.
»Ich erinnere mich, zu meinem Erstaunen beim Eintreffen an meinem üblichen Platz am Ehrentisch, zur Linken meiner Namenskarte jene des Eduard Beneš zu sehen. Kurz entschlossen ließ ich meine eigene Tischkarte rasch verschwinden. Beneš traf ein, nahm Platz, und alsbald entspann sich zwischen meinem Nachbarn, der keine Ahnung hatte, wer ich sei, und mir eine ebenso lebhafte wie interessante Unterhaltung über die Probleme des Donauraumes und überhaupt Mitteleuropas.
Es dauerte nicht lange und Beneš sprach mir gegenüber unverhohlen Bewunderung über meine Kenntnisse hinsichtlich Mitteleuropas und besonders des Donauraumes aus. ›Es wäre ausgesprochen interessant, angesichts Ihres Wissens mit Ihnen arbeiten zu können. Leben sie in London? Mit wem habe ich das Vergnügen?‹

Um Erzherzog Robert und seine Gruppe öffentlich zu unterstützen, machte Winston Churchill den Vorschlag, eine von Erzherzog Roberts Gesinnungsfreunden gekaufte Feldküche direkt vor dem Amtssitz des Premierministers zu übergeben.
Am 18. Februar 1942 war es so weit: Sir George Frankenstein konnte im Auftrag Roberts von Habsburg die Übergabe im Beisein von Sir Winston und Lady Churchill vornehmen, und auch die engsten Mitarbeiter, Dr. Otto Hecht, Heinrich Allina und Dr. Breitenfeld waren zur Stelle.
Churchill ergriff dann das Wort und sprach von der Verpflichtung, ein freies Österreich, das keinerlei Kriegsschuld treffe und das erstes Opfer der nationalsozialistischen Aggression gewesen sei, wiederzuerrichten.
Die Propagandawirkung der öffentlichen Übergabe des Wagens vor dem Amtssitz und im Beisein des Premierministers übertraf alle Erwartungen und schien auch die Aufstellung eines österreichischen Pionierkorps zu begünstigen.

Ich nannte meinen Namen.
Die Reaktion des Herrn Beneš war wohl bezeichnend. Er erstarrte für einen Augenblick, dann wandte er sich ruckartig und abrupt von mir ab, drehte mir halb den Rücken zu und verharrte so den ganzen restlichen Abend lang, ohne mir auch noch einen Blick oder ein Wort zu widmen, worüber ich allerdings nicht besonders traurig war.«
Wie bekannt, verfügte Beneš über große Geldmittel. Damit wurden nicht nur zahllose Journalisten bestochen, sondern auch unzählige Spitzel, ja selbst hohe und höchste Beamte.
»Ich erinnerte mich, daß ein Beamter des Foreign Office, es war Roger Makins, mir während des Krieges anläßlich einer Begegnung bei einem Empfang ganz offen und unverhüllt sagte: ›Für mich ist die einzige Lösung die, die Beneš vorgeschlagen hat‹. Ich ahnte damals schon, daß er von Beneš vereinnahmt worden sei, und später erhielt ich Hinweise, daß es tatsächlich so war.
Selbstverständlich hatte Österreich auch gute Freunde; im Foreign Office gehörte zum Beispiel Frank Roberts dazu, ja, ich möchte ihn sogar als einen katholischen Legitimisten bezeichnen.

In dem Zusammenhang ist es vielleicht gut zu betonen, daß ich bei all meiner Arbeit in London niemals das Gefühl vermittelt habe, für eine ›Restauration‹ zu arbeiten, weil wir schon zu Beginn des Krieges erkannten, daß es darum überhaupt nicht gehen konnte.
Unsere Gegner handelten ja auch aus anderen Motiven. Eden gewiß aus der schon erwähnten Grundeinstellung. Sein verlängerter Arm war übrigens Herr Robert Vansittart. Der hat uns ja dann auch die Aufstellung des österreichischen Pionierkorps endgültig zusammengehaut.
Zu Eden möchte ich noch bemerken, daß man damals in einem erschreckenden Ausmaß eine Art Religionskrieg gegen uns führte. Anthony Eden war überzeugter totaler Atheist und hat uns schon deshalb bekämpft. Er war auch die Ursache dafür, daß wir die wichtigsten Nachrichten nie über offizielle Stellen leiteten, sondern über unsere Freunde immer direkt an die zuständigen Adressaten richteten. So hat er so gut wie nie unsere Memoranden an Churchill zu Gesicht bekommen.«
Die wichtigste Voraussetzung für Österreichs Wiedergeburt als freier Staat war die unermüdliche persönliche Vorsprache der Habsburger bei den Staatsführern in Washington und London. Daß die Sowjets ihrerseits schließlich gleichfalls Pläne entwickelten, Österreich wieder auf die Landkarte zu bringen, hat mit der Wiedererrichtung eines freien, demokratischen Staatswesens Österreichs nichts zu tun. Die Sowjets konnten, wie ja die Dokumente bezüglich der »European Advisory Commission« beweisen, mit an Sicherheit grenzender Wahrscheinlichkeit damit rechnen, daß die USA zu nachlässig sein würden, um sich eines wiedererstandenen Österreich tatsächlich anzunehmen.
Die Wiedererrichtung Österreichs als freier unabhängiger Staat gründet auf zwei Fakten. Die *Grundlage* wurde durch die »Moskauer« Deklaration geschaffen; die *Verwirklichung* durch die Rettung der Moskauer Deklaration, die jene Männer zustande brachten, die Roosevelt seine Entscheidungen vom 8. Dezember 1944 abrangen, doch noch eine amerikanische Besatzungszone in Österreich zu errichten (widrigenfalls die Sowjets die Moskauer Erklärung vom 1. November 1943 für null und nichtig erklärt hätten).

Der Ursprung der »Moskauer Deklaration«

Daß Winston Churchill den Habsburgern verständnisvoll entgegentrat, war den Sozialisten selbstverständlich bekannt; ebenso bekannt waren seine Absichten, in irgendeiner – wenn möglich vergrößerten – Form (Churchill dachte an eine Art mitteleuropäischer Föderation) Österreich wiedererstehen zu lassen.
Nach dem Zweiten Weltkrieg, als er Bilanz über seine Taten, Irrtümer und Träume zog, schrieb er in seinem Werk »The second World War«: »Die zweite Kardinaltragödie war die völlige Zerstörung des Österreichisch-Ungarischen Reiches durch die Friedensschlüsse von Saint-Germain und Trianon.

Dem großen W. C. scheint's zu schmecken: Frau Louise Hecht-Neustadtl (die Gemahlin von Dr. Otto Hecht) und Lady George Frankenstein (Gemahlin des österreichischen Botschafters in London, der nie für Hitler optierte) demonstrieren vor dem Hause 10, Downing Street, die Güte einer »Trailer Canteen«, die der Kreis um Botschafter Baron Frankenstein und Erzherzog Robert für die britische Armee spendete. Die Idee war von Churchill ausgegangen, der für Erzherzog Robert und dessen Sache einer Wiedererrichtung eines freien, unabhängigen Österreich etwas tun wollte: »Ihr müßt in die Zeitung...!« – was denn auch geschah.

Jahrhundertelang hatte dieser überlebende Körper des Heiligen Römischen Reiches ein gemeinsames Leben gewährleistet, mit Vorteilen in Handel und Sicherheit einer ganzen Anzahl von Völkern, von denen keines in unserer eigenen Zeit die Kraft und Vitalität hat, sich selbst zu behaupten angesichts des Druckes eines wiedergeborenen Deutschland und Rußland. Alle diese Rassen wollten sich von einem Bund oder Kaisertum losmachen, und ihre Wünsche zu ermutigen wurde als liberale Politik betrachtet... Allen diesen Völkern oder Provinzen, welche das Habsburgerreich bildeten, hat der Gewinn ihrer Unabhängigkeit Qualen eingebracht, welche die alten Dichter und Theologen für die Verdammten reservierten...«
Im August des Jahres 1943 – wenige Wochen vorher waren die Alliierten in Sizilien gelandet – lag Hamburg unter dem Bombenhagel ununterbrochener anglo-amerikanischer Luftangriffe, bereitete sich Winston Churchill auf eine Begegnung mit Premierminister Roosevelt im kanadischen Quebec vor. Roosevelt und Churchill wollten dort unter dem Decknamen »Quadrant« die Fortsetzung dieses Krieges gegen Deutschland und Japan besprechen. Churchill wollte vor allem keine Truppen aus dem Mittelmeerraum abziehen lassen, um die alliierte Invasion, wie es Roosevelt wollte, an der Atlantikküste zu unterstützen. Churchill inter-

essierte sich für Südeuropa und Mitteleuropa mehr als irgendein anderer Staatsmann seiner Zeit. In den Rahmen seiner vorbereitenden Besprechungen zur Begegnung mit Präsident Roosevelt gehörte daher auch eine ausführliche Konsultation des in London lebenden Erzherzogs Robert von Österreich-Este und des in den Vereinigten Staaten lebenden Otto von Habsburg.
Drei Tage vor seiner Abreise nach Quebec entschloß sich Winston Churchill, den ihm schon lange bekannten jungen Erzherzog zu sich zu rufen. Er tat es zu ungewöhnlicher Stunde, doch die Wirkung der Begegnung sollte dadurch nicht gemindert werden.
Erzherzog Robert erinnert sich:
»Unsere wichtigste Verbindung war natürlich die zu Churchill, und mein wichtigster Verbindungsmann zu ihm sein späterer Sekretär Jock Colville.
Jock Colville, mit dem mich eine besonders herzliche Beziehung verband, verdanken wir sehr viel. Er war es auch, der mir die entscheidende Einladung zu jenem Gespräch überbrachte, das letztlich als »Moskauer Deklaration« die Weltöffentlichkeit erreichte.
Die Unterredung fand unmittelbar vor Churchills Abreise nach Kanada statt, wo er mit Roosevelt zusammentreffen wollte, übrigens auch mit meinem Bruder Otto«.
Die Episode, die für Österreichs weitere Zukunft so entscheidend werden sollte, entbehrt nicht des Ungewöhnlichen und des Dramatischen:
»Gegen zwei Uhr nachts läutete mein Telefon. Schlaftrunken hob ich den Hörer ab. Am anderen Ende der Leitung meldete sich die wohlvertraute Stimme von Jock Colville:
›Good Morning Robert! Der PM möchte dich gerne sehen!‹
›Du lieber Himmel, wie spät ist es überhaupt?‹
›In ein paar Minuten wird's zwei!‹
›Und wo nehme ich um diese Zeit ein Taxi her? Das ist ja völlig unmöglich!‹
›Ich schicke dir sofort einen Wagen!‹
Der war auch alsbald da. Ich traf Churchill damals in seinem Hauptquartier unterhalb der Admiralität. Die verschachtelten Gänge werden mir stets im Gedächtnis bleiben. Zum Schutze gegen die Bomben hatte man die Abgänge so angelegt, daß weder Bomben noch Splitter in die Tiefe gelangen konnten. Ich erinnere mich besonders an eine gewaltige Kommandozentrale, die wir durchquerten, und schließlich erreichten wir das gleichfalls sehr weiträumige Zimmer des ›PM‹, der mehr oder weniger bereits zu Bette lag, ganz ausgestreckt, und um eine Art Nachtkästchen herum erreichte ich meinen Platz. Jock Colville verließ uns, und wir waren allein.
Die Unterredung dauerte bis nach vier Uhr früh.
Ich möchte sagen, daß das Wesentliche an Churchill war, daß er über das Kriegsende hinaus dachte.
Und bei jedem seiner Schritte hat er sich vorher *informiert*. Diesmal war ich der Informator.
Ich wußte aus verschiedenen Vorgesprächen, besonders mit Jock Colville, was auf mich zukommen würde und folgte bei diesem nächtlichen Besuch so wie immer und da erst recht meinem Grundsatz: *NIE OHNE MEMORANDUM.*
Im Laufe des Gesprächs überreichte ich die von meinen Mitarbeitern und mir ausgearbeiteten Grundzüge hinsichtlich Österreichs Zukunft, die im Wesentlichen auf zwei Dinge hinausliefen:
1. Österreich trifft *keine Kriegsschuld,* es ist vielmehr das *erste Opfer* der Nationalsozialisten gewesen; und
2. Österreich muß als unabhängiger Staat wiedererrichtet werden.
Ich erinnere mich, wie Churchill in dem sehr langen Gespräch meinte: ›Die Katastrophe nach dem Ersten Weltkrieg war die Zerschlagung der Donaumonarchie. Wir dürfen nach diesem Kriege nicht den gleichen Unsinn machen‹.
Der Schluß der Unterredung leitete zu meinem Bruder Otto über: Was denkt der über diese Problematik?
Und dann: ›Ich muß mir das alles überlegen‹.
Churchill traf dann in Quebec nicht nur mit Präsident Roosevelt zusammen, sondern auch mit meinem Bruder Otto.
Das Typische an Churchill war, daß er eine einmal begonnene Sache, wie jenes nächtliche Gespräch mit mir, nicht irgendwo versickern ließ und seine Kontakte vergaß.
Schon wenige Tage nach der Heimkehr des PM aus Canada erhielt ich abermals eine Einladung, ihn zu besuchen, und er erzählte ausführlich von seiner Begegnung mit Roosevelt und meinem Bruder Otto: ›Was mich besonders verwundert hat, war, daß das Memorandum, das mir Ihr Bruder übergeben hat, fast gleichlautend mit dem Ihren war. Wie ist das zugegangen?‹
Er fragte aber nur rhetorisch. Churchill verstand vollkommen, daß wir einfach bei unseren Überlegungen zu den gleichen Ergebnissen kommen mußten und überhaupt eng zusammenarbeiteten.
In Moskau ist dann von dem ursprünglichen Entwurf, der für Österreich viel günstiger war, viel verwässert worden. Es kam von den zwei Gegenspielern Roosevelts.
Das war ja das Übel, daß es nicht nur einen Eden gab, der sich zu den Sowjets, vielleicht wegen seiner atheistischen Grundeinstellung, merkwürdig hingezogen fühlte, sondern dann auch die Entwicklung mit Präsident Roosevelt. Der fühlte sich, vielleicht auf Grund der Erfahrung mit seiner unerhörten Willenskraft, die ihn befähigt hatte, trotz seiner körperlichen schweren Behinderung mehrmals Präsident der Vereinigten Staaten zu werden, sogar dazu berufen, aus Stalin noch einen echten Demokraten zu machen.«
Mit der Veröffentlichung der »Moskauer Deklaration« am 1. November 1943, in der die Wiederherstellung Österreichs

nun amtlich und »aktenkundig« als Kriegsziel feststand, war die Arbeit Erzherzog Roberts keineswegs beendet.
Nicht etwa, weil die sozialistische Emigration in London die »Moskauer Erklärung« nur mit Zähneknirschen zur Kenntnis nahm – und unter Vorbehalt »organisierter internationaler Interdependenz« (das war das Hintertürl zu einem Doch-noch-Anschluß, formuliert in der Erklärung der Sozialisten vom 3. November 1943 in London). Die große Krise dämmerte ein Jahr später herauf, als sich die Amerikaner aus ihrer ursprünglichen Zielsetzung, an der Besetzung Österreichs teilzunehmen, hinausstehlen wollten. Und das hätte Sowjethegemonie über Österreich bedeutet.

Original-Bildtext vom 11. März 1940:
Zweiter Jahrestag der Vergewaltigung Österreichs
Heute, am zweiten Jahrestag der brutalen Annexion Österreichs durch Deutschland eröffnete die österreichische Gemeinschaft in London ein »Österreich-Büro« und veranstaltete im katholischen Gotteshaus von der »Unbefleckten Empfängnis« in der Farm Street einen Gedenkgottesdienst, den Bischof Mathews von Westminster zelebrierte. Dem Gottesdienst wohnten bei: Erzherzog Robert von Habsburg, Sir George Frankenstein sowie der Präsident der Österreichischen Liga, Baron Schey.
Das Foto zeigt, von links nach rechts: Baron Bouward, den Vizepräsidenten der Österreichischen Liga, Erzherzog Robert von Habsburg und Baron Schey, den Präsidenten der Österreichischen Liga.

Die Verhinderung der de facto-Außerkraftsetzung der »Moskauer Deklaration«

Gegen Ende des Jahres 1944 galt es für Erzherzog Robert von Österreich-Este nochmals, eine für Österreich gefährliche Klippe umfahren zu helfen: Während der in London stattfindenden Verhandlungen der EUROPEAN ADVISORY COMMISSION über die Einteilung der künftigen Besatzungszonen weigerten sich die Vereinigten Staaten plötzlich, in Österreich irgendeine Zone – ausgenommen einen Sektor in Wien – zu besetzen. Die Russen, die in solchen Dingen immer eine klare, ehrliche Sprache reden, machten den Amerikanern auch sofort klar, daß das die Außerkraftsetzung der »Moskauer Deklaration« bedeuten würde, wohl in der Gewißheit, daß die Amerikaner trotzdem auf eine Teilnahme an der gemeinsamen Besetzung Österreichs verzichten würden.
Es wird an Hand der Korrespondenz zwischen Botschafter John Winant und Außenminister Stettinus in allen Einzelheiten nachgewiesen werden, wie prekär damals die Lage Österreichs war, daß es ohne die Beeinflussung von Botschafter Winant durch Otto von Habsburg und Erzherzog Robert *keine* amerikanische Besatzungszone und damit auch *keine* Erfüllung der »Moskauer Deklaration« gegeben hätte.
Ungarn war, allen Warnungen Otto von Habsburgs zum Trotz, bereits gegen Ende des Jahres 1944 in die Hände der Sowjets gefallen; der deutsche Widerstand in Westungarn bedeutete nichts mehr als zusätzliche Zerstörung. Allerdings konnten die Sowjets Ungarn erst am 4. April 1945 zur Gänze erobern.
Nun stand das Schicksal Österreichs auf dem Spiel. Die sowjethörige und Beneš »verpflichtete« Lobby im US-Kriegsministerium und im Außenamt konnte es dem Präsidenten immer schmackhafter machen, auf eine Teilnahme an der Besetzung Österreichs – aus »Einsparungsgründen« – zu verzichten.
Bevor Otto von Habsburg die USA im Oktober 1944 verließ, unternahm er einen letzten, verzweifelten Versuch, um den Präsidenten der USA aus seiner immer gefährlicher sich abzeichnenden Lethargie zu rütteln. Er sandte unmittelbar vor seiner Abreise – gleichzeitig mit einem bewegten Dankschreiben an die Sekretärin Roosevelts, Miss Grace Tully, die unendlich viel für Österreich getan hatte, weil sie dank ihrer Vertrauensstellung großen Einfluß ausüben konnte – ein kurzes Memorandum an Roosevelt, das dem Präsidenten einmal mehr die Bedeutung Österreichs klar machen sollte. Er drehte in seinem Memorandum den Spieß einfach um: so, als wäre es *selbstverständlich,* daß die USA Österreich besetzten, andernteils aber *immer noch* die Möglichkeit bestünde, die Russen am Einmarsch in Österreich zu hindern, was ja auch tatsächlich der Fall war.
Die Lage der Habsburger erwies sich als extrem schwierig; Otto von Habsburg befand sich auf dem Wege nach Lissabon, mußte sich dort erst »einrichten« und neue Verbindungswege zu seinem Bruder Robert in London gangbar machen, außerdem nahmen ihn in Lissabon die ungarischen Probleme ganz besonders in Anspruch.
In diesen entscheidenden Herbsttagen des Jahres 1944, als die EUROPEAN ADVISORY COMMISSION in London tagte und über das Schicksal des besetzten Österreich entschied,

John G. Winant, US-Botschafter in London seit dem 10. Februar 1942, trat die Nachfolge des mehr an der »Familienpolitik« seines Clans interessierten Joseph Kennedy an. John G. Winant »with his ebony locks, his farouche charm, his Abraham Lincoln ways and inarticulate sincerity, completely seduced us all«, schrieb Sir Henry Channon über ihn; zum engeren Kreis rund um diese Drehscheibe britischer Politik und Gesellschaft während des Zweiten Weltkrieges gehörte auch Erzherzog Robert.
In den für Österreich so kritischen Wochen, als in London die »EUROPEAN ADVISORY COMMISSION« – von der Öffentlichkeit so gut wie nicht beachtet – über das weitere Schicksal Österreichs nach dem Kriege tagte, war es die enge Freundschaft zwischen William Bullitt und Otto einerseits sowie jene zwischen John G. Winant und Erzherzog Robert von Österreich-Este andererseits, die Winant schließlich veranlaßten, Roosevelt dazu zu bewegen, in Westösterreich eine amerikanische Besatzungszone zu errichten, widrigenfalls die Sowjets das »Moskauer Abkommen« als gegenstandslos betrachtet hätten.
»Ich hatte Winant mehrfach in Washington getroffen, und zwar im Kreise jener Diplomaten, die zum Ring um Bullitt gehört haben. Auch über Cavendish Welles-Cannon kam ich mit ihm zusammen, der in vielen wichtigen Dingen im State-Department zuständig war und uns unter dem Einfluß seiner Frau, übrigens eine Mormonin, stark unterstützte. Winant wußte jedenfalls, worum es im Zusammenhang mit Österreich ging.«

erwiesen sich die soliden Freundschaften, die Otto von Habsburg in Frankreich und in den USA, und Erzherzog Robert in London aufgebaut hatten, für Österreich als lebensrettend.

Erzherzog Robert erinnert sich:

»Sobald ich von meinem Bruder Otto Weisung erhalten hatte, wandte ich mich unmittelbar an Botschafter Winant, den ich ja recht gut kannte. Ich rief einfach an, erhielt sofort einen Termin und konnte offen reden. Wir gehörten alle – mein Bruder Otto, ich, Winant, zu dem Kreis um Botschafter Bullitt und Cavendish Welles-Cannon, und damals tat ich nichts anderes, als Bullitts guten Rat zu befolgen: ›Gehts doch einfach zum Winant!‹, dem damaligen US-Botschafter in London.«

Erzherzog Roberts Bekanntschaft mit der Botschaft der Vereinigten Staaten ging schon auf die Tage des Joseph Kennedy zurück (Vater des späteren Präsidenten John F. Kennedy), der Lord Lothian bereits zu der Bemerkung gereizt hatte: »... seine Hauptbeschäftigung scheint Vermögenssicherung zu sein, besonders die seines eigenen.« Erzherzog Robert empfing der US-Botschafter Kennedy beim ersten Mal mit beiden Füßen auf dem Schreibtisch.

»Verzeihen Sie, aber unsere Unterredung wird durch eine Mauer gestört,« hatte der Habsburger damals gesagt; Joseph Kennedy verstand und nahm seine Beine unter den Stuhl, ohne aber gekränkt zu sein. Mit US-Botschafter Winant ließ sich da anders reden. Erzherzog Robert charakterisierte ihn mit den Worten: *»Der Mann wußte, was die Brennergrenze bedeutet«*.

Wie genau Botschafter Winant über die Bedeutung der Brennergrenze und die Notwendigkeit ihrer Beseitigung – das heißt, die Notwendigkeit einer Wiedervereinigung Südtirols mit dem Mutterland Österreich – Bescheid wußte, geht aus dem Memorandum des Außenministers Cordell Hull vom 24. Juni 1944 hervor, das zur Gänze mit Botschafter Winant durchgesprochen worden war:

»DEPARTMENT OF STATE

WASHINGTON
24. Juni 1944
Memorandum für den Herrn Präsidenten

Betrifft die Behandlung von Österreich

Ich lege einen Bericht über »die Behandlung von Österreich« gemeinsam mit einer Zusammenfassung bei. Der Bericht schließt auch eine politische Empfehlung ein, die vom »Komitee für Nachkriegsprogramme« des Außenministeriums vorbereitet und gutgeheißen wurde. Wenn Sie keine Einwände haben, werde ich dieses Dokument nach London an Botschafter Winant weiterleiten lassen, damit er für die Diskussionen im Rahmen der European Advisory Commmission Leitlinien hat. Sie betreffen die allfällige Besetzung Deutschlands und Österreichs.

Absatz 15 der Zusammenfassung und die mehr in die Einzelheit gehende Diskussion über die Besetzung von Österreich auf Seite 6 des Grundmemorandums werden im Lichte jener Informationen modifiziert werden müssen, die soeben von Botschafter Winant aus London eingetroffen sind. Er hat einer Dreimächtekontrolle Österreichs unter der Voraussetzung zugestimmt, daß wir vorläufig noch nichts über die Größe des Kontingents, das Österreich besetzen soll, aussagen.

Botschafter Winant hat berichtet, daß er dieser Dreimächtekontrolle über Österreich zustimmte, nachdem er am letzten Tag seines Aufenthaltes in Washington unmittelbar vor seiner Rückkehr nach London dazu Ihre Zustimmung erhalten hat.

Der beigeschlossene Bericht wurde auch dem Generalstab der Vereinigten Staaten wegen der militärischen Aspekte dieser Frage zugestellt. Beigeschlossen ein Bericht, zweitens eine Zusammenfassung.

Cordell Hull
M. P.

PWC-217a
June, 21, 1944

ZUSAMMENFASSUNG:

DIE BEHANDLUNG ÖSTERREICHS
POLITISCHE EMPFEHLUNGEN

1. LANGZEITINTERESSEN UND ABSICHTEN DER VEREINIGTEN STAATEN VON AMERIKA

A. Internationaler Status

1. Österreich soll als ein Opfer der Naziaggression behandelt werden und nicht als ein willfähriger und integraler Teil Deutschlands.
2. Diese Regierung sollte die rasche Wiederherstellung Österreichs als unabhängigen Staat begünstigen.
3. Diese Regierung soll entsprechende Maßnahmen ergreifen und vornehmen, um unter den Österreichern eine stärkere Loyalität für ein unabhängiges und demokratisches Österreich zu bewirken, bei gleichzeitigem wirksamen Schutz gegen äußere Bedrohung.
4. Diese Regierung sollte Vorkehrungen begünstigen, unter denen das österreichische Volk unter Umständen mit Zustimmung der internationalen Organisation mit seinen

Nachbarn solche wirtschaftlichen und politischen Beziehungen herstellen kann, die Frieden und wirtschaftliche Wohlfahrt erhalten.
5. Es liegt im Interesse der Vereinigten Staaten, daß Österreich eine Art von innerem Wirtschaftssystem und internationale wirtschaftliche Verbindungen entwickeln kann, daß es nicht zum Opfer der internationalen Gemeinschaft oder einer Macht wird.
6. Österreich sollte zukünftig ohne jede Diskriminierung in internationale wirtschaftliche Organisationen aufgenommen werden.
7. Diese Regierung sollte Langzeitkredite und andere finanzielle Hilfe für Österreich begünstigen.

B. Grenzen

8. Die österreichisch-tschechoslowakische Grenze von 1937 soll wieder hergestellt werden.
9. Die österreichisch-jugoslawische Grenze von 1940 soll wieder hergestellt werden.
10. Die gegenwärtige österreichisch-ungarische Grenze soll bestehen bleiben.
11. Die österreichisch-deutsche Grenze vom 1. Jänner 1938 soll aufrecht erhalten bleiben, ausgenommen das kleine Gebiet um Sonthofen.
12. Die österreichisch-italienische Grenze soll durch die Abtretung der italienischen Provinz Bozen, ausgenommen kleinere Grenzbereinigungen, berichtigt werden.

Dr. Otto Hecht, der Generalsekretär des Komitees »Justice for the Tyrol« in London

B. Frontiers

11. The Austrian-German frontier of January 1, 1938 should be maintained except for inclusion within Germany of the small Sonthofen area.

12. The Austrian-Italian frontier should be rectified by the cession of the Italian province of Bolzano subject to minor adjustments.

C. Interne politische Bedingungen

13. Die Regierung sollte in Österreich die Entwicklung einer gesunden demokratischen Selbstregierung fördern. Als Teil dieses Prozesses sollten alle Spuren des faschistischen- und Naziregimes getilgt werden.
14. Diese Regierung sollte sich gegen eine Restauration des Hauses Habsburg in Österreich stellen.

II. VORÜBERGEHENDE MASSNAHMEN UND VORKEHRUNGEN

A. Charakter und Dauer der Besetzung

15. Diese Regierung sollte eine gemeinsame britisch-amerikanisch-sowjetische Besetzung Österreichs begünstigen, dabei aber nichtsdestoweniger die Verwaltung des Landes vor allem in Händen jener Macht lassen, die die geplante Zone Süddeutschland beherrscht. Die anderen zwei Mächte sollten nur eine nominelle Teilhaberschaft an Besetzung und Verwaltung Österreichs haben.
16. Besetzung und Kontrolle Österreichs sollten von der Militärregierung Deutschlands getrennt sein.
17. Wenn in der Zeit von Österreichs Übergabe oder Eroberung noch keine provisorische österreichische Regierung bestehen sollte, müßte eine unmittelbare Militärregierung eingerichtet werden. Sie sollte so bald wie möglich durch eine inter-alliierte zivile Kontrolle ersetzt werden.
18. Sollte zur Zeit der Kapitulation oder der Eroberung eine provisorische österreichische Regierung bereits bestehen, sollte eine solche so schnell wie möglich errichtet werden. Dabei sind sowohl die Frage der Sicherheit als auch die Berücksichtigung der nicht nationalsozialistischen und nicht faschistischen politischen Gruppierungen zu beachten.
19. Die Besatzungsmächte sollten zum erstmöglichen Zeitpunkt die Bildung von lokalen Organen und einer Selbstregierung ermutigen.
20. Die Truppen der Vereinten Nationen sollten von Österreich, so schnell es die Sicherheitsfragen und die internationale Ordnung erlauben, zurückgezogen werden.

B. Sicherheitsfragen zur Zeit der Besatzung

21. Österreichische Mitglieder der *Wehrmacht* sollten ohne unnötige Verzögerung nach Hause geschickt werden.
22. Die Bestimmungen, die für die Entwaffnung Deutschlands... gelten, sollten auch für Österreich angewendet werden.
23. Österreichs bewaffnete Macht soll auf eine zivile Polizeimacht beschränkt werden, die sich ausschließlich aus vertrauenswürdigen Österreichern zusammensetzt.

C. Unmittelbare politsche Vorkehrungen

24. Nazi- und pre-Nazi faschistische Gesetzgebung sollten schrittweise und nicht durch eine einzige zusammenfassende Verordnung abgeschafft werden.
25. In Österreich sollen ähnlich wie in Deutschland Vorkehrungen für die Ausschaltung der nationalsozialistischen Partei und ihrer Unterorganisationen getroffen werden. Die Grundsätze für den Ausschluß der Naziführer und anderer aktiver Nazis aus dem politischen Leben sollten in Österreich wie in Deutschland angewendet werden.
26. Deutsche, deren Aufenthalt in Österreich ursächlich mit der Naziherrschaft zusammenhängt, sollten ehebaldigst nach Deutschland ausgewiesen werden.
27. Sobald es die militärischen Umstände erlauben, soll allen Gruppen, die offenkundig an der Errichtung eines demokratischen, politischen Lebens arbeiten, politische Aktivität erlaubt werden.

D. Wirtschaftliche Vorkehrungen

28. Um einem wirtschaftlichen Kollaps vorzubeugen, sollten ähnliche Wirtschaftskontrollen wie in Deutschland vorgenommen werden, bis eine schrittweise Zurücknahme derselben tragbar erscheint.
29. Die Zollunion mit Deutschland soll beendet werden. Durch die Wiederbelebung des österreichischen Außenhandels soll die österreichische Wirtschaft auf eine lebensfähige Grundlage gestellt werden.
30. Alles ausländische Eigentum in Österreich soll beschlagnahmt werden, bis Vorkehrungen für eine endgültige Lösung dieser Frage getroffen sind.

E. Die Errichtung einer unabhängigen österreichischen Regierung

31. Der Übergang von dem provisorischen Regime zu einer Regierung auf verfassungsmäßiger Grundlage sollte zum ehestmöglichen Zeitpunkt erfolgen.
32. Eine freigewählte, verfassungsgebende Versammlung sollte den Charakter von Österreichs künftiger Regierung und inneren Ordnung, ohne Einmischung der alliierten Mächte, bestimmen.«

Als sich die Verhandlungen in London bereits monatelang hingezogen hatten, ließ die Wachsamkeit des Präsidenten nach; zudem behinderte der allgemeine Kräfteverfall Roosevelts mit Gewißheit auch seine Arbeits- und Entscheidungsfähigkeit.
Gegen Ende des Jahres 1944 schienen die Kräfte um Alger Hiss Oberhand zu gewinnen – jenes Alger Hiss, der nach dem Kriege als Sowjetspion entlarvt wurde, der aber in der entscheidenden Kriegsphase 1944/45 in Washington über ungeheuren Einfluß verfügte.
Auch Außenminister Stettinius war nicht der Mann, der Österreich unbedingt behilflich sein wollte. Otto von Habsburg charakterisierte seine Gegenspieler von damals, die Herren Cordell Hull (Vorgänger von Stettinius) und Herrn Stettinius, aber auch Herrn Sumner Welles (der *nicht* unter die erklärten Gegenspieler zu zählen war) so:
»Cordell Hull war ein fanatischer Katholikenhasser und übrigens auch ein primitiver Anti-Monarchist des ausgehenden 18. Jahrhunderts. Er war außerdem erstaunlich ignorant in allen außenpolitischen Fragen. Roosevelt hatte keine hohe Achtung vor ihm, mußte ihn aber aus innenpolitischen Gründen bewahren. Hull, als ›großer alter Mann‹, hatte einen ungeheuren Einfluß auf die Südstaaten, die Roosevelt für die Wahlen brauchte. Hätte Roosevelt sich damals von Hull getrennt, wäre das für ihn eine große innenpolitische Schwächung gewesen.
Eine eigenartige Rolle hat in diesem Zusammenhang Herr Sumner Welles gespielt. Dieser war ein hochintelligenter, gebildeter Mann, der außerdem die Situation sehr gut kannte. Ich hatte sehr viel mit ihm zu tun, und er war offensichtlich bestrebt, mir den Eindruck zu geben, er sei auf meiner Seite. Ich kann mir aber noch heute kein direktes Bild aus ihm machen, da er auf der anderen Seite hinten herum ebenso Eckhardt wie mich immer wieder betrogen hat. Ich habe diesbezüglich wenig Beweise, habe aber stark den Eindruck, daß Sumner Welles, entgegen besserer persönlicher Erkenntnisse, erstens einmal durch die Kreise seiner Freunde beeinflußt war und zweitens möglicherweise ein Homosexueller war, der auf diesem Weg unter schwersten Druck geraten ist. Dabei spielte eine der geheimnisvollen, aber sehr einflußreichen Figuren der damaligen Zeit, Herr Carmel Offie, eine Rolle. Dieser wurde später ganz klar in einem großen homosexuellen Skandal, den es damals ja noch gegeben hat, erwischt, was seine Karriere beendete. Offie hat insbesondere in Italien eine fatale Rolle während der amerikanischen Okkupation gespielt.

Andererseits war allerdings Offie ein Protégé meines guten Freundes William C. Bullitt, des früheren amerikanischen Botschafters in Paris, mit dem ich sehr viel zusammen getan habe und der mich klar unterstützte. Allerdings hat es auch hier einige merkwürdige Dinge gegeben. Bullitt hat mir sehr geholfen, bis er sich mit Roosevelt endgültig verkrachte, und zwar über die Beziehungen zur Sowjetunion, bei denen Bullitt die Situation klar erkannte, während Roosevelt, wie man weiß, es anders sah.
Stettinius hat genau zu dem Kreis New Yorker Großkapitalisten und linksbürgerlicher Elemente gehört, die einen entscheidenden Einfluß zugunsten der Beneš-Linie ausgeübt haben. Es war das, man könnte beinahe sagen, eine Loge von Menschen, die außerdem führende Rollen in der Foreign Policy Association von New York gespielt haben. Außer Stettinius war auch der später in Deutschland gut funktionierende McCloy hier sehr einflußreich. Auch Verteidigungsminister Stimson, der übrigens eine ziemlich üble Rolle gegen das Austrian Battalion gespielt hat, gehörte zu diesem Kreis.«

Gegen Ende des Jahres 1944, als Roosevelts Kräfte bereits zusehends verfielen und die Männer vom Schlage eines Alger Hiss immer mehr Einfluß gewannen, tagte in London die EUROPEAN ADVISORY COMMISSION, die sich unter der Führung des Briten Strang, des Sowjetrussen Gusew und des Amerikaners Winant auch mit der Frage der künftigen Besatzungszonen in Österreich zu beschäftigen hatte.
Zum Entsetzen Winants hatte trotz seiner zahllosen Demarchen nach Washington der stets aktive »Sowjetflügel« in Washington Oberhand erhalten und tatsächlich eine Beschränkung der amerikanischen Präsenz auf einen Sektor Wiens allein durchgesetzt.
Das Memorandum für Präsident Roosevelt, datiert mit 30. November 1944, gibt darüber beredten Aufschluß. Am 4. Dezember 1944 sprach Roosevelt das Todesurteil uber Österreich aus, als er dem Vorschlag seines Unterstaatssekretärs (und späteren Außenministers) Stettinius zustimmte.
Die Korrespondenz jener entscheidenden Tage liest sich so:

»DER UNTERSTAATSSEKRETÄR
WASHINGTON

30. November 1944

MEMORANDUM FÜR DEN PRÄSIDENTEN
Betrifft: *Die Besetzung Österreichs nach dem Kriege*
Die sowjetische Regierung hat in der European Advisory Commission vorgeschlagen, daß Österreich zum Zwecke der Besetzung in drei Zonen geteilt werden solle, und zwar, wie auf der beigelegten Karte angezeigt, um von amerikanischen, britischen und sowjetischen Truppen besetzt zu werden.
Amerikanische Pläne hinsichtlich der Besetzung von Österreich haben in Betracht gezogen, zu diesem Zwecke nicht mehr als eine Division amerikanischer Truppen einzusetzen, die ausschließlich auf die Stadt Wien allein beschränkt sein soll. Der sowjetische Vorschlag würde wenigstens die Beistellung von 4 zusätzlichen Divisionen erfordern. Das Kriegsministerium teilt mir dazu mit, daß das ein völliges Überdenken bezüglich des Einsatzes amerikanischer Streitkräfte nach der Niederlage Deutschlands erfordern würde.
Darf ich Ihre Erlaubnis einholen, Botschafter Winant zu instruieren, gegenüber der European Advisory Commission festzustellen, daß diese Regierung nicht wünscht, diese Unternehmungen auszudehnen, und zwar sowohl in Hinsicht auf die Zahl als auch die Stationierung amerikanischer Truppen in Österreich?

Stettinius (M. P.)

---

4. Dezember 1944

DAS WEISSE HAUS
WASHINGTON

MEMORANDUM FÜR DEN HON. E. R. STETTINIUS JR.

Ihre Nachricht vom 30. November bezüglich Österreich – die Antwort ist »ja«. Sie haben meine Erlaubnis.

F. D. R.«

Noch bevor Winant die niederschmetternde Antwort aus Washington erhielt, hatte er sich nach ausführlicher Besprechung der Sachlage und in weiser Rücksichtsnahme auf die damals schon sehr bekannten US-sowjetischen Kreise um Alger Hiss zu einer Art Doppelstrategie entschlossen:
Um das State Department auf den Geschmack zu bringen, doch noch eine Besatzungszone in Österreich zu übernehmen, mußte vorgetäuscht werden, daß die Russen – aus welchen Gründen auch immer – eine amerikanische Teilbesetzung Österreichs begrüßen würden. Dabei besteht überhaupt kein Zweifel daran, daß der sowjetische Unterhändler, Botschafter Gusew, die Amerikaner tatsächlich drängte, eine amerikanische Besatzungszone in Österreich zu errichten, weil er absolut sicher war, daß Washington, nicht zuletzt dank der Verbindungsmänner, über die Moskau im State Department verfügte, diesem Schritt ohnehin nie zustimmen würde.
In einem vertraulichen Telegramm vom 4. Dezember (noch vor dem Eintreffen der Roosevelt'schen Entscheidung vom gleichen Tag, auf eine amerikanische Besatzungszone in Österreich endgültig zu verzichten!) kabelte Winant unter

»CONFIDENTIAL« und »US URGENT« an Außenminister Stettinius:

»US Urgent
Confidential
10732, 4. Dezember 1944,
Mitternacht
(das Telegramm traf am gleichen Tag um 22h18 in Washington ein):
›Ich hoffe, das Außenamt hatte Zeit, die neuen politischen Faktoren, die sich aus den sowjetischen Vorschlägen wegen der österreichischen Besatzungszonen ergeben, zu überdenken (meine Telegramme 10441 und 10442 vom 27. November; bitte lesen Sie auch mein Telegramm 10348 vom 24. November, an Dunn gerichtet, das sich mit dem Telegramm des Ministeriums vom 22. November, No. 9838, überkreuzte).‹
Ich habe es bisher vermieden, in der European Advisory Commission einen unwiderruflichen Standpunkt einzunehmen, um Zeit zu gewinnen, damit, falls gewünscht, Washington in dieser Frage neue Überlegungen anstellen kann.
Ich glaube, Sie sollen auch wissen, daß die Russen auf dem Abschluß eines Übereinkommens bezüglich der Besatzungszonen bestehen, bevor sie in konkrete Verhandlungen über die Kontrollmechanismen treten wollen. Gusew betonte in der European Advisory Commission, daß es nicht zielführend sei, über Kontrollmechanismen zu sprechen, bevor nicht festgelegt sei, ob es zwei oder drei Besatzungszonen geben werde.
Gusew hat in privatem Gespräch mit allem Nachdruck darauf hingewiesen, daß wir keine gleichberechtigte Verantwortung übernehmen könnten, wenn wir nicht auch eine Besatzungszone haben. Den ganzen Gesprächen entnehme ich mit Sicherheit, daß wir, für den Fall eines Verzichts auf eine eigene Besatzungszone, unmöglich imstande sein werden, eine tatsächlich gleichberechtigte Kontrolle auszuüben. Ohne eine Besatzungszone, für die wir verantwortlich sind, würden die Mitglieder der amerikanischen Delegation bestenfalls Berater oder gar nur Zuschauer sein, während sich Briten und Russen die tatsächliche Kontrolle über das ganze Land teilen, ausgenommen unseren Drittelanteil an Wien.
Die Unterhandlungen im Zuge des bulgarischen Waffenstillstands haben die Wichtigkeit einer entsprechenden tatsächlichen Teilnahme an der Besetzung eines Landes gezeigt, falls wir unsere Wünsche durchsetzen und unsere Interessen gewahrt sehen wollen...«

An diesem 6. Dezember 1944 hätte sich beinahe das Schicksal Österreichs zum Bösen gewendet, weil Stettinius bereits die Annahme einer amerikanischen Besatzungszone ablehnte:

»Außenministerium Washington, 6. Dezember 1944

MEMORANDUM FÜR DEN PRÄSIDENTEN
Betrifft: Besatzungszonen in Österreich

Nachdem ich gestern Ihre Antwort bezüglich meines Memorandums betreffend die Besatzungszonen in Österreich erhalten habe, wies ich Winant an, vor der European Advisory Commission zu erklären, daß diese Regierung nicht den Wunsch hegt, hinsichtlich der Zahl und der Stationierung amerikanischer Truppen in Österreich ihre Teilnahme auszudehnen.
Ich meine nichtsdestoweniger, daß Sie das beigelegte Telegramm sehen sollten. Winant hat es abgeschickt, bevor er unsere oben erwähnten Anweisungen erhalten hat. Er legt in seinem Telegramm die Ursachen dar, die ihn veranlaßt haben, einen Wechsel unseres Standpunktes anzuraten.
Stettinius M. P.

Beigelegt: Telegramm Nr. 10732 vom 4. Dezember 1944 aus London«

Absender: John Winant. Es dürfte Stettinius überhaupt nicht aufgefallen sein, daß Winant hier Zusammenhänge erklärt, die für einen Außenminister Selbstverständlichkeiten sein sollten, Zusammenhänge, die selbst einem besseren Zeitungsleser bekannt gewesen sein müßten. Aber John Winant wußte offenbar, an wen er schrieb. Der Erfolg gab ihm und den Habsburgern recht.

»Department of State
INCOMING TELEGRAM
Division of Communication and Records
DSH-575 This telegram must be closely paraphrased before being communicated to anyone.
London, 8. Dezember 1944

Eingelangt um 21 Uhr 45
Der Außenminister, Washington
US dringend

NIACT 10864 8. Dezember 1944 18 Uhr

HÖCHST GEHEIM UND PERSÖNLICH für den Präsidenten und den Staatssekretär.
Ich habe die Anordnung des Außenministeriums Nr. 10190 vom 5. Dezember 1944 20 Uhr erhalten, in der ich angewiesen werde, vor der European Advisory Commission zu

erklären, daß unsere Regierung keinen Wunsch hegt, Zahl und Stationierung von Truppen, die in Österreich zum Einsatz kommen sollen, auszudehnen (bitte lesen Sie diesbezüglich mein Telegramm 10864 von 24. Dezember 1944 19 Uhr an Dunn und mein Telegramm 10732 vom 4. Dezember, Mitternacht).

Es tut mir leid, Sie mit dieser Frage neuerlich belästigen zu müssen, aber ich habe das Gefühl, und zwar nach sehr sorgfältiger Überlegung, daß uns die jüngste Entwicklung eine Warnung sein sollte, und daß es sich bei der Frage Österreich um mehr als eine örtlich begrenzte österreichische Frage handelt. Die mit dieser Angelegenheit verbundenen Fragen greifen tief in den Hintergrund der künftigen Sicherheit der Welt.

Vor einigen Monaten, als die Frage Österreich zum ersten Mal vor die European Advisory Commission kam, konnte ich dank Ihrer Zustimmung eine kleine symbolische Streitmacht in Österreich stationieren, sowohl Strang als auch Gusew dazu bringen, der Stationierung dieser Streitmacht in einer der drei Sektoren von Wien zuzustimmen, ohne daß wir irgendwo sonst in Österreich eine Zone übernehmen. Wir kamen darin überein, daß innerhalb Österreichs eine Drei-Mächte-Kontrolle sein sollte. Zu jener Zeit dachten wir, daß wir damit unsere Verpflichtungen unter dem Titel der Moskauer Deklaration bezüglich Österreich erfüllt hätten. Es war unsere Schuld, daß damals die Russen, weil wir wegen der Einteilung der Besatzungszonen in Deutschland in Verzögerung geraten waren, es ablehnten, eine Übereinkunft bezüglich Österreich zu treffen. Sie kommen nun mit einem ganz neuen Vorschlag, wie ich in meinem Telegramm 10441 (27. November 15 Uhr) berichtete, und zwar für eine amerikanische Zone in Westösterreich im Anschluß an unsere Besatzungszone in Süddeutschland. In der Zeit zwischen Juli und heute wurden Waffenstillstandsbedingungen für Rumänien, Finnland und Bulgarien ausgearbeitet. Die ersten beiden wurden in Moskau abgeschlossen und letzterer, der in der European Advisory Commission zur Sprache kam, wurde nach britischer Intervention nach Moskau übertragen. Herr Churchill und Herr Eden besprachen dort auch die Fragen Griechenland und Jugoslawien. Unter anderen Bemerkungen, die dort gemacht worden sind, werden Sie sich bestimmt daran erinnern, daß Molotow und die Briten darüber übereingekommen sind, daß England die Kontrolle über Griechenland übernehmen werde; dann Molotows offene Erklärung über eine 80prozentige sowjetische Kontrolle und eine 20prozentige anglo-amerikanische Kontrolle in Rumänien und Bulgarien. Eine ähnliche Verhältniszahl schlug er für Ungarn vor. Dazu eine 50 zu 50 Kontrolle zwischen den Sowjets und den Anglo-Amerikanern in Jugoslawien.

Es ist wichtig zu bemerken, daß im Falle Bulgarien, vor Rußlands Kriegserklärung gegen Bulgarien und einem Kriegszustand, der genau 5 Stunden währte, es ein Übereinkommen anglo-amerikanischer Kontrolle betreffend der Erfüllung der Waffenstillstandsbedingungen gab. Verzögerungen von allen Seiten ließen diese Vereinbarungen nie zur Wirksamkeit kommen. Nach der Kriegserklärung der Sowjets gegen Bulgarien wuchsen die sowjetischen Ansprüche hinsichtlich der Kontrolle über das Land im direkten Verhältnis zum Anwachsen der Ausdehnung ihrer Besatzungsstreitkräfte. Mit anderen Worten: Das tatsächliche Ausmaß der Besetzung Bulgariens durch sowjetische Truppen war der beständige und allein bestimmende Faktor in Hinsicht auf das Ausmaß der sowjetischen Kontrolle über das Land.

Gewisse Anzeichen sowjetischer Vorherrschaft in Rumänien und Bulgarien können bereits klar gesehen werden. Das Rundschreiben des Außenamtes (Telegramm vom 1. Dezember 21 Uhr) umschreibt bereits unsere Reaktion hinsichtlich der russischen Vorgansweise, Anlagen der amerikanischen Ölindustrie aus Rumänien abzutransportieren. Das Telegramm Nr. 10192 des Außenministeriums (5. Dezember Mitternacht) weist bereits auf die Schwierigkeiten hin, die auf Grund der sowjetischen Vorherrschaft in Bulgarien und im Rahmen der bulgarischen Politik entstehen.

Die Frage einer beherrschenden Kontrolle während der Militärpolitik und bis zum Augenblick der Niederlage Deutschlands ist klar erkennbar. Sie würde unserem Bestehen auf oberster militärischer Kontrolle in Afrika, Sizilien, Italien und Westeuropa nicht widersprechen. Aber gerade dieses Bestehen der Russen, daß ihre Kontrollfunktion nach der Übergabe Deutschlands und bis zum Friedensschluß weiterbestehen soll, stört mich ganz besonders, weil ich glaube, daß gerade diese Interimsperiode zwischen Kapitulation und Friedensschluß das Bild einer Nachkriegsregelung ernsthaft beeinflussen wird. Gewiß können wir wenigstens zwei Lektionen aus diesen Erfahrungen während der letzten Monate ziehen. Die eine lautet, daß vom sowjetischen Standpunkt Besetzung unmittelbar mit Kontrolle zusammenhängt, oder, um es in juristische Sprache zu kleiden, Besitz gleichbedeutend ist mit Macht.

Zweitens ist es gleichfalls klar, daß Fehlleistungen bei der Vorbereitung von Übereinkünften bezüglich künftiger Vereinbarungen mit den Briten und den Russen die Zonen betreffend, wo wir Verantwortung teilen, so wie in Deutschland oder Österreich, unweigerlich zu allen möglichen Meinungsverschiedenheiten führen werden.

Ich nehme zur Kenntnis, daß die Hauptursache für die Entscheidung der amerikanischen Regierung, in West-Österreich keine Besatzungszone zu akzeptieren, der Wunsch ist, »im Hinblick auf die Zahl und Stationierung amerikanischer Truppen, die in Österreich verwendet werden sollen, dieses Unternehmen nicht auszudehnen«.

Ich möchte Ihnen vorschlagen, doch den geographischen

Raum, in dem das amerikansiche Kontingent stationiert werden soll, zu vergrößern, ohne dabei – ich wiederhole: ohne dabei die Truppenstärke erhöhen zu müssen. In diesem Zusammenhang muß eine Unterscheidung gemacht werden zwischen dem Zeitabschnitt aktiver militärischer Operationen und dem einer friedlichen Besetzung. Der Einsatz von Streitkräften während der Kriegszeit muß naturgemäß entsprechend der Bedingungen, unter denen der Widerstand des Feindes niedergekämpft werden kann, von den militärischen Befehlshabern bestimmt werden. Voraussichtlich wird Österreich zuerst von SACMED oder Sowjettruppen besetzt werden, wahrscheinlich durch letztere. Auf der anderen Seite verlangt die Zeit der friedlichen Besetzung Österreichs, auf die sich die Vorschläge in der European Advisory Commission beziehen, eine militärische Streitmacht, die als eine Art Reservepolizeikraft eingesetzt werden kann, für den Fall, daß eine wieder aufgestellte österreichische Polizeimacht, die unter alliierter Kontrolle arbeitet, sich als untauglich erweisen sollte, die Ordnung aufrechtzuerhalten. Die Briten planen ungefähr eine Division in dieser Zeitspanne der friedlichen Besetzung Österreichs zum Einsatz zu bringen; sie wollen damit ein Drittel von Österreich und ein Drittel von Wien besetzen. Wenn ich richtig verstehe, so planen wir, für die Besetzung eines Drittels von Wien allein eine Division beizustellen (CCS paper 481/11 vom 23. November 1944). Es scheint auch geplant zu sein, Flugfelder in Westösterreich benützen zu wollen, um Deutschland vom Rande her kontrollieren zu können.

Die Frage ist, ob es nicht militärisch viel nützlicher wäre und politisch viel wirksamer, die gleiche Zahl von Truppen, die wir bereits zur Besetzung eines Drittels von Wien vorgesehen haben, zu benützen, um damit gleichzeitig auch eine ganze Zone zu besetzen. Wir sollten die Größe der Zone, wie sie im sowjetischen Plan vorgesehen ist, verkleinern. Für die Zeit der friedlichen Besetzung Österreichs ist nur die Frage der Ausdehnung der Besatzungszone von Bedeutung, aber nicht notwendigerweise jene der Erhöhung der amerikanischen Truppenstärke.

Um zu verstehen, warum die Sowjets so sehr darauf aus sind, daß wir eine Besatzungszone in Österreich übernehmen, müssen wir auf Edens Unterhandlungen in Moskau bezüglich der Höhe des Prozentsatzes von Kontrolle in den verschiedenen Ländern zurückgreifen. Die Russen, ein Volk, das sehr am Geist des Buchstabens hängt, sehen die Sache so, daß in Österreich wir, die Briten, und sie selbst über je ein Drittel der Verantwortung verfügen, und zwar sowohl wegen der gemeinsamen Beiträge zu unserem Sieg, als auch wegen der Moskauer Deklaration bezüglich Österreich. Wenn wir unsere unmittelbare Verantwortung in Österreich so einschränken, daß wir nur ein Drittel von Wien besetzen, werden die Russen daraus unweigerlich den Schluß ziehen, daß wir unsere Verantwortung über ein Drittel von Österreich nicht wahrhaben wollen. Das Ergebnis wird sein, daß wir wahrscheinlich mit Vorschlägen aus dem ganzen Kontrollmechanismus konfrontiert werden sein, die, während in den Augen der Weltöffentlichkeit und in den Augen der Amerikaner ein Drittel der Verantwortung bei uns liegt, in Wirklichkeit uns viel weniger als ein Drittel tatsächlicher Macht und Einflusses in Österreich geben werden. Gusew hat uns in sehr taktvoller Weise bereits davon in Kenntnis gesetzt, daß wir damit zu rechnen hätten. Die Folgerung ist, daß in Hinblick auf unsere führende Rolle bei der Kriegsführung und bei der Regelung der Friedensfragen unsere Ablehnung der Übernahme einer Besatzungszone in Österreich dahingehend ausgelegt wird, daß wir Willens sind, Österreich dem freien Spiel der Interessen der Sowjets und der Briten zu überlassen. Sobald sowjetische und britische Blockpolitik drohen, die Szene zu beherrschen, ist es wahrscheinlich weiser für uns, uns nicht zurückzuziehen und gegen dieses Blockkonzept zu arbeiten. Es würde, sollte nicht starker, fremder Einfluß, wie der unsere geltend gemacht werden, Europa in Stücke reißen, und zwar sowohl was seine internationalen Beziehungen betrifft, als auch innerhalb der einzelnen Länder, wie wir es unglücklicherweise im griechischen Bürgerkrieg sehen. Ich habe große Zweifel daran, ob es wirklich weise ist, ausgerechnet britische Interessen in Österreich gegen die Russen ins Spiel zu bringen. Die Grundlage unserer Politik einer Drei-Mächtekontrolle über Deutschland anstelle einer anglo-amerikanischen Besatzungsmacht und einer von ihr separierten sowjetischen Besatzungsmacht, ruht auf der Grundlage, daß die drei militärischen mächtigen Länder, die Deutschlands Niederlage herbeiführen werden, die Autorität und Verantwortung haben.

Hätten wir diese Verantwortung nicht auf einer Drei-Parteien-Basis übernommen, hätten wir bei den Sowjets sowohl Argwohn als auch Böswilligkeit geweckt. Wir sahen uns doch genötigt, überall eine Militärregierung einzurichten und nirgendwo ein Erbe zurückzulassen, das einen Konflikt zwischen einem verärgerten Rußland und einem schwachen England heraufbeschwören könnte. Schwierigkeiten in Österreich könnten leicht auf Deutschland übergreifen und unsere guten Absichten stören. Im Grunde genommen fühlen sowohl die Briten als auch die Russen, daß unsere volle und gleichberechtigte Teilnahme an der Besetzung Österreichs nicht nur helfen werde, dort eine ruhige Entwicklung einzuleiten, sondern auch die allgemeinen Beziehungen zwischen unseren zwei bedeutendsten Verbündeten in einer verbindlichen Zone verbessern würde.

So wie ich es verstehe, haben wir in den kleinen Ländern zwei Vorzugsinteressen: Das eine ist, ihre Unabhängigkeit und Freiheit zu unterstützen; das andere ist, darauf zu sehen, daß nirgendwo in der Welt etwas um sich greifen

kann, was wieder den Weltfrieden stören könnte. Innerhalb von 25 Jahren wurden wir schon zweimal in einen Weltkrieg gezogen, weil es in Europa Störfaktoren gab, und zwar in Zonen, wo wir wenig Einfluß ausgeübt hatten. Wir hatten keinerlei Kontrolle über jene Ereignisse, die uns letzten Endes in den Krieg hineinzerrten.
Angesichts aller dieser Überlegungen hoffe ich ernsthaft, daß Sie die Frage der Übernahme einer Besatzungszone in Österreich noch einmal überdenken werden. Bis ich in dieser Angelegenheit von Ihnen höre, werde ich es vermeiden, bei der European Advisory Commission darauf zu sprechen zu kommen.

Winant«

Das sind die paar Zeilen, mit denen am 8. Dezember 1944 – dank der Intervention Winants und seiner Kontakte mit Otto und Erzherzog Robert – die ›Moskauer Deklaration‹ und die Freiheit Österreichs gerettet wurden:

»DAS WEISSE HAUS

Washington, 8. Dezember 1944

Memorandum für den Außenminister

Ich habe Ihre Nachricht vom 6. Dezember bezüglich der Besatzungszonen in Österreich erhalten. Bitte besprechen Sie diese Angelegenheit mit dem Generalstab. Ich wäre gewillt, eine Besatzungszone, die an Bayern grenzt, gutzuheißen. – Mit anderen Worten, eine, die an die deutsche Besatzungszone grenzt, die uns zugesprochen worden ist.

F. D. R.

(Franklin D. Roosevelt)«

Gegen Kriegsende, als die Briten von Süden her gegen Österreich vorstießen und immer noch eine gewisse Hoffnung bestand, den russischen Einfluß auf Österreich zu beschränken und jenen auf Ungarn wenigstens etwas zu mildern, kam Erzherzog Robert – in britischer Uniform – im Stabe des Generals Harold Alexander in die Gegend von Udine.
Dort spielte sich am Rande der Weltgeschichte eine typische kleine Episode ab.
Eines Tages kam der jugoslawische Partisanenführer Josip Brož, der das Kriegshandwerk noch unter Kaiser Franz Joseph I. als k.u.k. Unteroffizier erlernt und sich selbst im Jahre 1943 zum »Marschall« ernannt hatte, in Alexanders Hauptquartier.
Josip Brož – vulgo Tito – sprach sehr gut Deutsch und wußte sehr wohl auch Sprachnuancen zu unterscheiden.
General Alexander hatte Erzherzog Robert gebeten, dem Gespräch mit Tito als Übersetzer beizuwohnen.
Es dauerte nicht allzu lang, und Tito fragte den jungen Dolmetscher:
»Sagen sie, wo sind denn Sie geboren?«
»In Schönbrunn«.
»Und wie heißen Sie?«
»Erzherzog Robert«.
Josip Brož sprang von seinem Sitze auf, nahm militärische Haltung an, salutierte und sagte:
»Kaiserliche Hoheit, ich melde mich zur Stelle.«

Ottos Bemühungen für Ungarn (kurzer historischer Überblick)

30. Dezember 1916: Kaiser Karl I. wird als König Karl IV. zum König von Ungarn gekrönt

16. November 1918: Mihály Károlyi reißt die Gewalt an sich und ruft die »Volksrepublik Ungarn« aus
Der Entmachtung des Mihály Károlyi folgt die Schreckensherrschaft des Béla Kun, der bis zum 31.7.1919 wütet. Große Teile des Königreiches gehen verloren
Gegenrevolution der nationalen Regierung von Julius Graf Károlyi

1. März 1920: Wahl des Admirals Nikolaus von Horthy zum »Reichsverweser« des wiedererrichteten Königreichs Ungarn

4. Juni 1920: Das Diktat von Trianon lastet Ungarn schwerste Gebietsverluste auf

4. April 1921: Der 1. Restaurationsversuch König Karls scheitert

4. November 1921: Der 2. Restaurationsversuch König Karls scheitert; Horthy plant bereits die Errichtung einer »eigenen Dynastie«

September 1932: Nach zehnjähriger Ministerpräsidentschaft von Stephan Graf Bethlen, der jene von Julius Graf Károlyi folgt, wird Julius Gömbös Ministerpräsident, der böse Geist Horthys

17. März 1933: Italienisch-Österreichisch-Ungarischer Vertrag als untauglichs Mittel, Hitlers Einfluß zurückdrängen zu wollen

28. Mai 1937: Das erste ungarische »Judengesetz« wird verabschiedet

23. August 1938: Horthy unterstützt das »Münchener Abkommen»

20. November 1940: Ungarn tritt dem von Hitler dominierten »Dreimächtepakt« bei

27. November: 1941: Ungarn erklärt der Sowjetunion den Krieg

Januar 1943: Zerschlagung der Ungarischen 2. Armee am Don; es ist das »Stalingrad« der Ungarn

10. März 1944: Ministerpräsident Miklós von Kállay (als Nachfolger des glücklosen Bárdossy im Amt) versucht – vor allem mit Hilfe Ottos –, mit den Westmächten Kontakt aufzunehmen, um Ungarn aus dem Krieg und der drohenden Gefahr eines deutschen und russischen Einmarsches zu retten

19. März 1944: Deutsche Truppen besetzen alle strategisch wichtigen Punkte Ungarns. Horthy muß zu Hitler reisen, der ihn zur Neubildung der Regierung nötigt. Eichmann beginnt mit dem Organisieren des Abtransports der ungarischen Juden nach Auschwitz. Bis Weihnachten fallen ihm 450000 Menschen zum Opfer

Königstage in Preßburg (Bratislava-Pozsony) im Juli 1918: Das Königspaar fuhr von Eckartsau aus über Einladung der Bürgerschaft der alten ungarischen Krönungsstadt auf der Donau nach Preßburg, wo ihm die Bevölkerung einen begeisterten Empfang bereitete. Auch die kleine Erzherzogin Adelhaid war mitgekommen: während das Königspaar mit dem kleinen Kronprinzen die Huldigungen der Bevölkerung entgegennahm, durfte Adelhaid eine Spielzeugausstellung »besichtigen«. Königin Zita erinnerte sich später: »Der Empfang war einfach überwältigend, der Besuch hat wieder Mut und Freude geben können. Meine Kinder waren glückselig, weil sie auf eine Ausstellung von Spielsachen gebracht wurden, wobei ihnen eine reiche Auswahl an Geschenken überreicht wurde. Wir kamen dann von Preßburg zurück, zwar nicht beruhigt, aber doch erfreut, und mit dem Gefühl, daß es doch noch ganz treue Städte gebe«.

23. August 1944: General Géza Lakatos wird neuer ungarischer Ministerpräsident; er versucht, mit Otto Verbindung aufzunehmen, was über Lissabon (Erzherzog Karl Ludwig) gelingt

17. September 1944: Churchill verspricht Otto bei der Konferenz von Quebec »günstige Bedingungen« für Ungarn, wenn sich das Land sofort den USA und Großbritannien ergebe. Otto ermutigt die Ungarn zu diesem Schritt

Anfang Oktober 1944: Otto sieht die letzte Chance für Ungarn, sich aus der Umklammerung durch die Sowjets zu lösen, und fliegt zurück nach Europa, um gegebenenfalls persönlich eingreifen zu können

15. Oktober 1944: Panikartig und ohne gründliche Vorbereitung verkündet Horthy über das Radio einen Waffenstillstand. Die Armee tut nicht mit, Handstreich der Deutschen gegen die königliche Burg von Pest, Rücktritt Horthys. Major und »Pfeilkreuzler« Ferenc Szálasi übernimmt die Macht; Terrorherrschaft von Pfeilkreuzlern und SS

13. Februar 1945: Budapest wird von den Sowjets eingenommen

4. April 1945: Ganz Ungarn ist von sowjetischen Truppen besetzt: genau am Jahrestag der Ausweisung König Karls durch Nikolaus von Horthy am 4. April 1921

4. November 1956: Besetzung Ungarns durch 1000 sowjetische Panzer zur endgültigen Niederschlagung des ungarischen Volksaufstandes. Es ist der Jahrestag der Ausweisung König Karls durch Nikolaus von Horthy nach dem Scheitern des 2. Restaurationsversuches am 4. November 1921

9. Februar 1957: Horthy stirbt in seinem portugiesischen Exil, nachdem er Otto zu sich gebeten und um Vergebung ersucht hatte.

Ottos Versuch, die ungarischen Juden zu retten

Adolf Eichmann traf am 19. März 1944 in Ungarn ein. Seine Aufgabe bestand darin, vor dem Einmarsch der Russen noch möglichst viele ungarische Juden nach Auschwitz zu schaffen und der »Endlösung« zuzuführen – vielleicht handelt es sich dabei um das satanischste Unternehmen, das überhaupt jemals eine Organisation durchführte: Angesichts der Bedrohung durch die sowjetische Invasion, angesichts der Flüchtlingsströme und der allgemeinen Versorgungsnöte, der Bombardierungen und des ohnehin schon unerträglichen menschlichen Leids gab es da im »Dritten Reich« eine Organisation, die mitten in diesem Weltuntergang in der Zeit vom Eintreffen Eichmanns in Ungarn (19. März 1944) bis zu seiner Abreise am 24. Dezember 1944 nach seinen *eigenen* Angaben 450000 Juden in den Tod schickte.

Am 1. März 1944 landete ein umfangreiches Memorandum auf dem Schreibtisch von Präsident Franklin Delano Roosevelt. Offenbar war ihm das Konvolut zu dick, er wollte wahrscheinlich garnicht hineinschauen, legte man ihm doch, um seine Krankheit und den allmählichen Verfall wissend, meist nur mehr kürzere Denkschriften vor.
Auf dem Deckblatt des Memorandums notierte der Präsident die Frage: »Who is this from?« Von wem ist das?
Seine getreue Miss Grace Tully schrieb drunter:
»Archduke Otto«. Und unterstrich das gleich zwei Mal, sehr energisch.
Nun hatte Präsident Roosevelt erst wenige Wochen vorher, am 16. Jänner 1944, ein langes Gespräch mit dem Habsburger geführt, in dem ausführlich auf alle Österreich und Ungarn betreffenden Probleme eingegangen wurde.

Original-Bildtext vom 25. Juli 1925:
»Boy King for Hungary
Die Partei der habsburgerischen Legitimisten unter der Führung von Graf Apponyi und anderen Persönlichkeiten legte sich einmütig auf ›Kaiser Otto‹ als einzigen Kandidaten für die Krone des hl. Stephan fest. Er ist der Sohn Kaiser Karls und der Kaiserin Zita und lebt mit seiner Mutter und seinen Geschwistern in einer kleinen Villa in Spanien. Die Führer der legitimistischen Bewegung gaben ihrer Hoffnung Ausdruck, daß diese Einigung die baldige Heimkehr Ottos als König ermögliche, aber auch die Heimkehr Zitas und der Geschwister Ottos.
O. P.S.: das jüngste Foto von ›König Otto‹ in seinem Heim im Exil.«

Das Memorandum vom 1. März enthielt eine Zusammenfassung der politischen und militärischen Lage Ungarns und hatte den Zweck, den Präsidenten auf die Möglichkeit aufmerksam zu machen, Ungarn vor der drohenden Besetzung durch die Hitlertruppen zu bewahren und – vor allem – auf das Flüchtlingsproblem in Ungarn hinzuweisen und die akute Gefahr, in die Ungarns Juden im Falle einer Besetzung durch Deutschland geraten müßten.
Das Memorandum gliedert sich in die Abschnitte Innen- und Außenpolitik, analysiert die Lage der Regierung und der Opposition, den Einfluß Deutschlands auf Ungarn, die militärische Lage des Königreichs, und enthält drei Annexe mit Daten.
Tenor des Memorandums bezüglich der ungarischen Regierung ist der, daß die Regierung des Ministerpräsidenten Miklos von Kállay versucht, mit den Westmächten in Kontakt zu kommen.
Der Text im Memorandum Ottos zu dieser Frage lautet:
»Premierminister Miklos von Kállay (im Originaltext wird er Nicholas Kállay genannt) hat starke, staatsmännische Qualitäten, ist realistisch und vorsichtig, manchmal allzu vorsichtig. Seine Verdienste können erst richtig verstanden werden, wenn man ihn mit seinem Vorgänger Herrn Bárdossy vergleicht. Bardossy hat von seinem Vorgänger Teleki ein ehrenhaft verwaltetes Erbe übernommen, aber in einigen wenigen Monaten alles vertan. Kállay mußte einen politisch völlig bankrotten Staat übernehmen, hielt aber das Ganze zusammen, ja verbesserte manches. Unter seiner Führung hat Ungarn die Zügel, die Deutschland dem Land in der Bárdossy-Ära anlegte, zweifellos gelockert. Kállay hat auch den Kampf im Inneren aufgenommen, Kampf gegen diesen Versuch des Nazi-Sadismus, Ungarn in einen Zustand der Illegalität, der Gewalt und der Verfolgung zu stoßen.
Die Aufgabe, die sich diese Regierung gestellt hat, ist zweifach: a) zu retten, was von Ungarns Freiheit und Unabhängigkeit noch geblieben ist, und b) von Ungan die beiden hauptsächlichen Gefahren abzuwenden, denen es sich ausgesetzt sieht: vollständige Besetzung durch Deutschland und das Schicksal Deutschlands nach der Niederlage teilen zu müssen.«
Otto verteidigt Kállay ausdrücklich gegen den Vorwurf, ein ungarischer »Quisling« zu sein. In Ungarn gebe es noch immer eine freie Presse, im Parlament gebe es noch immer eine Opposition, und »3.) Die verschiedenen Religionsgemeinschaften erfreuen sich noch immer der vollkommen freien Ausübung des Kultes. Gegen die Juden wurden keinerlei restriktive Maßnahmen ergriffen soweit es religiöse Fragen betrifft. Auch in der Verkündung der Lehre sind sie frei.
»Der Fürstprimas von Ungarn, Kardinal Jusztinian Serédi, hat erst vor kurzem wieder in aller Öffentlichkeit seine

Otto von Habsburg im Gespräch mit Thomas Chaimowicz und Erich Feigl

Stimme dafür erhoben, daß menschliche Freiheit und Gleichheit für jeden einzelnen gewahrt werden müsse. Die ungarische Regierung hat das Verlangen der Deutschen, Kardinal Serédi zu maßregeln, zurückgewiesen. Nie zuvor war der Einfluß der verschiedenen Kirchen und der religiöse Geist so stark in Ungarn wie heute«.

König Davids Erbe

Der wahre Gesellschaftsvertrag besteht nicht zwischen den Angehörigen einer Generation allein – also vertikal –, sondern zwischen dem Schöpfer und einer ganzen Kette, gebildet aus den Toten, den Lebenden und den noch Ungeborenen der Zukunft, Geschöpfe, die weder im Revolutionsjahr von 1789 noch in jenem von 1918 befragt wurden. Die Modetorheit des Augenblicks dominierte und besiegte (wohl nur vorübergehend) die Weisheit vieler Generationen.
Ein britisch-amerikanischer Pamphletenschreiber namens Thomas Paine († 1809 in New York), ein rabiater, weil wissensmäßig und an Erfahrung unterlegener Gegner Edmund Burkes, notierte in seiner Schrift »Common Sense«, daß die Monarchie »die sündige Hinterlassenschaft der Juden« sei. Im 19. Jahrhundert bestätigte Benjamin Disraelis Wirken die Richtigkeit dieser »sündigen Hinterlassenschaft«, indem er die Idee der demokratischen Monarchie ins Leben rief und von der Tory Democracy sprach, dem Judentum und der Kirche (er war ein Bewunderer Loyolas) die Rolle der Hauptstützen des konservativen Gedankens überhaupt zudachte. Thomas Paines »Sünde der Juden« war auch im alten Österreich präsent, in jenem fernen Kronland Galizien, aus dem meine Vorfahren stammen. Der Kaiser in Wien trug die Krone Davids, er war der Gesalbte, an den man nicht Hand anlegen durfte, den zu verbannen ein Delikt gegen die religiöse Überzeugung war, ähnlich wie für die Katholiken, die nicht ihrem Glauben untreu geworden sind. Es sind stets Renegaten, die derartige Thesen in Zweifel ziehen. Ich selbst bekenne mich als Staatswissenschaftler zur österreichischen Kaiseridee, zur Monarchie des Hauses Österreich, die weiterlebt, die sich, wie Joseph Roth es so schön sagte, »ins Metaphysische verflüchtigt« hat. Die Krone des Kaisers ist unsichtbar geworden für jene, die nur die Oberfläche zu sehen vermögen; Joseph Roth sah in Otto von Habsburg den »Kaiser mit der unsichtbaren Krone auf dem Haupt«. Es kann eine lange Zeit vergehen, bis wieder sichtbar wird, was sich jetzt im Nebel der Begriffsverwirrung den meisten (sich für informiert haltenden) Menschen verbirgt. Es liegt in der Hand Gottes, diesen Zeitpunkt zu bestimmen, es liegt an uns und unseren Nachfahren, einen solchen Augenblick, der von einem breiten Konsens getragen werden muß, nicht vorübergehen zu lassen.
Die Vernunft der geschichtlichen Beispiele, der Staatslehre und der Philosophie fallen hier mit jener Gnade Gottes zusammen, ohne die es kein gerechtes, sich an ewigen Normen orientierendes Regiment auf Erden geben kann, folglich auch keine Freiheit, die ja letztlich ein sittlicher Begriff ist.
Vor etwas weniger als vierzig Jahren saß ich, damals ein eben promovierter Absolvent der Jesuitenuniversität in Bogotá, mit meinem alten Lehrer Don José Prat, dem letzten Präsdidialchef der spanischen Republik, bei einem unserer häufigen Gespräche im Kaffeehaus. Er hatte meine Dissertation gelesen, die mit einem Aufruf zur Rückkehr zur Monarchie in Staaten mit monarchischer Tradition endete; ich war auf Skepsis des spanischen Republikaners und Sozialisten gefaßt. Sein Kommentar lautete: »Vielleicht haben Sie recht, die Republiken führen zur Tyrannis.« Als er diese Idee in der Form einer Besprechung meiner Dissertation in seiner Kolumne einer liberalen Tageszeitung erklären wollte, wurde sein Beitrag zum ersten Mal nicht angenommen...

Thomas Chaimowicz

Dann kommt jener Abschnitt, für den man Otto – ein halbes Jahrhundert nach der Katastrophe, die über das ungarische Judentum hereinbrach – seherische Qualitäten zusprechen muß und den Alliierten völlige Blindheit und Taubheit, weil sie seine Warnung nicht zur Kenntnis nahmen.
Hätte man Ottos Warnungen und seinen konkreten Vorschlägen Gehör geschenkt, wäre einer halben Million Menschen jüdischen Glaubensbekenntnisses das Leben und die Gesundheit erhalten geblieben, wären die Russen hinter dem Karpatenbogen stehengeblieben.
Hier Ottos Argumentation im Memorandum an Roosevelt (1. März 1944, Abschnitt A, Punkt 5): »Ungarn wurde in dem von den Nazi beherrschten Europa ein wahrer Zufluchthafen für Flüchtlinge. – Die »Berliner Börsenzeitung« berichtet kürzlich, daß heute in Ungarn mehr Juden leben, als im gesamten übrigen Europa. Die ungarischen Juden zählen heute 750000 Menschen, die ungeachtet der Judengesetzgebung, die von den Deutschen den Ungarn aufgezwungen wurde, immer noch eine bedeutende wirtschaftliche und finazielle Rolle im Leben des Landes spielen. Diese Gesetzgebung, die ausschließlich den Juden gilt, sollte von der Regierung exekutiert werden, aber sowohl die Behörden als auch die Regierung führen diese Gesetze nur äußerst nachlässig aus, und die Lage der Juden ist dementsprechend unvergleichbar günstiger in Ungarn als im übrigen Europa.
Die ungarische Regierung hat zahllosen jüdischen Flüchtlingen aus den Nachbarländern (mehr als 100000) Asyl gewährt. Das ungarische Oberhaus ist heute die einzige gesetzgebende Körperschaft in dem von den Nazi beherrschten Europa, die immer noch jüdische Mitglieder zählt, und wiederholt wurde im ungarischen Parlament dem traditionellen liberalen ungarischen Standpunkt, der

den Antisemitismus ausdrücklich verurteilt, Ausdruck gegeben. Auf Grund der menschlichen Behandlung der Juden erpreßt und bedroht Deutschland die Ungarn ständig.
Im November 1942 und im April 1943 hat Deutschland formelle diplomatische Schritte bei der ungarischen Regierung in dieser Angelegenheit unternommen, aber sie wurden beide Male als deutsche Einmischungen zurückgewiesen.«
Nun aber wies Otto dem Präsidenten Roosevelt nach, daß es durchaus Möglichkeiten gab, von Ungarn die ganz offensichtlich bevorstehende Katastrophe, nämlich die Machtübernahme durch Szálasi und die SS – und die darauffolgende »Befreiung« durch die Sowjets – abzuwenden.

Der achtzehnjährige ungarische Erbkönig Otto in historischer Nationaltracht

Es gab noch eine letzte Chance, Ungarn zu helfen: die Konferenz von Quebec, am 16. und 17. September 1944.
Bei dieser Konferenz ging es für Österreich vor allem um die Festlegung der Besatzungszonen, zeichnete es sich doch schon ab, daß sich die USA von so einer Verpflichtung gerne gedrückt hätten und drauf und dran waren, den Russen und – der Form halber – den Briten das Feld einzuräumen, ein Feld, das die Briten schon aus Geldmangel nicht bestellen konnten.
Dann war aber da noch die zweite Aufgabe für Otto, genau so wichtig: Ungarn.
Ergebnis der langen Gespräche mit Churchill, der Mitteleuropa so gut wie noch möglich bewahren wollte, war, daß Otto seinen ungarischen Landsleuten vorschlagen solle, sie mögen sich einseitig dem Westen ergeben; er und Roosevelt würden dann sehen, daß sich daraus möglichst gute Bedingungen und eine Vermeidung der Besetzung Ungarns durch die Sowjets erhandeln lasse. Otto und sein ungarischer »Getreuer Eckhardt« entwarfen daraufhin einen Telegrammtext für Budapest. Bereits am 23. September flog der ungarische General Náday nach Caserta, um mit den Amerikanern wegen eines Waffenstillstands zu verhandeln. Nach den Wünschen der Ungarn sollten ihnen im Ernstfall US-Fallschirmtruppen beistehen. Jetzt zeigte sich, warum Otto immer zu Vorsicht und Zurückhaltung gemahnt hatte, bei aller Entschlossenheit zum Handeln. Horthy, der alte Taktierer, sollte im entscheidenden Augenblick falsch taktieren, einen Moment zu früh handeln – möglicherweise aus der Sorge heraus, das Verdienst an dem rechtzeitigen Aussteigen Ungarns aus dem Krieg würde dem Manne zufallen, dem es tatsächlich zustand – Otto.
Horthy weiß, daß Otto bereits auf dem Wege nach Europa ist, und über Einladung ungarischer Parlamentarier in einem neutralen Land, in Portugal, den richtigen Augenblick abwarten wird, in sein Königreich zu kommen.
Noch ist alles offen, noch kann der Einmarsch der Russen verhindert werden, Otto hat ja das Wort von Churchill und Roosevelt, Ungarn vor den Russen zu bewahren.
Am 15. Oktober verkündet Horthy über den ungarischen Rundfunk den Waffenstillstand.
Doch die königlich-ungarische Armee spielt nicht mit, würde dieser Schritt doch bedeuten, daß eine Million ungarischer Soldaten in russische Gefangenschaft gerät. Die Deutschen besetzen die königliche Burg und schaffen Horthy in die Internierung, Major Ferenc Szálasi ergreift die Macht. Die Stunde der Terrorherrschaft von Pfeilkreuzlern und SS über die Ungarn bricht herein.
Horthy muß nicht nur dieses von ihm verschuldete Unheil noch mitansehen, sondern auch noch die Niederschlagung des Ungarnaufstandes von 1956.
Er wurde noch Zeuge eines sich in merkwürdiger Weise reproduzierenden Jahrestages: Am 4. November 1921 hatte er seinen König aus dem Lande getrieben, am 4. Nobember 1956 rückten eintausend russische Panzer in Budapest ein.
Am 19. Februar 1957 verschied Admiral Horthy – im Exil wie sein von ihm der Herrschaft beraubter König.
Im Sinne der Versöhnung eilte Otto an das Sterbebett des Nikolaus von Horthy nach Estoril und zögerte nicht, jenem das erbetene Verzeihen zu gewähren.

Washington D.C., 17. Jänner 1944

»Lieber Herr Präsident:

Nur ein paar Zeilen, um Ihnen meinen wärmsten Dank darüber auszusprechen, daß ich gestern die Zeit mit Ihnen verbringen konnte. Das Gespräch mit Ihnen war das, was es schon immer bei ähnlichen Gelegenheiten war: Ein An-

sporn und eine Ermutigung, um im Kampf für den Sieg der Grundsätze, die Sie vertreten, fortzufahren. Ich hoffe sehr, daß aus den Schritten, die unternommen werden, etwas Wertvolles herauskommt. Ich hoffe sehr bald entweder von Mr. J.C. Dunn oder General Strong wegen des Kommens von Karl Ludwig zu hören. Dann glaube ich, daß es möglich sein wird, Ungarn auf jene Seite zu bringen, auf der es seit Beginn des Krieges hätte stehen müssen.
In der Hoffnung, Sie bald wieder zu sehen, verbleibe ich mit vielem Dank, lieber Herr Präsident, respektvoll und ergeben Ihr
Otto von Österreich

Der unverhältnismäßig große Raum, den in vielen Briefen Fragen der Telegramm- und Briefverbindung zwischen Otto und seinen Brüdern in Europa einzunehmen scheint, war im Kriege durchaus gerechtfertigt: sowohl der Personen- als auch der Nachrichtenverkehr unterlag strengsten Kontrollen.

»War Department
Der Generalstabschef Washington D.C.
19. Jänner 1944

Memorandum für den Präsidenten:

In Übereinstimmung mit Ihren Anweisungen von gestern hat General Strong gestern abend Erzherzog Otto aufgesucht. Der Erzherzog wurde darüber informiert, daß in Hinblick auf die Unmöglichkeit, unerwünschte Publizität zu vermeiden, es nicht angebracht erscheint, wenn sein Bruder, Erzherzog Karl Ludwig, von Lissabon nach New York kommt, um Erzherzog Otto Informationen zu überbringen und dabei in Betracht zieht, bald wieder nach Lissabon zu fahren. Erzherzog Otto wurde darüber informiert, daß er, sollte er es wünschen, den bestehenden militärischen Kurierdienst zwischen Lissabon und Washington für ihn und für seinen Bruder benützen könne. Dem Erzherzog wurde mitgeteilt, daß sein Bruder die gewünschten Nachrichten in einem versiegelten Paket dem amerikanischen Militärattaché in Lissabon überreichen sollte, der seinerseits wieder von Washington darüber informiert werde, daß er diese Nachrichten in einem Umschlag für Erzherzog Otto überstellen solle. Ähnliche Vorkehrungen würden für die Verbindungen zwischen Erzherzog Otto und Erzherzog Karl Ludwig getroffen. Die Durchführung dieser Übereinkunft wird zur Verantwortung von General Major Clayton Bissell übertragen, der General Strongs Nachfolger in der Abteilung G-2 ist.

Der Generalstabschef (M.P.)

War Department, 22. März 1944

General Staff Military Intelligence Division G-2,
Washington

Memorandum für den Präsidenten:

Betrifft: Erzherzog Ottos Anfrage wegen »Special Transmission« von Botschaften.
1. Es wird empfohlen, die Bitte von Erzherzog Otto bezüglich der Übermittlung von Nachrichten an seinen Bruder nach Lissabon über die Kanäle zu unserem Militärattaché zu erfüllen.
2. Es ist nichts gegen die Übermittlung der gleichen Nachrichten nach Stockholm einzuwenden, wie er angesucht hat. Es wäre nichtsdestoweniger günstig, dem Außenministerium eine Zusammenfassung der Nachrichten, die nach Stockholm übermittelt werden sollen, zukommen zu lassen.
3. Mister Dunn vom Außenministerium stimmt obigen Empfehlungen zu.

Clayton Bissell
M.P.,
Generalmajor
A.C. von S., G-2«

Diesem Memorandum für den Präsidenten war eine dringende Anfrage Otto von Habsburgs vom 21. März 1944 vorangegangen. Sie lautet:

»Lieber Herr Präsident!

Beiliegend finden Sie den Text eines Telegramms, das ich meinem Bruder Karl Ludwig in Lissabon schicken möchte. Es ist die Folge von Ereignissen, die innerhalb der letzten 24 Stunden in Ungarn stattgefunden haben. Sein Ziel ist es, das, was von einem freien Ungarn außerhalb des Landes noch übrig bleibt, zu mobilisieren, sodaß sich die beklagenswerten Ereignisse, welche die Annexion Österreichs durch Deutschland begleiteten, im Falle Ungarns nicht wiederholen können. Andererseits ist das Telegramm in so vorsichtigen Worten abgefaßt, daß es nicht einen Abbruch unserer Verbindungen mit Ungarn provozieren kann. Denn wie ich im Augenblick erfahre, ist es bis jetzt noch nicht vollkommen klar, was in Ungarn wirklich geschehen ist. Und es könnte immer noch möglich sein, daß sich Ungarn irgendeine Form von wenn auch verminderter Unabhängigkeit bewahrt, was immer noch besser wäre, als die vollständige und bedingungslose Besetzung durch die Deutschen. Sogar eine eingeschränkte Unabhängigkeit könnte es erlauben, daß Ungarn irgendwann einmal in der Zukunft einen Seitenwechsel vornehmen könnte.

Wie es zum Beispiel im Fall Österreich geschehen ist, haben die Deutschen die österreichischen Auslandsvertretungen innerhalb von 48 Stunden besetzt, schon aus diesem Grund ist die Frage Ungarn naturgemäß von größter Dringlichkeit. Ich wäre daher sehr dankbar, wenn Sie die Freundlichkeit hätten, die Angelegenheit noch heute zu prüfen. Für den Fall, daß Sie gegen meine Überlegungen nichts einzuwenden haben, wäre ich sehr dankbar, daß dieses Telegramm an General Clayton Bissell gesandt werden kann, damit es sofort an meinen Bruder durch den Militärattaché in Lissabon überreicht werden kann. Ich wäre auch sehr dankbar, wenn die Antwort meines Bruders auf dem gleichen Weg telegraphisch übermittelt werden könnte. Auf diesem Weg wurden über ihre Anweisung hin auf diskreteste Art während der letzten Monate schon viele Nachrichten übermittelt, allerdings nur über den üblichen diplomatischen Postsack. Doch in diesem Fall denke ich, daß nur ein Telegramm helfen kann. Ich bitte Sie, lieber Präsident, mir Ihre Entscheidung durch Miss Tully zukommen zu lassen. Ich wäre auch dankbar, wenn Sie mich wissen lassen könnten, daß ich über den US-Militärattaché ein ähnliches Telegramm nach Stockholm schicken darf, und zwar an Herrn Revicky-Ulain, ungarischer Botschafter in Stockholm, der zumindest in der Vergangenheit mein Anhänger war, und den man einsetzen könnte, sobald es ratsam erscheint. Überflüssig zu sagen, daß über diese Angelegenheit nichts bekannt wird. Mit allen meinen gute Wünschen und respektvollen Grüßen verbleibe ich, lieber Herr Präsident,
Ihr sehr ergebener
Otto von Österreich«

»Verschlüsseltes Telegramm
An den US Militärattaché, Lissabon

Bitte übermitteln Sie an Prinz Karl von Bar, Rua Sampaio e Pina 50/Rc, Lissabon, höchst dringend die folgende Nachricht von seinem Bruder Otto:
Die Nachrichten über die deutsche Besetzung von Ungarn ermangeln noch immer der vollen Klarheit, sodaß ein endgültiges Urteil noch nicht gefällt werden kann. Bitte suche Botschafter Wodianer auf und besprich die Lage mit ihm. Im Falle, daß Ungarn nach der Besetzung durch Deutschland trotzdem ein gewisses Ausmaß von Unabhängigkeit wahren könnte, sodaß das Land trotz der Besetzung für die Sache der Alliierten noch nützliche Dienste leisten könnte, weise ich die Diplomaten an, sich ruhig zu verhalten und zu sehen, welche nützlichen Kontakte sie mit Budapest trotzdem aufrechterhalten könnten. Sollte die Okkupation durch die Deutschen Ungarn künftig jedwede Möglichkeit nehmen, sich frei zu bewegen, und die Okkupation daher den Charakter wie jener der Besetzung der Tschechoslowakei oder von Österreich annehmen, wäre für die ungarischen Diplomaten der Augenblick gekommen, den ungarischen Freiheitskampf fortzuführen. Auch angesichts einer von den Nazi gestützten ungarischen Quisling-Regierung, zum Beispiel eine, die von einem Szálasy oder Imrédy geführt wird. Unter diesen Umständen sollten die ungarischen Diplomaten in den neutralen Ländern ihre Vertretungen im Ausland nicht ausliefern, sondern weiterhin die rechtmäßige ungarische Regierung vertreten. Selbst wenn nur ein einziger Botschafter diesen Schritt setzte, wäre es die Sache schon wert. Ich rate, daß Wodianer seine Kollegen in Stockholm, Bern, Ankara, Madrid und im Vatikan benachrichtigt, daß in dieser Angelegenheit gleiche Schritte unternommen werden. Wenn sie unter den gegebenen Umständen so handeln, könnten Sie der ungarischen Sache einen hervorragenden Dienst erweisen.
Sobald ich weiß, wie sie vorgehen, bin ich bereit, ihnen so gut wie möglich zu helfen. Bitte sag Wodianer, daß ich ihn auf das eindringlichste warne, in diesem Augenblick unter gar keinen Umständen nach Ungarn zurückzukehren. Er sollte nicht vergessen, was seinen österreichischen Kollegen widerfahren ist. Fürst ist gleicher Meinung wie ich. Bitte antworte mir auf dem gleichen Weg telegraphisch über Reaktionen und Entscheidungen.«

»Washington D.C., 4.April 1944

Lieber Herr Präsident!

Lassen Sie mich Ihnen vorerst herzlich für ihre Freundlichkeit danken, die Sie mir entgegengebracht haben, indem Sie so rasch auf meine Bitte reagiert haben. Ich bin Ihnen umso mehr dankbar, als ich weiß, daß es Ihnen gesundheitlich nicht sehr gut gegangen ist und meine Briefe für Sie daher eine zusätzliche Belastung bedeuten. Aus diesem Grund tut es mir auch sehr leid, daß ich unter diesen Umständen trotzdem diesen Brief und diese lebenswichtigen Anhänge überreichen muß. Ich hätte gewiß damit noch zugewartet, wäre ich nicht wegen der Lage in Europa dazu gezwungen. Aber will man nicht die ganze Zukunft in Gefahr bringen, kann man die ungarischen Diplomaten und den Untergrund nicht länger auf Anweisungen und Führung warten lassen.
Ich schließe diesem Brief drei Annexe bei, die folgende Probleme behandeln:
1. Ein kurzer geschichtlicher Überblick der Ereignisse, die zu diesem Brief an Sie führten.
2. Der Plan eines ungarischen Widerstandsrates (»Hungarian Council for Resistance«).

3. Eine kurze Zusammenfassung von Maßnahmen, die notwendig wären, und für die ich Ihren freundlichen Beistand erbitte, um dem ungarischen Widerstandsrat zu helfen.
Ich wäre Ihnen sehr dankbar, wenn Sie mich so schnell wie möglich wissen lassen könnten, wie Ihr Standpunkt ist, wie Ihr Rat lautet, und welche Entscheidungen Sie in dieser Angelegenheit treffen. Überflüssig zu sagen, daß so wie in der Vergangenheit Sie meiner vollständigen Diskretion in dieser Angelegenheit sicher sind.
Mit meinen besten Wünschen für die schnelle und vollständige Erholung Ihrer Gesundheit und mit respektvollen Grüßen verbleibe ich, lieber Herr Präsident,
Ihr sehr ergebener
Otto von Österreich«

Besuch bei ungarischen Landsleuten im »Ungarischen Haus« in New York. »Der Alte Herr neben mir ist Herr Geza Peykert, der seinerzeit als Sekretär des Grafen Joseph Károlyi bei uns in Lequetio längere Zeit gearbeitet hat.«

»Annex I

Geschichtlicher Überblick zu den diplomatischen und militärischen Ereignissen, die zu diesem vorliegenden Brief führten

Bemerkung:
Das ist eine Zusammenfassung aus amtlichen ungarischen Dokumenten und amtlichen Telegrammen aus Lissabon.

1. Entwicklung der Lage in Ungarn seit Jänner 1944
Hitler lehnt es gegenüber General Szombathely, Generalstabschef der königlichen ungarischen Armee, ab, daß die Überreste der an der russischen Front verstreuten acht ungarischen Divisionen zurückkehren. Er verlangt neue Aktionen gegen die Juden, die Entsendung von ungarischen Arbeitern nach Deutschland, mehr Lebensmittel und mehr Rohstoffe. Er verlangt die Auslieferung der internierten amerikanischen und britischen Piloten. Alle diese Verlangen werden zurückgewiesen. Anfangs Februar erklärt Hitler, er erwarte, daß die ungarische Armee an der ungarischen Grenze gegen die Russen kämpfen werde. Zur gleichen Zeit konspiriert Hitler mit ungarischen Nazis.
2. Am 14. März verlangt Hitler in einer scharfen Note die Überstellung von 25000 Juden pro Woche nach Deutschland. Ursache:
In Ungarn lebt mehr als eine Million Juden in Freiheit, mehr Juden, als im gesamten übrigen Europa. Das wird für Hitler im Zuge des Vormarschs der Sowjets unerträglich. – Das ungarische Kabinett lehnt dieses Verlangen einstimmig ab und verständigt die Deutschen am 15. März 1944 davon.
3. Am 16. März 1944 lädt Hitler Horthy dringend zu einem Besuch in seinem Hauptquartier in Deutschland ein. Gegenstand sind die ungarischen Truppen in Rußland. Horthy schickt ein Telegramm an die ungarischen Botschafter in neutralen Ländern und weist sie an, im Falle einer deutschen Invasion sofort mit ihren amerikanischen und britischen Kollegen Kontakt aufzunehmen und sich zu meiner Verfügung zu stellen. Er sendet darüber hinaus an mich, als den legitimen König von Ungarn, ein Dokument, das mir alle Macht überträgt. Dieses Dokument ist bei meinem Bruder Karl Ludwig in Lissabon aufbewahrt. Horthy befiehlt der Armee, im Falle einer Invasion Widerstand zu leisten. Erst dann bricht er in Hitlers Hauptquartier auf.
4. Eine ungarische Untergrundbewegung wird organisiert und ihre Bewaffnung in Angriff genommen. Sie ist durch einen Emissär in einem neutralen Land unter meinen Befehl gestellt.
5. Nach Horthys Ankunft verlangt Hitler von ihm die volle Mobilisierung Ungarns gegen Rußland, die Auslieferung aller Juden, Flüchtlinge und Kriegsgefangene an Deutschland, die Entsendung von 250000 Arbeitern nach Deutschland, die Übergabe der ungarischen Lebensmittel- und Rohstoffreserven; Horthy lehnt diese Forderungen ab. Seither hat ihn niemand gesehen und sein gegenwärtiger Aufenthaltsort ist unbekannt.
6. Während dieser Unterredung greifen die Deutschen Ungarn unter starkem Einsatz von Fallschirmjägern an. Ungarische Truppen leisten gelegentlich Widerstand.
7. Die Kállay-Regierung lehnt es ab zurückzutreten. Daraufhin ernennen die Deutschen, nicht Horthy, eine neue Regierung in Ungarn, die sofort die ungarische Verfassung außer Kraft setzt.
8. Einzig der ungarische Botschafter in Ankara befolgt die Anweisungen der Quisling-Regierung. Die anderen Missionschefs befolgen Horthys Anweisungen und vertreten weiterhin die legale ungarische Regierung. Sie sind meinen Anweisungen verpflichtet. So geschah es in Lissabon, Madrid, Bern, Helsinki und Stockholm. Es besteht große Aussicht, daß die neutralen Länder auch weiterhin diese Diplomaten als die Vertreter der rechtmäßigen Regierung von Ungarn anerkennen.

9. Die eben erwähnten 5 Botschafter erstatten mir am 29. März Bericht. Sie bitten um weitere Instruktionen und schlagen vor, daß ich in Übereinstimmung mit ihren Instruktionen und der von Horthy gegebenen Vollmacht sofort eine neue ungarische Regierung ernenne.

Otto von Habsburg nach einem Vortrag bei seinen ungarischen Landsleuten in Chicago

Annex II.

Plan des Ungarischen Widerstandsrates (Hungarian Council for Resistance)

Obwohl ganz offensichtlich die rechtliche Gundlage zur Schaffung einer ungarischen Regierung im Exil besteht, plane ich derzeit nicht, eine solche zu bilden. Andererseits ist es dringend notwendig und unabdingbar, daß eine kompetente ungarische Autorität geschaffen wird, die alle ungarischen Anstrengungen für den Kampf gegen Hitler leitet und koordiniert.

Es ist daher geplant, einen ungarischen Widerstand zu schaffen, der sich aus den fünf loyalen ungarischen Botschaftern, namentlich aus den Botschaftern in Lissabon, Stockholm, Madrid, Bern und Helsinki zusammensetzt. Sobald dieser Rat organisiert ist, werde ich Herrn John Pelényi, den früheren ungarischen Botschafter in Washington, derzeit Professor am Dartmouth College, als seinen Vorsitzenden ernennen. Die Mitglieder des Rates behalten ihre gegenwärtigen diplomatischen Stellen. Die Mitgliedschaft zu dem Rat ist auf die aktiven diplomatischen Vertreter Ungarns beschränkt, deren Zahl noch anwachsen könnte. Neben der Wahl von Herrn Pelényi als Präsident kann der Rat auch andere ungarische Persönlichkeiten zur Erledigung besonderer Aufgaben ernennen. Weder ich noch Herr Eckhardt gehören dem Rate an.

Der Rat ist keine Regierung. Er stellt nichtsdestoweniger das einzige bestehende Organ der rechtmäßigen ungarischen Regierung dar, die zur Zeit ihrer Handlungsfreiheit beraubt ist. Durch die Bildung dieses Rates wird die Kontinuität des verfassungsmäßigen Lebens aufrechterhalten. Der Rat wird in dem Augenblick aufgelöst, als die verfassungsmäßige Ordnung auf ungarischem Boden wiederhergestellt ist.

Der Rat bietet den Alliierten seine Dienste an.

Ziele des Rates sind:

1. Die Untergundkräfte in Ungarn selbst wie auch die ungarischen Machtstellungen außerhalb Ungarns sind sowohl für den politischen Widerstand als auch für den bewaffneten Kampf gegen Hitler zu vereinigen, zu organisieren und zu leiten.
2. Ungarische Patrioten, Juden und Flüchtlinge in Ungarn sind vor ihrer Auslöschung durch die Nazi zu retten.

Der Rat hat kein anderes Ziel, aber durch sein Bestehen und durch seine Aktivitäten überlebt die ungarische Staatlichkeit, und die Teilnahme Ungarns im Kampf gegen Hitler ist sichergestellt.

Ich glaube, daß es meine Pflicht ist, an die Bildung dieses ungarischen Widerstandsrates heranzutreten, sobald Ihre Zustimmung zu diesem Plan gewonnen ist.

Annex III.

Bitten:

Die Führung der geplanten Aktivitäten und das Zentralbüro des Widerstandsrates sollen in Washington D. C. sein, sowie ich auch wünsche, daß alle Aktivitäten des Rates in voller Übereinstimmung mit den Absichten der USA durchgeführt werden. Sollte ich Ihre Zustimmung erhalten, wäre für eine wirksame und ordnungsgemäße Tätigkeit der nachfolgende Beistand unabdingbar:

A.) Allgemein:

1. Ermächtigung zur Herausgabe einer Informatiosschrift über Aufbau und Ziele des Rates, und zwar mit der moralischen Unterstützung durch die Regierung der Vereinigten Staaten.
2. Da die wichtigsten Aktivitäten des Widerstandsrates auf dem Boden des Untergrundkampfes stattfinden werden, wird es notwendig sein, eine Form von beständiger militärischer Zusammenarbeit zu finden. Es wird auch ein militärischer Verbindungsoffizier zum Rat ernannt werden müssen. Die Ernennung von Verbindungsoffizieren durch andere interessierte Regierungsvertretungen würde eine wirksame Zusammenarbeit in jeder Hinsicht verbessern.

3. Ermächtigung zur Aufstellung von raschen und sicheren Mitteln zur Nachrichtenverbindung zwischen dem Hauptbüro in Washington und jedem Ratsmitglied in den neutralen Ländern.
4. Ermächtigung zum Gebrauch eines entsprechenden Nachrichten- und Propagandadienstes, der auf die ungarischen Bedürfnisse eingerichtet ist. Er soll einen Nachrichtendienst und Führungsanleitungen für das ungarische Volk ermöglichen.
5. Wenn notwendig:
Die Freigabe einiger ungarischer Guthaben, um die Kosten des ungarischen Zentralbüros zu decken und vielleicht einige Mitglied-Legationen in neutralen Ländern zu versorgen, die über keine entsprechenden finanziellen Mittel verfügen.
Sollten Sie, Herr Präsident, diese Maßnahmen gutheißen, bitte ich Sie, an die betroffenen Regierungsstellen die notwendigen Anweisungen zu geben.

B.) Besondere Weisungen:

scheinen darüber hinaus notwendig zu sein, um die so dringend notwendige Übereinstimmung zwischen den so weit über Europa verstreuten Kräften des ungarischen Widerstandes sicher zu stellen:
1.) Ein Befehl an General Bissell, um mir die Möglichkeit zu geben, an meinen Bruder Karl Ludwig in Lissabon so wie in der vergangenen Woche jederzeit Telegramme senden zu können. Darüber hinaus Weisung, daß mein Bruder Karl Ludwig über den gleichen Kanal Telegramme schicken kann.
2.) Ermächtigung für Erzherzog Karl Ludwig, mit dem militärischen Transportflugzeug von Lissabon oder von den Azoren in die Vereinigten Staaten reisen zu dürfen und von dort wieder zurück nach Lissabon. Dazu auch eine Anweisung, ihm in Lissabon das amerikanische Visum auszustellen, und auch eine sofortige Ausreiseerlaubnis aus den Vereinigten Staaten nach Lissabon. Die Gründe für seine Reise sind:
a) Karl Ludwig hat wertvolle Geheiminformationen erhalten, die er persönlich sowohl Ihnen als auch mir übermitteln soll.
b) Karl Ludwig ist ernsthaft krank und sollte ins Spital, wahrscheinlich um sich einer Operation zu unterziehen, die aber hier und nicht in Portugal durchgeführt werden soll. Er kann aber Lissabon nicht verlassen, bevor er nicht in Lissabon in entsprechender Weise durch seinen Bruder Rudolf ersetzt ist.
3.) Ermächtigung, daß mein Bruder Erzherzog Rudolf die militärische Transportmaschine nach den Azoren oder nach Lissabon benützen kann, um seinen Bruder Karl Ludwig zu ersetzen und dabei besonders die Verbindung mit der ungarischen Untergrundbewegung aufrechtzuerhalten.«

Kardinal Mindszenty besucht seine Königin in deren Schweizer Exil, dem Johannesstift von Zizers.
Die Anklage gegen Kardinal Mindszenty, die im Rahmen des Schauprozesses im Jahre 1948 verlesen wurde, lautete:
1. Protest gegen die Ausrufung der Republik bei Ministerpräsident Zoltán Tildy
2. Aufnahme von Verbindung und Treffen mit Otto von Habsburg im Jahre 1947 in den USA
3. Aufstellung einer Regierungsliste für das künftige Königreich Ungarn
4. Aufnahme von Verbindungen zur US-Gesandtschaft in Budapest zwecks Entfesselung des Dritten Weltkriegs
5. Verhinderung der Heimholung der Krone des hl. Stefan, da die Absicht bestand, zum gegebenen Zeitpunkt damit Otto von Habsburg zum König von Ungarn zu krönen

»Das Weiße Haus, Washington

7. April 1944

Memorandum für den
Hon. James C. Dunn

Würden Sie so gut sein, mir Ihren Standpunkt zu dem beigeschlossenen Schreiben von Erzherzog Otto bekanntzugeben.

F. D. R.«

So ungeschickt Cordell Hull gegenüber dem Sowjetsystem auch agieren mochte: wenn es um die Vereitlung von Vorhaben Ottos ging, und mochten sie auch noch so geschickt formuliert sein, stellte der alte, renitente Südstaatler, der vom wahren Europa nichts wissen wollte, sofort seinen Mann. Daß Ungarn den Sowjets zum Opfer fiel, ist fast ausschließlich Männern wie Cordell Hull zu verdanken:

»Außenministerium Washington

12. April 1944

Memorandum für den Präsidenten

In Bezug auf den Brief vom 4. April, den Erzherzog Otto an den Präsidenten richtete, und des Präsidenten Deckblatt vom 7. April, in dem er hinsichtlich der Vorschläge des Erzherzogs einen Kommentar anforderte:
Aktivitäten dieser Regierung, die den Vorschlägen des Erzherzogs folgen, würden Überlegungen bezüglich einiger Angelegenheiten von größerer Wichtigkeit erfordern, namentlich:
1. Die Pläne, die Erzherzog Otto in Anhang II und III anführte, laufen im Wesentlichen auf seinen Vorschlag hinaus, daß die Leitung der Widerstandsbewegung in Ungarn selbst und alle Operationen, die zu einer Restauration der Krone von Ungarn an den Erzherzog führen, von den Vereinigten Staaten aus gelenkt werden sollen und zwar unter der aktiven Teilnahme sowohl der militärischen als auch der zivilen Behörden dieser Regierung.
2. Die verlangte Unterstützung für den vorgeschlagenen ungarischen Widerstandsrat, der in Washington errichtet werden soll, würde wohl mehr involvieren als die »Anerkennung«, die der Erzherzog gewillt ist, zuzugeben. Es wäre doch so, daß die ›Zur-Verfügungstellung von Verbindungsoffizieren‹, die Benutzung der amerikanischen Nachrichtenübermittlung, die Autorisierung der Öffentlichkeitsarbeit und der Zugang zu den gesperrten Vermögenswerten (Anhang III) den ungarischen Rat unmittelbar unter den Schutz dieser Regierung stellen würde.
3. Der Vorschlag des Erzherzogs zieht ausschließlich Amerika als Schutzmacht des ungarischen Widerstandes in Betracht. Im Gegensatz dazu hat diese Regierung zugestimmt, daß unsere Vorgangsweise mit Ungarn, so wie mit den anderen Feindstaaten in Europa, nur nach rückhaltloser Rücksprache mit der britischen und der sowjetischen Regierung erfolgt. Die Schlußfolgerung aus diesen Überlegungen kann nur sein, daß weder aus dem Blickpunkt der öffentlichen Meinung dieses Landes noch im Hinblick auf unseren Entschluß, sowohl politisch als auch militärisch in dem Krieg in Europa mit den anderen Regierungen vorzugehen, es im nationalen Interesse dieser Regierung stehen könnte, den vom Erzherzog vorgetragenen Vorschlägen zuzustimmen.
Es darf darauf hingewiesen werden, daß bereits einige Schritte unternommen wurden, um Ziele zu erreichen, die der Erzherzog im Rahmen seiner Vorschläge erwähnt. Unmittelbar nach der deutschen Okkupation Ungarns hat das Außenamt unsere Vertretung in den neutralen Hauptstädten informell ermächtigt, den verschiedenen ungarischen diplomatischen Vertretungen sowie der Untergrundbewegung zu helfen, ihre Pläne für den Aufbau einer Widerstandsbewegung in Ungarn zu koordinieren. Das waren vorläufige, aus der Not des Augenblicks gekommene Schritte, aber sie dienten durchaus dem Zweck, die Ungarn im Ausland ihre Möglichkeiten überprüfen zu lassen, zur Niederlage Deutschlands beizutragen. Die Briten wurden über das, was diese ungarischen Vertreter planen, informiert, und die Russen werden jetzt wahrscheinlich ebenfalls ins Bild kommen. Tatsächlich haben die Briten nun das Außenamt über eine genauer umschriebene Absicht bezüglich Ungarn informiert, und sie gaben der Hoffnung Ausdruck, daß auch Washington und Moskau im allgemeinen ihren Vorschlägen zustimmen und in diesem Sinn eine gemeinsame Politik gemacht werden kann. Zusammenfassend darf gesagt werden, daß der britische Vorschlag gegen eine Anerkennung einer freien ungarischen Bewegung ist, aber er spricht sich dafür aus, die ungarischen Beamten, die es abgelehnt haben, das gegenwärtige Regime anzuerkennen, zu fördern. Dabei soll besonders der Widerstand innerhalb von Ungarn gefördert werden. Das künftige Schicksal Ungarns soll vom Volk in der Heimat entschieden werden, wenn es sich im aktiven Widerstand gegen die Deutschen vereinigt.
Das Außenamt hat auf die britischen Vorschläge bisher noch nicht geantwortet, würde aber dem Präsidenten empfehlen, zuzustimmen, da es im wesentlichen mit den Ansichten des Außenamts übereinstimmt. Diese Vorgangsweise ist einer einseitigen Unterstützung von unserer Seite vorzuziehen, so wie jeder besonderen ungarischen Gruppierung. Wir würden uns sehr darüber freuen, wenn der Präsident zustimmt. Darüber hinaus sind die Vorteile einer gemeinsamen Politik mit ihrem zusätzlichen Wert als einem Beispiel der Zusammenarbeit der wichtigsten Alliierten in den europäischen Fragen ganz offensichtlich.

Unterschrift
Cordell Hull (M.P.)

Beiliegend:
Ein Brief des Erzherzogs Otto mit seinen Beilagen«

»Das Weiße Haus, Washington
15. April 1944

Memorandum für den Außenminister:

Ich stimme Ihrem Brief vom 12. April bezüglich Erzherzog Otto zu. Ich meine, er sollte auf diese Politik von Ihnen oder von jemandem aus dem State Department aufmerksam gemacht werden.

F. D. R.«

»Washington D. C.,
22. September 1944

Lieber Herr Präsident!

Ich hatte schon während unserer Unterredung am vergangenen Freitag das Vergnügen, Ihnen mitzuteilen, daß ich fest daran glaube, daß direkte Botschaften an die ungarische Regierung wesentlich dazu beitragen könnten, diese Regierung verstehen zu machen, daß sie sich nun, genau zu diesem Zeitpunkt, den anglosächsischen Mächten ergeben sollte. Ich glaube, ich habe Ihnen zu verstehen gegeben, daß die persönliche Freundschaft, die zwischen dem Regenten Horthy und dem neuen ungarischen Außenminister General Hennyey auf der einen Seite und Herrn Tibor Eckhardt, dem Präsidenten der ungarischen Kleinlandwirtepartei, der nun in diesem Lande lebt, auf der anderen Seite, gut dazu benützt werden könnte, um eine Nachricht an Henyey zu übermitteln.
Ohne Herrn Eckhardt irgendetwas über unsere Unterredung gesagt zu haben, ersuchte ich ihn nichtsdestoweniger, eine Nachricht zu übermitteln, die ich ihm in großen Zügen zugeleitet hatte. Eckhardt hat keine Ahnung davon, über welchen Weg ich diese Nachricht übermitteln will. Er kennt nur den Entwurf des Telegramms, das ich Ihnen vor einigen Tagen gesandt habe, aber er weiß nicht, wie oder über wen diese Nachricht Ungarn erreichen wird.
Ich schließe nun hier den Entwurf einer Botschaft von Herrn Eckhardt an Herrn Hennyey bei. Wenn Sie zustimmen, wäre ich sehr dankbar, wenn Sie die nötigen Anweisungen geben könnten, um die Nachricht an die drei genannten Personen weiterzuleiten. Ich glaube, daß eine Nachricht, die von einem engen Freund kommt, einen beträchtlichen Eindruck auf General Hennyey machen wird. Eckhardt wird natürlich niemals wissen, daß ich dieses Telegramm an Sie geschickt habe.
Nachdem ich sehr über alles nachgedacht habe, was Sie mir in Quebec gesagt haben, meine ich, daß die Chancen für eine frühe Kapitulation Ungarns gegenüber den anglosächsischen Mächten sehr gefördert werden könnte, wenn Sie so schnell wie möglich eine Persönlichkeit fänden, die mit Herrn de Bakach-Bessenyey Kontakt aufnimmt, da ich mir die Freiheit genommen habe, Ihnen in meinem Brief vom 16. September diese Persönlichkeit vorzuschlagen. Ich wäre sehr dankbar, wenn Sie die große Freundlichkeit haben würden, diese Angelegenheiten möglichst schnell zu überdenken.
Nochmals möchte ich Ihnen sagen, wie glücklich sowohl meine Mutter als auch ich waren, daß wir am 15. September mit Ihnen sprechen konnten. Ihre warme Sympathie für Ungarn und für Österreich war in der Tat eine Erfahrung, die uns mit großem Dank erfüllt.

Lieber Herr Präsident, ich verbleibe
Ihr sehr ergebener

Otto von Österreich (M. P.)«

Über verschlüsseltes Telegramm Ottos an die folgenden drei Anschriften:

1. Prinz Karl von Bar, per Adresse Jose Saldanha da Gama, Villa Bela, Dafundo, bei Lissabon, Portugal.

2. An Herrn de Bakach-Bessenyey, ungarischer Botschafter, per Adresse Herrn Leland Harrison, U.S. Botschafter in Bern, Schweiz.

3. An Baron Apor, Ungarischer Botschafter beim Heiligen Stuhl, per Adresse Herrn Myron Taylor.

Bitte übermitteln Sie General Hennyey, dem Ungarischen Außenminister, über alle Ihnen zur Verfügung stehenden Wege dringendst die folgende Botschaft:
Ich bitte Sie dringend und vertraulich, dem Reichsverweser Horthy folgende höchst wichtige Botschaft zu übermitteln, für deren Richtigkeit ich die volle Verantwortung übernehme:
Das jüngste Telegramm von Erzherzog Otto weist unsere letzte und unerwartete Chance auf, eine vollständige Katastrophe zu vermeiden. Was heute noch als annehmbar erscheint, könnte morgen schon eine Unmöglichkeit werden, wenn sich die Lage weiterhin verschlechtert. Aus diesem Grund sollte keine Zeit mehr verloren werden. Bevollmächtigte sollten die ungarische endgültige Entscheidung sofort an Bakach-Bessenyey oder an Apor oder nach Lissabon überbringen. Ungarn muß zwei Verpflichtungen übernehmen:
1. Bedingungslose Kapitulation gegenüber den Vereinigten Staaten und Großbritannien allein.
2. Aktiver militärischer Beistand für die anglo-amerikanische Armee bei der Befreiung von Österreich.
Was Rumänien für die Russen getan hat, hat Ungarn für die Anglo-Amerikaner zu tun, und zwar bei der ersten besten Gelegenheit, die später noch bekannt gegeben wird. Mittlerweile sollte Ungarn so gut wie möglich seine militärische Kraft bewahren, aber auch seine innere Ordnung und seine territoriale Integrität, um ein aktives Glied auf Seiten der Alliierten werden zu können. Nur wenn wir diese Grundsätze verwirklichen, kann Ungarn seinen Platz in der westlichen Welt behaupten. Bitte handeln Sie schnell. Vergeltung für die Märzinvasion ist moralisch gerechtfertigt und politisch unabdingbar. Weiteres Zögern würde den endgültigen Untergang bringen.«

Ein frontaler Angriff Ottos gegen seinen alten Freund Roosevelt: Der Präsident scheint sein Wort gebrochen zu haben. Oder hatten angesichts der persönlichen Krise des Präsidenten – seine Gesundheit verfiel von Tag zu Tag mehr – längst andere, von Moskau gesteuerte Kräfte, die eigentliche Amtsführung übernommen?
Otto protestiert:

»Washington D. C.,
25. September 1944

Lieber Herr Präsident!

Soeben habe ich erfahren, daß das Außenministerium am 8. September eine Direktive ausgesandt hat, die die Behandlung der ungarischen Friedensversuche betrifft, die bevorstehen dürften. Diese Leitlinien, die noch vor der Konferenz von Quebec ausgesandt wurden, stehen folgerichtig im Widerspruch zu jenen Dingen, die Sie mir bezüglich Ungarn und Quebec sagten. Darf ich mir daher erlauben, Ihnen vorzuschlagen – sofern Sie das für gut halten –, daß jene Weisungen, die an die Diplomaten der Vereinigten Staaten in Europa und in der Türkei ergingen, von Ihnen autoritativ interpretiert werden, und zwar in dem Sinn, daß die Behandlung der ungarischen Frage voll entsprechend jenen Absichten erfolgt, wie Sie es ausdrücklich wünschten.

Mit den wärmsten Grüßen verbleibe ich,
lieber Herr Präsident,

Ihr sehr ergebener
Otto von Österreich (M. P.)«

Dies ist ein Abschiedsbrief an einen guten alten Freund: Otto geht wieder zurück nach Europa. Es ist kaum noch etwas zu retten. Doch der Habsburger hat nie resigniert. Damals nicht, vorher nicht, später nicht.

»Washington D. C.,
27. September 1944

Lieber Herr Präsident!

Über Vermittlung eines neutralen Landes erhielt ich gestern aus Budapest ein Telegramm. Es ist von drei der prominentesten Mitglieder des ungarischen Parlaments unterzeichnet. Die Herren teilen mir mit, daß infolge der völlig veränderten innenpolitischen Situation Ungarns in der allernächsten Zeit mit wichtigen Nachrichten aus Budapest zu rechnen ist. Darüberhinaus luden mich die Herren ein, im Hinblick auf die kommenden Ereignisse so schnell wie möglich in ein neutrales europäisches Land zu kommen. Ich leite aus dem Inhalt des Telegramms ab, daß eine echte ungarische Bewegung und zwar in dem Sinne, in dem Sie zu mir in Quebec sprachen, in allernächster Zeit entstehen könnte.
Ich habe aus Österreich mehrere Appelle erhalten, »näher bei der Hand zu sein«. Wie es meine Pflicht ist, habe ich mich entschlossen, diesem Ruf zu folgen und so schnell als möglich nach Portugal zu reisen. Es sieht so aus, als könnte ich schon am nächsten Montag, am 2. Oktober, abreisen. Überflüssig zu sagen, daß ich diese Abreise völlig geheim halten werde, auch gegenüber meinen Freunden.
Sie werden sicher verstehen, daß ich gerade jetzt, unmittelbar vor meiner Abreise, gerne die Gelegenheit hätte, wenigstens ein paar Minuten mit Ihnen zu sprechen. Natürlich weiß ich, wie beschäftigt Sie sind.
(Handschriftliche Bemerkung am oberen rechten Briefrand: Treffen für Samstag, den 30. September vorbereiten. Franklin D. Roosevelt)
Nichtsdestoweniger, sollten Sie etwas Zeit finden, mich vor Samstag zu empfangen, wäre ich sehr dankbar, wenn Sie mir das über Miss Tully mitteilen könnten.
Sollte es nicht möglich sein, möchte ich Ihnen mit diesem Brief sagen, von welch tiefer Dankbarkeit ich erfüllt bin, was Sie in den letzten Jahren für meine Familie und für mich getan haben. Es war großartig, Sie als Freund zu haben und zu sehen, mit welchem Verständnis und mit welcher warmen Sympathie Sie Österreich und Ungarn gegenüberstanden.
Mein Bruder Felix, der hier bleibt, wird auch in Zukunft über alle Entwicklungen bezüglich Österreich und Ungarn berichten. Darf ich Sie bitten, ihm die gleiche Freundlichkeit entgegenzubringen wie mir.
Ich bete zu Gott, daß Sie der Allmächtige beschützen möge, sodaß Sie noch für lange Zeit ein Lenker und ein Ansporn nicht nur für Ihr eigenes Volk, sondern für alle Nationen der Welt sein können.

Ihr ergebener
Otto von Österreich«

»Symbol des ungarischen Widerstandes ist ein Mann, der in Mariazell, dem gemeinsamen Heiligtum aller Mitteleuropäer, begraben liegt. Man hat Kardinal Mindszenty von vielen Seiten, auch innerhalb der Kirche, wegen seine Härte kritisiert. Ihm wurde nicht zuletzt im Westen viel Unrecht zugefügt. Die Haltung gewisser Hierarchien war kein Ruhmesblatt in der Kirchengeschichte. Trotzdem erwies sich dieser Mann des Glaubens als stark genug, alles durchzustehen, ohne in der Treue zu Kirche und Papst zu wanken oder seine Pflicht als Primas Ungarns der Opportunität zu opfern. Es hat in unserer Zeit wenige so energische, unbeugsame Männer gegeben wie Josef Mindszenty. Er zeigte in den Gefängnissen der kommunistischen Gewaltherrschaft, im inneren Exil in der amerikanischen Botschaft und schließlich im erzwungenen Exil eine Geradlinigkeit, die sein Volk bis heute zutiefst beeindruckt. Wenn die Ungarn in den letzten Jahrzehnten eine erstaunliche Haltung an den Tag legten, so war das möglich, weil sie ein Beispiel vor Augen hatten, an dem sie sich auch in den schwersten Stunden aufrichten konnten. Die übrige Welt hat Kardinal Mindszenty vielleicht vergessen. In Mitteleuropa demgegenüber ist sein Name so lebendig wie eh und je.

Dem verstorbenen ungarischen Primas gebührt ein großer Verdienst bei der relativen Humanisierung des Regimes in seinem Land. Diese wird ihm in der Regel nicht zuerkannt. Tatsächlich aber sind die kleinen Verbesserungen nicht etwa der Milde der Regierenden, sondern der Unbeugsamkeit der Unterdrückten zu verdanken. Hier haben wir eine Parallele zu Österreich. Es war die Solidarität des österreichischen Volkes, sein Widerstand gegen die sowjetische Besatzung und sein Mut in den kritischen Stunden, die schließlich den Abzug der Roten Armee brachten. Gewiß gab es auch die Leistungen von Politikern wie Raab und Figl. Dadurch konnte eine weltpolitisch einmalige Konjunktur genutzt werden.

In totalitären Regimen von Wundern zu sprechen ist immer irreführend. Man darf auch nicht an die Menschlichkeit von Gewaltherrschern glauben. Wenn es Fortschritte gibt, so nur, weil sich die Völker nicht fürchten und über Männer und Frauen verfügen, die bereit sind, für Ihre Ideale die schwersten Risiken auf sich zu nehmen. Diesbezüglich haben die Mitteleuropäer Großes geleistet, wenn auch nicht alle mit soviel Glück wie die Ungarn. Die Völker hinter dem Eisernen Vorhang geben ein gutes Beispiel für jene westlichen Politiker, die noch immer glauben, man könnte Frieden, Freiheit und Wohlstand mit Kniefällen erkaufen.«

10
Heimkehr nach Europa (1944)

Als Otto am 26. Oktober 1944 nach vier Jahren Aufenthalt in den Vereinigten Staaten in Lissabon endlich wieder auf europäischem Boden steht, auf portugiesischer Erde, der er durch seine väterliche wie auch mütterliche Abstammung verbunden ist, gilt die allererste Sorge den ungarischen Landsleuten: Vielleicht ist für Ungarn noch etwas zu retten. Schon wenige Tage nach der Ankunft in Lissabon kann Otto seinem Freund und Gönner Roosevelt einen ersten Lagebericht übermitteln. Ja, Horthy und sein Regime sind am Ende, Szálisi und sein terroristisches Regime wüten in ihrem Machbereich, während sich in Ostungarn bereits die nicht weniger blutrünstige kommunistisch-sowjetische Tyrannis des Mátyés Rákosi ihre Blutorden verdient. Es gäbe zwar eine allerletzte Chance für das immer noch bestehende Königreich Ungarn – sofortiges Eingreifen der Westmächte – , aber die Wahrscheinlichkeit schrumpft angesichts der in ihr akutes Stadium getretenen Todeskrankheit Roosevelts auf ein Minimum zusammen.

Die nächste Sorge heißt Österreich.

Während sich für Ungarn mehr von Lissabon ausrichten läßt (mit Hilfe des absolut königstreuen ungarischen Botschafters in Lissabon, in Madrid und jener in den skandinavischen Ländern), kann Otto von Lissabon aus nur wenig für Österreich tun.

Er entschließt sich daher bald, nach Paris weiterzureisen, während seine Brüder Rudolf und Karl Ludwig das Wagnis übernehmen, nach Österreich selbst zu gehen, um dort im Untergrund den Kampf gegen die Nationalsozialisten aufzunehmen.

Die Heimkehr nach Lissabon verlief noch irgendwie geordnet. Da gab es einen Präsidenten Salazar, der sein Land mit sicherer Hand – wohl auf der Seite der Alliierten, aber doch im friedlichen Abseits – durch die schlimmsten Jahre geführt hatte, da gab es die unmittelbare Nachbarschaft Spaniens, das sich dank Francos Klugheit nicht auf die Seite der Achse geschlagen hatte. In Paris jedoch regierte im Anschluß an die Befreiung der Stadt am 28. August 1944, als Charles de Gaulle und Dwight David Eisenhower dort im Triumph einmarschiert waren, das politische Chaos.

Erzherzog Robert von Österreich-Este, der älteste Bruder Ottos, hatte während der Londoner Exiljahre mit General Charles de Gaulle Freundschaft geschlossen. Die Verbindungen zu Charles de Gaulle waren mannigfach; sie reichten von natürlicher Sympathie zu dem jungen Habsburger bis zu historischen Reminiszenen: So hatte Charles de Gaulle seinen »Kreuzzug« unter dem Zeichen des Kreuzes von Lothringen angetreten, und Lothringen war immer noch die Domäne des Hauses Habsburg-Lothringen, jedenfalls für Charles de Gaulle.

Oft und oft hatte Winston Churchill zu Erzherzog Robert spöttelnd gemeint: ›Jeder trägt sein Kreuz, nur ich trage ein doppeltes Kreuz‹, womit er auf Charles de Gaulle anspielte, der sein Land unter dem Zeichen des doppelbalkigen Lothringer-Kreuzes vertrat.

Frühjahr 1946, Paris: Gesandter Friedrich von Wiesner und August Lovrek, beide noch gezeichnet von langjähriger Haft und Konfinierung, besprechen mit Otto von Habsburg den Wiederaufbau der von den Nationalsozialisten völlig zerstörten Monarchistischen Bewegung.
Für Hitler waren ja die Legitimisten der Erzfeind gewesen. Das »sozialistische Lager« hatte es da wesentlich leichter gehabt, da es, auch dank seiner »Anschlußfreundlichkeit«, für die nationalen Sozialisten nicht jenes Feindbild abgab wie die immer für die Unabhängigkeit Österreichs eintretenden Legitimisten. Das Ergebnis war, daß sich die Sozialisten im Jahre 1945 in ein – von den Legitimisten und Otto von Habsburg bereitetes – »Neues Österreich«, begeben konnten, das sie während der gesamten Hitlerzeit mit allen ihnen zur Verfügung stehenden Mitteln zu verhindern versucht hatten.

Die Jungvermählten, Otto und Regina, in Madrid (Mai 1951)

11. 1. 1961: Ottos Fünfmäderlhaus (Walburga, Monika, Andrea, Michaela und Gabriela) hat endlich den lang erwarteten Prinzen: Karl!

Ein »Haus Österreich« baut sich auf: Gabriela, Walburga, Karl, Andrea, Monika

Charles de Gaulle hielt jedenfalls von der Ankunft Ottos in Paris an seine schützende Hand über den nun zweiunddreißigjährigen Habsburger, der in ein völlig verändertes, gewiß nicht besser oder schöner gewordenes Paris heimkehrte; es gab keinen Georges Mandel mehr, keinen Joseph Roth, die Zeiten des Franz Werfel und des Alfred Polgar waren ebenso vorbei wie die Tage eines Robert Ingrim und Bruno Walter. Viele waren gestorben, manche zogen es vor, für immer in den Vereinigten Staaten zu bleiben, wo sie – wieder dank der Wirksamkeit Ottos – eine neue Heimat gefunden hatten; die alten Getreuen wie Martin Fuchs oder Wilhelm Wunsch, Synonyme für das »Donau-Echo« und die »Österreichische Post«, hatten sich eine neue Existenz in den USA oder in Kanada aufgebaut, und der wackere Karl Hartl war aus dem französischen Untergrund noch nicht wieder aufgetaucht.

Dennoch mußte es weitergehen. Diesmal, im beginnenden Winter des Jahres 1944, sogar in der Anonymität einer Geheimwohnung, mit allen schlimmen Nachteilen einer solchen Behausung, von der niemand etwas wissen sollte und noch viel weniger jemand etwas wissen wollte.

Ottos Arbeitsbedingungen waren in Paris denkbar schlecht, vor allem weil der ehemalige Linksradikale, nun immer mehr zum rechten Radikalismus übergehende Georges Bidault in Otto seinen erklärten Todfeind sah. Hätte ein Charles de Gaulle seinen ihm aufgezwungenen Außenminister Georges Bidault nicht zurückgehalten, hätte jener dem Habsburger noch einen Prozeß wegen Kollaboration mit Hitler angehängt. (Solche Tendenzen gab es dann ein zweites Mal, als die deutsche Linke von Ottos Kandidatur zum Europäischen Parlament erfuhr, dieselbe vereiteln wollte und Otto ›Antisemitismus‹ und ›Hitler-Sympathien‹ ankreidete... übrigens eine Kampagne, an der sich auch ein Bundeskanzler Helmut Schmidt und ein Willy Brandt beteiligten.)

Otto hatte damals in Paris auch Freunde; neben Charles de Gaulle vor allem den großen Sozialistenführer Léon Blum (der wieder dem habsburgfreundlichen Kreis um Aristide Briand und Jean Jaurès angehörte), den Kommunisten (!) Gabriel Bery, Vertreter einer vernünftigen Außenpolitik, die Mitteleuropa russenfrei sehen wollte, sowie die einflußreichen Brüder Sarrault.

Über diese Männer erhielt Otto dann auch nach der Ausweisung durch Dr. Karl Renner im Jahre 1946 wenigstens *falsche* Papiere.

Wie aus Ottos Briefen an seinen nun immer rascher dahinwelkenden Freund im Weißen Haus hervorgeht, galt seine Hauptsorge dem Aufbau eines echten österreichischen Widerstandes, während die immer stärker sich ins Zeug legenden, vor allem aus dem Tito-Partisanenbereich kommenden Kommunisten bereits den ›Alleinvertretungsanspruch‹ für das, was später als ›österreichischer Widerstand‹ geltend gemacht werden sollte, anmeldeten.

Was Otto immer befürchtet hatte, nahm allmählich Gestalt an: Getreu der von Molotow bei der Endfassung der Moskauer Deklaration durchgedrückten Klausel, daß bei der ›Endabrechnung‹ der österreichische Widerstand berücksichtigt werden sollte, zeichnete sich nun ein ausschließlich kommunistischer Widerstand ab – weil die Amerikaner und Anthony Eden jeden echten österreichischen Widerstand verhindert hatten. Da Otto mit dem Polenführer General Sikorski, der ja gleichfalls Opfer dieser Politik geworden war und dafür sogar mit seinem Leben zu bezahlen hatte, so eng befreundet war, darf hier sinngemäß wohl ein Vergleich gebracht werden: der Vergleich mit dem Aufstand von Warschau. Während sich die polnischen Patrioten verbluteten, im April 1943, während die Rote Armee aus unmittelbarer Nähe der Vernichtung der polnischen Elite zuschaute und die polnischen Kommunisten im sicheren russischen Exil die Machtübernahme vorbereiteten, verblutete das wahre Polen. Ähnliches, wenn auch in anderer Dimension, bahnte sich nun in Österreich an: Die Gesinnungsfreunde Ottos waren die ersten, die in die Lager Hitlers gebracht worden waren, die gesamte Struktur der legitimistischen Bewegung war zerstört. Die Kommunisten wieder würden den Schutz der aus Ost und Südost heranrückenden Sowjets genießen, während die Männer vom Schlage eines Karl Renner oder eines Adolf Schärf in aller Ruhe den Lauf der Dinge abwarten konnten. Sie hatten ja ›nichts getan‹. Wer die Memoiren des Dr. Adolf Schärf (später Bundespräsident; er fand es nicht für notwendig, ein auf dem Höhepunkt der ›Habsburg-Krise‹ von Otto an ihn gerichtetes Schreiben überhaupt zu beantworten) liest, erfährt dort mit Staunen, wie er im Jahre 1943, nachdem er übers Radio von dem Plan zur Wiedererrichtung Österreichs erfahren hatte, diesen Gedanken so übel nicht fand... Der Höhepunkt dieser Tragikkomödie war wohl erreicht, als Staatssekretär Karl Gruber Erzherzog Robert – im Jänner 1946 – im Innsbrucker Hotel Kreith aufsuchte und ihn und seine Brüder zum Verlassen Österreichs aufforderte, die versiegelte Erpressung durch Dr. Karl Renner in der Hand. Doch der Reihe nach:

Am 9. Mai 1945, dem 53. Geburtstag Kaiserin Zitas, war Hitlerdeutschland niedergerungen, trat der Waffenstillstand in Kraft.

Ottos Brüder Karl Ludwig und Rudolf bemühten sich, nachdem sie monatelang aktiv im Widerstand tätig gewesen waren, bei den französischen Besatzungsbehörden um Hilfestellung. Bald stieß auch Erzherzog Robert zu ihnen, der sich in Rom einquartierte und sich vor allem um die Vorbereitung der Wiedervereinigung mit Südtirol kümmerte, die ja eine von alliierter Seite beschlossene Sache war.

Im Juni gelang es Otto endlich, trotz des immer lästiger werdenden Georges Bidault, die notwendigen Papiere zur Einreise nach Österreich zu bekommen.

In Wien hatte sich inzwischen eine ›Provisorische Regierung‹ unter der Amtsführung Dr. Karl Renners etabliert, mit dem Kommunisten Karl Honner, der den Krieg in der Sowjetunion verbracht hatte, als Innenminister und den Kommunisten Fischer, Koplenig und Fürnberg in Positionen, die weit über die wirkliche Stärke der Kommunisten in Österreich hinausgingen.

Dr. Karl Renner, der sich durch sein JA zum Anschluß für eine politisch verantwortungsvolle Tätigkeit in dem ohne sein Zutun wiederstandenen Österreich völlig disqualifiziert hatte, schrieb nun an Genossen Stalin einen liebenswürdigen Brief, in dem er sich so herzlich an seine Zusammenkünfte mit Lenin, Trotzki und Rjasanow erinnert, versichert ›mit seinen Parteigenossen vertrauensvoll die Ankunft der Roten Armee‹ abgewartet zu haben. Er schließt mit den

Worten: »...voll Bewunderung für die gewaltige Leistung der Sowjets... Die österreichischen Sozialdemokraten werden sich mit der K. P. (gemeint sind Österreichs Kommunisten, die sich auch in Wien im Putsch an die Macht bringen wollten) brüderlich auseinandersetzen und bei der Neugründung der Republik auf gleichem Fuß zusammenarbeiten. Daß die Zukunft des Landes dem Sozialismus gehört, ist unfraglich und bedarf keiner Betonung. Ihr ergebener Karl Renner.«

Das war der Mann nach dem Geschmack der Russen. In der Tschechoslowakei, wohin inzwischen Beneš im Triumph zurückgekehrt war und seinen alten Financier Hácha zunächst einsperren und dann gleich darauf umbringen ließ, verfügten die Russen über einen in ihren Augen ähnlich guten Mann, nämlich Zdeněk Fierlinger, in den Dreißigerjahren langjähriger Botschafter in Wien, dann in Moskau, 1945/46 stellvertretender Ministerpräsident der ČSR, wie Renner Sozialdemokrat und Macher der ›Vereinigung‹ der Sozialdemokraten mit den Kommunisten, was dann deren Machtübernahme ermöglichte.

Maßgebliche Politiker in Wien, die die Gefahr erkannten, baten den in Innsbruck weilenden Otto inständig, »etwas zu tun«. Otto kannte den neuen amerikanischen Präsidenten Harry S. Truman persönlich recht gut, waren sie doch jahrelang im Broadmore-Appartmenthaus Wohnungsnachbarn gewesen.

Am 2. Juli 1945 richtete Otto einen umfangreichen Lagebericht an Harry S. Truman, in dem er, der Bitte aus Wien Folge leistend, Truman vor der Gefahr warnte, in der das wiederstandene Österreich dank des Übergewichts der Kommunisten (Innenministerium!) und dank der Erpreßbarkeit des Dr. Karl Renner schwebte:

»Die Russen haben ein von Kommunisten dominiertes Regime ihrer Prägung in Wien aus der Taufe gehoben. Es gibt da Gerüchte, daß die Alliierten dieses kommunistische Regime anerkennen würden, diese sogenannte ›Provisorische Regierung‹. Ich kann versichern, daß die überwältigende Mehrheit der Österreicher eine solche Regierung ablehnen würde, weil sie keine durch österreichische Kommunisten kontrollierte Wahlen wollen, die nur die Diktatur anstreben und alles unternehmen würden, Wahlbetrug zu üben. Sie würden es auch nicht auf sich nehmen, durch die Kommunistische Partei regiert zu werden«.

Daß der Plan der Russen damals, im Jahre 1945, als sie sowohl Dr. Renner als auch Innenminister Henner total in der Hand hatten, nicht gelang, erklärt Otto so:

»Wenn diese Regierung in Wien gebildet worden wäre, wie sie seinerzeit in Österreich von den Russen geplant worden war, hätte das unzweifelhaft zu einer Sowjetisierung Österreichs geführt. Gott sei Dank kam es dann doch anders, wobei ich allerdings sagen möchte, daß es nicht die Bildung der Regierung in Wien alleine war, die dazu beigetragen hat, daß die Entwicklung der Dinge bei uns anders verlief als in Deutschland. Es haben viele Elemente dazu beigetragen, vor allem die Charakterfestigkeit der Österreicher, die sich gerade in der Sowjetzone so großartig bewährte, wo die Russen die Bevölkerung nicht kleinzukriegen vermochten. Dann waren es aber auch die Vorkehrungen, die wir während des ganzen Krieges im Westen getroffen hatten, mein Bruder Robert in London und ich in Washington. Infolge unserer Vorarbeiten gab es dann auch niemals diese brutale Auseinanderschneidung Österreichs in West und Ost, wie sie in Deutschland alsbald erfolgte, dazu kam auch der erbitterte Widerstand der österreichischen Arbeiterschaft, wie er sich gerade in der Zeit, als Franz Olah der Führer der Gewerkschaft war, so mutig manifestierte. Die Kommunisten versuchten ja in Wien das Gleiche, was ihnen in Berlin gelungen ist, weil es dort jenen Widerstand nicht gegeben hat.

Und was den Kanzler Renner betrifft, würde ich zuerst einmal sagen, daß ich großen Respekt vor dem habe, was er früher einmal gewesen ist, nämlich einer der ganz großen Vordenker des Föderalismus im Donauraum. Auf der anderen Seite muß ich ehrlich sagen, daß ich große Reserven gegenüber Renner hatte, erstens wegen seiner Haltung zur Zeit des Anschlusses, wo er ja ganz offen für ein JA plädiert hatte, woraus man doch schließen mußte, daß er bei den Alliierten vielleicht nicht ganz so ankommen würde, wie es zum Beispiel bei Figl der Fall gewesen ist.

Zweitens hat Renner auch durch seinen Brief an seinen ›Genossen Stalin‹ wohl mehr als berechtigten Verdacht aufkommen lassen«.

Während Otto und seine Brüder von Innsbruck aus alles unternahmen, um die Lage der Österreicher zu verbessern (der Brief an Harry S. Truman enthielt übrigens auch die dringende Bitte an den US-Präsidenten, Österreich in die Hilfsprogramme aufzunehmen, was dann auch geschah), versuchte Renner in Wien, die Habsburger in Innsbruck so rasch wie möglich wieder loszuwerden.

Im Jänner 1946 schickte er seinen Staatssekretär für Äußeres, den späteren Außenminister Dr. Karl Gruber, nach Innsbruck; er trug ein versiegeltes Briefchen Renners an Otto bei sich.

Gruber hatte selbstverständlich keine Ahnung von den Aktivitäten Roberts in London, hatte keinen Schimmer davon, wie und durch wen die »Moskauer Deklaration« zustandegekommen war. Gruber hat sich selbstverständlich auch niemals um die Vorarbeiten Ottos und Erzherzog Roberts hinsichtlich Südtirols gekümmert, die bis zur Perfektion gediehen waren und auch nach 1945 weitergingen, weil Karl Ludwig und Rudolf ungehindert zwischen Innsbruck, Bozen und Wien herumreisen konnten und sowohl Otto Hecht als auch Botschafter Frankenstein in London ›am Ball‹ blieben.

Selbstverständlich wäre der französische Kommandant in Tirol, General Béthouart, der sowohl die Leistungen der Habsburger als auch Renner kannte, nur allzugerne bereit gewesen, anstelle Otto Renners Emissär Gruber aus dem Lande zu schaffen. Doch Otto lehnte ab. Das wäre wohl das Letzte gewesen, daß sich Otto mit Hilfe einer ausländischen Macht in Österreich hielte! Sein ganzes bisheriges Leben hatte er gegen ausländischen Einfluß in Österreich gekämpft.

So kam es auch nicht zur Übergabe dieses Briefes. Otto wußte ohnehin, daß es sich um nackte Erpressung handelte, hatte doch die Rennerregierung bereits die treuesten Freunde Ottos verhaften lassen, auch General Kirsch und dessen Adjudanten Pfötscher, Männer, die unter Einsatz ihres Lebens während der Hitlerzeit österreichischen Wi-

Wien, Samstag, 19. Jänner 1946

Das Aufräumen in dem Innsbrucker Monarchistennest

Amtlich wird verlautbart:

Die österreichische Regierung benützte die Gelegenheit der Nachricht über die Anwesenheit von Mitgliedern des Hauses Habsburg in Tirol und der weiteren Nachricht, daß diese Mitglieder angeblich in der Uniform einer alliierten Macht gereist sind, um mit den alliierten Behörden in dieser Frage Kontakt zu nehmen.

Sie waren nicht berechtigt, alliierte Uniformen zu tragen

Als Ergebnis dieser Rücksprache kann mitgeteilt werden, daß die alliierten Militärregierungen die Habsburger-Frage als eine rein innenösterreichische Frage betrachten, daß eine Autorisierung für Mitglieder des Hauses Habsburg nicht vorgelegen hat, die Uniform einer alliierten Macht zu tragen; noch viel weniger liegt ein Auftrag zur militärischen Dienstleistung von Mitgliedern des Hauses Habsburg im Staatsgebiet Österreichs vor.

Die amtlichen Erhebungen ergaben, daß kein Mitglied des Hauses Habsburg Wohnung in einem militärischen Etablissement genommen hat, sondern vielmehr bei einer Innsbrucker Familie untergebracht war, die eine Privatwohnung im Hotel Kreid besitzt.

Monarchisten verhaftet

Im Zuge der weiteren behördlichen Maßnahmen wurden von der Polizeidirektion Innsbruck bei mehreren Personen Hausdurchsuchungen vorgenommen und unter anderen Graf Heinrich Degenfeld sowie v. Chizzalli einvernommen, beziehungsweise in Haft gesetzt. Das Vermögen des vom Bundesministerium für Inneres aufgelösten Vereines Reichsbund der Österreicher wurde beschlagnahmt.

Wechsel des Sicherheitsdirektors

Amtlich wird ferner verlautbart:

Der Bundesminister für Inneres hat im Einvernehmen mit dem Landeshauptmann für Tirol den Oberpolizeirat Dr. Vitus Winghofer zum Sicherheitsdirektor von Tirol ernannt.

(Wie wir gestern angekündigt haben, wurde der bisherige Sicherheitsdirektor Winkler wegen der Versäumnisse in der Angelegenheit der Habsburger-Umtriebe von Innenminister Helmer seines Amtes enthoben.)

Die österreichische Presse reagierte gehässig und verständnislos auf die Ausweisung der Habsburger.

derstandskämpfern Unterschlupf und Unterstützung geboten hatten (auch den Erzherzögen Karl Ludwig und Rudolf). Es gehören diese Maßnahmen sicher zum Trübsten, was Österreichs Geschichte aufzuweisen hat.

Otto blieb nur ein Ausweg, so wie auch seinen Brüdern Robert, Karl Ludwig und Rudolf, die so viel für Österreichs Wiedergeburt getan hatten: ausreisen. Es handelte sich um eine Ausreise ins totale Nichts. Keine Heimat, kein Asyl, kein Paß… *nichts*.

Allen Erfahrungen früherer Jahre zum Trotz sollte es Otto auch nicht gelingen, in seiner alten Wahlheimat Belgien Fuß zu fassen. Otto hatte stets für König Leopold Verständnis gezeigt, und der Bruder des Königs, Prinz Charles, der sich nicht ungern (ausgerechnet mit Hilfe der von den Sowjetunion gelenkten Kommunisten) auf dem Throne Belgiens gesehen hätte, verfolgte Otto mit seinem wütenden Haß, weil dieser selbstverständlich für Leopolds Sohn Baudouin eintrat.

Es war also auch in Belgien keine Bleibe, und als kleinen Racheakt von seiten Georges Bidaults, erfuhr Otto bald, daß es auch keinen französischen Paß geben werde. Dafür gab es, durch Vermittlung Charles de Gaulles und mit Hilfe des alten Widerstandskämpfers und Mandel-Intimus Charles Vitasse schließlich einen monegassischen Paß.

Mit monegassischen Pässen wurden auch Ottos Brüder versehen, und auch Belgien öffnete alsbald wieder seine Tore, als kurz darauf Prinz Charles abzutreten hatte.

Doch zunächst ging es ohnehin wieder nach Amerika, wo sich im Lauf der folgenden Monate Vortrags- und Besuchsreisen ergaben.

Doch wovon leben, wovon seine Existenz bestreiten?

So wie sein Bruder, Erzherzog Felix, war auch Otto immer ein blendender Redner gewesen, verstand zu schreiben, sprach ein Dutzend Sprachen. Was lag näher, als sich auf Vorträge und Publikationen zu verlegen?

Im Jahre 1948 trat Otto mit Erzherzog Robert eine Weltreise über die Türkei in die Länder des Nahen Ostens, nach Pakistan, Indien, Thailand, China und den Philippinen an. Dann wieder Amerika, wieder Vortragsreisen, neue Artikel, Universitäten, die ersten Bücher, die ersten Heiraten der Geschwister: das Nesthäkchen Elisabeth, Kaiser Karls Nachgeborene, vermählte sich mit Prinz Heinrich von und zu Liechtenstein, dann folgten Erzherzog Karl Ludwig (er vermählte sich mit Prinzessin Yolande de Ligne auf dem belgischen Schloß Beloeil am 17. Jänner 1950; Erzherzog Karl Ludwigs Schwiegervater stellte übrigens die Freundschaft zwischen dem Erzherzog und dem indischen Ministerpräsidenten Pandit Nehru her, was nicht unwesentlich zum österreichischen Staatsvertrag beitrug). 1952 vermählte sich Erzherzog Felix mit Anna Eugenie Prinzessin von Arenberg, Erzherzog Rudolf heiratete in Tuxedo Gräfin Xenia Czernischew-Besobrasow, und Erzherzog Robert vermählte sich 1953 mit Prinzessin Margherita von Savoyen-Aosta, der Tochter des Vizekönigs von Äthiopien; ihre Mutter war eine Schwester des Grafen von Paris.

Otto lernte seine Braut, Prinzessin Regina von Sachsen-Meiningen und Hildburghausen, in einem Flüchtlingsspital kennen, wo Regina bedürftige Ungarn betreute. Reginas Vater, Herzog Georg von Sachsen-Meiningen, war von den Russen nach Tschernopowetz verschleppt worden, wo er schließlich umkam.

Die glanzvolle Hochzeit Ottos mit Regina fand am 10. Mai 1951, einen Tag nach dem 59. Geburtstag Kaiserin Zitas, elf Jahre nach dem Überfall Hitlers auf Belgien, in der Haupt-

Silberne Hochzeit in Mariazell: 25 000 Menschen waren in den Wallfahrtsort gekommen, um Otto und Regina zu beglückwünschen (Oktober 1976).

stadt des Herzogtums Lothringen, in Nancy statt. Die ganze Stadt war auf den Beinen, als der angestammte Herzog von Lothringen, Otto, seine strahlend schöne Braut zum Altar führte.
Nach der Hochzeitsreise – die auch nach Lequetio führte – ließen sich die Jungvermählten zunächst in Clairfontaine bei Paris nieder und im Jänner 1954 in Pöcking am Starnberger See, unweit von Possenhofen, der Heimat der Kaiserin Elisabeth. Übrigens besteht gut ein Drittel der Einwohner Pöckings aus heimatvertriebenen Landsleuten aus den Sudeten, aus dem Banat, aus Siebenbürgern und der Bukowina. Und wo ist Ottos Zuhause? Konkrete Frage: »Wo leben Sie eigentlich am liebsten?« »Ich lebe am liebsten in Europa. Ich sehe das vielleicht in größeren Räumen; denn Europa, das ist Geschichte, das ist eine große Kultur, und für mich ist Europa doch schon Einheit.
Und was Österreich betrifft – man *ist* eben Österreicher und ist gerne in Österreich. Ich *liebe* Österreich, das ist doch selbstverständlich«.

Kaum etwas könnte bezeichnender sein als dieser Brief Ottos an den Präsidenten der Paneuropa-Union: Während die provisorische Regierung in Wien nach Mitteln und Wegen suchte, Otto so rasch wie möglich auszuweisen, versuchte dieser, internationale Hilfe für das hungernde Österreich zu organisieren. Er und seine Mutter, Kaiserin Zita, setzten schließlich auch die Aufnahme Österreichs in die großen US-Hilfs- und Wiederaufbauprogramme durch, zunächst im Rahmen der UNRRA, dann in jenem des Marshall-Planes.

»Innsbruck, 21. November 1945

Lieber Graf Coudenhove!

Es war schon lange meine Intention, Ihnen einmal zu schreiben, aber hier ist immer so viel zu tun, daß man einfach nicht dazu kommt. Heute ist ein etwas ruhigerer Tag und so kann ich, wenn auch mit Störungen, dazukommen, diesen Brief zu verfassen.
Die Ankündigung des American Relief to Austria ist hier in großer Aufmachung in der Presse erschienen, allerdings erst diesen Monat. Ich kann sagen, daß diese Ankündigung mit aufrichtiger Dankbarkeit und viel Hoffnungen zur Kenntnis genommen wurde. Es war beinahe der allgemeine Gedanke: endlich einmal eine positive Tat. Alle Leute wissen nun davon. Die Ankündigung ist auch in einem Augenblick gekommen, wo unsere Bevölkerung eine Ermutigung brauchte.
Die Lage hier ist alles eher denn rosig. Ich spreche nicht von der Politik, sondern nur von den täglichen Bedürfnissen der einfachen Bevölkerung. Die Lebensmittellage ist am Schlechtesten in der russischen Zone. Im südlichen Niederösterreich, ja auch in Wien, verhungern Leute jeden Tag. Auch in der französischen Zone ist das Lebensniveau viel zu tief, da wir neben der Bevölkerung auch noch 50000 Franzosen miternähren müssen, die sich nichts abgehen lassen wollen und eine kaum erträgliche Belastung darstellen. In den anderen beiden Zonen geht es besser, aber auch noch immer längst nicht was man in Amerika »a minimum standard of living« nennen würde. Außer den Lebensmitteln fehlen Kleider und Schuhe, besonders bei den Heimkehrern. Aus Salzburg z.B. höre ich, daß bei Heimkehrern auf drei Mann ein paar Schuhe entfällt. Zivilkleider sind unerhältlich und mit 1. Dezember ist das Tragen der Wehrmachtsuniform bei Gefängnisstrafe verboten. Wie sich die Leute dann anziehen werden, ist mir schleierhaft. Wäsche gibt es auch nicht mehr. Haushaltsartikel sind nicht erhältlich. Und dabei haben wir nun schon den Winter, der nunmehr mit ganzer Kraft in den Bergen eingesetzt hat. Kohle gibt es natürlich nicht und das Holz muß großteils an die Okkupationsbehörde abgeliefert werden. Viele Leute werden erfrieren, besonders in der älteren Generation. Ich habe vor einigen Tagen einen Wiener Arzt gesprochen, der die Vermutung aussprach, daß diesen Winter zwischen 50000 und 100000 Kinder und alte Leute in Wien allein an Kälte sterben werden. Ich habe auch einige ältere Leute gesprochen, die vollkommen sich damit abgefunden haben, heuer im Winter zu erfrieren und nur hoffen, daß es schnell gehen wird. Und schließlich kommt der absolute Mangel an Medikamenten. Es ist nichts da, um die kommenden Epidemien zu bekämpfen und daher werden diese sich weit ausdehnen.
Sie sehen daher, daß der American Relief ein weites Tätigkeitsfeld hat und daß er der tiefen Dankbarkeit des Volkes sicher sein kann. Aus der Presse allerdings entnehme ich, daß in New York Emigranten gegen das Hilfswerk intrigieren. Ist das wahr? Denn wenn ja, wird das eine furchtbare Erbitterung gegen die Emigration erzeugen.
Ich wäre sehr dankbar, wenn ich erfahren könnte, was der Relief tut und plant. Auf alle Fälle möchte ich Ihnen und der Gräfin Coudenhove den besten Dank für ihre Tätigkeit aussprechen. Es ist wirklich das Beste, was man für Österreich unternehmen kann.
Mit meinen besten Grüßen

Otto (m. p.)«

Richard Graf Coudenhove-Kalergi, der Gründer und erste Präsident der Paneuropa-Union mit seinem Nachfolger Dr. Otto von Habsburg

Richard Graf Coudenhove-Kalergi an Otto von Habsburg (Brief vom Dezember 1945). Das böse Spiel gewisser Emigrantenkreise ging weiter:

»Majestät!

Herzlichen Dank für den Brief vom 21. November, der eine große Freude für uns war.
Trotz aller Schwierigkeiten und Intrigen werden wir weiter alles tun, um Österreich zu helfen und das Relief-Werk so aktiv wie möglich zu gestalten.
Die Hauptschwierigkeiten liegen in den Intrigen von Deutsch, Rott und Ferdinand Czernin. Sie haben sich zusammengetan, um unser Reliefwerk zu bekämpfen und die Öffentlichkeit durch die Gründung eines »Associated American Relief« irre zu führen. Die drei Präsidenten dieser neuen Vereinigung sind Deutsch, Rott und Ferdinand Bruckner, der offizielle Vertrauensmann der österreichischen Kommunisten. Diese Gruppe arbeitet gegen uns mit dem Stichwort, wir seien »Faschisten, Monarchisten und Reaktionäre«, und versuchten unsere Organisation zu sprengen. Als ihnen dies mißlang und das State Department sich weigerte, ihnen eine Lizenz zu geben, waren sie gezwungen, sich formell dem American Relief to Austria unterzuordnen. Natürlich setzen sie ihre Wühlarbeit fort: es sind ja dieselben Leute, die sich geweigert hatten, meine seinerzeitige Aktion für Österreichs Unabhängigkeit zu unterzeichnen und deren Uneinigkeit die Bildung eines österreichischen Government in Exile verhindert hat. Heute dagegen können sie sich vereinigen, wenn es sich darum handelt, das Relief für Österreich zu stören...

Nun zum Relief-Werk selbst:

1. UNRRA. Nachdem wir die Aufnahme Österreichs in die UNRRA durchgesetzt haben (siehe Beilage), versuchen wir jetzt, 3% vom kommenden UNRRA-Drive für Österreich zu sichern, nach dem Vorbild Kanadas.

2. Catholic Welfare. Wir verhandeln mit Monsignore O'Boyle, der sich Majestät empfehlen, damit Österreich möglichst viel vom Can-Drive erhält, der jetzt in allen katholischen Kirchen Amerikas mit größtem Erfolg durchgeführt wird.
Das Catholic Welfare hat vom National War Funds $ 100.000 für Österreich erhalten.«

11
Eine Orientreise (1955)

Als Erben des Gottfried von Bouillon führen die Habsburger in ihrem »Großen Titel« auch jenen als »König von Jerusalem«. Damit ist selbstverständlich heute kein Rechtsanspruch verbunden, wohl aber die moralische und politische Verpflichtung, den Orient so gut wie möglich zu kennen und vermittelnd und versöhnend einzugreifen, wo immer das geht.

Die habsburgische Tradition in diesem Sinne ist schon sehr alt. Kaiser Franz Joseph unternahm mit Tegetthoff seine Reise ins Heilige Land und nach Ägypten, eine Reise, in deren Verlauf er das später so berühmt gewordene »Österreichische Hospiz« gründete. Ähnlich berühmt und beliebt war übrigens auch die Österreichische Post in der Levante, das verläßlichste Kommunikationsinstrument seiner Zeit. Nur beiläufig sei erwähnt, daß Kaiser Franz Joseph auch die Spitze der Cheopspyramide erklomm (als erster Kaiser seit Friedrich Barbarossa).

Selbstverständlich begab sich auch Kronprinz Rudolf auf eine Orientreise, 1884, und nach ihm der Vater Kaiser Karls, Erzherzog Otto, der über seine abenteuerliche Sinai-Expedition im Jahre 1894 sogar ein spannend geschriebenes Buch herausbrachte.

Er holte sich in Kairo den Keim zu seiner Todeskrankheit; und auch Erzherzog Ottos Vater, Karl Ludwig (Bruder Kaiser Franz Josephs, Otto von Habsburgs Urgroßvater) starb an den Folgen seiner Unvorsichtigkeit: Er hatte als frommer Pilger vom Wasser des Jordan getrunken – und ging daran zugrunde. Erzherzog Hubert – ein Enkelsohn Kaiser Franz Josephs – unternahm in Begleitung des großen Orientalisten Alois Musil im Jahre 1917 eine ausgedehnte Orientreise im Auftrag Kaiser Karls, und auch Otto von Habsburgs Onkel Prinz Sixtus hatte im Jahre 1912 – gleichfalls mit Alois Musil – eine abenteuerliche Forschungsreise durch die Wüsten Syriens und des Irak unternommen. Damals gegründete Freundschaften halten bis heute an; auch Huberts Sohn, Erzherzog Michael Salvator, folgte den Spuren seines Vaters.

Otto und Regina von Habsburg erlebten den Orient in besonderer Intensität, weil sie in einer Zeit reisten, in der die Spuren des alten, des im Rahmen des Osmanischen Reiches gemeinsam gewachsenen religiösen und kulturellen Erbes noch viel lebendiger zutage traten als heute; sie lernten noch die Wurzeln jener heute zumindest oberflächlich sehr veränderten Lage kennen, die der Weltpolitik so viele Probleme schafft.

In 22 Reiseabschnitten erlebten Otto und Regina eine unerhörte Fülle von Orient-Eindrücken, selbstverständlich (für Otto selbstverständlich) immer in Verbindung mit *Politik*.

14. September 1955: Athen. Über Einladung des griechischen Ministerpräsidenten Poulitis nimmt Otto an der Gründungsversammlung des C.E.D.I.-Griechenland teil. Besuch bei König Paul und Königin Friederike in Schloß Tatoi. Elevsis, Marathon, Korinth.

18. September 1955: Istanbul, wo die Eltern Ottos im Mai 1918 einen glanzvollen (von Alois Musil wissenschaftlich exakt vorbereiteten) Staatsbesuch absolviert hatten, um das Osmanische Reich in die Friedenspläne Kaiser Karls einzubinden. Besuch des von Kaiser Franz Joseph gegründeten St. Georgs-Kollegs und des St. Georgs-Spitals.

21. September 1955: Ankara. Gespräche im türkischen Außenamt, Kranzniederlegung am Grabmal Kemal Atatürks. Die Beziehungen Ottos – gerade in seiner Eigenschaft als Europa-Parlamentarier und Obmann des Politischen Ausschusses, der für alle Fragen der Außen-, Sicherheits- und Menschenrechtspolitik zuständig ist – zur Türkei gestalten sich stets besonders gut.

24. September 1955: Teheran. Begegnungen mit Ministerpräsident Hussein Ala und Justizminister Amini sowie Außenminister Abdullah Entezam; am 26. September Zusammenkunft mit Schah Reza Pahlawi im Schloß Saadabad. Zahlreiche Kontakte – wie an allen Stationen der Reise – mit den Botschaftern befreundeter Länder.

29. September: Karachi. Gespräche mit dem pakistanischen Ministerpräsidenten Chaudry Mohammed Ali und hohen Würdenträgern aus Politik, Religion und Wirtschaft.

3. Oktober 1955: Saudi Arabien. Otto und Regina erreichen Saudi-Arabien über Dharan, damals Zentrum der ARAMCO, der saudisch-angloamerikanischen Ölgesellschaft, heute der modernste Ölhafen mit Großraffinierien am Golf.

Am 6. Oktober Begegnung mit König Ibn Saud in Taïf.

Nach dem Besuch von Jeddah und Taïf begaben sich Otto und Regina in die Hauptstadt Ar Riyadh.

Stopover während einer Weltreise mit Gemahlin Regina in Teheran, am 1. Oktober 1955: »Das Foto entstand während eines Gespräches mit dem damaligen iranischen Ministerpräsidenten Hussein Ala in der spanischen Botschaft. Hussein Ala war ein brillanter Geist, zeigte großes Verständnis für die Bedingungen einer gesunden Regelung der Problematik des Nahen Ostens und war insbesondere stark inspiriert von der türkischen Politik. Hätte er seinen Einfluß bewahrt, wäre wahrscheinlich die ganze Entwicklung des Iran nicht so verlaufen, wie es dann gegangen ist. Glücklicherweise – für ihn – ist er vor diesen Ereignissen gestorben, und er mußte die ganze tragische Entwicklung nicht mehr miterleben.«

7. Oktober: Kuwait und Bahrein. Reise mit einem von König Ibn Saud zur Verfügung gestellten Flugzeug.
13. Oktober: Bagdad. Besuch bei Ministerpräsident Nuri as Said Pascha, dem Otto auch ein literarisches Denkmal in Form einer hinreißenden Monographie setzt.
Am 17. Oktober Empfang durch König Feisal und Kronprinz Abdullah. Reisen zu den kulturell bedeutendsten Stätten des Zweistromlandes.
19. Oktober: Beirut. Besuch des Hafens, Begegnung mit Mitgliedern der österreichischen und ungarischen Kolonie (wie in allen Reiseetappen).
20. Oktober: Damaskus. Begegnungen mit Mitgliedern der Regierung und des diplomatischen Korps sowie zahlreichen Kirchenfürsten.
Während des Besuches beim syrischen Staatspräsidenten Schukry el Quatli kommt es zu einer bewegenden Zusammenkunft: Der Vorsitzende des außenpolitischen Ausschusses des syrischen Parlaments, Mohammed Jabri, wird vom Staatspräsidenten Otto von Habsburg vorgestellt – im Mai 1918 war Jabri von Sultan Mehmed der Suite Kaiser Karls zugeteilt gewesen! Besuche in palästinensischen Flüchtlingslagern.

26. Oktober: Jerusalem. Besuch der heiligen Stätten. Pilgerreise an den See Genezareth, zum Berg Tabor, nach Kapharnaum.
Am 30. Oktober besuchen Otto und Regina das Österreichische Hospiz.
Am 1. November sind Otto und Regina in Amman Gäste von König Hussein; über Einladung des Königs nimmt Otto an der Parlamentseröffnung teil.
3. November: Kairo: Sechstägiger Aufenthalt in Ägypten. Begegnungen mit Regierungsmitgliedern, Fahrt durch den Suezkanal (zu dessen Eröffnung auch Kaiser Franz Joseph I. gekommen war; das erste Schiff, das den nach den Plänen von Ferdinand von Lesseps erbauten Kanal durchfuhr, war ein österreichisches Schiff).
10. November: Tripolis. Begegnung mit König Idris, Besuch von Leptis Magna.
14. November: Rom. Audienz bei Papst Pius XII (18. November, Castelgandolfo).
Ankunft in Pöcking am 19. Nobember 1955; es ist Vorabend des 43. Geburtstages Ottos, der daheim im engsten Familienkreis begangen wird.
PS: Das übliche Reise- und Arbeitsprogramm Ottos unterscheidet sich kaum von den vielleicht als »hektisch« empfundenen Tagen der damaligen Orientreise. Es hat sich an der Reisetätigkeit Ottos so gut wie nichts geändert, im Gegenteil, es sind die Entfernungen größer geworden und die festen Verpflichtungen noch dichter.

Abschluß der Orient-Reise, die auch nach Jerusalem führte, am 18. November 1955 in Castelgandolfo beim »pastor angelicus« Papst Pius XII.

12
Ein Protokoll der Willkür
(1918–1968)

November 1918: ein Volksauflauf »legitimiert« die Ausrufung der Republik; eine Volksabstimmung über die Frage der Staatsform schien überflüssig…

August 1934: Eine Massenkundgebung »legitimiert« den toten Dollfuß und sein Regime. Knapp 4 Jahre später läßt sich Hitler durch eine ähnliche Massenkundgebung auf dem gleichen Platz den »Anschluß« legitimieren…

Was legitimieren Volksaufläufe?

Wien, 12. November 1918: Menge vor dem Reichratsgebäude (Parlament).
Die »Operation Renner«, die Ausrufung der Republik und die Verkündung des Anschlusses an das revolutionäre Deutschland (»Deutsch-Österreich ist ein Bestandteil der Deutschen Republik«, Artikel 2 der damaligen Verfassung).
Der 12. November 1918 trug rein revolutionären Charakter; legitimiert wurde der Umsturz durch eine Versammlung von einigen tausend Menschen vor dem Parlament, die »Volk« spielten. Die vom Kaiser geforderte Volksabstimmung fand – aus guten Gründen – nie statt; die »Republik ohne Republikaner« (Arbeiter-Zeitung vom 24. November 1918) wäre durch Mehrheitsentscheid nie zustande gekommen.
Das Paßfoto der Republik, jene Volksmenge, die Mehrheit und Geschlossenheit am 12. November dokumentieren sollte, ist auswechselbar: Es gibt da die gigantische Trauerkundgebung für den von den Nazis ermordeten Bundeskanzler Dollfuß ebenso wie die – weit dünner besuchte – Massenversammlung für Hitler auf dem gleichen Platz. Legitimieren konnte keiner der drei Massenkundgebungen etwas: weder die Republik, noch die Ausschaltung des Parlaments, noch den Anschluß.
Was der Autor der österreichischen republikanischen Verfassung, Hans Kelsen, zu der Sache zu sagen hat, liest sich so:
»Die Erklärung des Kaisers ist keine formelle Abdankung, denn sie enthält keineswegs einen Verzicht auf die Rechte, die ihm die alte, formell nicht aufgehobene Verfassung Österreichs in Bezug auf seine Stellung als Monarch einräumt. Lediglich ein Verzicht auf den Anteil an den Staatsgeschäften ist ausgesprochen. Deutschösterreich, nicht aber den übrigen in Bildung begriffenen Nationalstaaten gegenüber wird der künftige Beschluß betreffend die Staatsform anerkannt.
Die Gründung des Staates Deutschösterreich trägt rein revolutionären Charakter, denn die Verfassung, in der die rechtliche Existenz des neuen Staates zum Ausdruck kommt, steht in keinem rechtlichen Zusammenhange mit der Verfassung des alten Österreich. Die Kontinuität der Rechts- und Staatsordnung des alten Österreich und der Deutschösterreichs ist unterbrochen. Es ist besonders nicht möglich, in dem Manifest des Kaisers vom 16. Oktober eine Brücke zu finden, indem man die Provisorische Nationalversammlung Deutschösterreichs als einen jener Nationalräte betrachtet, die im Sinne des Manifestes zu bilden gewesen wären. Denn das Manifest setzt ausdrücklich die Weitergeltung der alten Verfassung voraus. Welche Kompetenz diese Nationalräte bei Fortbestand des Reichsrates und der Landtage für eine Umgestaltung der Verfassung hätten haben können, ist kaum zu entscheiden, zumal wenn diese Umgestaltung, wie es das Manifest fordert, auf gesetzlichem Wege, d.h. durch Reichs- und Landesgesetze zu vollziehen gewesen wäre. Die Nationalversammlung Deutschösterreichs hat jedoch sofort die gesamte Staatsgewalt für ein bestimmtes Gebiet arrogiert und sich damit bewußt auf eine revolutionäre Basis gestellt. Revolution aber ist – vom juristischen Standpunkte aus gesehen – nichts anderes als der Bruch der Rechtskontinuität.«
Hans Kelsen in: Österreichisches Staatsrecht. Ein Grundriß, entwicklungsgeschichtlich dargestellt. Tübingen 1923.

11. November 1918: Kaiser Karl legt in Schönbrunn die Regierungsgeschäfte unter massivem Druck zurück, dankt aber nicht ab.
Die künftige Staatsform soll durch Volksabstimmung festgelegt werden. Am Nachmittag des gleichen Tages tritt der »Staatsrat« zusammen, um aufgrund eines Antrages der Deutschnationalen über einen Gesetzesentwurf zu entscheiden, wonach »Deutsch-Österreich« als »demokratische Republik« einen Bestandteil der »Republik Deutschland« bilde. Ein Antrag Wilhelm Miklas – Athanas von Guggenberg – Franz Prisching, die Erklärung in »Deutschösterreich ist eine demokratische Monarchie« abzuändern, wird abgelehnt.

12. November 1918: Der Gesetzentwurf wird von Dr. Karl Renner der »provisorischen Nationalversammlung« (gewählt im Jahre 1911!) zur Annahme empfohlen. Wie zum Hohn legt der Artikel I über die Staats- und Regierungsformen fest: »Alle öffentlichen Gewalten werden vom Volk eingesetzt.« Das Volk wurde allerdings zur Frage der Staatsform niemals zugelassen. Das machte man unter sich aus.

24. März 1919: Bevor Kaiser Karl das Land verläßt, legt er in Feldkirch feierlich Protest ein:
»Ich habe in meiner Kundgebung vom 11. November 1918 erklärt, Deutschösterreich die Entscheidung über seine Staatsform anheimzugeben.
Die deutschösterreichische Regierung nun hat mein Manifest vom 11. November, das ich in schwerer Stunde erlassen habe, beseitigt, indem sie noch am gleichen Tage beschloß, der am 12. November tagenden provisorischen Nationalversammlung einen Antrag auf Proklamierung zur Republik vorzulegen, und damit der Entscheidung vorgriff, die gemäß meinem Manifest nur das gesamte österreichische Volk treffen sollte.
Am 12. November 1918 wurde dieser Antrag der deutschösterreichischen Regierung unter dem Drucke der hiefür aufgebotenen Straße von einer provisorischen Nationalversammlung angenommen, deren Mitglieder sich das Mandat, ›das deutschösterreichische Volk‹ zu vertreten, selbst erteilt hatten, ohne sich als dessen berufene Repräsentanten betrachten zu dürfen, da sie aus dem alten österreichischen Reichrat hervorgegangen waren, dessen über die verfassungsmäßige Funktionsdauer hinausgehende Wirksamkeit nicht die Zustimmung der Wähler fand. Hierbei ergab sich noch der Widerspruch, daß die selben Elemente des Umsturzes, die die Zusammensetzung der provisorischen Nationalversammlung bis dahin heftigst bekämpft hatten, gerade diese Versammlung dann das Schicksal Deutschösterreichs in einer seiner vitalsten Fragen bestimmen lassen wollten.«
Nach einer Analyse der darauffolgenden Ereignisse erklärt Kaiser Karl: »Die willkürlich zusammengesetzte Volksver-

tretung eines Staates ohne Grenzen hat sich angemaßt, über Staatsform und Einordnung in ein größeres Staatssystem für einen völkerrechtlich noch nicht bestehenden Staat zu entscheiden.
Was deutschösterreichische Regierung, provisorische und konstituierende Nationalversammlung seit dem 11. November 1918 in diesen Belangen beschlossen und verfügt haben und weiterhin resolvieren werden, ist demnach für mich und mein Haus nichtig.«

3. April 1919: Gesetz, betreffend die Landesverweisung und die Übernahme des Vermögens des Hauses Habsburg-Lothringen (veröffentlicht am 10. April 1919): »§2 Im Interesse der Sicherheit der Republik werden der ehemalige Träger der Krone und die sonstigen Mitglieder des Hauses Habsburg-Lothringen, diese, soweit sie nicht auf ihre Mitgliedschaft zu diesem Hause und alle aus ihr gefolgerten Herrschaftsansprüche ausdrücklich verzichten und sich als getreue Staatsbürger der Republik bekannt haben, des Landes verwiesen. Die Festsetzung, ob diese Erklärung als ausreichend zu erkennen sei, steht der Staatsregierung im Einvernehmen mit dem Hauptausschusse des Nationalrates zu.«
In einem Aufwaschen wird das Haus Österreich durch die Paragraphen 5 und 6 (Zweiter Abschnitt) auch seines gesamten Vermögens beraubt.

10. April 1919: Im »Staatsgesetzblatt für den Staat Deutschösterreich« werden »Alle Herrscherrechte sowie sonstigen Vorrechte des Hauses Habsburg ... für immerwährende Zeiten aufgehoben.« Im »§ 1« allerdings nur, denn im »§ 2« spricht der gleiche Gesetzgeber schon wieder davon, daß der »ehemalige Träger der Krone« sowie die »sonstigen Mitglieder des Hauses Habsburg-Lothringen« auf etwas »zu verzichten« hätten, was es laut gleichem Gesetz garnicht zu geben hat.

13. Juli 1935: Im Bundesgesetzblatt Nr. 299 wird die »Aufhebung der Landesverweisung« verkündet, der »Familienfond« wiederrichtet sowie die Rückführung des privaten Familienvermögens an die Habsburger verfügt.

14 März 1939: Die Nationalsozialisten erneuern die Landesverweisung und die Enteignung (Gesetzblatt Nr. 311).

1. Mai 1945: Verfassungsüberleitungsgesetz zur Verfassung von 1920 (Fassung 1929). Alle nach dem 5. März 1933 erlassenen Bundesverfassungsgesetze werden aufgehoben. Die Habsburger werden damit in den Stand der Rechtlosigkeit zurückgestoßen. Selbst die absurde, jedem Gleichheitsgrundsatz hohn sprechende Bestimmung des Artikels 60/3, nach der »Mitglieder regierender Häuser oder solcher Familien, die ehemals regiert haben« nicht zum Bundespräsidenten gewählt werden können, wird wieder gültig.

15. Mai 1955: »Österreich verpflichtet sich ferner, das Gesetz vom 3. April 1919, betreffend das Haus Habsburg – Lothringen, aufrecht zu halten«. Das ist Artikel 10, Absatz 2, Staatsvertrag von Wien, 15.5.1955, Bundesgesetzblatt Nr. 952/1955.
Laut Aussage Bruno Kreiskys im Gespräch mit dem Journalisten Hermann A. Griesser waren es »Sozialisten« und »Deutschnationale«, die sich nicht schämten, diesen Artikel, der ja Österreichs Souveränität beschneidet, in den Staatsvertrag hineinzupressen.

21. Februar 1958: Otto von Habsburg gibt der Bundesregierung in einem Schreiben bekannt, die »geltenden Gesetze« anzuerkennen und sich als »getreuer Bürger der Republik zu bekennen«.

31. Mai 1961: Otto von Habsburg unterzeichnet eine neu formulierte »Verzichtserklärung«, die am 13. Juni 1961 dem Ministerrat vorgelegt wird.

14. Juni 1961: Die amtliche »Wiener Zeitung« teilt mit, die Regierung sei sich über Ottos »Verzichtserklärung« nicht eindeutig einig geworden, der Antrag gelte daher als »abgelehnt«.

16. Dezember 1961: Der Verfassungsgerichtshof erklärt, für die Beschwerde Ottos (eingebracht am 13. Juni 1961) nicht zuständig zu sein.

Otto von Habsburg in angeregtem Gespräch mit Franz Kreuzer, zur Zeit der Heimkehr Ottos Chefredakteur der »Arbeiter-Zeitung«, später Intendant beim Österreichischen Fernsehen (ORF) und Bundesminister für Gesundheit – einem Ministerium, dessen Gründung noch Kaiser Karl vornahm – es war damals das erste »Hygiene-«Ministerium der Welt... (links der Staranwalt Dr. Peter Stern).

Beisetzung von Erzherzogin Adelhaid in Tulfes, Tirol, die im 57. Lebensjahr nach langer, tapfer ertragener Krankheit am 2. Oktober 1971 in Pöcking verstorben war.
Das Begräbnis fand in der kleinen Tiroler Gemeinde Tulfes statt, wo Erzherzogin Adelhaid Ehrenbürgerin war und trotz des enormen Drucks von seiten der Nationalsozialisten niemals »ausgebürgert« wurde, obwohl sich andere Gemeinden, wie Schwechat oder Gratwein, diesen besonderen Luxus in der Pittermann-Ära durchaus leisteten.

Das Begräbnis war von einer besonderen Tragik überschattet, weil es die Republik der Mutter der Verstorbenen, Kaiserin Zita, nicht erlaubte, der Beisetzung ihrer Tochter beizuwohnen.
Auf dem Bild: Otto von Habsburg mit Gemahlin Regina und dem Erstgeborenen Karl, links der Bürgermeister von Tulfes. Hinter Otto seine Tochter Andrea und seine Schwester, Erzherzogin Charlotte.

Seinen ersten Aufenthalt in Vorarlberg nach Ausstellung des auch für Österreich gültigen Passes benützte Otto, um den todkranken Straßenmeister Kuprian, der sich mit all seinen bescheidenen Kräften für die Heimkehr eingesetzt hatte, zu besuchen (Frühjahr 1967).

Erster Besuch in Salzburg (Mondsee) nach Aufhebung des Einreiseverbotes

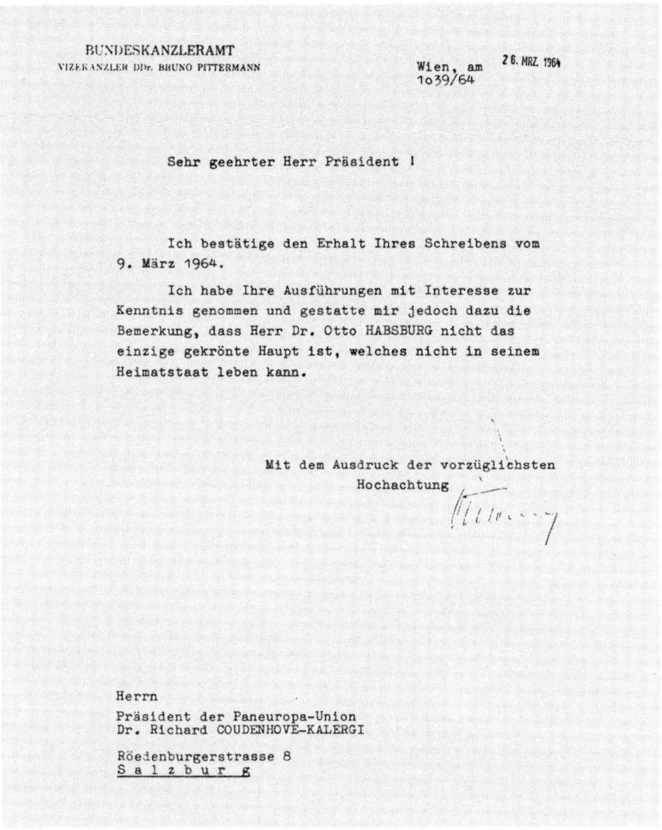

BUNDESKANZLERAMT
VIZEKANZLER DDr. BRUNO PITTERMANN

Wien, am 26. MRZ. 1964
1o39/64

Sehr geehrter Herr Präsident !

Ich bestätige den Erhalt Ihres Schreibens vom 9. März 1964.

Ich habe Ihre Ausführungen mit Interesse zur Kenntnis genommen und gestatte mir jedoch dazu die Bemerkung, dass Herr Dr. Otto HABSBURG nicht das einzige gekrönte Haupt ist, welches nicht in seinem Heimatstaat leben kann.

Mit dem Ausdruck der vorzüglichsten Hochachtung

Herrn
Präsident der Paneuropa-Union
Dr. Richard COUDENHOVE-KALERGI

Röeienburgerstrasse 8
S a l z b u r g

Amtliche Bestätigung: Ein »gekröntes Haupt« braucht keine Heimat.

24. Mai 1963: Der Verwaltungsgerichtshof erklärt die »Verzichtserklärung« Ottos für »ausreichend zur Beendigung der Landesverweisung«.

31. Mai 1963: Genau zwei Jahre verzögert erhält Otto einen positiven Gerichtsbescheid.

6. Juni 1963: Dr. Bruno Pittermann spricht von einem »Juristenputsch«.
Neben dem Vizekanzler nimmt auch der Justizminister (!) Stellung und spricht von »Juristenputsch im Richtertalar« und »Staatsstreichtheorien«.
Franz Kreuzer spricht zehn Tage darauf in seiner »Arbeiter-Zeitung« von »ungeheuerlicher Provokation«.

4. Juli 1963: Die »Freiheitlichen« unter der Führung des ehemaligen SS-Mannes Friedrich Peter bringen im Nationalrat eine »unerwünscht-Erklärung« ein. Ein Unikum im demokratischen Europa: Ein Nationalrat nimmt einem unbescholtenen Bürger das Recht auf Heimat.

5. April 1964: Karl Czernetz – im englischen Exil ein fanatischer Anhänger des »Anschlußgedankens« und erbitterter Gegner der Wiedererrichtung Österreichs – spricht in der Arbeiter-Zeitung von »nacktem Verfassungsbruch«, den der Verwaltungsgerichtshof durch seinen Bescheid vom 31. Mai 1963 begangen habe.

23. Juni 1964: Rechtsanwalt Dr. Wolfram Bitschnau überreicht Kabinettsdirektor Trescher einen Brief Ottos an Bundespräsidenten Dr. Adolf Schärf. Otto ersucht den Bundespräsidenten um Geltendmachen seines Einflusses bei der Wahrung der Rechte eines Bürgers. Der Bundespräsident hat Ottos Brief nie beantwortet.

4. November 1964: Otto stellt beim österreichischen Generalkonsulat in München den Antrag auf Ausstellung eines Reisepasses ohne den entwürdigenden Vermerk »Gültig für alle Staaten der Erde – ausgenommen die Republik Österreich«.

31. Oktober 1964: Otto besucht in Innsbruck das Grab von Erzherzog Eugen. Bald werden alle Österreichbesuche zu dem, was sie sind: eine Selbstverständlichkeit.

28. Mai 1968: Die Bundesregierung stellt fest, daß bei allen Habsburgern, die nach dem 10. April 1919 geboren sind, die Abgabe einer Verzichtserklärung *nicht* notwendig ist.
Kaiserin Zita wird die Erlaubnis, der Beisetzung ihrer Tochter Adelhaid in Tulfes (1972) beizuwohnen, *nicht* erteilt.
1982 stellt die Bundesregierung fest, daß das »Habsburgergesetz« für Kaiserin Zita niemals Gültigkeit gehabt hat (Brief des Bundeskanzleramtes an den Autor, 20. Oktober 1982). Das ergibt 63 Jahre ungesetzliche Verbannung...

13
Der Weg nach Europa

von Bernd Posselt

Frühling 1978. Atemlos betrat ich den »GRAUEN BÄREN« in Innsbruck. Dort wartete Otto von Habsburg in seinem Hotelzimmer auf die Eröffnung des Europakongresses der Studentenorganisation JES. Ich hatte für ihn deutsche Zeitungen im Gepäck, die Sensationelles meldeten: Otto von Habsburg plane deutscher Staatsbürger zu werden, um bei den ersten Direktwahlen zu einem Europäischen Parlament anzutreten. Die Nachricht war auf verschlungenen Pfaden in die Medien gelangt. Da Otto von Habsburg in Reichenau zur Welt kam, war für ihn die niederösterreichische Landesregierung zuständig. Diese hatte beschlossen, daß Otto von Habsburg auch als Deutscher Österreicher bleiben könne – wegen seiner unbestreitbaren historischen Verdienste um das Land. Doch die SPÖ-Vertreter in der Regierung meldeten den Vorgang rasch an den Genossen Wehner in Bonn und der damalige SPD Geschäftsführer Egon Bahr begann eine Kampagne gegen den Habsburger vorzubereiten, deren erstes Wetterleuchten die Zeitungsnotizen waren, die ich im Innsbrucker Hotelzimmer nun ausbreitete.

Das Ereignis hatte eine etwa zwölfmonatige Vorgeschichte. Otto von Habsburg war wiederholt mit dem CSU Bundestagsabgeordneten Heinrich Aigner zusammengetroffen, der Bayern seit fast zwei Jahrzehnten im noch nicht direkt gewählten europäischen »Vorparlament« vertrat, und hatte ihn zum Landesvorsitzenden der Paneuropa-Union im weißblauen Freistaat vorgeschlagen; die bayerischen Paneuropäer folgten dieser Empfehlung und wählten Aigner zu ihrem Landeschef. Als die Vorbereitungen zur ersten Europawahl begannen, wartete Aigner mit einem überraschenden Vorschlag auf: Otto von Habsburg solle als Leitfigur des christlichen Lagers kandidieren. Dieser reagierte zuerst skeptisch. Als Österreicher war er nicht einmal wahlberechtigt, geschweige denn wählbar. Obwohl er seit einem Vierteljahrhundert in Oberbayern lebte, war er »technischer Ausländer«, wie er selbst es nannte. Als außenpolitischer Berater der »Hanns-Seidel-Stiftung« gehörte er zwar in den politischen Wirkungsbereich von Franz Josef Strauß, war aber niemals Mitglied einer Partei. Außerdem: Wie würden es seine österreichischen Anhänger, die zum Teil im KZ gesessen waren, aufnehmen, wenn er einen deutschen Paß erwarb und den österreichischen abgab? Gespräche mit Strauß brachten die Klärung. Dieser war an einer Kandidatur des Habsburgers sehr interessiert, Kontakte zum niederösterreichischen Landeshauptmann Andreas Maurer wurden geknüpft, die Idee einer Doppelstaatsbürgerschaft setzte sich durch.

Hier fand die sozialistische Gegenkampagne ihren ersten »Aufhänger«. Dabei war der Vorgang völlig normal. Daß ein Mensch, der seit 25 Jahren in Deutschland wohnte und arbeitete, der eine Deutsche geheiratet hatte und dessen in Deutschland geborenen Kinder dort auch zur Schule gingen, die Staatsbürgerschaft dieses Landes jederzeit erwerben konnte, war klar.

Und wenn es nach österreichischem Recht schon die Möglichkeit gab, verdienten Persönlichkeiten die Doppelstaatsbürgerschaft zuzuerkennen, warum sollte das dann nur für Fußballspieler oder Schlagerstars gelten und nicht für den Mann, der sich während des Zweiten Weltkrieges unablässig bemühte, Österreich wieder auf die Landkarte zu bringen? Den Gegnern war nichts zu dumm, um es als Munition für die Medienschlacht zu gebrauchen. In Deutschland schleuderte die SPD ausgerechnet dem kämpferischen Hitlergegner Otto von Habsburg die Parole entgegen: »Wir haben schon einmal einen Österreicher eingebürgert.« In Österreich gruben »schlaue« Parteifunktionäre einen Paragraphen aus, wonach kein Österreicher »in den Dienst einer fremden Macht« treten darf. War das sich einigende Europa eine fremde Macht? Bruno Kreisky machte diesem Spuk ein Ende, indem er kategorisch erklärte: »Ausgebürgert wird bei mir nichts.«

Die bayerische Staatsregierung, im Landtag heftigst kritisiert, stand fest zu Otto von Habsburg. Innenminister Seidl antwortete auf die Frage der Opposition, ob die Zugehörigkeit Otto von Habsburgs zum Kaiserhaus des Heiligen Römischen Reiches einer der Gründe für die Einbürgerung gewesen sei: »In einem Land, in dem das Geschichtsbewußtsein noch nicht völlig vor die Hunde gegangen ist, ja!« Ministerpräsident Franz Josef Strauß würdigte in einer Parlamentsrede, daß der Angegriffene während des Krieges Tausenden von Juden das Leben gerettet hatte.

Trotzdem gab es auch in der CSU Stimmen, die von einer Habsburg-Kandidatur nichts wissen wollten. Die einen waren durch die Schüsse von links verunsichert, die anderen sahen ihre eigenen Ambitionen und Pfründen gefährdet, wenn »einer von außen daherkommt und ein Mandat übernimmt.« Anders als die SPD-Attacken störten solche Äußerungen, in der Presse breitgetreten, Otto von Habsburg doch. Hatte er sich nicht seit Jahrzehnten für ein christliches Europa im Sinne der CSU eingesetzt? Und war er nicht der Partei mit Wahlreden in den entlegendsten Dörfern beigestanden? In dieser Phase meldeten sich selbsternannte Ratgeber, die »immer schon« vor allem gewarnt hatten. Ob es ein Mann wie Otto von Habsburg nötig habe, sich solchen Kontroversen auszusetzen? Seine Antwort war kurz und trocken: »Die Monarchien verfielen, als die Könige nicht mehr selbst in die Schlacht zogen«.

Diese kämpferische Einstellung brachte Otto von Habsburg über jeden Anflug von Resignation hinweg. Er war an jenem Tag, an dem alles auf des Messers Schneide stand, mit seiner Tochter Walburga und mir nach Berchtesgaden gefahren, um dort einen Vortrag zu halten. Eine Stunde lang sprach er über Europapolitik, doch in der anschließenden Diskussion wurde dazu keine einzige Frage gestellt. Den ganzen Abend über standen wildfremde Menschen auf und baten den Habsburger, gegen alle Widersacher durchzuhalten und für sie – seine Anhänger innerhalb und außerhalb der CSU – ins Europaparlament zu gehen.

Auf der Heimfahrt entstand dann der ›Schlachtplan‹, der schließlich auch zum Erfolg führte. Ohne Franz Josef Strauß, dessen grundsätzliche Rückendeckung wichtig und vorhanden war, mit Einzelheiten zu belasten, mobilisierten Walburga, Hans-Friedrich von Solemacher und ich die ›Hausmacht‹ des Habsburgers: Den sehr starken CSU-Bezirksverband Oberbayern unter seinem energischen Vorsitzenden, dem bayerischen Finanzminister Streibl; die Sudentendeutschen und anderen Heimatvertriebenen, in Deutschland immerhin Millionen von Wählern; die katholische Kirche. Tausende Einzelpersonen, die der CSU-Führung von sich aus Briefe schrieben, ebenso wie jüdische Gruppen aus der ganzen Welt, die Otto von Habsburg gegen demagogische Pamphlete in Schutz nahmen, er sei ein »Faschist und Rassist«, was mit aus dem Zusammenhang gerissenen Zitaten »belegt« worden war.

Die Nominierung durch die Partei erfolgte dann auch mit überwältigender Mehrheit, und die Paneuropa Jugend – angeführt von Walburga und Karl von Habsburg, Michael G. Möhnle, Jaroslav Boček, Wolfgang Stock und meinem Bruder Martin Posselt – errichtete eine chaotische, aber schöpferische Wahlkampfzentrale, von der aus lauter Zwanzigjährige monatelang unentgeltlich den turbulenten Europawahlkampf leiteten. Auch das kreideten manche Otto von Habsburg an: daß er Jugendlichen völlig bedenkenlos höchste Verantwortung übergab. Doch es funktionierte. Hunderte von Redeeinsätzen wurden koordiniert, Flugblätter und Broschüren – wie die Dokumentation »Habsburg contra Hitler« – entworfen und Straßenaktionen geplant. Höhepunkt war die Paneuropakundgebung am 12. Mai 1979, zu der vierzehntausend Menschen in die Münchner Olympiahalle strömten – Otto von Habsburg und Heinrich Aigner leiteten damit die größte Europawahlversammlung auf dem europäischen Kontinent. Die Jugendlichen, die damals mitarbeiteten, bestritten übrigens auch den zweiten Europawahlkampf 1984, in dem es auf Grund der Leistungen des Habsburgers keine solchen Angriffe wie 1979 mehr gab, und sind bis heute seine Mitarbeiter. Die Begeisterung war also keine vorübergehende Erscheinung, wie mancher befürchtet oder vielleicht auch gehofft hatte.

Wahlreise im Flugzeug: Otto von Habsburg mit einem begeisterten Helfer, seinem jüngeren Sohn Erzherzog Paul Georg

Am 17. Juli 1979 versammelte sich erstmalig das freigewählte Parlament aus damals neun Staaten. Die Abgeordneten waren zum größten Teil noch Menschen, die im Zweiten Weltkrieg aufeinander geschossen hatten. Schon deshalb war die Konstituierung der europäischen Versammlung ein historisches Ereignis. Die Alterspräsidentin, die 86jährige Louise Weiß, die schon in den 20er Jahren zwischen Briand und Stresemann beim ersten Versuch, Europa zu einen, gedolmetscht hatte, ließ in ihrer Eröffnungsrede die herausragenden Gestalten aus Europas Geschichte Revue passieren. Sie schlug einen Bogen von Karl dem Großen über Karl Marx und Engelbert Dollfuß bis hin zu Charles de Gaulle. Einer der wenigen Anwesenden, den sie in dieser Rede nannte, war Otto von Habsburg, den sie als Nachfolger Coudenhove-Kalergis vorstellte. Dies spiegelt die großen, wenn auch sehr unterschiedlichen Erwartungen wider, die sich in Straßburg und in ganz Europa auf Otto von Habsburg richteten. Auch Befürchtungen wurden laut. Würde ein Mann, zum Kaiser einer Großmacht erzogen, mit dem parlamentarischen Betrieb, seinen Kompromissen und Unannehmlichkeiten zurechtkommen? Würde er arro-

gant und gebieterisch auftreten, oder einfach in der Masse untergehen?
Die Straßburger Premierengäste, die so fragten, kannten den Charakter des Hauptdarstellers schlecht. Da dieser mich zu seinem parlamentarischen Assistenten ernannt hatte, war ich vom ersten Tag an in der neuen Völkerkammer dabei. So erlebte ich aus nächster Nähe die eindrucksvolle Geburt des Parlamentariers Otto von Habsburg.
Zunächst stellte er für sich und für seine Mitarbeiter zwei strategische Grundsätze auf: Erstens beschloß er, seinen seit Jahrzehnten verfochtenen Grundsätzen unter allen Umständen treu zu bleiben – ob das populär war oder nicht. Zweitens entschied er sich mit Leib und Seele für Straßburg, indem er als einziger Abgeordneter an fast jeder Sitzung teilnahm und daneben ununterbrochen seinen heimatlichen »Wahlbezirk« Oberbayern bereiste.

Kurze Besprechung im Europa-Wahlkampf: Der Europa-Abgeordnete Dr. Ingo Friedrich mit den beiden Erzherzoginnen Constanza und Walburga von Habsburg

Mit diesem Konzept überraschte Otto von Habsburg seine Gegner, und manchmal nicht nur die. Bezüglich der Grundsätze hatte der Präsident der sozialistischen Internationale, Willy Brandt, am 1. Mai 1979 auf dem Münchner Marienplatz verkündet, Otto von Habsburg werde auf dem internaionalen Parkett ganz anders reden müssen als während des Wahlkampfes in bayerischen Wirtshäusern und Bierzelten. Er sollte sich gründlich täuschen, denn Otto von Habsburg blieb seinem Programm – Christentum, soziale Gerechtigkeit, Freiheit und Föderalismus in Staat und Wirtschaft, Selbstbestimmungsrecht für die Völker Ost- und Mitteleuropas – auch in Straßburg oder Brüssel treu. Was die fanatische Präsenz des Habsburgers bei den Sitzungen angeht, so unterschied ihn diese von allen andern »großen Namen« im Parlament. Brandt zum Beispiel war der faulste Abgeordnete und mußte schon nach wenigen Jahren unter dem Druck der Öffentlichkeit sein halbherzig ausgeübtes Mandat niederlegen.
Zuerst galt es, in das wirre Vielvölkerparlament Ordnung zu bringen, um es handlungsfähig zu machen. Anarchistische Kräfte versuchten es von innen her zu sprengen. Otto von Habsburg leistete dagegen erfolgreich Widerstand, indem er den anderen Abgeordneten mit sanfter Gewalt beibrachte, daß es galt, Sitzfleisch zu beweisen. Tausende von anarchistischen Anträgen, die das Parlament schon nach seinen ersten Schritten zu Fall bringen sollten, wurden in nächtelangen Sitzungen, an denen Otto von Habsburg mit der eisernen Konsequenz eines ›Kaiser Franz Joseph‹ teilnahm, niedergestimmt. Manchmal wurde es selbst ihm zu viel, sodaß er einmal mit einem Stoßseufzer ausrief: »Wenn das so weitergeht, werde ich auf meine alten Tage noch Monarchist!« Humor und Phantasie halfen ihm auch bei den Anarchisten – als er trotz wütender Kritik von Spießern in den eigenen Reihen ein gutes menschliches Verhältnis zum Anarchistenführer Panella fand oder als er dessen Genossen Capanna, der querulierend im Plenum lateinisch sprach, mühelos in derselben Sprache antwortete.

Zu Besuch bei dem britischen Europa-Abgeordneten (Konservative Partei) Adam Fergusson in Loch Lomond (31. Oktober 1983)

Eine ander Aufgabe war die Konsolidierung der knappen nichtsozialistischen Mehrheit in Straßburg. Otto von Habsburg wird nicht nur von seiner eigenen, der christdemokratischen Fraktion getragen, sondern auch von den belgischen, französichen oder italienischen Liberalen.
Die meist britischen Konservativen eroberte er im Sturm, vor allem mit Hilfe des jungen Schotten Adam Fergusson. Besonders schwierig war die Einbindung der Gaullisten. Viele von ihnen lehnten das Experiment Europaparlament aus nationalen Ressentiments ab und stimmten in Fragen der Sicherheit sogar mit den Kommunisten, weil sie der Straßburger Versammlung keine Zuständigkeit auf außen-

politischem Gebiet einräumen wollten. Otto von Habsburg als Freund des verstorbenen Generals de Gaulle und Träger zahlreicher französischer Literaturpreise, verfügte über eine Schlüsselstellung, dies zu wenden. Mit Maurice Druon, dem ehemaligen französischen Kultusminister und heutigen Generalsekretär der Académie Française, gründete er eine Gesellschaft zur Rettung der französischen Sprache vor pseudoenglischen Verballhornungen. In dieser Gruppe vollzog sich die Annäherung der Gaullisten an Christdemokraten, Liberale und Konservative, die seit Jahren die Straßburger Mehrheit bildeten. In der ersten Legislaturperiode fiel sie zwar bei der zweiten Präsidentenwahl auseinander, doch inzwischen wurden zwei Parlamentspräsidenten, Pierre Pflimlin und Lord Plumb, gekürt, die aus der nichtsozialistischen Mehrheit kommen. Bei diesen Wahlen 1984 und 1987 war Otto von Habsburg der Mann, der die entscheidenden Weichenstellungen vornahm, was aber erst zu einem späteren Zeitpunkt dargestellt werden kann, wie ja auch erst jetzt seine wahren Verdienste um die Wiedererrichtung Österreichs veröffentlicht werden.

Der erste politische Antrag, schon im September 1979 vom Plenum diskutiert, befaßte sich mit dem, was für Otto von Habsburg das Hauptproblem des geteilten Europa ist – dem sowjetischen Vormachtstreben. Er wies in seiner Entschließung auf die kritische Lage in Afghanistan hin und sprach von einem bevorstehenden Einmarsch Moskaus in dieses strategisch wichtige Land. Zwar fand sich eine knappe Mehrheit für den Habsburg-Text, doch die meisten höhnten: »Der sieht wohl wieder einmal rote Gespenster.« Vier Monate später stand die Rote Armee in Afghanistan und der deutsche Bundeskanzler Helmut Schmidt wie der amerikanische Präsident Jimmy Carter behaupteten, dies sei ›völlig überraschend‹ gekommen. Brandt erklärte übrigens sofort nach der Invasion Afghanistans, daß die Entspannung teilbar sei und in Europa so weitergehen müsse, als sei nichts geschehen. Während Otto von Habsburg ihn im Politischen Ausschuß dafür kritisierte, sprang Brandt mit hochrotem Kopf auf, ballte die Fäuste und tobte…

Jiři Pelikan, ein tschechischer Emigrant, der sozialistischer Europaabgeordneter in Italien ist, hielt jedoch tapfer dagegen: Sein Volk, das tschechische Volk, sei zweimal Opfer der ›Entspannungspolitik‹ geworden, nämlich 1938 und 1968. Von diesem Tag an fand Otto von Habsburg, trotz aller ideologischen Unterschiede, bei den französischen, italienischen und den später hinzugekommenen spanischen Sozialisten Rückendeckung für seine klare Haltung gegenüber dem Kommunismus.

Otto von Habsburg und Willy Brandt. Sie verkörpern gegensätzliche Programme. Der Habsburger eine übernationale Rechtsordnung, die im Christentum verankert ist, Brandt den weltweiten Klassenkampf, Otto von Habsburg das Selbstbestimmungsrecht der Mittel- und Osteuropäer, Brandt den Ausgleich mit der Macht, die diese beherrscht, der Sowjetunion. Im Europa-Wahlkampf 1979 sind sie die Leitfiguren ihres jeweiligen Lagers. Der Ausgang des »Experimentes Europa« ist für beide höchst unterschiedlich. Während Brandt als »faulster Abgeordneter« nach einigen Jahren Straßburg wieder verläßt, wird Otto von Habsburg, der nie einen Sitzungstag fehlte und einer der einflußreichsten Europäer ist, 1984 erneut gewählt. Das Bild zeigt eine der seltenen Begegnungen von Otto von Habsburg und Willy Brandt – beim 90. Geburtstag des sozialdemokratischen ehemaligen Reichtagspräsidenten Paul Löbe der vor dem Zweiten Weltkrieg Präsident der Paneuropa-Union Deutschland war (1965).

Außer dem Afghanistan-Antrag zeugten auch andere Äußerungen Otto von Habsburgs von prophetischem Weitblick. Ein Jahr vor der Wahl Ronald Reagans sagte er diese in einer Fraktionssitzung voraus. Dafür wurde er von einem CDU-Abgeordneten aus dem Rheinland und einigen anderen süffisant belächelt. Zwölf Monate später, als Reagan im Weißen Haus saß, stand Ernst Majonica aus Westfalen ebenfalls bei einem Treffen der Fraktion auf und erinnerte die Anwesenden daran, daß Otto von Habsburg allen Unkenrufen zum Trotz Recht behalten hatte.

Das alles trug dazu bei, daß der Habsburger schon 1982 außenpolitischer Sprecher und Koordinator, formal der Christdemokraten, faktisch aber der ganzen nichtsozialistischen Mehrheit, wurde. Er benutzte diese Funktion, um seine Definition von Europa in allen Gremien der EG – Ministerrat, Kommission und Parlament – durchzusetzen. Die Gemeinschaft ist danach nur der Ausgangspunkt des größeren Europa von morgen, dem eines Tages auch die heute Neutralen und alle derzeit von der Sowjetunion unterjochten Europäer angehören sollen. 1979 galt dies noch als Randmeinung, heute ist diese Doktrin für die EG verbindlich.

Die Europapolitik Otto von Habsburgs ist durch und durch vom Vorrang von Geist und Politik vor Wirtschaft und Technokratie geprägt. Deshalb unterstützt er massiv den von Heinrich Aigner präsidierten Haushaltskontrollausschuß, der allein zwischen 1979 und 1984 12 Milliarden Mark einsparen half. Deshalb kämpfte er von Anfang an für den Europa-Paß und den Abbau der Grenzkontrollen – schon in den 90er Jahren soll nach Beschluß der Regierungen der europäische Binnenmarkt vollendet sein. Er war der zähe Pionier einer europäischen Außen- und Sicherheitspolitik – 1987 wurde von den zwölf EG-Mitgliedstaaten der entsprechende Vertrag abgeschlossen und als erster Schritt ein europäisches Sekretariat für Außenpolitik, der »Embryo eines europäischen Außenministeriums«, geschaffen. Besonders entschlossen kämpfte er gegen den Mißbrauch ungeborener Kinder für kosmetische Zwecke oder medizinische Laboratorien. 1983 noch hatten die Regierungen dergleichen ins Reich der Phantasie verwiesen, heute werden überall die entsprechenden Gesetze erlassen.

Ein Paneuropa-Fest in Mariazell, Steiermark: Karl von Habsburg, Präsident der Paneuropa-Bewegung Österreich, seine Schwester Erzherzogin Walburga (Juristin, Parlamentarische Assistentin in Straßburg) und Bernd Posselt, persönlicher Assistent und Pressereferent Otto von Habsburgs

Hier stoßen wir zum Kern dessen vor, was Otto von Habsburgs Politik formt. Er sieht Europa weder mechanisch noch materialistisch, sondern wie einen lebendigen, von Gott geschaffenen Organismus. Mit seinen eigenen Worten gesagt: »Unsere einmalige Zivilisation und Kultur, vor allem die Idee der persönlichen Freiheit, wären ohne christliche Grundsätze niemals entstanden. Das Christentum ist die Seele Europas. Sollte es aus unserem Kontinent verschwinden, würde auch Europa sterben.«

Otto von Habsburg über das Europaparlament:
»Die Europäische Gemeinschaft wurde wiederholt mit einem riesigen Tanker verglichen, der sich nur langsam manövrieren und schwer wenden läßt. Das Bild ist nicht schlecht. Eine deutsche Fernsehsendung zum 25. Jubiläum der Unterzeichnung der Römischen Verträge hieß »Und sie bewegt sich doch«, womit die Europäische Gemeinschaft gemeint war. Der Einigungsprozeß geht tatsächlich ständig weiter, wenn auch nicht so schnell, wie sich dies viele wünschen. Ein Supertanker läßt sich nicht blitzschnell umdirigieren. Natürlich müßte er nicht ganz so langsam sein, wenn nicht zwölf Kapitäne, nämlich die nationalen Regierungen, auf der Kommandobrücke stünden. Ein einheitlicher politischer Wille sollte die Richtung bestimmen. Diesen nach und nach zu entwickeln und durchzusetzen, ist die historische Aufgabe des Europäischen Parlaments.
Eine Europäische Gemeinschaft ist ohne Europäisches Parlament undenkbar. Die nationalen Volksvertretungen haben viele Zuständigkeiten an die europäische Ebene verlo-

Das »Europa-amtliche« Foto des CSU-Abgeordneten Dr. Otto von Habsburg (Wahlkreis Oberbayern) im Straßburger Europa-Parlament

Im Gespräch mit Großherzog Jean von Luxemburg. Die Familienähnlichkeit ist frappierend; der Großherzog ist der älteste Sohn des Prinzen Felix von Bourbon-Parma, Bruder von Kaiserin Zita. »Als ich 1979 ins europäische Parlament gewählt wurde, begann ich den größten Teil meiner Zeit in Straßburg, Luxemburg und Brüssel zuzubringen. Dort fühlte ich mich mühelos heimisch. In allen drei Europastädten wird nach lothringisch-burgundischer Art französisch und deutsch beziehungsweise flämisch und »letzeburgisch« gesprochen. Brüssel erlangte seine Bedeutung als habsburgischer Regierungssitz der Niederlande. Luxemburg schenkte dem Heiligen Römischen Reich die gleichnamige Dynastie, die in Böhmen, Mähren und Schlesien wie in der Mark Brandenburg herrschte und in Karl IV. Beispielgebendes leistete. Mehr als zwei Jahrhunderte zum Hause Österreich gehörig, leistet es auch heute wieder europäische Mittlerdienste. Das drückt sich in seinem Großherzog aus, der in seiner Person das deutsche Fürstenhaus der Nassauer und das französische Königshaus der Bourbonen, Linie Parma, vereint.«

ren. Vierzig Prozent der Gesetze werden schon in Brüssel gemacht. Deshalb ist es um so schlimmer, daß das Europaparlament noch nicht die nötigen Rechte hat, um die legislativen Funktionen, die etwa der Bundestag bereits verloren hat, zu übernehmen. Davon profitieren nur die bürokratischen Kräfte. Wir sind heute über den Punkt, von dem aus es noch ein Zurück geben könnte, hinaus. Jeder Nationalstaat, der die Gemeinschaft verlassen wollte, würde damit Selbstmord begehen. Das gilt nicht nur für die Kleinen, sondern genauso für Deutschland, Großbritannien oder Frankreich. Das wissen übrigens selbst die nationalen Politiker, auch wenn es nur rühmliche Ausnahmen wie Helmut Kohl zugeben.

Besser als die Politiker ist jedoch die Bevölkerung. Dieser kann man längst nicht mehr ein X für ein U vormachen. Als das Dänische Parlament Anfang 1986 die europäischen Reformen verhindern wollte, haben die Dänen in einer Volksabstimmung für Europa bewiesen, daß sie klüger sind als die selbsternannten Staatsmänner. Darin liegen die großen Möglichkeiten des Europäischen Parlamentes als Motor der Einigung. Wenn die Abgeordneten nicht Anhängsel nationaler Funktionäre, sondern Vorhut der europäischen Völker sind, werden sie als Baumeister des »Vaterlandes Europa« in die Geschichte eigehen, mögen heute provinzielle Presseorgane oder politische Lokalgrößen noch so sehr über sie spotten«.

Sind Sie mit der Entwicklung in Europa zufrieden?

Otto von Habsburg: »Ich bin natürlich *nicht* zufrieden, denn es wäre ja dumm, zufrieden zu sein, wenn man ein Ziel hat, das noch vor Augen ist, das man noch nicht erreicht hat, und daß man da selbstverständlich das Gefühl hat, man kommt nicht schnell genug weiter, ist klar.

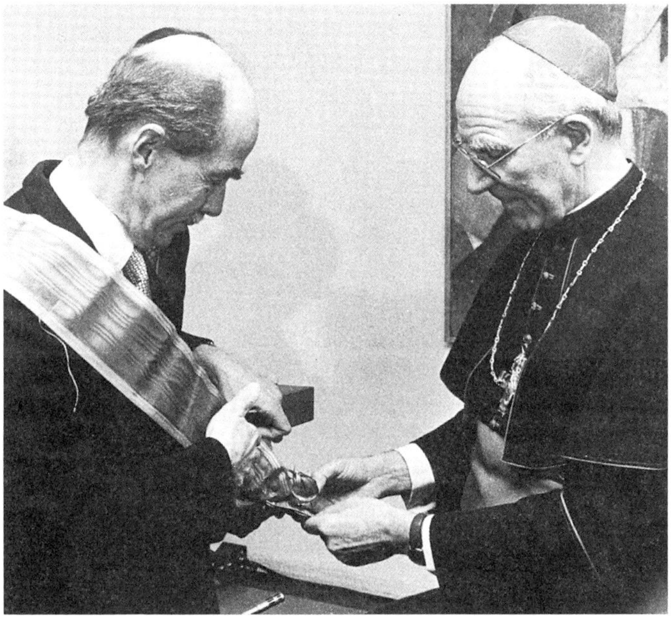

Am 8. 4. 1980 überreichte der Bischof von Augsburg Dr. Josef Stimpfle, im Auftrag des Papstes Johannes Paul II. an Dr. Otto von Habsburg das Großkreuz des Gregorius Ordens.

Wenn ich allerdings stillhalte und zurückschaue, muß ich sagen, der Weg, den wir zurückgelegt haben, ist ja grandios. Ich kann mich noch aus eigener Erfahrung an die Zeit erinnern, in der der Rhein fast eine solche Grenze bedeutete wie heute der Stacheldraht, der Deutschland entzweischneidet; wo die Menschen auf beiden Seiten des Rheines – auf der einen Seite die Franzosen, auf der anderen Seite die Deutschen – einander durch das Visier eines Maschinengewehres angeschaut haben. Und wenn ich heute nach Straßburg fahre und die Rheinbrücke überquere, ohne überhaupt stehenzubleiben, ohne überhaupt zu fühlen, daß man von einem Land ins andere geht, so muß ich schon sagen, daß das etwas Unglaubliches ist, nach den Jahrhunderten der nationalen Kämpfe, nachdem man doch die Deutschen, die Franzosen dazu erzogen hat, Erzfeinde zu sein. Daß das alles jetzt vorbei ist, macht mich glücklich. Es ist dabei das verwirklicht worden, was General de Gaulle mir schon während des Krieges gesagt hatte, daß nämlich der Friede Europas vor allem einmal von der Revision des Vertrages von Verdun, bei dem im Jahre 843 das Reich Karls des Großen geteilt worden war, abhängig würde, also von der Wiedervereinigung der Ostfranken mit den Westfranken. Das haben wir nun tatsächlich erreicht und das ist schon ein ganz epochaler Schritt nach vorwärts, sodaß ich sagen muß, was das betrifft, kann man eigentlich recht zufrieden sein. Über das Tempo bin ich nicht zufrieden, weil die Weltlage natürlich von uns fordern würde, viel schneller weiterzugehen. Daß wir leider sehr viele Hindernisse, insbesonders von Seiten der nationalen Regierungen und der kleinlichen nationalen Egoismen, ganz besonders der Bürokratien haben, das ist auch klar. Aber diese Widerstände sind ja dazu da, niedergekämpft zu werden.«

Wie kommt es, daß der Sohn und Erbe des Kaisers von Österreich nun als einfacher Abgeordneter im Europäischen Parlament sitzt? Wie verträgt sich das mit seinem Selbstverständnis?

Otto von Habsburg: »Wenn man an etwas glaubt, muß man dafür handeln, ganz gleich welche Rolle man dabei spielt. Man widmet sich ja nicht der Politik, um eine gewisse Stelle zu besetzen, sondern um bestimmte Ideen durchzusetzen. Und ich glaube, daß heute der beste Weg zum politischen Europa über dieses Parlament geht, und daher ist es für mich ein echtes Glück, in diesem Parlament mitarbeiten zu können.«

Und »Die Reichsidee«?

»Es wurde mit Recht gesagt, daß jedes Reich durch eine höhere Mission geschaffen wurde. Europa muß ein Reich werden, ob es nun diesen Namen trägt oder nicht. Als großer Markt wird es keine Dauer haben. Sucht man nach dieser Idee, wird man sie in der europäischen Geschichte finden. Europa war jeweils in seinen reichischen Perioden groß. Gingen diese zu Ende, trat der Verfall ein.
Unsere Zukunft kann weder durch Parteipolitik noch durch Technologie allein erreicht werden. Beide sind wichtig, aber nicht ausschlaggebend.«

Verleihung des Karlspreises der Sudetendeutschen Landsmannschaft an Dr. Otto von Habsburg, 1970, München. »Der Erzherzog ist nicht nur Repräsentant einer großen Vergangenheit, er ist auch der älteste Heimatvertriebene Mitteleuropas im 20. Jahrhundert. Als er mit seinem Vater im Jahre 1919 seine österreichische Heimat verlassen mußte, hat sich an dem Kronprinzen von Österreich-Ungarn das vollzogen, was eine Generation später, nach einem neuerlichen Weltkrieg, Millionen Menschen in Mitteleuropa erdulden mußten: die persönliche Entrechtung und die Landesverweisung aus der Heimat der Väter und Vorväter. Dies ist aber nicht der einzige Grund, warum die Sudetendeutsche Landsmannschaft im Jahre 1970 dem Manne, der durch seine Erbtitel eines königlichen Prinzen von Böhmen, eines Markgrafen von Mähren, eines Herzogs von Schlesien mit den Deutschen der böhmischen Länder schicksalhaft verbunden ist, den Karls-Preis verleiht. Der besondere Grund liegt vor allem darin, daß sich Otto von Habsburg, geleitet durch die Verpflichtung seines Hauses, allzeit für die Völker und Volksgruppen des Sudeten-, Karpaten- und Donauraumes einzutreten, seit 1945 für die Grundrechte der verfolgten, vertriebenen und entrechteten Völker und Volksgruppen Mitteleuropas eingesetzt hat, in aller Welt für die Anerkennung und Durchsetzung ihres Heimatrechtes und ihres Selbstbestimmungsrechtes in Wort und Schrift eingetreten ist und unermüdlich für die Vereinigung Gesamteuropas arbeitet.«
Den Worten Karl Simons ist nur hinzuzufügen, daß Otto von Habsburg schon während seines Aufenthaltes in den USA (1940–1944) alles Menschenmögliche unternommen hat, um die teuflischen Pläne des Eduard Beneš, die damals schon auf eine Austreibung der Sudetendeutschen abzielten, zu vereiteln. Zum ersten Mal nahm Otto von Habsburg in einer Rede vor dem Kongreß im Jänner 1942 unter dem Aspekt »Danubian Reconstruction« leidenschaftlich Partei für die Rechte der Sudetendeutschen, und ein zweites Mal über Einladung der Senatoren Beat Jarman (Alabama) und Hermann Eberharter (Pennsylvanya-), als sich die Vertreibungsabsichten, die Eduard Beneš hegte, schon klarer abzeichneten. Weder Roosevelt noch Stalin wollten den Vertreibungsplänen des Eduard Beneš zustimmen; einzig seinem unerhörten Geschick, die beiden gegeneinander auszuspielen, ist es zuzuschreiben, daß die Massenaustreibung dennoch über die Weltbühne ging.

Paneuropa-Kundgebung auf dem Wiener Stefansplatz, anschließend Zug durch die Innenstadt, Rede in einem der größten Säle von Wien: Otto ist der einzige Politiker, der auch ohne teure Vorausreklame mühelos jeden Versammlungsraum füllt.

Der österreichische Bundespräsident Dr. Rudolf Kirchschläger und der Präsident der Paneuropa-Union und Nachfolger Richard Graf Coudenhove-Kalergis, Dr. Otto von Habsburg, bei den Jubiläumsfeierlichkeiten der Paneuropa-Union 1982 in Wien.

Mit dem griechischen Staatspräsidenten Konstantinos Tsatsos auf dem Wiener Stefansplatz (1983)

Angola
»Wer die weltweite strategische Lage betrachtet, weiß, daß es heute zwei kritische Punkte gibt. Das Kap der Guten Hoffnung und den Panama-Kanal. Gelänge es, den Seeweg um Afrika zu blockieren, würde die industrielle Struktur Westeuropas zerfallen. Das ist der Grund, warum Angola, Moçambique, Namibia und Südafrika für West wie Ost so wichtig sind. Angola ist heute einer der wesentlichsten atlantischen Posten, auf den die Sowjets so lange zählen können, als die kubanische Besatzungsmacht dort bleibt. Daß es europäische Politiker gibt, die auch Namibia oder Südafrika wissentlich oder unwissentlich unter die Autorität Moskaus bringen wollen, beweist die Verblendung von Personen, für die die Ideologie die Vernunft ersetzt hat.«

»Das Bild entstand anläßlich meines Empfanges im Colegio Mayor San Pablo der Universität Madrid, einem jener Kollegien, in denen insbesondere die politische Bildung der jungen Generation im Vordergrund steht. Wenn man sich die heutige führende Garnitur in Spanien anschaut, ist es beeindruckend, wie viele deren Mitglieder aus diesem Colegio Mayor stammen. Das CEDI, über das dieses Projekt lief, war eben doch nicht jene »Verschwörung reaktionärer Kräfte«, als die es so gerne hingestellt wird, sondern eine europäische Organisation, und wenn man sich heute die Menschen ansieht, die – rechts oder links! – heute die Europa-Politik Spaniens durchziehen, sind sie alle durch das CEDI gegangen.«

»Bei der jährlichen Hauptversammlung der Weinbauern von St. Emilion, der Jurade, hielt ich im Jahre 1986 die Festrede. Die ›Jurade‹ der Weinbauern bedeutet nicht mehr und nicht weniger, als daß sie selbst sagen, ob man einen bestimmten Jahrgang für würdig befinden darf, ihn als ›St. Emilion‹ zu bezeichnen. Ich hatte immer wieder Verbindung mit Winzerorganisationen wie etwa mit jener der ›Chevalier de Tasse du Vin‹, für Burgund mit der ›Academie du Vin‹ und in Bordeaux mit der ›Jurade St. Emilion‹, mit den ›Consules de la Vignet de Bergerac‹ und dieses Jahr kommt noch der ›Conseil des Coteaux de Champagne‹ dazu. Es sind das in Frankreich nicht nur kulinarisch sondern auch politisch sehr einflußreiche Organisationen ... verständlicherweise.«

Empfang bei den Chevaliers de Fourquet, einem belgisch-niederländischen Brauerverband. »Ich bin deren Ehrenmitglied. Das ist eine besondere Freude, zumal diese Organisation, wie so viele in den Niederlanden, sehr stark an der habsburgischen Tradition hängt.«

◄ *»Das war meine Aufnahme in die Portugiesische Marineakademie, deren Mitglied ich auch heute bin. Ich wurde seinerzeit auf Grund meiner Schriften bezüglich der Überseepolitik Portugals in die Akademie aufgenommen. Auch heute gehören die wichtigsten portugiesischen Politiker dieser Akademie an.«*

Die Beziehungen Otto von Habsburgs zu Portugal sind sehr vielfältig und betreffen sowohl familiäre wie politische Bindungen.

Die Gemahlin des großen dynastischen Vorbilds Ottos, Kaiser Friedrich III., Eleonore (sie ruht in Wiener Neustadt, der ALLZEIT GETREUEN), war eine Prinzessin von Portugal. Mutter Maximilians I.; Kaiserin Zita ist mütterlicherseits eine Enkelin König Dom Miguels von Portugal – ergo »Prinzessin von Portugal«, und die Mutter Kaiser Karls, Erzherzogin Maria Josepha (Prinzessin von Sachsen), war die Tochter der Prinzessin Maria Anna von Portugal. In der entsetzlichen Krise des Frühjahrs 1940, als die Truppen Hitlers die Familie Otto von Habsburgs durch halb Europa jagten, erwies sich Portugal als sicherer Zufluchtsort. Später, als sich Otto von Habsburg um die Rettung Ungarns aus kommunistischer Gefahr bemühte, liefen die meisten Fäden über Lissabon, wo Ottos Brüder Karl Ludwig und später auch Rudolf für Ungarn arbeiteten; in den dramatischen Tagen nach dem Zusammenbruch Frankreichs nahm die kaiserliche Familie von Lissabon aus die Reise ins amerikanische Exil auf, immer respektvoll und loyal von Präsident Salazar behandelt.

Vergeblich bemühte sich Otto von Habsburg in seinem Buch »Afrika ist nicht verloren« für Verständnis für die portugiesische Übersee-Politik und Portugals Übersee-Provinzen, die keine Kolonien, sondern integrierter Bestandteil des Mutterlandes waren. Die Feinde Portugals behielten die Oberhand und viele hunderttausend Menschen verloren ihr Leben. Heute zählen die einst blühenden portugiesischen Provinzen Angola und Moçambique zu den ärmsten Hunger- und Elendszonen der Erde…

Kronen

Um das »Reinheitsgebot«, wonach Bier nur aus den vier Grundstoffen bestehen darf, mußte sich Otto von Habsburg als oberbayrischer Europa-Abgeordneter kümmern. Diese – fast nur in Deutschland gültige – Regel wird vor allem in Bayern hochgehalten, wo zwei Drittel aller Privatbrauereien Europas existieren – die meisten von ihnen sehr alte Kleinstbetriebe.
Sie gerieten in Gefahr, als bei der Vollendung des EG-Binnenmarktes die Importschranken für nach bayerischen Grundsätzen »unreines Bier« auch in Deutschland fallen mußten. Otto von Habsburg demonstrierte nun im Straßburger »Palais Josephine« für das reine Bier, indem er erstmalig selbst einen Faßanstich vornahm – die Feuertaufe für einen »bayerischen« Politiker. Seine Gäste waren mehr als vierhundert Europa-Abgeordnete aller Nationen, denen kleine Privatbrauer seltene lokale Spezialitäten – vom Bamberger Rauchbier bis zum Landshuter Hochzeitsbier kredenzten. Inzwischen hat die EG in Sachen Bier einen Kompromiß gefunden: Nicht nach dem Reinheitsgebot, das einst die Wittelsbacher erließen und dessen Ausdehnung auf das Deutsche Reich sie 1871 erfolgreich verlangten, gebrautes Bier darf jetzt auch in Deutschland verkauft werden – für deutsche Brauer besteht jedoch das Gebot weiter und seine Einhaltung muß auf den Etiketten vermerkt werden.

◄ *Wenn Otto in Österreich weilt: stets überfüllte Vortragssäle, Sympathie und Jugend ...*

◄◄ *Otto von Habsburg folgte am 10. November 1970 Dwight D. Eisenhower als Mitglied der »Académie des Sciences Morales et Politiques«, Paris, nach.*

Der alte Mann und das Mehr: Rittmeister a. D. Oskar Kozurik, Erzherzog Karl, Dr. Bruno Kreisky

Nachwort und Danksagung

Diese Bild-Wort-Dokumentation wäre ohne die selbstlose Hilfe zahlreicher Persönlichkeiten und Institute nicht zustande gekommen.

Otto von Habsburg stand mir nicht nur mit Rat und Tat bei der Bewältigung dieser Arbeit bei, sondern gewährte mir auch Zutritt zu bisher in der Öffentlichkeit unbekannten Dokumenten. Mit gleicher Bereitschaft half mir Erzherzog Robert von Österreich-Este. Aussagen der Geschwister Ottos sammelte ich im Laufe vieler Jahre, und auch ihnen habe ich sehr viel zu danken; Anregungen, Berichtigungen, oft sehr langwierige und komplizierte Erklärungen. Ich habe auch der neuen Generation zu danken, der nimmermüden Erzherzogin Walburga vor allem, der getreuen Helferin Ihres Vaters im Europa-Parlament zu Straßburg. Im Laufe der oft wirklich schwierigen Nachforschungen, viele Spuren sind oft nur mehr recht mühsam auszumachen, beim Zusammentragen des Hintergrundmaterials, halfen mir bereitwilligst und uneingeschränkt Dr. Peter Broucek (Kriegsarchiv); Univ. Prof. Dr. Thomas Chaimowicz, der mich in Fragen das Judentum und die Monarchie betreffend beriet; Thomas Gruntzel (Grafik der Ahnentafel); Franz Hammerl (dem ich einige der schönsten Fotos verdanke); Frau Prof. Gertrude Hecht; Dr. Elisabeth Klamper vom Dokumentationsarchiv des Österreichischen Widerstandes; August Lovrek; Bernd Posselt, dem ich den Beitrag über Ottos Arbeit im Europa-Parlament verdanke, und seinem Bruder Martin Posselt, der mir wertvolle Dokumente aus dem Coudenhove-Kalergi-Archiv (Genf) zukommen ließ. Karl und Friederike Serschen versorgten mich mit Mut und Fotos, Bertram Steiner, Frau Zita Thanner – die Tochter von Hans Karl Freiherr Zeßner von Spitzenberg – halfen mit Rat und Tat; und so bleibt mir nur noch, ganz besonders meiner umsichtigen, kritischen und herzerfrischend unkomplizierten Lektorin, Frau Magister Helga Ermacora, zu danken, die mich einmal mehr durch die Fährnisse des Buchschreibens lotste.

Zum 11. März 1939

Preis 2 frs

Die Österreichische Post

COURRIER AUTRICHIEN

(BI-MENSUEL)

1. Jahrgang
Nummer 7

PARISER REDAKTION UND ADMINISTRATION: V
30, rue St-Augustin, IIe. Tel: Opé 91-33. Chèque postal : Paris C 2367.88

Erscheint am 1. und am 15. jedes Monats

DER JAHRESTAG DER ANNEXION

An alle Oesterreicher

Anlässlich des ersten Jahrestages der gewaltsamen Besetzung unseres Vaterlandes danke ich allen, die der ewigen österreichischen Idee und damit meinem Hause ihre unverbrüchliche Treue bekundet haben.

Diese zahllosen Beweise der Anhänglichkeit zeigen klar, dass Oesterreich, trotz Rechtlosigkeit und Unterdrückung, weiterlebt: stärker, bewusster und entschlossener denn je!

Mögen alle Oesterreicher von der felsenfesten Ueberzeugung durchdrungen sein, dass, wie immer auch die Gegenwart aussehen mag, die gerechte Sache siegen wird.

Gott wird Oesterreich nicht verlassen!

OTTO m. p.

11. März 1939

DIE FREMDHERRSCHAFT IN OESTERREICH

wurde in derselben Art, wie vordem unter Schuschnigg Sabotage getrieben. In den Postämtern, auf den Bahne[n] und in vielen Fabriken gab es Zwischenfälle; die Bewei[s]

Werkverzeichnis

Bücher

»Coutumes et droits successoraux paysans en Autriche«, Universität von Löwen, Ecole des Sciences Politiques et Sociales, Löwen (Belgien), 1935 (Dissertation)

»Entscheidung für Europa«, Tyrolia, Innsbruck 1953 (2.Auflage 1958)
Übersetzungen:
Spanisch: »Europa en la Encrucijada«, Editora Nacional, Madrid 1954
Holländisch: »Het lot van Europa«, Spectrum, Utrecht 1954
Portugiesisch: »A hora decisiva da Europa«, Aster, Lisboa 1955
Ungarisch: »Döntés Euròpàroll«, Amerikai Magyar Kiadò, Köln 1955

»Probleme des Atomzeitalters«, Tyrolia, Innsbruck 1955
Übersetzung:
Spanisch: »Problemas de la Era Atomica«, CEDI, Madrid 1956

»Soziale Ordnung von Morgen«, Herold, Wien 1957 (3.Auflage 1959)
Übersetzungen:
Spanisch: »Economia y Sociedad en la Crisis del Siglo XX«, Instituto Social Leon XIII, Madrid 1957
Englisch: »The Social Order of Tomorrow«, Oswald Wolff, London 1959
Ungarisch: »A holnap tàrsadalmi rendje«, Amerikai Magyar Kiadò, Köln 1959
Französisch: »L'Ordre Social de demain«, Desclée, Paris 1960

»Bernhard von Baden«, Friedrich Vorwerk, Stuttgart 1958

»Im Frühling der Geschichte«, Herold Wien 1961 (3.Auflage 1968)

»L'Extrême Orient n'est pas perdu«, Hachette, Paris 1962 (3.Auflage 1963) (Literaturpreis der Französischen Akademie 1963)
Übersetzung:
Deutsch: »Der Ferne Osten ist nicht verloren«, Herold, Wien 1963

»Européens et Africains – l'entente nécessaire«, Hachette, Paris 1963
Übersetzungen:
Deutsch: »Afrika ist nicht verloren«, Herold, Wien 1964
Spanisch: »Europa y Africa – Vinculos Permanentes«, Espasa-Calpe, Madrid 1963

»Europa – Großmacht oder Schlachtfeld«, Herold, Wien 1963 (3.Auflage 1968)
Übersetzung:
Französisch: »Europe – champs de bataille ou grande puissance«, Hachette, Paris 1966

»Gottes Hand in der Geschichte«, Herold, Wien 1966 (2.Auflage 1968)

»Charles Quint«, Hachette, Paris 1967
Übersetzungen:
Deutsch: »Karl V.«, Herold, Wien 1967 (2. u. 3.Auflage 1970/79)
Spanisch: »Carlos V«, Espasa-Calpe, Madrid 1968
Englisch: »Charles V«, Weidenfeld and Nicolson, London 1970; Praeger, New York 1970

»Bientôt l'An 2000«, Hachette, Paris 1969 (2. u. 3.Auflage 1969) (Literaturpreis der Französischen Akademie, 1970)
Übersetzungen:
Deutsch: »Politik für das Jahr 2000«, Herold, Wien 1968 (3.Auflage 1970)
Spanisch: »Una Politica para el Año 2000«, Ediciones Iberoamericanas S.A., Madrid–Buenos Aires 1969; Taschenbuchausgabe unter dem Titel »Nuestro Mundo en Marcha«, Salvat, Barcelona 1970
Portugiesisch: »Brevemente O Año 2000«, Empresa Nacional de Publicidade, Lisboa 1970

»Les Transports et l'Europe«, Centre de Recherches Européennes, Lausanne 1969

»Damals begann unsere Zukunft«, Herold, Wien 1971 (3. erweiterte u. veränderte Auflage 1983)

»Rudolf von Habsburg«, Herold, Wien 1973 (2. Auflage 1977)

»Bis hierher und weiter«, Herold, Wien 1974

»Die Heilige Hedwig von Schlesien und unsere Zeit«, Herold, Wien 1974 (2. Auflage 1983)

»La Naissance d'un Continent« (mit Guy de Chambure), Grasset, Paris 1975

»Idee Europa – Angebot der Freiheit«, Herold, München 1976 (3. Auflage 1978)

»Karl IV. – ein europäischer Friedensfürst«, Herold, München 1978

»Jalta és ami utàna következett«, Griff, München 1979

»Europa – Garant der Freiheit«, Herold, München 1980

»Die Reichsidee – Geschichte und Zukunft einer übernationalen Ordnung«, Amalthea, Wien–München 1986 (2. Auflage 1987)

»Macht jenseits des Marktes – Europa 1992«, Amalthea, Wien–München, 1989

»Karl V.«, Amalthea, Wien 1990

»Zurück zur Mitte«, Amalthea, Wien 1990

Kleinere Schriften

Danubian Reconstruction, reprinted from Foreign Affairs, Washington, January 1942

Christinity and National-Socialism, reprinted from World Affairs, June 1942

Brennpunkte der Europafrage, Zentrum Österreich für europäische Dokumentation, Salzburg 1958

Schutzwall Europas, Köln, 1959 (6. Auflage 1963)

Das Reich, Reichenauer Kreis, Freiburg/B., 1959

Volk, Nation und Staat, Ackermann-Gemeinde, München, 1959

Au tournant de la Guerre Froide, Magyar Ház, Brüssel, 1960

Übersetzungen:

Deutsch: Wendung im kalten Krieg, Diskussion, Wien, 1960

Holländisch: Keerpunt in de Koude Oorlog, Brüssel, 1960

Ungarisch: A Hidegháboru fordulopontján, Magyar Ház, Brüssel, 1960

El Imperio Chino Resurge, Arbor, Madrid, 1960

A Monarquia na era Atomica, Editora Estudios Doutrinarios, Coimbra University, Portugal, 1960

Notes de voyage d'Afrique Portugaise, Editora Estudios Doutrinarios, Coimbra, 1962

Übersetzungen:

Englisch: Travel Notes from Portuguese Africa, 1962

Portugiesisch: Notas de viagem na Africa Portuguesa, 1963.

Otto von Habsburg hat darüber hinaus mehr als 8000 Zeitungsartikel in deutscher, ungarischer, englischer, französischer, spanischer und portugiesischer Originalfassung geschrieben. Davon gibt es Übersetzungen in andere Weltsprachen sowie ins Tschechische, Kroatische, Slowakische, Baskische, Dänische, Schwedische, Niederländische und Finnische.

Otto von Habsburg hat mehr als 5000 öffentliche Reden gehalten, in denselben Sprachen, in denen er seine Bücher schrieb. Viele dieser Ansprachen sind in seinen Büchern als Einzelbeiträge abgedruckt, andere in zahllosen anderen Publikationen wie Festschriften, Jahrbüchern oder Fachzeitschriften; so wurden etwa seine Ansprachen vor Mitgliedern des Kongresses der USA von den Foreign Affairs abgedruckt und von World Affairs.

Die Spannweite seiner öffentlichen Reden reicht von einem Publikum von 14000 Menschen (Olympia-Halle, München) bis zu kleinen und kleinsten Wahlversammlungen in einfachen Landgasthäusern, von der Päpstlichen Akademie oder der Französischen Akademie der Wissenschaften bis zu wissenschaftlichen Fachkreisen oder Zusammenkünften von Spitzenmanagern. Das Besondere, vielleicht Einmalige an Ottos Reden ist, daß er die kleinste Wahlversammlung in einem vergessenen Dorf genau so ernst nimmt wie eine Ansprache vor Staatsoberhäuptern; seine Fähigkeit, Wortwahl und Aussage zu adaptieren, ist zur Perfektion gediehen. Otto hat an ungefähr 100 Fernseh-Diskussionen in aller Welt teilgenommen und in etwa zwei Dutzend Dokumentarfilmen, die entweder ihn selbst oder die Geschichte und das Umfeld der Casa de Austria betreffen, mitgewirkt.

In Ungarn drehte Péter Bokor 1989 eine Filmdokumentation über Otto von Habsburg, die auch sehr erfolgreich in ungarischen Lichtspieltheatern gezeigt wurde. An biografischen Filmen über Ottos Leben stehen derzeit drei Dokumentationen zur Verfügung: »Unternehmen Otto« (ORF, 1970, Regie Erich Feigl), »Der Kronzeuge« (BR, Regie Ralf Schneider) sowie eine ORF-Dokumentation zum 75. Geburtstag. Ein Dialog Otto–Erzherzog Karl findet sich in der 3SAT-Produktion »Die Landesmutter« (1987). Ein ausführliches autobiografisches Gespräch über Leben und Werk Ottos findet sich in der Video-Produktion von Erich Feigl, die auch die Grundlage der Aktualisierung dieser Biografie bildete, aufgenommen im April 1992.

Register

Kursive Seitenzahlen beziehen sich auf Abbildungen.

Bildnachweis:

Archiv des Autors: 14, 19–22 o., 25, 26, 28 u., 29–35, 38 o., 41 r.o., 49 u., 53–61; 62 o., 63 r., 64–66, 68 o. und l.u.; 70, 72 u.l. und r., 79 81 82 o., 89, 90 91 r., 92, 93, 96, 97, 99, 111, 116, 117, 130, 132 l., 134 l.o., 135, 137, 149, 152, 154, 155, 156, 162, 166, 170, 185, 189, 190, 191, 205 u., 206 o., 208, 209 l.u., 212–215 l., 220–222 o., 323, SU Rückseite
De Sparnestaad, Haarlem: 62 u., 63 l., 82 u., 83, 84 o. und u.r., 85 l.o., r.u., 86, 113, 114 r.o., 123 l.o., 132 r., 151, 167 r., 173, 174, 184, 205 o.
Gertrude Hecht, Wien: 176
Harald Mittermüller, Kaumberg: 1, 186
Almassy, Madrid: 201
Franz Hammerl, Feldkirch: 67, 68 r.u., 72 o., 75, 84 u.l., 167 l., 183, 206 u.
Archiv Zita Thanner: 85 r.o., 87 u., 91 l., 196
Archiv Karl Serschen: 87 o.
Archiv des österr. Widerstandes, Wien: 106, 128, 131, 134 r.u. 148, 160, 161, 169
Karl Pospesch, Salzburg: 209 r.u.
Votawa Wien: 43 l.u., 209 o., 219
Elli Sitter: 224
Jean Weyrich, Luxemburg: 216
Wolfgang Dickamp, Augsburg: 222 u.
Udo Schreiber (US PRESS), Wien: 218
Helge Reindl, Wien: 215 r.
Helmut Keiner, München: 217
Paneuropa Deutschland (I. v. Kuehnelt-Leddihn): 11–13, 15, 17, 46, 49 o.
Adolf Milkovic, Wien: 18 r.u., 22 u., 41 l.u., 43 r.o., 56 r.o., 57 l.u., 197 u., 209
Archiv Milkovic, Wien: SU vorne, 38 u., 44 l.u., 47, 57 l.u., 87 o., 152 u., 156
Archiv der Kaiser Karl-Gebetsliga, Wien: 28 o.
Archiv Heinrich von Schuschnigg, Wien: 36
Steven Swift: 53 l.o.
Sammlung Inanç Feigl, Wien: 18 l.u., 48
Library of Congress, Washington D.C.: 2

①

THE UNDER SECRETARY OF STATE
WASHINGTON

November 30, 1944

MEMORANDUM FOR THE PRESIDENT

Subject: Postwar Occupational Control in Austria.

The Soviet Government has proposed in the European Advisory Commission that Austria, for occupational purposes, be divided into three zones to be occupied by American, British and Soviet forces as indicated on the accompanying map.

American plans for the occupation of Austria have contemplated the use of not more than one division of American troops to be restricted to the city of Vienna alone. The Soviet proposal would require a further allotment of at least four divisions. The War Department informs me that this would require a reconsideration of the whole program of the employment of American forces after the defeat of Germany.

May I have your permission to instruct Ambassador Winant to state to the European Advisory Commission that this Government does not wish to extend its undertaking with regard to the number and location of American troops to be used in Austria?

DECLASSIFIED
State Dept. Letter, 1-11-72
By J. Schauble Date FEB 4 1972

②

DEPARTMENT OF STATE
WASHINGTON

December 6, 1944

MEMORANDUM FOR THE PRESIDENT

Subject: Zones of Occupation in Austria

Upon the receipt yesterday of your reply to my memorandum concerning zones of occupation in Austria, I instructed Winant to state in the European Advisory Commission that this Government does not wish to extend its undertaking with respect to the number and location of American troops to be used in Austria.

I believe, however, that you should see the attached telegram, dispatched by Winant before the receipt of our above-mentioned instructions, in which he presents the reasons which have led him to urge a change in our position.

Attachment:

Telegram No. 10732,
December 4, 1944,
from London.

DECLASSIFIED
State Dept. Letter, 1-11-72
By J. Schauble Date FEB 4 1972

③

THE WHITE HOUSE
WASHINGTON

December 8, 1944.

MEMORANDUM FOR
THE SECRETARY OF STATE

I have yours of December sixth about zones in Austria. Please take this up with the Joint Staff. I would be willing to accept a zone next to Bavaria -- in other words, touching the German zone which has been allocated to us.

F. D. R.

④

THE WHITE HOUSE
WASHINGTON

December 4, 1944.

MEMORANDUM FOR
HON. E. R. STETTINIUS, JR.

Yours of November 30th in regard to Austria, the answer is "yes" -- you have my permission.

F.D.R.